都市与乡愁

沈湘平　常书红 主编

中国社会科学出版社

图书在版编目(CIP)数据

都市与乡愁 / 沈湘平,常书红主编. —北京:中国社会科学
出版社,2017.6
ISBN 978 - 7 - 5203 - 0357 - 6

Ⅰ.①都… Ⅱ.①沈…②常… Ⅲ.①城市文化—文集
Ⅳ.①C912.81 - 53

中国版本图书馆 CIP 数据核字(2017)第 099927 号

出 版 人　赵剑英
责任编辑　冯春凤
责任校对　张爱华
责任印制　张雪娇

出　　版　中国社会科学出版社
社　　址　北京鼓楼西大街甲 158 号
邮　　编　100720
网　　址　http://www.csspw.cn
发 行 部　010 - 84083685
门 市 部　010 - 84029450
经　　销　新华书店及其他书店

印　　刷　北京君升印刷有限公司
装　　订　廊坊市广阳区广增装订厂
版　　次　2017 年 6 月第 1 版
印　　次　2017 年 6 月第 1 次印刷

开　　本　710×1000　1/16
印　　张　28
插　　页　2
字　　数　455 千字
定　　价　118.00 元

凡购买中国社会科学出版社图书,如有质量问题请与本社营销中心联系调换
电话:010 - 84083683

目　录

专　论

基础理论篇

发展战略篇

历史文化篇

序 一

宋贵伦

各位领导，各位专家学者，各位老师，各位同学：大家早晨好！

非常高兴来参加由北京师范大学北京文化发展研究院主办的"都市与乡愁"——首届城市文化发展高峰论坛。都市里有乡愁，母校也有乡愁。来到母校，就像回到故乡一样，总有一种特别的亲近感。母校情与乡愁一样，让人永远思念和难忘。今天我要说，我对北师大北京文化发展研究院充满感情，对今天论坛的主题充满兴趣，对论坛的成果充满期待。

首先，我对北京师范大学北京文化发展研究院充满感情。因为，我是这个研究院成立的最早倡导者、有关工作的参与者和长期关注者。这个研究院成立于14年前的2002年。那年是北京师范大学百年校庆。我作为北师大中文系毕业生，作为北京市委宣传部副部长，很想在母校百年校庆时做点贡献，也希望借助母校的优势推动一下北京文化发展工作。于是，就提出了一个建议：整合各方资源，共建一个北京文化发展研究院。这个建议，得到了上下左右的响应。这个研究院，作为北师大百年校庆项目，由北京市委、教育部与北京师范大学共建。名誉院长是全国人大常委会副委员长许嘉璐先生，启功先生等一批文化大师是学术顾问，北京市委副书记龙新民是院长，我和北京市宣传文化部门许多负责人兼任副院长。今天主持会的沈湘平教授是继刘利副校长、刘勇教授之后的第三任执行副院长。刘利院长是创建者，刘勇院长是13年的坚持者，沈湘平院长而今迈步从头越。14年来，在校领导的重视下，在北京文化发展研究院历任常务副院长、执行副院长主持之下，在社会各界关心支持下，北京文化发展研究院取得了丰硕的成果。其中，有两点令我印象极其深刻：一是每年一大本《北京文化发展报告》，质量非常高；二是该报告每年和其他成果都贯穿一条主线，就是紧紧围绕北京城市文化发展进行研究。这个研究院，为北师大文化研究搭建了一个新的大平台，促进了北京文化新的大发展。今天，我要借此机会，向 14 年来支持参与研究院工作、推动北京文化发展的各位领导、专家学者和老师们，表示衷心感谢和崇高敬意！

其次，我对今天论坛的主题充满兴趣。许嘉璐先生曾经说过一句话，文化在街道里、在家庭里。对此观点我非常赞同。我一直认为，文化有三个层面，或者说有三种形态：一是政治文化；二是经济文化；三是社会文化。在中国特色社会主义文化体系中，政治文化，也就是我们所说的社会主义核心价值观，是核心，就像果核一样。经济文化，也就是这些年火爆起来的文化产业，是外壳，就像果皮和包装。社会文化，是指人文文化，包括城市文化、乡村文化乃至街道文化、社区文化、家庭文化、企业文化、机关文化、校园文化等等，就像果实、果肉一样。这些年，我们对于政治文化高度重视，社会主义核心价值观体系不断完善，对文化产业推动也很快，但对社会文化我认为重视是不够的。在社会主义文化发展中，三个层面都很重要。政治文化作为核心，是根本，是种子。文化产业作为载体和外包装，也很重要，能提升文化价值。但果实决定了果品的品质。高品质的果实，使优质的种子得以流传推广，使优美的外表有真正的意义。现在，我国已进入城市化时代，已融入社会全球化时代。全国城镇化率到 2015 年底已经达到 56% 以上。我国已经从农业化国家进入城市化国家。研究中国文化，我认为今后应当更多地研究城市文化，更准确地说，是城市社会文化。文化在社会里。文学是人学。文化学是人文学。研究文化要以人民为中心，以社会为基础，要特别注重研究包括社区文化、社会组织文化、社会企业文化等在内的城市社会文化。除了对母校的感情，除了对北京文化发展研究院的感情之外，对社会文化的关注，是我这个社会建设工作者的极大兴趣，也是我今天挤时间来参加这个活动的重要原因。

再次，我对今天论坛的成果充满期待。有这么多学术大家来参加活动，并将发表高见，使我充满期待。我刚才粗粗看了一下论文集，发现有许多新观点、新材料。我非常希望也相信，今天的论坛一定会取得丰硕成果。我热情期待着。

最后，预祝论坛取得圆满成功！

谢谢大家。

（宋贵伦，北京市委社会工作委员会书记、北京市社会建设工作办公室主任，此为其在"都市与乡愁"——首届城市文化发展高峰论坛上的致辞）

序 二

崔新建

尊敬的陈丽副校长，尊敬的宋贵伦书记，各位领导，各位专家，老师们、同学们：

大家上午好！

很荣幸参加由北京师范大学北京文化发展研究院主办的首届城市文化发展高峰论坛。北京师范大学北京文化发展研究院是由北京市社会科学规划办和北京市教委共建的首批北京市哲学社会科学研究基地之一。从2004 年至今，经过四个周期的建设，该基地在北京文化发展研究方面确立了方向、形成了特色、凝聚了力量、取得了丰硕的成果，尤其是连续出版的《北京文化发展研究报告》，已成为新世纪北京文化发展和北京文化研究的一个缩影。今年以来，北京文化发展研究院推出的公益文化讲座等系列活动也产生了很好的社会反响。

本次论坛以"都市与乡愁"为主题，立足于新型城镇化进程中人口流动所带来的文化冲突与互动，探究都市文化建设中的新课题，不仅具有当下的现实性，而且具有话语上的公共性。乡愁的"乡"既可以是家乡或故乡，也可以指乡村。乡愁既可以来自背井离乡者对故土的思念，也可以来自故土风貌改变后的回忆和眷恋。如果说后一种乡愁属于生长于都市的原住民，那么前一种乡愁则属于生于乡村、生活在都市的新移民。这样来说，乡愁应当是都市中城里人的乡愁。

那么与都市人的乡愁相对应的是什么？我想应该是乡下人的都市梦。乡愁可以说是都市人对乡村的留恋和怀念，都市梦则是乡下人对城市的梦想和憧憬。没有都市梦，就没有乡下人向城里的流动和移民，也就不会有城镇化；没有乡愁，就不会有城里人向乡下的回流，就不会有逆城镇化的进程。正因为如此，在当代中国，城镇化的趋势不可阻挡，在越来越多人实现都市梦的同时，也终将会衍生出越来越多的乡愁。这种乡愁，将因为越来越严重的城市病而愈加珍贵、愈加强烈，并且在可预期的未来将像发达国家一样引发逆城镇化的现象，以此作为对乡愁的某种满足或补偿。

无论如何，城镇化的好处和诱惑是不可替代和不可遏制的，尽管有城市病的存在，城镇化的进程并不会因此而中断。一定程度的逆城市化，并不会导致都市的消失；相反，在经历某种程度逆城市化之后，又会开始出现再城镇化的过程。正是在这种城乡的互动中，都市梦与乡愁共存，城乡之间的差别不断缩小，城里人和乡下人将不再有明显的区分。

因此，都市、乡愁，只有放在城镇化的历史进程中来把握才能得到理解，才更能彰显其历史合理性和现实正当性。当代中国所追求的新型城镇化的理想，就是"望得见青山、看得见绿水、留得住文脉、记得住乡愁"。实现这一理想的要害，在于拥有都市文明的同时，不舍弃乡村的自然；在超越乡村不发达的过程中，避开严重的城市病。概言之，我的观点就是四句话：乡愁所追寻的既包括青山绿水，更包括绵延不断的文脉；都市人的乡愁总是与乡下人的都市梦是相关联的、相伴生的；日益严重的都市病是乡下人追求都市梦的结果，又是城里人生发乡愁的原因；城与乡、梦与愁，从时间上看蕴含着传统与现代的矛盾与冲突，从空间上看包含着集聚与分散的比较与得失，从人与自然关系的角度看意味着疏离与依赖的共存，从人自身的角度看体现了身份认同和家园认同中的变与不变。谨以此四点浅见来抛砖引玉。

今天的论坛大家云集、学科背景互补，精彩演讲在后面。祝首届城市文化发展高峰论坛圆满成功！相信这样的论坛能够一届一届地持续办下去，始终展现出强大的生命力和恒久的吸引力。

谢谢大家！

（崔新建，北京市社会科学规划办公室主任，此为其在"都市与乡愁"——首届城市文化发展高峰论坛上的致辞）

序 三

陈 丽

尊敬的宋书记，崔主任，各位专家，媒体界的朋友们，各位老师，各位同学：

大家上午好！寒冬客来，暖意融融，"都市与乡愁"——首届城市文化发展高峰论坛今天在我校举行。首先，我代表北京师范大学对论坛的举行表示衷心的祝贺，对各位嘉宾的到来表示热烈的欢迎！

本次论坛主办单位是北京师范大学北京文化发展研究院，这个研究院是 2002 年 12 月由国家教育部、北京市和北京师范大学共建的研究院，是致力于文化发展特别是北京文化发展的研究机构，也是北京市首届哲学社会科学重点基地之一。14 年来，研究院整合北京文化资源和科研力量，聚焦文化发展中的热点、难点、重点问题，已经成为我国文化研究领域的重镇。目前，文化院放眼世界和中国文化发展新的大的格局，突出"以文化价值为中心""文化以人为本"的理念，更加注重基础理论研究、现实对策研究、历史文化梳理和品牌活动开展，努力打造国内一流、世界知名的文化发展研究中心和高端智库。

本届论坛是研究院为促进城市文化发展研究搭建的平台，我非常喜欢这次论坛的主题：都市与乡愁。北京大多数人都是移民，我自己也是，30年前我来北京上大学，很快就喜欢上了这座城市。在看到论坛主题的时候我就想：我为什么当时会留在北京？我回天津可能各方面的发展都比留在这儿容易，在天津的生活特别舒服。自从上大学以后，我每次在天津待的时间不会超过两周，两周以后我就想回来，即使大学放长假也是如此。借着这个论坛的主题，我在想这是为什么，我现在发现每一个城市都有自己特有的性格和气质，而每个人其实都在寻求某种跟自己气质相契合的城市。有人说，选择一个城市就像选择一个恋人一样。我们可能并不清晰这个感受，但是冥冥之中有一个感觉，你想在这个城市待很久。所以我说，今天这样的一个主题非常有意思，可能这样的论坛会帮助我回答为什么有些人非常喜欢北京，也有一些人不喜欢北京，还有一些北京人到其他地方找到跟自己更契合的地方。

参加今天论坛的，还有很多专家，这些专家都是赫赫有名的学者，他们来自各个学科。文化确实是一个学科非常交叉的研究领域，也是实践的领域，我看到在座有很多地理学、经济学、社会学、历史学等学科的学者，我相信这次论坛一定是一次难得的文化思想盛宴，也是一次名副其实的高峰论坛，一定会取得丰硕的成果。我也特别期待这次论坛能更清晰的告诉我，北京这样一座国际大都市，它的文化特质是什么，它有什么让那么多人来了就不想走的理由。

最后预祝我们的论坛圆满成功，也祝各位在北京师范大学会议期间一切顺利，谢谢大家！

（陈丽，北京师范大学副校长，此为其在"都市与乡愁"——首届城市文化发展高峰论坛上的致辞）

专　　论

北京现代城市文化的传统与变迁

陈　来

摘要： 研究北京城市文化的现代化变迁需要从人文主义的角度加以审视。自晚清以来，北京以市民为主体的城市文化从未断绝，这体现在"建筑—物质"和"精神—行为"两个层面。在居住模式上，北京经历了从四合院到大杂院再到楼房小区的转变。在旧城区四合院中居住的中等阶层居民，独立发展出客气好礼、乐天知命、悠然自得、宽容和气、舒缓幽默的胡同文化。这成为北京传统文化的主流，并影响着楼房小区的文化。然而，"文化大革命"时期的城市贫民文化和流氓文化，新时期的移民文化使得胡同文化面临严峻挑战。

关键词： 城市文化　居住模式　胡同文化

现代城市文化的发展，对于像中国这样一个具有悠久历史文化而处在"现代中"（其近义词是"发展中"）国度，尤其是北京这样的城市，最集中地体现了"传统"与"现代"的交织和冲突。城市的文化传承与更新，包含两个基本的方面，一方面是城市的建筑景观与风貌格局；另一方面则是城市的人文情态，即包括城市人的生活态度、行为特性、人际关系。前者是"建筑—物质"层面的，后者是"精神—行为"层面的。以往讨论城市文化的传统多注目在城市建筑美学上，其实城市文化的讨论必须同时关注城市的人文情态，不能"见物不见人"。这样才能真正体现"以人为本"的精神。以下我将以北京现代人文情态之变迁为例，以人文主义的角度观察城市文化在历史变动中的轨迹以及未来发展的方向。

一 居 住

20 世纪 20 年代后期，国民政府定都南京，北京不再是首都，城市的功能渐渐发生变化，北京开始向一个以文化教育功能为主的消费城市转变。七七事变以后，政府机关和国立文教单位南迁，北京进一步走向萧条。抗战胜利后，政府单位与大学复员，北京的社会发展和教育有所恢复，到 1949 年，北京人口约 200 万。

虽然，20 世纪前 50 年中国的政治经历了几次根本性的变化，而北京以市民为主体的城市文化，如语言、信仰、生活态度、人际交往等，大体维持了晚清以来的传统。北京人的生活形态，中等家庭一般以一家居住一所四合院为多（有家庭拥有两所院子，出租一所；也有家庭将院中少部房屋租出以取得收入）。抗战胜利后，政府单位回迁北京，工作机会增多，外来工人也增多，他们多租住四合院内之一间。北京解放，政府接收了不少公私房屋，分配给政府机关及所属单位为宿舍住房，这些房屋多是临解放逃离者的财产，条件较好。新中国成立后北京工业发展，工人人口进一步增多，外来工人仍多以租住四合院平方的某一间来解决，政府较少为民房投资建设。但人口增长渐渐加快，住房矛盾也渐渐突出。

"文化大革命"初期，所有私房被迫交公，房管局遂将大量住房拥挤的住户及无房户立即安排进入原为独门独户的四合院私房，使四合院的住民结构大大改变，居住文化自然也随之发生变化。1976 年地震引发的兴建地震棚，本来多是临时搭建屋，但很快就发展为院内新盖小房的流行，不可收拾，这使得昔日的四合院的"院落"空间全然为新建小房所占据，四合院的内部面貌已经不复可见，名存实亡。到 20 世纪 80 年代，四合院大都已变为大杂院，生活空间的挤压严重扭曲了居民的心理和行为，以往的市民文化大大变质。

50 年代中期北京开始建筑楼房小区作为政府机关宿舍，这是北京城市建设的新形态，后来的小区建设模式都是从此而来。50—60 年代，各级政府机关兴建宿舍楼，规模不等，小者二三栋，大者几十栋，自成系统。这些宿舍较少在老式胡同居民区建设，多在"城外"即今二环路以外建设。例如西城区复兴门外，西至木须地，北至动物园，中经三里河、甘家口、百万庄，建设了成片的国家机关宿舍楼房小区，这是北京历史上所没有的。与旧式四合院平房相比，这些宿舍楼居住条件改变很大，虽然居住的空间不大，每家没有独立的院落，人均面积不如四合院独户家居；但卫生设备先进，燃气使用方便，上下水道基础设施良好。宿舍楼区的居住者是国家机关工作人员与其子女，综合素质较高，完全没有旧城小市民的庸俗习气，其居住方式也代表了新北京居住文化的一个方向。不过，就整个城市来说，50—70年代新区宿舍与旧城胡同差不多是"两张皮"，相互间影响不大，更无融合。特别是，当时新区在城外自成一体，其人口数量也远少于旧城内的居民，很难真正影响旧城文化。然而，70年代以后，随着北京市的建设向三环、四环的推展，旧城人口的转移、新增人口与外来人口的安置、商品住宅的开发，都是以楼房小区为模式，已经渐渐成为当下以及未来北京居住的主要模式。四合院及其生活在当代的北京市已经沦为少数。

二　文　化

旧城区北京居民的文化是所谓近代"北京文化"的基体和母体，50—70年代新区的建立，对它的影响很小，可以说它是延续着清末、民国的北京文化独立发展的。而同时期新区的市民文化却持续地受到它的影响。

以旧城北京居民的文化性质而言，我认为，近代北京文化的主体是北京城里的中等阶层居民，用现代社会科学的语言来说，即中产阶级市民。但"中产"的"产"字太注重财产的意义，缺少文化的意义。也就是说，近代北京文化的主体其实既不是所谓的京城达官贵人，虽然广义的北京文化包括宫廷文化的部分，但宫廷文化自成一体；清朝达官贵人与贵族在京居住的不少，但他们的后人在民国后大都流落了。北京文化的主体也不是城市贫民，城市贫民是北京城市边缘化的生活群体，他们的职业多是小摊贩、小店铺伙计等，以及送煤、拉洋车、蹬三轮一类苦力劳动者。他们的居住条件较差。一般所说的天桥文化多与这个群体有关。有人把老北京文化说成是一种"贫民文化"，这是对北京生活与文化的完全不理解，其实城市贫民的语言和生活形态只是北京文化中代表下层人群的一种亚文化。

真正代表老北京文化的是城市的中等或中产阶级，当然这个阶级中还包含不同的差别。因此这个概念虽然没有一个确定的所指，但大致有一个边界，即家道小康，有一定文化，看重教育，生活稳定、居住或拥有独立的四合院的家庭。这类的家庭在北京各区分布不完全一样，如东城、西城，每个胡同中这类家庭约占 50% 以上。这样的家庭在胡同生活中，还是受到一定的尊重的。汪曾祺曾著文《胡同文化》，其中提到几点，认为北京人安分守己，逆来顺受，爱看热闹，少管闲事，易于满足，生活要求不高。这些说法有一些观察为根据，但不够完整。他认为胡同文化是封闭的文化，更不准确，因为胡同就是小街，与其他任何城市的小街功能没有什么区别。

胡同的文化都体现在四合院，四合院作为一个独立的空间，具有自足性，但其建筑与自然的交流更多。北京的民俗文化也常常被人提起，如庙会、小吃，但这些风土风情都不涉及人的价值观和生活态度。而文化的主体是人，人的交往面貌、行为方式、生活态度、文化取向，才是城市文化的人文要件。在我看来，北京人的传统文化大体可归纳为：客气好礼、乐天知命、悠然自得、宽容和气、舒缓幽默。而独院独户的四合院正是这种生活态度的存在方式和条件。总之，温良恭俭让是北京人的态度和德行，知书达理是北京人推崇的人格，听戏听相声是北京人的娱乐。北京人不迷信，对宗教的态度较淡，自然理性是他们的信仰。北京人的性格带有相当的古典性，较少斗争性格。北京人离中央政府很近，对政治变动的大世面从不陌生，又看惯了北京的城市格局宏大，看惯了各地官商来往频繁，北京人也就具备一种开放包容、大方大气。北京中等阶层的生活态度与面貌，代表了北京文化的主流，也对更低阶层的人民有所影响。

三 变 迁

北京解放以后，新政府对城市的接管，是很明智的。政府对城市基层的管理机制，是以街道办事处和派出所为一级，居委会为二级，街道积极分子为三级，每一胡同有若干被选定的街道积极分子，负责传达政府和街道的指示；几个胡同共同组成一居委会，街道办事处则管辖多个居委会，居委会受街道办事处和派出所的指导。50—60 年代中期，即"文化大革命"前，北京城市基层的街道积极分子主要来自胡同居民中靠近政府的中等阶级，政府所依靠的不是在胡同生活中没有影响力的城市贫民；政府注重的实际是文化影响力，而不是无产阶级出身。可见新中国成立后至"文化大革命"前，共产党在胡同的社区组织活动，依靠的是这样一些人士，他们在政治上靠近政府，在社区有文化影响力，性情温和，维持生活传统，所以城市文化在"十七年"（1949—1966年）时期变化不大。

1964年发起的阶级斗争路线和阶级政策，开始对胡同文化造成压力，1966年"文化大革命"开始，街道积极分子的构成不再是城市中等阶级，而改为以下层市民为主。文化革命的红卫兵大破四旧，直接深入胡同，原来受尊重的城绅文化斯文扫地，城市文化再不能维持传统了。其结果是，从前老城区北京人的温良恭俭让的文化，宿舍新区的革命理想的文化，同时遭到破坏。在被切断了与这些以往优良传统联系的环境中成长的青少年，于是被城市贫民文化和流氓文化所浸染，在语言上的污染尤其突出。从红卫兵的红色恐怖主义，到联动开启的打砸抢方式，"文化大革命"使得城市的高尚文雅不复存在，争凶斗狠成了青年行为的最高价值。最后，青年流行的行为文化与旧城区边缘性的流氓文化合流，传统的城市文化遭到极大破坏。王朔有小说名为"动物凶猛"，这四个字指涉的生物性本能，正是描述了那个时代青少年的文化特征，而这一代人和这种文化对整个城市文化影响很大。"五四"时代，北京的市民文化并未受到文化运动的深刻影响，但"文化大革命"运动彻底地改变了北京的市民文化。有幸的是，"80后""90后"的一代新人，他们在全新的、向着现代化开放的教育环境中成长，终于为那种"文化大革命"的文化画上了休止符。

四　更　新

北京自清代中期以来，直至解放，本不算是一个移民城市，居民多为居住了几代的老住户。但新中国成立后重新定都北京，庞大的中央政府的重建与发展，使得北京开始变成一个移民城市，因为党政军、教科文，所需的大量干部和知识分子皆从外地进入北京。50年代进入北京的外来人口，综合素质较好，改善了北京住民的结构。他们中多数人所居住的新式楼房小区，也成为后来北京居民住宅建设的主导模式和方向。由于新区宿舍的干部、知识分子大多由外地而来，所以外来移民引发的改造北京文化的进程可以说从 50 年代就已经开始，直至今天。（至于大学校园，其文化有独立性和自足性，对城市居民的文化少有直接的影响，不在此论列。）当然 50—60 年代外来进入北京生活的人都是按照正式户口迁入手续入住北京的。北京的经济文化发展水平较高，就业机会与发展前景较好，随着北京现代化的展开，90 年代以来外来移民越来越多，无户口而有工作的人也越来越多，移民的文化对当代的北京文化也发生多方面的影响。

城市建设的发展，也使得越来越多的老城区居民迁往城外的新型住宅楼。可以说，50 年代开始的宿舍新区的建设，拉开了北京城市现代化的序幕，北京城市现代化基本上是按照 50 年代宿舍楼小区的模式发展的。从而，老城区的四合院民居，与新区楼房小区，实际上，分别代表了传统和现代两种生活方式，具有这样的意义。近几十年来，新的居住环境带来了新的生活方式，新区居民又以移民为多，使新的北京文化处在不断形成之中，也冲击着老的生活方式。

于是，随着 80 年代以来北京城市的现代化，老城区的四合院及其生活文化明显衰落，渐趋消亡。必须承认的是，旧的胡同民居建筑在百年后大多已经衰败，其中的居民大都向往着搬迁到楼房小区，求得居住条件与环境的更新，这使得持守胡同生活文化对大部分原住居民变得既不可欲也不可能。北京在"文化大革命"后的现代化进程，以建设国际化大都市为目标，不仅加速了旧城的改造，更扩大了三环以外新区的建设，从而推动了老城区居民向城外迁移，也吸引并容纳了大量流入的外来人口。今天，旧城区的人口仅约 160 万，整个城市三代以上或新中国成立前即已居住北京的家庭应当不会超过 50%。这使得几百年来所形成的传统北京文化在新的城市总体中的分量已大大降低，加上现代北京人的职业结构大大变化，北京人的教育程度已大大提高，北京人传统的生活观念、行为习惯及交往方式也都发生了巨大改变。

但从另一方面看，虽然新北京文化由于大量移民的进入而呈现拼盘式文化的格局，也不断出现新的生成和组合，但对于任何城市的文化而言，本地的传统终究是最有影响力的。回顾以往，环视现在，暴烈的革命化对市民行为的影响已经过去，而户籍人口居住空间的大大改善，这就使得70 年代以来因居住空间拥挤而扭曲的人的心态、行为和邻里关系，有可能恢复到传统的城市文化，毕竟老北京的价值观和生活态度仍然占据着北京人内心的某个部分。北京的文化传承，决不应是在语言文化上去回归北京土话，而是传承北京文化历来被推崇的价值观、生活观，在此基础上融合新的价值观和生活观。

城市经过了革命化和现代化，在外观上，北京已经成为气象壮丽的现代大都市。今天，北京已有常住人口1755万，其中外来流动人口509万，占常住人口的29%。市区人口1000万。（据中国日报网2010年2月5日消息）面对忙碌的、拥挤的、现代的新北京，我们也许应该停下来想一想，新的北京文化还要不要延续老北京的"温良恭俭让"的行为文化？新北京的精神文明还要不要恢复老北京的"客气好礼"的交往态度？新北京的韵律节奏中是否还需要一种"悠然乐天"的生活情怀？已经在过去40年被切断的城市人文传统还能不能复活？

如果传统的连接、承继、发扬是可能的，那么，这种复兴首先需要一种文化的自觉。不仅如此，北京作为中国的首都，它的文化传承不仅要面对地方性的城市文化的继承，还必然与整个国家共同负荷着中华民族文化复兴的使命，这涉及一个更大的问题了。

（作者简介：陈来，清华大学国学研究院院长，清华大学哲学系教授、博士生导师。）

城市的气息何以使人自由?

张曙光

摘要：城市是人类进入定居生活后最伟大的创造，它体现的不止是人的智力，更有人的社会化生存的要求；城市既由市场发展所推动，又成为市场经济和社会发展的强大动力源，并因而成为人的社会化与个体化发展的舞台。在欧洲历史上，人的自由与城市的自治造就了"自由城市"，但城市在给人带来自由的同时也带来新的不自由。中国的城市经历了从传统到现代的转换，其中有经验也有教训。现代中国城市特别是充当了开放口岸和经济特区的城市，成为中国现代化的窗口与引擎。在后现代思潮冲击下出现的后现代建筑与城市的景观化、欲望化现象，反映了当代中国城市的"伪自由"问题；论文最后涉及渴望自由又要留住乡愁的矛盾心态。这些问题都要在现代与传统、全球化与地方性的矛盾张力中，通过形成"自由秩序"加以解决。

关键词：城市、自由、市场经济、农村、大海、现代化

当人们从农村纷纷涌向城市，又从小城市迁移到大都市，城市吸引他们的是什么？当人们又从住惯了的城市中心移向郊区，乃至不断地游走于城市之间，游走于城市与乡村、城市与海滨之间时，是城市显露出某种局限或缺失，还是反映出人性的好高骛远、见异思迁？思考这些问题，我们很自然地会在"文明"之外，想到"自由"这个概念。一般而言，文明的成果总是集中于城市，城市也为此受到世人的青睐。那么，城市能给人带来自由吗？它带来的是什么样的自由？文明与自由又是什么关系？这正是本文所要探讨的问题。

一

毋庸置疑，城市是人类进入定居生活后最伟大的创造，这种创造不同于某项技术或工程的创造，因为它体现的不止是人的智力，更有人的社会化生存的要求；也不同于农村的形成，农村虽然也体现了人的社会性生存，但这种生存直接依托的是人的血缘关系，是人的聚族而居；而城市中的人们多半并无血亲关系，把他们联系在一起的，主要是经济、政治、文化和精神的纽带。

我们不妨从中世纪德国的一句谚语说起，这句谚语就是：城市的空气使人自由。那么，何以言之？

大约从十世纪开始，欧洲在经历了一系列的暴力、动荡与苦难之后，人们普遍渴望社会安定和人身安全。城镇和城市也获得了较快的发展，伴随着大量的手工业者和商人在处于交通要道或渡口的村庄、城堡、教堂和修道院周围等这些地方定居下来从事手工业和商贸活动，有力地推动着村庄、城堡向着城镇和城市转换。从村庄、城堡到城镇和城市，直观地表现为规模的不断扩大，但这不是空间的简单放大，而是功能的增加甚至结构的改变，如原来的城堡在继续发挥防御和安全保障、发展农业技术和垦殖之外，它由于让从事各种行业的人们汇聚到一起——他们各有分工，又相互依存，相互交换，使商业贸易以及商人的作用变得越来越重要，并逐渐获得了"自治"的权力。正如教会和修道院满足着人们精神信仰的需要，商贸的发展满足并推动着人们物质生活的需要，由此形成了"城中有市"或有"城"有"市"的局面。城市吸引着那些处于封建领主下的自由民和农奴们奔向自己，并逐渐形成了一个习惯法：只要农奴逃到城里住了一年零一天，他就是自由的了，即使他的主人也不能再抓他回去。著名的城市专家芒福德写道："如果说，城市变成受人欢迎的地方是由于它有军事手段保护，使之成为安全有利的生产和生活处所，那么，某种经济动机和利益的特殊存在，也可以解释这种殖民运动的进展方向。城镇的解放是朝建立高效率经济生活秩序所迈出的第一步。货币交易替代以物易物，城市计件工和季节工替代了终身雇佣奴役制度，总之，这些变化，用缅因州的旧观念来说，这就是由等级身份制度向契约制度的过渡。""从10世纪开始，城市化运动的含义，就是一种由古老的都市聚落逐渐向新型的，或多或少的自治性城市演变的渐进过程；也是新型聚落向封建领主的赞助和庇护逐渐就范的过程，居民获得了特权和恩惠，向城镇大量涌进，终于形成了永久性的工匠和商贾群体。城市特许状就是一种社会契约。自由城市既有法律上的，又有军事上的安全保障。一个人只要在社团城镇居住上一年零一天，就可以被免除其原来被奴役的地位。因此，中世纪城市便成为一种有选择能力的环境：它把大量有技术能力的人、富有冒险精神的人、农业人口中那些更愿意进取的人，因而也是那些更富有知识技能的人，都召集到自己这里来了。"①

在欧洲中世纪，除了个别人口达到 15、6 万的特大城市，城市的规模一般都不是很大，居民的数量也鲜有超过 4 万的，但是，它却汇聚了政治、宗教、手工业、商业和文化等各种活动和设施，这些方面相互依托、相互作用，形成了一种以供需关系为主导的公共性。其中，两个最基本也是人们最频繁地光顾的地方，一是教堂，一是市场，围绕着教堂与市场，形成了以商品批发、法律仲裁、文化交流、艺术创作、娱乐休闲为目的的场所，给市民提供了进行交易、解决纠纷、谈论时政、展示才艺、表达情感和放松身心的平台；那些有资金、知识、技术或才华的人们的致富欲、创造欲和表现欲，更是得到激发和释放，各种设想和计划在这里萌生并付诸实践。适应着城市的这一发展，对城市进行综合性管理与规划的行政即市政的作用也不断得到提升，一些拥有财力的组织与家庭，也参与到兴建公共设施，举办各种公益性活动的事业中来；与此同时，围绕经济和政治利益的明争暗斗、冲突与解决的活动也变得频繁起来。因此，城市在造就出商人和企业家的同时，也造就出众多的政客、法官、律师、教士、社会活动家及各种公众人物，当然还有建筑家、雕塑家、画家、剧作家、演员、学者、医生和其他专业性人士。城市也推动着各种新型社会关系、社会组织、文化实体如行业公会、商会、法庭、学校乃至界别和领域的出现，大大地强化了城市的自组织、自协调和自发展能力。因而，不同于城堡的城市不再因着重防御而封闭自己，只要条件允许，它就尽可能地接

---

① 刘易斯·芒福德著：《城市文化》，宋俊岭等译，中国建筑工业出版社 2009 年，第 28 页。

纳、调动和利用人才、货物、金钱和信息来发展壮大，并逐渐摆脱封建主和王权原来僵硬的控制，市民尤其是商人连同城市一确立起独立的价值，人的自由与城市的自治，使欧洲许多城市成为"自由城市"。于是有了"城市的空气使人自由"的谚语。①

可见，"城市"之所以为城—市，或者说从原初的城堡发展为城市，就在于它是随着人类的商贸活动因而也是作为其伴生物的法律活动发展起来的，尤其是市场经济和法治的产物，甚至大都无城（城墙、城堡）的现象也出现了。城市不仅造就了人们的公共性生活，也带来了他们个体性的自由：一种既具有社会性又具有个体性的自由；而这正是商品交换特别是以自由贸易为特征的市场经济的属性。自由也恰恰构成了文明的机制和内在的动力。

当然，城市是从大地和农村的广阔平台上发展起来的，并且离不开与农村的联系。但城市之所以成为最能发挥和发展个人主观能动性与创造性的地方，从消极的方面说，是因为城市在越来越远离封建主的束缚的同时，也逐渐离开了土地资源，它就必须开发人自身的潜能，就要靠人的聪明才智来调动和利用各种自然和社会资源，尤其是发展科学技术；而从积极的方面说，城市在推动着一种新型价值观的形成，这就是面向自身同时面向外部世界，鼓励并推动梦想成真；所以，城市才会不问出身，谁有才华和能力，谁就能脱颖而出，得到社会的赏识和奖励。城市由此成为具有越来越大的主体性和自由度的独立系统，并因而有了对包括农村和乡镇在内的广大地域的影响力和辐射力。

从中世纪的城市到现代城市是又一次巨大的转换。

总体上看，中世纪的城镇和城市还是处于乡村和农业生产环境的包围之中，可以视为矗立在农业文明基础上的大小不等的金字塔。人类在遍布山川河流与平原的陆地上生息，由逐水草而居的游牧到农耕的定居，再到发展出城堡和城镇，就在大地上建立起众多等级性金字塔式社会。这种社会所依托的是农业和手工业，在整体上呈现出一元化的稳定的格局；其内

---

① 参见刘易斯·芒福德著，《城市文化》，第 1 章，宋俊岭等译，中国建筑工业出版社 2009 年；另参见约翰·巴克勒等著：《西方社会史》，第 1 卷，霍文利等译，广西师范大学出版社 2005 年，第 489 – 505 页；参见基佐著：《法国文明史》第四卷，沅芷等译，第 42 – 76 页，商务印书馆 1998 年。

在机制是农耕文化的"拟植物性",即安土重迁,自给自足,形成"一方水土养一方人"的生存特点;再就是权力自上而下地行使,资源自下而上地输送,以及社会上下层之间的流动。商业贸易活动的开展,固然构成这种社会的一个重要变量,也确实由于在生产者与消费者之间的横向交易而增加了社会的活性,可以说商业文化具有"拟动物性",变动不居是它的生命所在。然而,除非商业文化能够主导农业文化,或者商人能够实现高度自治,否则,原来的统治者只要还能够将商贸活动置于自己的权力之下,他们或者与商人一起结成利益集团,垄断了各种优越的社会职业和机会,也必定严重阻塞下层民众上升的通道,导致社会整体性的板结,这不仅要削弱城镇或城市的生机活力,还会带来上下层级之间的对立和冲突,致使一元化的金字塔结构本身充满内在的紧张,统治集团因此又要强化政治统治,压制民众的自由,同时扭曲、妨害商贸活动所需要的自由平等原则。这其实深层地反映了自给自足的农业文明的限度及其与商业文明的矛盾。

由于机器的普遍使用而形成的工业,让传统的手工业望尘莫及,给予商贸活动以强大的动力;在新技术新能源的推动下,工业与商业一起构成了工商文明,推动着城市快速地扩张与发展,城市居民的结构也发生了巨大的变化,资本家与雇佣工人成为具有支配性的两大阶级。但是,他们之间的结构性矛盾,机械化生产所需要的纪律与非人格的管理,工业生产所带来的污染,以及采矿所造成的资源的大量消耗与环境的破坏,使得城市在现代化过程中所获得的自由——自由平等不但全面地贯彻于商品交换和流通领域,而且逐步成为所有居民为法律所保护的权利,却在人们实际的经济和政治生活中打了折扣,产生新的不自由乃至新型奴役,促使工人运动兴起和劳资双方的政治组织的出现。

对这一现代城市社会问题的论述和分析,我们从马克思的著作中已多有领教,芒福德在其城市论著中也多有论列,他特别批评了主导现代化城市发展的"功利主义自由";功利主义者的"自由竞争"是为了突破过时的国家特权和贸易专利这个罗网,他们"希望在投资方面,在办工业方面,在买进土地方面能不受控制放手大干,同时也希望能自由雇佣工人和解雇工人。不幸的是,经济活动中预想的和谐与协调并未兑现,而只是一种迷信。双方仍然争夺控制权,利欲熏心,为谋求个人最大利益而牺牲公家利益。""在国家实践方面，自1789年以后逐步开始，政治平等的观念和做法渐渐引入西方政体。这些与工业家争取的创业自由是两个互相矛盾的概念。如果要实现政治平等又要推行个人自由，那么，就有必要对经济实行约束，对政治实行控制；在一些试验社会平等而又必须每年都调整租金法律的国家里，其结果是无法达到预想的目的。……土地的私人垄断，继承大宗财产，以及专利垄断等等现象，都足以导致新的根本性不公平；因此，如果不从制度上取消这些不公的根源，自由竞争的唯一效果，只能是以新的特权阶层替代了旧有的特权阶层。""功利主义者所争取的自由，事实上是私人牟利、私人扩张都不受限制的自由。"① 而由于先天与后天都有重要差异的人们又彼此竞争着，这种"功利主义的"并且是"不受限制的"自由，就必定在造成人与人之间利益冲突的同时，导致他们内部的不平等甚至严重的不公，同时造成对社会公益与公共环境的损害甚至破坏。因而，要让自由平等成为城市社会必须遵循的原则，让城市成为环境宜人的处所，就必定要求市民认知与觉悟的普遍提升，要求政治民主、舆论监督尤其是从制度与法律上实现公平正义。

二

到目前为止，现代城市的矛盾，一是通过人与自然的关系的不断拓展和改变来解决，一是通过人与人的社会关系的不断拓展和改变来解决。在历史上，后者主要表现为政治革命与民主化变革，前者则特别显著地表现为从面向大地转换为面向大海，而这正是国家中心城市发展为世界性城市的重要途径。我们不妨先来引证一下法国著名历史学家布罗代尔的有关论述。

布罗代尔在《15—18世纪的物质文明、经济和资本主义》一书中也指出：资本主义首先兴起于13世纪的意大利城市国家，城市是人类文明的全面体现，它既能够让人的能力得到多方面发挥，也能够多方面地满足

---

① 刘易斯·芒福德著：《城市文化》，宋俊岭等译，中国建筑工业出版社2009年，第178—179页。

人的需要，他也引证说："城市的气息让人感觉自由"①。城市虽然有一定寄生性，但只有城市才能聚集起巨量的人力、巨大的财富，建构起四通八达的贸易、交通和通讯网络。无须说，城市作为政治和文化的中心，有着对周围地区的主导权和对更远地方的辐射力。在欧洲近代经济发展史上，沿海城市在经济上的作用又远胜于内陆城市。然而，自由也就意味着竞争与流动，所以，从威尼斯，到热那亚，经过里斯本、安特惠普等城市，到阿姆斯特丹，再到后来居上的英格兰，而英格兰的大脑和最大推动器是伦敦，直到世界经济的中心转移到大西洋东海岸的美国，一批新的世界性城市又拔地而起。

与之形成鲜明对比的，布罗代尔举出了三个未能成为世界经济中心的例子：

一是法国及其巴黎。其时作为农业国家的法国，实行的是封建制度，整体上惰性很大，其地理特别是内外交通方便，宜于国家统一。路易 14和路易 15 不仅大搞中央集权，还坚持以农为本。里昂虽然贸易繁荣，但不如热那亚，衰退后也未把经济的领导权交付巴黎，两者陷入结构性的对抗。作为政治中心的巴黎虽然掌握巨量财富，却没有大量地投入制造业和金融，而是极尽奢华之能事，结果使巴黎成为不事生产的消费城市。有产阶级也缺乏胸怀和理想，他们醉心于官职和地产，以提高自己的社会地位和收益。当然，法国不是单一的法国，它有其精明和开放的一面，只是作为"商业社会"的法国，未能战胜封闭保守的"土地社会"的法国，后者的文化深厚而富有韧性。到 1598 年，法国还没有国际商业所必须的经济基础，缺少大型交易会和汇兑市场，到 1789 年大革命之前，也没有完善的民族市场，错过了现代化的良机②。

二是西班牙。西班牙王国于 1492 年成立，同年哥伦布出海寻找新大陆，开始走向兴盛。16 世纪 60 年代，它对尼德兰的政治和宗教控制导致了该地区的动荡和反抗，持续数年的尼德兰革命，使西班牙的财政消耗殆尽。1580 年西班牙征服葡萄牙并建立伊比利亚联盟，使半岛得以统一，

---

① 布罗代尔著：《15 至 18 世纪的物质文明、经济和资本主义》第 3 卷，顾良译，三联书店2002 年，第 88 页。

② 同上书，第 358—373 页。

也将两个大帝国的全球资源整合到了西班牙国王手中，当年还将国都迁往濒临大海的里斯本，然而三年后又重迁内地的马德里，这等于放弃了控制海外经济的一个重要哨所，犯下荒唐的错误。其后它又试图征服英格兰，结果导致它的无敌舰队在英西战争（公元 1585 年—1604 年）和对法战争（公元 1590 年—1598 年）中覆灭。自 16 世纪中期开始不断从美洲流入的白银、强大的步兵和从无敌舰队的覆灭中恢复过来的海军，虽然使西班牙保住了在欧洲的主导地位，但是，高涨的通货膨胀、将犹太人和摩尔人驱逐出境造成人才大量流失，以及对黄金、白银日益增长的依赖性，导致政府几次破产并发生数次经济危机。在智障的卡洛斯二世统治期间，西班牙最终失去了在欧洲的领导地位，沦为二流国家。

三是中国的明朝。当明朝基于防御北方少数民族侵扰的需要，把京城从南京迁往沉默、闭塞和内向的北京，布罗代尔认为它就背离了利用大海之便发展经济和扩大影响的"方针"。这已经意味着输了关键的一局，当然它对自己的不利影响很大，影响之一就是更加坚持重农抑商。——一向认为财富来自于大地，且以土地为安身立命之本的中国王朝，怎么会有这样的方针呢？明朝没有这个方针，从东北入关的清朝就更没有了。

布罗代尔以上所论，突出地强调了大海暨海上的竞争对世界性城市的意义，这一意义不仅在于城市人的生存空间的极大扩展，而且在于一种更富有冒险和创业精神的生存方式的形成。因为城市能够背靠大地，面向浩瀚无际波涛汹涌的大海，并通过大海与其他陆地发生经济和文化关系，处于陆地的城市就会经由向大海开放而获得新的动能，增强包容性，提升自由度和自我更新的能力，并促使其等级式金字塔结构的松动。因为远比陆地广阔的大海充满不确定性，而又储藏着几乎是无限的资源，并且，正是大海构成了阻隔或联通地球上各个硕大的陆地即各大洲的纽带，而大海究竟起到的是阻隔还是联通的作用，关键在于人类自己的能力与掌握的技术，只要能够制造出具有远航能力的船只，并且培养锻炼出大量的勇敢和富有探索精神的人，那么，大海就会由屏障转化为人们展示其意志并实现其愿望的舞台。那些既敢于在大海上驰骋而又能够让大海成为自己联通世界的纽带的城市和国家，当然就会在国际竞争中脱颖而出乃至独占鳌头。作为岛国的英国之所以长期成为殖民地遍布世界的"日不落"国，就在于它发展出远超欧洲其他国家的利用海洋的能力："它如同一个北方的威尼斯，充当着杠杆支点，撬动了斯堪的纳维亚半岛、欧陆大部以及后来美洲各地的贸易；又假道好望角，带动了远东的贸易。"①

布罗代尔特别强调了现代国家的作用，他说：现代国家是政治权力也是经济权力，它首先支持并保障本国的商业及信贷自由②。上面提到先后成为经济中心的城市或城市国家，实行的都是共和制或君主立宪制，都支持商业和贸易的发展，在文化和意识形态上也都相当开明。随着现代资本主义体系在城市中的发展和确立，它又"让经济分离出来，成为一个专门的领域，不再嵌于社会、宗教和政治之中。这种分离程序也见于生活的各个主要领域。"③ 显然，正是社会领域的合理分化与分离，才有各领域、各行业及其各部门的专业化发展，这不仅会大大地提高工作和生产效率，也会推动其走向自主自律，即建立起各自的标准、尺度与价值——而这正是自由的题中应有之义；它们之间互斥互补、良性互动的关系，又成为整个城市与社会发展的机制和动力。而那些经济落后的国家或区域，往往是君权神授和近代组织机构的混合，受社会和守旧势力的掣肘，很难从广阔的世界吸收新鲜空气。

由于自然历史条件的差异，古代中国的社会及城市，与西方中世纪和近代的社会及城市既有类似的地方，又有重大的区别。由于中国自然历史条件的特殊性，尤其是秦朝之后，一面是汪洋大海般的小农，另一面是大一统的皇权专制，这就基本上决定了城市的性质和命运：中国的城市无"自治"可言，更不可能形成"城市国家"。居住在城市的统治者从政治上掌控着广大农村，但这不能理解为城市对农村的主导，而是皇权对城乡一体性的统治。

古代中国城市最初作为从聚落发展而来的建筑群，也是"有城无市"，到后来渐渐"城中有市"，再到市突破城的局限，"有城有市"，也

---

① 艾伦·麦克法兰：《现代世界的诞生》，管可秾译，上海人民出版社2013年版，第27页。

② 布罗代尔著：《15至18世纪的物质文明、经济和资本主义》第3卷，顾良译，三联书店2002年版，第37、38页。

③ 艾伦·麦克法兰：《现代世界的诞生》，管可秾译，上海人民出版社2013年版，第27页。

有个别的"有市无城"的情况①。城与市关系的变化，是古代中国社会经济与政治关系变化的一个缩影：最初城的建立，主要考虑的是自然条件和周边环境，一要有利于生产生活，二要有利于安全防卫。夏的都城的建立与迁移，在此基础上重点考虑"收众夏，固邦本"，着眼点显然是政治需要；商的都城的建立与迁移，进一步重视地理与交通的优势②；周兴起并建都于西部的渭水流域，实行"封土建国，以藩屏周"的封建制，其政治目的不言而喻。周室宫殿都城及直接控制之地谓之京畿；诸侯之"国"则是由城墙围筑的防御基地，管辖着上百平方里的封地。《周礼·考工记》说"匠人营国，方九里，旁三门，国中九经九纬，经涂九轨，左祖右社，面朝后市，市朝一夫。"所谓"市朝一夫"，指市场和朝拜的地方各百步见方的面积（以一个农夫有百步之地耕种来形容）。西周的城邑都被纳入王朝体系，上有统属，下有分支，构成金字塔式的层级结构。到了春秋战国，城市的人口越来越多，许多诸侯国也非常重视商贸活动，于是市场的规模与交易的距离也越来越大。

秦统一天下之后的历朝历代，把农业作为自己经济基础的皇权专制政治，实行的一直是重农抑商的国策，自汉建立起来的官工官商和官学的体制，二千年一贯。这不能不限制城市工商业的发展，从而也限制了社会的横向流动与职业转换，阻碍市民阶层的出现。由于朝廷垄断了大部分的手工业和商业，能够无偿地调拨整个国家的资源，京城作为政治的中心，也就成为经济的中心；它对社会上各方面人才的吸引，更使之成为文化艺术的中心和文明的汇聚地。这不能不导致在城市中，官方政治与社会的自发势力，与市民生活之间形成复杂的矛盾关系。而国家越是发展成为政治国家，它就越要把自己的意志——其实就是统治者的意志——贯彻到社会的方方面面。

明朝是一个具有典型意义的例证。随着数次经济和文化重心南移，到宋元时期，江南的社会经济繁荣，已在全国领先；明成祖朱棣由南京迁都北京，则主要是基于政治和防御游牧民族的考虑。这样一来，一方面造成明政权更趋专制和落后，如黄仁宇所说：明朝以农村中最落后的部门为基

---

① 参见许宏：《大都无城》，三联书店 2016 年版。

② 参见宋镇豪：《夏商社会生活史》第 1 章，中国社会科学出版社 1996 年。

础，并以之为全国的标准，使全国看起来像一座大村庄而不像一个国家。政府既不对服务性质的组织与事业感兴趣，也无意于使国民经济多元化。其严格的中央集权及施政方针，不着眼于提倡扶助先进的经济，增益全国财富，而是保护落后的经济，以均衡的姿态维持王朝的安全，全国的工商业活动都受到压制。[①] 但是由于京都北迁，也带来了这个政权对南方控制的递减。明代中后期，南方工商业的发展和工商市镇的数量都远超北方，城镇化水平达到百分之十五左右；民间社团和市民生活也变得空前活跃，如形成了以东林党人为代表的批评专制统治、维护地方利益的政治力量；在明末三大家顾黄王和其他学者那里，出现了针对天子集权的分权主张，成为清末民初主张"地方自治"的一大思想源头。但从总体上看，即使在南方，城市的政治性也远远强于其经济功能，朝廷的主导作用或支配作用远大于民间力量，直到它走向衰败瓦解并被新的王朝取代。

清晚期，随着列强殖民活动和清政府自强运动的展开，中国的城市一度得到迅速发展。1840 年以前清朝开放的通商口岸只有广州，但到了清朝被推翻的前夜，朝廷被迫与主动开放的口岸已多达 90 余个，这些口岸大都属于中国沿海与沿江的城市，另一些则是沿交通网线的内陆城市，它们标志着中国历史进入现代化的全新进程中。以广州、福州、厦门、杭州、宁波、苏州、上海、青岛、天津、大连、南京、汉口、重庆等为代表的口岸城市，新式商店林立，近代工厂云集，金融业和房地产发达；西式医院、新式学校、新式演出、报刊以及出版机构，也如雨后春笋般出现，吸引着出身中国农村和小城镇的广大知识青年，从四面八方来到这些城市，谋求在经济、文化和政治等领域的发展。中国上世纪初的大企业家，几乎都是从上述城市中产生出来的。在广州、上海、天津、厦门、汉口等城市的租界中，更是率先出现了按照科学规划建设起来的新式马路、煤气、电灯、电话、自来水、公共交通、垃圾处理系统，加上严密有效的西式的城市管理，使这些城市形成了迥然不同于中国老城的新的面貌，为中国城市的现代化树立了样板，也为整个沉默而又处于动荡瓦解中的传统社会，带来了一股新的空气。[②]

① 参见黄仁宇：《万历十五年》，三联书店 1997 年版。

② 罗苏文：《近代上海：都市社会与生活》，第 1 讲、第 2 讲，中华书局 2006 年版。

租界重大的现代思想文化意义，在于对当时华人观念变迁的影响，其中最为显著也最有象征意义的，就是"夷"变为"洋"，"洋人"、"洋货"、"洋场"的称谓，表明华人对西方文化由排斥而欣赏，这同时也是对近代城市生活方式的认同与趋从。而将西方的历法由"洋历"改称为"公历"，将西方人建立的花园由"夷园"改称"公园"，则进一步表明了中国人在"中西"关系问题上平等意识和普遍价值观念的萌生。租界还有重大的政治意义，如当年的革命党大都曾经将租界作为躲避当时政府盘查镇压，从事政治活动的重要场所，打破了传统的中国城市作为政治一元化堡垒的局面。

在民国时期，上述城市尤其是工商业进一步得到发展，有资料显示，到1933年，除东北、台湾以外的工业最发达的十二个城市中，沿海的上海、天津、青岛、广州、福州、汕头等六个口岸城市，占了工人总数的72%和生产净值的85%；其次是沿江的南京、汉口、重庆等三个口岸城市，占了工人总数的10%和生产净值的5%。同时，沿海沿江口岸也是我国城市成长最快、城市化水平最高的地区。民国时期直属中央的七个特别市和十二个院辖市中，通商口岸城市分别占了86%和83%。从人口规模等级的角度看，1930年代，人口200万以上的全国第一大城市上海是通商口岸，人口100—200万的四个特大城市中三个是通商口岸，人口50—100万的四个大城市都是通商口岸。甚至在人口20—50万和人口10—20万这两个等级的城市中，通商口岸城市也占到67%和52%。口岸城市在中国经济、政治与文化现代化的过程中充当典范，相当有力地说明中国传统的农耕文明与传统农业，已经难以支持中国的发展，它必须借助工商业或转换为工商业，才能获得新的生命；而口岸城市所发挥的带动和引领作用，恰恰表明工商业已经成为社会发展的主要动力。

然而，这些得风气之先的城市，犹如处于风浪冲击之中的山峰与礁石，也要长期承受中西古今之间的矛盾和冲突，特别是随着政治的强化或衰落、开明或保守，直接导致这些城市的发展或停滞。但是，这并不意味着处于现代化过程中的中国城市不过是一个政治与经济的容器，完全是被动的，近代以来中国的城市正在获得自己的独立性和自主性。例如，变革之风往往从南方城市中刮起，由南向北引发风气的改变，表明南方的一些大城市已由市场经济赋予了自由平等和理性的品格。当然，中国整体上的经济发展与政治体制，也必定从宏观上支持并制约着这些城市的个性与发展。

三

中国城市自 20 世纪中期以来的发展，有经验，也有重大教训，但这些经验教训根本上仍然是中西古今的矛盾的反映，尤其反映了国人特别是执政集团对市场经济与市民社会的认知与态度。今天，我们在继续依据现代与传统的矛盾关系思考城市问题的同时，还应当着眼于全球化与地方性这一更具有当代意义的思想框架。

新政权建立初期，工人阶级领导的意识形态一度让我们形成城市主导并引导农村的社会发展思想，工农联盟又似乎为城乡之间的良性互动提供了政治上的保障。但是，很快由于在城市消灭了民族资本家和私有经济，实行计划经济和统购统销政策，扩大剪刀差盘剥农民，乡村的自发性和自组织性遭到极大的破坏，城市也逐渐失去了作为"城"和"市"特别是市的功能。1958 年，一号主席令，正式颁布了中华人民共和国户口登记条例，限制了中国人的迁徙自由，未经政府同意离开原住地的农民，被称为盲流，政府有权逮捕并劳教，以至于三年灾害时外出逃荒要饭，也必须有当地政府开具证明。这其实是一种变相的种群或阶级隔离——封闭制度。

实行城乡二元的户籍制度，城市人的命运虽然比农村人要好一些，但他们统统属于"单位"所有，一切生活用品都要凭票供应，更无可能自寻生活出路。结果，农村失去发展的动力，城市也停滞不前，甚至成为自我封闭、自我束缚的"城堡"了。在前苏联的计划经济和工业化的引导下，我们不但破坏了中国的老城及其所积淀和承载的文化传统，还把新城搞得千城一面。到"文革"前夕和"文革"之中，在有中国"特色"的民粹主义极左政治思想主导下，又将大量市民和许多大学赶到农村去，后来更是让知识青年统统到农村接受"再教育"，本来就没有多少自由可言的城市，其残缺的文明也进一步流失，难怪中国许多城市都被人们称之为大县城甚至大村庄。

究其原因，应当说上述问题是我们为了尽快实现现代化，而与传统实行决裂的结果。尽管它表现为"政治挂帅"和"政治决定一切"，其实反映了我们对现代与传统二元对立的也是残缺不全的理解。当然，这种理解"事出有因"，这就是急于完成对中国传统社会的全面改造，导致对具有强大惰性和惯性的传统社会结构及其政治应激反应即"矫枉过正"；对现代化的认知则是表浅的和"无根基"的，因为离开了市场经济的工业化，是不具有内在动力与广阔出路的。

中国城市真正建设性的翻天覆地的变化来自于改革开放。改革开放一方面是放活体制外的农村，另一方面恰是在沿海城市设置特区，大力开展面向国内外和"两头在外"的工商业活动，市场经济迅速发展起来；由此形成农村包围城市，沿海带动内地的格局。构成鲜明对比的是，在国家实行向苏联"一边倒"和闭关政策时，原来作为通商口岸的城市的发展几乎都停滞下来，甚至陷入萎缩，在改革开放之后，沿海沿江的传统口岸城市借助新的特区政策，迅速发展起来，重新成为中国现代化的窗口甚至引擎。

在今天，长期处于中西古今的矛盾冲突中的中国城市，正在被两种新的矛盾关系所塑造，一是"现代性"与"后现代"，二是"全球化"与"地方性"。由于西方后现代和消费主义思潮的流行，在权力和市场共同的作用下，中国尚未完成现代化任务的城市，却出现了许多稀奇古怪、奇形怪状的庞大建筑，这些与周围环境显得格格不入的所谓"后现代建筑"，除了给人新奇、"违和"与咄咄逼人的感觉，并未让人产生亲切感、舒适感和美感。当然，要么千篇一律要么奇形怪状，这还只是对当今中国城市现象的表面观察，那么，深入考察和思考中国城市的城市化与市场化这一更具根本性的问题，我们应当得出什么看法呢？

众所周知，由于政府对当地经济发展的重视和大力扶持，也由于政府能够通过各种方式支配许多资源，作为政府所在地的城市是能够吸引一批批的青年学生和农民工留城或进城的。然而，由于既缺乏对城市发展问题的预见性，又要依赖"土地财政"，导致一二线城市的房价不断攀升，高居不下的房价和子女上学等问题，又让许多人踌躇不决、陷入两难，让许多人生存在条件极其简陋的城乡接合部，成为"蚁族"，这些地方则成为中国式的"贫民窟"；与此构成鲜明对比的是两种城市景观：

一是景观城市现象的出现。城市的建筑本来不是自然的生成，而是人工设计和施工的结果；但是，城市毕竟是在大地上建立起来的，它的自然环境特别是水系、山丘、植物都是当地固有的，是城市建筑所要依托并要加以利用的生态系统，由此才能体现出"这一个"城市的独特性与优越性，体现出城市与自然的和谐相处。然而，由于城市管理者过于突出自己的意志，以及审美的唯美主义和病态化，结果，他们在为城市提供了雕塑、绘画、园林之后，还人为地制造出假山假水和假植物，在城市中自然退隐和恶化的情况下，更是强化了这一人为的趋势，当"美"脱离甚至背离了"真"，它就会变得矫揉造作，而自由也将变得失重甚至虚假，成为"伪自由"；

二是同样率先出现于西方的"欲望城市"现象，如果说欲望城市表现的主要是城市白领们的小资生活观念和情调，尤其是白领女性的女权观念与性观念，即生活的自主化、当下化、游戏化与物欲和情欲化；那么，一些人依托权力与金钱的炫富的、奢靡的、拜物的现象，也充斥于中国城市的一些高档俱乐部、夜总会和私人会所中，并在暴富起来的土豪们特别是他们任性的"二代"身上得到充分体现，在迅速走红的歌手与演员们身上体现，以中国式的特点重演着西方城市的"浮世绘"现象或波德莱尔的"恶之花"现象。在现代理性、法治和市民社会不健全的情况下，这些现象与政治腐败和社会溃败构成互为因果的关系。而无理性的纵欲和本能的任性，也同样都是伪自由。

那么，这是否意味着中国的城市"太现代"了，或"太后现代"了？表面上如此。然而，事实上，我们却随处可以发现传统的"实用理性"与"关系文化"以公开或隐蔽的形式大行其道。例如，城市换个主管领导就换一套城市建设和管理的方式或思路，造成巨大的重复和浪费，由人民代表大会正式通过的城市规划则被束之高阁，就既说明了公权力还未受到应有的约束，长官意志严重，也特别表明了中国城市的管理和决策离民主化、科学化还有很大的距离。再如，从国外学成归来的留学人员，感到严重不适的，已不再是教学和科研单位的硬件，而是它的行政化官僚化的管理以及让人头疼的复杂的人际关系，一种思想文化的"雾霾"。这显然涉及我们称之为"生活习惯"和"文化观念"的深层问题。笔者认为，如果从正面来讲，这基本上可以归结为城市的理性化程度和市民化程度问题。理性化和市民化，是标志着城市现代文明水平的最根本指标，它既包括上面提到的城市管理与决策的民主化与科学化，还特别体现为市民的生活方式、交往关系、组织形式、价值观念，市民作为公民对政治与社区工作的参与程度，以及由此形成的独立自主的人格、自由平等的精神气质和关心政治与公益事业的社会担当意识。而现代市民社会本身就意味着一种"自由秩序"。

有学者认为，市民社会在中国发育最好的地方，首先是广州，其次是上海、杭州、南京等地；并认为从广州以 1 千公里为半径，然后武汉，北京，哈尔滨，呈现出 4 个阶梯。这种看法有一定道理，它说明中国城市的市民化程度还是极其有限的。[①] 而留下的问题是，当年有"东方小巴黎"、"东方莫斯科"之称的哈尔滨，为什么降到城市的谷底？是东北所处的国际地缘政治使然，还是国内的经济政治格局的变化造成的，抑或兼而有之？这都值得我们思考和探讨。

在今天，已经建立起繁荣市场的大城市，如果主要还是凭借其作为权力金字塔的塔顶才能保持其优势地位，那些既无地理和资源优势，又没有真正确立起市场经济规则的城市，一旦失去政治的庇护，恐怕就很容易陷入停滞和衰败之中。当然，国家基于发展战略的考量，应当也能够扶持某些城市，但这些城市必须在这一政策实施过程中，尽可能迅速地发展出自己的造血能力，形成独特优势，如同那些主要依赖当地资源发展起来的城市，也必须在资源枯竭之前形成可持续发展的技术与产业模式。当然，这已经是超出本文主旨的问题了。

人类在发展自己的过程中创造了并塑造着城市，城市甚至可以视为人的非人格化身；而城市也在创造、塑造着进入这入城市的人，使人作为城市的人格化身。这是人与城市之间的故事。而这个故事不能不在天空和大地、陆地与大海、人的肉身与精神之间展开。从自然的自在、自发，到人的自为、自觉，再到自由；而自由又总是意味着一种更为灵动和具有审美意义的秩序，一种理想化的因而也永远不可能终结的方向。正是在人类追求自由秩序的过程中，城市成为一个无比重要的驿站乃至目的的，人们在此不断地上演各种戏剧、话剧，甚至生于斯、终于斯。然而，城市这个舞台的空间毕竟是有限的，城市只是矗立在天地之间的人为的高地，这个高

---

① 中山大学教授马天俊在与笔者讨论当代中国城市问题时，他表达了这样的看法。

地是不能替代真实的大山大水的。例如，在城市很难上演张艺谋导演的那些大型山水实景演出。城市如果一味地扩张，人口不断膨胀，就会产生交通拥堵、环境污染、居住和活动空间狭窄、上学就医困难，以及行政管理和监管不断强化，乃至出现福柯将现代城市社会比做边沁的"全景监狱"（Panoptic on）等严重问题，它给人带来的自由就会变异为控制。

城市不是无所不能的，其功能也是有限的。即使我们前面提到的城市的巨无霸——"世界性城市"，由于借助大海的纽带而与世界各地保持着普遍的互动关系，富有生机和活力，然而，也几乎无例外地都患有"大城市"病，并且，正如芒福德早在上世纪 30 年代广泛地考察了欧美的大都市后所指出的："世界性城市要想具有这样的功能还要求一个世界秩序。在一个秩序混乱的世界中，这些世界城市并没有什么作用，只是政治侵略与经济扩张的中心而已，甚至无法行使必要的城市职能以满足应该城市自身大量人口的需求。任何有效折大都市重建的要求都不能仅仅局限于地方交通规划或者地方建筑规范。""换句话说，任何大都市重建的尝试，都必须改变大都市经济的基本模式。必须改变人口增长，改变越来越严重的机械化设施的运用和带来的拥挤，改变绵延的都市带的扩张，改变无法控制的'巨大'和非理性的'宏大'"。① 这在让我们想到中国城市新一轮的发展与定位（即确定一批国家中心城市与世界性城市）所面临的问题时，又不能不想到"人类风险共同体"和"人类命运共同体"的概念。世界已经一体化，城市与城市之外的地域海域也已经一体化，因此也就有了一荣俱荣、一损俱损的共生性关系，而一种世界性与地方性"自治"与"共治"的方式势在必行。

以上所论与城市人的"乡愁"也大有关联。我们所说的"乡愁"，是人类生存论意义上的，还是中国人特有的感情和体验？如是指生存论意义上又具有民族文化特色的情感，那么，它就同样涉及现代与传统、全球化与地方性，涉及普遍与特殊、共性与个性的关系。现代城市固然体现着普遍的价值，体现着自由与开放，但是，它难道不应当传承并展示出自己在特定自然历史条件下成长的特殊性，即保存其特有的文化传统与历史遗产

---

① 刘易斯·芒福德著：《城市文化》，宋俊岭等译，中国建筑工业出版社 2009 年，第 334页。

吗？当然需要。就北京而言，别的不说，如果它的旧城仍在，不是也能留住民族的记忆和作为集体意识的乡愁吗？在今天，正是那些"修旧如旧"的充满传统文化风格的园林、书院和大院，以及原来租界中各类西式风格的建筑恢复，让人在感叹历史沧桑的同时，也促使我们思考在历史的变革中，如何让传统文化薪火相传，让文化之中的文明与精神以新的形式发扬光大。而人既需要城市的文明、繁华与社会性自由，也需要乡村、山区和海边的自然纯朴、天然造化和悠然自得，这同样是自由的题中应之义，如果不是更接近自由真谛的话。

渴望自由又要留住乡愁，这大概是当代中国城市人，对城市在现代与传统、全球化与地方性两种向度之间撕扯的具体感受吧？那么，中国的城市如何在扩大人们的自由度和提升创造力的同时，增强人们的归属感、家园感与幸福感，这需要大家共同来思考和探索。

（作者简介：张曙光：北京师范大学哲学学院教授，博士生导师。）

城乡揖别　文明缘起

——中国早期城市的考古学观察

许　宏

摘要： 新石器时代至秦统一的 3000 余年，处于中国古代城市从起源到初步发展的阶段。这一阶段的城市演进过程，与文明和国家形态密切相关，可以大体上分为三个相互承继但又各具特色的发展时期。即万邦林立、城市肇始的前王朝时代（新石器时代），都邑独大的夏商西周三代王朝时代（青铜时代）及社会剧变、都市繁盛的春秋战国时代（青铜时代末期至早期铁器时代）。在这一过程中，中国古代文明从无中心的多元发展为有中心的多元，最终形成秦汉时代的一体化。

关键词： 古代城市　早期文明　新石器时代　青铜时代　三代王朝

城市是文明社会所特有的聚落形态，它从一出现就是作为刚刚诞生的初期国家的权力中心而存在的。中国古代城市的主流就是政治城市。城市的政治、军事职能一直占主导地位，经济职能则不断增强，这是贯穿中国早期城市发展过程的一条主线。因此，城市在不同时期的变化，也就主要地取决于国家形态的变化。

秦汉帝国建立前的城市，从史前至三代，处于中国古代城市的初始阶段，在时间上跨 3000 余年之久。这一阶段的国家形态和城市演进过程，都可以大体上分为三个相互承继但又各具特色的发展时期。一幕幕城市发展的历史剧主要是在以中原为中心的大舞台上上演的。

万邦林立　城市肇始

考古学材料表明，仰韶时代后期至龙山时代（约公元前 3500—前 1800 年），被称为东亚"大两河流域"的黄河流域和长江流域的许多地区进入了一个发生着深刻的社会变革的时期。许多前所未见的文化现象集中出现，聚落形态上发生着根本的变化。如大型中心聚落及以其为中心形成的一个个大遗址群，城墙与壕沟、大型夯土台基和殿堂建筑、大型祭坛、大墓等耗工费时的工程，墓葬规模和随葬品数量质量上所反映出的巨大差别等等，都十分令人瞩目。这些重大发现在不断修正着人们的认识，随着 20 世纪 70 年代末期以来一系列重要发现的公布，中国在三代王朝文明之前即已出现了城邑或城市、它们是探索中国文明起源的重要线索的观点已得到了学界的普遍认同。

在广袤的黄河、长江流域，这些变化尽管在时间上略有先后，但基本上是各自独立发生的。那是一个"满天星斗"的时代，被称为"中国"的庞大的核心文化和社会共同体还没有问世，"邦国林立"是那个时代最显著的特征。有的学者将其称为"古国时代"或"邦国时代"，有的则借用欧美学界的话语系统，将其称为"酋邦时代"。这些人类群团在相互交流、碰撞的文化互动中，逐渐形成了一个松散的交互作用圈，这也就奠定了后世中华文明的基础。我们或可把中原王朝崛起前的这个波澜壮阔的时代称为"前王朝时代"。

那个时代最显著的人文景观，应当就是一座座拔地而起的城圈了。从城垣建筑技术的角度看，黄河、长江流域星罗棋布的城址可以分为三大群。一是黄河中下游地区，以夯土城垣为主，有的辅之以护城壕；二是长江流域，其特点是以宽壕为主，垣壕并重，城垣堆筑而成；三是以黄河河套地区为主的北方地区，为石砌城垣，一般依山而建。

总体上看，各地区的城垣建造都是因地制宜，是适应当地自然环境与社会环境的产物。如长江中下游多水乡泽国，宽大的壕沟和城垣显然具有行洪防涝的作用。而北方地区的石砌城址，则利用丘陵地带近山多石的条件，垒石成垣。矗立在黄河两岸的版筑夯土城垣，显然是生活在黄河流域的人们适应黄土和黄河的产物，是这一地区在走向文明的时代处理人地关系和人际关系的杰作。直立性和吸湿性强的黄土，使得版筑（在夹板中填入泥土夯实的建筑方法）成为可能。高大的夯土城墙和筑于高台上的宫室建筑，成为中国历史上最早的纪念碑式的文明表征。这一颇具中国特色的土木工程方法，在如今的黄河流域农村仍广泛使用着。

约公元前2800—前2300年之间的数百年，以黄河中游为中心的中原地区进入了一个大分化、大动荡、大改组的时期。中原地区最早的大型中心聚落和城址，大体上就出现于此时。随后，中原地区进入龙山时代后期，纷争进一步加剧。黄河下游的海岱地区，由于自然和社会因素的制约，在文化演进上与黄河中游相比稍平稳，文化延续性较强，甚至发达程度较显著，但两个区域的发展大体处于同步的状态。

黄河中下游的仰韶—龙山时代的夯土城址目前已发现30余处，面积一般在数万平方米至数十余万平方米之间，最大的山西襄汾陶寺城址，面积达280万平方米。由于破坏严重或未作进一步的发掘，这些城址的布局和内涵大都不甚清楚。但仅就现有的材料，已可知这些城址大多有较为规整的城垣（壕）布局，在一些城址中发现有公共排水设施、夯土台基、集中分布的陶窑、铜器残片、铜炼渣和陶文等，有的还发现了随葬多量玉石器、漆木器和彩绘陶器等礼仪用器的大中型墓葬，一些城址内部已可看出初步的功能分区。这些考古学现象不见或极少见于同时期的一般聚落，可见这些城址已显现出不同于一般村落的内涵。同时，城壕、夯土建筑台基等大型工程的营建本身就充分显示了人力物力的集中、行政管理与组织之复杂程度。从聚落遗存的分布上看，在每一座城址周围，一般都有若干同期遗址与其共同构成一个规模不等的遗址群。

这些以城址或较大的中心遗址为核心形成的大遗址群，大概与文献记载的"执玉帛者万国"之国相当，而如山西襄汾陶寺、河南登封王城岗、新密新砦、山东日照两城、章丘城子崖、阳谷景阳冈这样的城址应即这些邦国的权力中心，它们体现了人口、手工业、文化知识、财富和权力的集中，应当已属于初期城市的范畴。

王朝时代　都邑独大

城市是一个时代一个社会浓缩的精华，是当时文明高度集中的体现。

如果说公元前第三千纪（公元前3000—前2000年）是东亚大两河流域各区域比翼并肩的城市化初起阶段，那么进入公元前第二千纪（公元前2000—前1000年），这一均势即被打破，地处黄河中游的中原地区异军突起。随着青铜时代的到来，中原地区的城市化进程呈现加速度，王朝都城及以其为中心的区域形成了最早的"中国"。其文明因素向四外的强势辐射，奠定了后世"中国"的基础。

对于这一中国历史巨变的节点，其细节尚不得而知。我们只知道到了公元前1800年前后，曾经光灿一时的各区域文化先后走向衰落，已跻身初期城市行列或向城市迈进的诸多城址和大型中心聚落纷纷退出历史舞台。代之而起的是，二里头文化（约公元前1800—前1500年）在极短的时间内吸收了各地的文明因素，以中原文化为依托最终崛起。二里头文化与二里头都邑的出现，表明当时的社会由若干相互竞争的政治实体并存的局面，进入到广域王权国家阶段。黄河和长江流域这一东亚文明的腹心地区开始由"多元化"的邦国文明走向"一体化"的王朝文明。

地处中原腹地洛阳盆地的二里头遗址，其现存面积约3平方公里。这里发现了迄今所知中国最早的城市主干道网，最早的宫城，最早的中轴线布局的宫殿建筑群，最早的封闭式官营手工业作坊区，最早的青铜礼乐器群、兵器群及青铜器铸造作坊、最早的绿松石器作坊等等。这样的规模和内涵在当时的东亚大陆都是独一无二的，这里是中国乃至东亚地区迄今可确认的最早的具有明确城市规划的大型都邑。

此后，在"国之大事，在祀与戎"的政治理念下，商周青铜文明不断兴盛，伴随而来的是都邑的庞大化与高度复杂化。商代前期都城郑州商城的总面积一跃而至25平方公里左右，其中被巨大的城垣和壕沟包围起来的外城面积达10余平方公里，手工业作坊、青铜器窖藏、居民点与墓地散布其间。3平方公里的内城中则集中分布着大量夯土建筑基址和可能属宫城城墙的遗迹。到了商代后期，安阳殷墟遗址群的面积更达到了36平方公里之巨。跨都邑蜿蜒东行的洹河南岸，一处处聚族而居的"族邑"簇拥着宫室宗庙区，洹河北岸则分布着巨大的王陵区。

西周王朝采用"封建亲戚，以藩屏周"（《左传》）的策略，通过分封建立起了大量臣属于周王朝的诸侯国。这种建立在血缘政治上的大分封，导致了中国历史上第一个城市建设高潮的到来。注重亲疏远近的宗法制度，又造就了更严格的诸国及其属邑在都邑营建上的等级差别。这样我们也就能够理解企图恢复周礼的孔子，为什么一定要坚持"堕三都"，拆除贵族小城逾制僭越的部分。遗憾的是，我们对这次城市建设高潮的了解，更多地还仅限于文献记载，而缺少考古学的印证。

最早出现"中国"一词的西周初年青铜重器"何尊"的铭文，讲到周武王在灭商之后就有营建东都的重大决策，意欲建都于"中国"即天下的中心，由这里统治人民。从陕西长安丰镐遗址、岐山一带的周原、河南洛阳洛邑遗址以及各地的诸侯国都城看，西周王朝的都邑建设持续发展，礼乐文明达于极盛。

上述都邑最核心的内涵，是显现王权的宫殿宗庙遗存和都邑的总体规划性，这决定了这些都邑都属于政治性城市。它们有的有城墙，有的则没有城墙环绕，其内的布局还比较松散，显现出一定的原始性。

中原王朝都邑的外围，还分布着众多具有相对独立性的方国城邑。这些方国城邑的规模和内涵均等而下之，如商代的山西垣曲古城、夏县东下冯、湖北黄陂盘龙城和西周时代的北京房山琉璃河燕国都城等。当时的城邑建置和筑城规模都是根据宗法等级秩序来确定的，这决定了当时的城市具有较单纯的政治、军事中心的性质。

社会剧变　都市繁盛

在春秋战国时期（公元前770—前221年）巨大的社会变革中，城市大量兴起，形成第二个城市建设高潮，城市的功能与性质也发生了根本性的变化。如果说西周初年的第一个城市建设高潮是"封邦建国"的血缘政治的产物，那么新一轮的城市建设高潮则是中国古代社会由血缘政治向地缘政治演进的直接结果。城市发展上的巨大变革主要表现在城郭布局的形成和大规模筑城运动的展开两个方面。

城郭布局的出现，具有重要的社会意义。如前所述，夏商西周三代城市的主流，是以宫庙为核心的政治性都邑，进入春秋战国时代，城市则基本上是由主要担负政治职能的"城"和主要担负经济职能的"郭"两大部分组合而成的。

这一时期的城址目前已发现数百处，已公布材料或见于报道的即达

400 余处，而以战国时期的城址为多。

迄今为止，东周列国的都城遗址大都被发现。如三晋两周地区的河南洛阳东周王城、新郑郑韩故城，山西侯马晋都新田、夏县魏都安邑，燕赵地区的河北邯郸赵国故城、易县燕下都和平山中山灵寿城，齐鲁地区的山东临淄齐国故城、曲阜鲁国故城，关中地区的陕西凤翔雍城、临潼栎阳和咸阳等数处秦国都城，黄河流域以南的湖北荆州纪南城、安徽寿县寿春城等数处楚国都城，等等。这类城址在已知的同时期城址中所占比例最小，但却是最具典型意义的一类。这些城址一般规模巨大，多在 10—30 平方公里之间，绝大部分城址有城、郭之分。

春秋战国时代黄河流域及周边区域的这些大小城址，大多呈长方形或方形，相对较为规整，有较明确的方位意识。这些特点，充分显现了这一区域城垣和宫室建筑的"黄土的性格"和权力的威仪。首先，它们的选址一般是在沿河的高地或平原地带，没有南方那样密集的水网，受地形地势的限制和束缚较少，可以使规划设计得到最大限度的实现。其次，笔直的城垣和方正的城郭，也与夯土版筑的建筑技术有密切的关联。城垣和宫室建筑上较明确的方位意识，虽与北半球面南采光的环境适应有关，但更为重要的应是"建中立极""君人南面"的王权礼制的具体体现。

城市经济职能大幅度增强，是这一时期城市转型与发展的重要标志之一。随着城市商品经济的发展，人口大量流入城市，城市中各种手工业作坊日益增多，市场在不断扩展。扩大了的城市中，不仅产生了新的功能分区，城区的用地比例也随之发生变化。这就是位于郭内的闾里及工商业迅速增长，特别是"市"已发展为城市各阶层居民进行公共交换甚至社会活动的场所，成为城区内的一个极其重要的组成部分。

工商业的发达导致了城市经济的繁荣。《史记·苏秦列传》曾对当时的齐都临淄的城市生活作了形象的描述："临淄之途，车毂击，人肩摩，连衽成帷，举袂成幕，挥汗如雨，家殷人足，志高气扬"，一派升平景象。可以说，把"城"与"市"凝为一体的城市是在此期开始出现的。

如果说，春秋时期筑城运动的意义主要是对旧的等级城制的破坏，那么战国时期的大规模筑城运动则使新的郡县城市体系得以确立。郡县城最突出地反映了春秋战国之际城市性质的变化，即以往建立在宗法制度基础上的王城、相对独立的诸侯国都及卿大夫采邑，最终为专制国家的都城及其地方行政管理机构——郡县城所取代。作为中央集权统治的有力工具，郡县城的出现，为秦汉时代大一统局面的最终形成铺平了道路。

从早期城市看《考工记》

成书于东周时代的《周礼·考工记》，曾记述了一套营建国都的规制："匠人营国，方九里，旁三门，国中九经九纬，经涂九轨，左祖右社，面朝后市。"一般认为，这是以周代当时的都城布局为蓝本的。考古发现的实际情况表明，这样一套理想化的制度，与考古发现及较为可靠的文献记载所见先秦时期都城的实际格局并不符合。

首先，考古发现的周代城址并没有如此规整的回字形内城外郭的方正布局，而大多是总体设计与因地制宜的有机结合。正如《管子》一书所言："凡立国都，非于大山之下，必于广川之上。高勿近旱而水用足，下勿近水而沟防省。因天材，就地利，故城郭不必中规矩，道路不必中准绳"。在筑城规制上显现出更多的务实思想。

其次，《周礼·考工记》所述"左祖右社"的营国制度并不见于考古发现所见的先秦城市。结合考古发现和文献记载，可知春秋以前都城中宫殿和宗庙布局的主流是宫庙一体，以祭祀祖先的宗庙为主，而经战国时期以迄秦汉，则变成了宫、庙分离，以当时的君王所处宫殿为主。以宫殿为主的宫庙格局的形成，是君主集权政治发展的必然结果，宫殿、宗庙地位的这种变化昭示着中国古代社会结构上的一次划时代的变革。

有了这一基本认识，就可知《考工记》中"左祖右社"的营国制度，其中的宗庙（"祖"）已退居次要地位，显然属于晚近的汉代的制度。据研究，《考工记》"匠人营国"部分的其他内容也与汉代长安城的规划大致相合。《考工记》虽为战国初期齐国的官书，但经秦灭六国的兵燹及焚书之劫，曾一度散佚。至西汉复出，汉武帝时被补进《周礼》。已有学者指出其经汉人改篡，不排除汉代儒生从长安城的实际情况出发，增改了《考工记》"匠人营国"部分。因此，《考工记》所记载的"营国制度"，虽然对后世的中国古代都城建设产生过一定影响，但与先秦城市发展的关联性，却是需要作进一步的探究的。

（原题为《城市视角下的中原早期文明》，刊于《早期中国研究》第1辑，文物出版社 2013 年版）

（作者简介：许宏，中国社会科学院考古研究所研究员，中国社会科学院研究生院教授、博士生导师）

路在何方？
——乡土中国百年进程的历史反思

王先明

摘要： 中国农村近百年的历史，是一个经济文化渐次下行的历史。在全球语境下，为了自强求存，传统的重农轻商被重工轻农取代。工业化进程加速，城市成为社会中心，农民地位急剧下降，乡村文化迅速衰败。中国现代化前进的动力源自农村，农民为中国进步做出了巨大牺牲。现代化的脚步方兴未艾，乡村正行走在败亡之途。人们不禁要问，我们如何复兴斯土斯民？

关键词： 乡村　农民　城市化　重农轻商

近年来，"乡愁"成为一个引人关注的话语。尽管对"乡愁"的解读可以多种多样，但这个话语的瞬间趋热却也反映了一个当下最大的现实：即中国的城乡差距正在变为城乡撕裂。我们不得不正视的"三农"问题，即农业、农村、农民问题仍然是我们前进路上必须解决的问题。这不是抒情和愤评能够讲清楚的问题；也不是时评和声讨所能厘清的事实。这是一个必须面对的现实之困，但却也是一个迭经积累的历史之果。只有从一个百年历史的长程来回视（百年历史进程以1949年为界大致分两个时期，四个阶段：1.1901年至1927年；2.1928年至1949年；3.1950年至1978年。4.1979年至今），我们或许可以获得更深刻的领悟与反省。

一　农业：日趋失重的历史进程

20世纪20年代，吕瑞庭提出《农业立国意见书》。这部篇幅不大的小册子，内容可大致概括为绪论、本论和结论三个部分。在本论部分，作者列出了农业立国的（历史、地理、政治、经济、财政、统计、军事、风俗、卫生、人口等）十大理由。民国初立，政局变动，国家根基不稳，未来方向不明。关于国家政策及其立国方向成为人们关注的焦点。问题在于，为什么"农业立国"成为一个问题，值得如此提出并引发一波又一波的论争？其后二三十年代农村复兴思潮、救济农村主张以及乡村建设运动的兴起，30年代之后农村社会性质论战等等，都与这一思想动向相关。然而在此之前，这不成其为问题。

传统中国的基本国策就是"以农立国"，"以农立国者垂五千年，劝课农事，溯源极古。后世因袭，莫敢或轻"。① 随着商鞅耕战政策的推行，特别是秦汉统一帝国建立后，农业被摆放到安邦治国的突出地位，商业或商人渐次沦落而被轻贱。此后两千年间，"重农抑商"政策一直为历代统治者奉为国策，"古之王者，宰治重教，既视农为本业而末置工商"。直到晚清之际，在内忧外患的双重逼迫之下终成"数千年未有之大变局"，遂使这一"立国之策"发生了历史性逆转。

在19世纪60年代之初，曾国藩在洋务运动中就形成了"商鞅以耕战，泰西以商战"的认识。从19世纪60—70年代形成，在80年代得到充分发展的"工商立国"的商本思潮，便是近代社会生活和社会结构变动的观念表现，它是对传统"农本"结构及其社会地位的一种反叛。由"商末"变为"商本"的历史过程，由农业社会向工业社会转型，从洋务运动揭开序幕。"我国机器工业，肇始于同光，建设于清季"。② 以大机器为生产手段的近代工业的出现，不仅仅意味着新的生产方式的出现，而且为整个社会经济的发展明示了历史趋向。"洋机器于耕织、刷印、陶埴诸器，皆能制造，有裨民生日用，原不专为军火而设"。③

1903年，一变而为"工商立国"。清朝中央一改"重农抑商"之传统，发布上谕："通商惠工，为古今经国之要政。清朝正式成立闻以贝子载振为尚书、以徐世昌、唐文治为左右侍郎的商部，成为"中国史上数

---

① 宋希庠：《中国历代劝农考》，正中书局1935年版，第1页。
② 龚骏编：《中国新工业发展史大纲》，上海商务印书馆1933年版，第1页。
③ 《李文忠公全集·奏稿》卷九，《置办外国铁厂机器折》。

千年来未有之创制。"亦即，20 世纪初年，开始实施"工商立国"之策。

晚清民国政权变动，并未逆转这一历史演进的基本态势。北洋、民国时期，尽管政局动荡，但工业化进程并未中断。"抗日战争前的半个世纪，中国经历了一个工业化过程。中国经济取得的进步，无论在规模还是在影响上，与包括日本在内的其他几个增长速度很快的国家相类似。经济学家们的研究表明，1912—1936 年，中国工业年增长率 9.4%。仅就工业化或者现代化建设成就而言，"在抗战前达到了旧中国经济史上的最高峰"①。

新中国成立后，工业化目标仍然是国家建设的基本导向。这在中共七届二中全会报告中已经十分明确指出，在革命胜利以后的任务是使中国稳步地由农业国转变为工业国，把中国建设成为一个伟大的社会主义国家。在同一天的发言中，就工业化问题，任弼时强调说，我们在政治上、军事上取得了独立自主，"还必须在经济上取得独立自主，才能算完全的独立自主"。他认为，新中国要逐步转向社会主义，工业的比重至少要达到 30% 以上②。

1954 年 1 月，毛泽东就关于召开七届四中全会指示，大概是三个五年计划，即十五年左右，可以打下一个基础。"我们要建成一个伟大的社会主义国家，大概要经过五十年即十个五年计划，就差不多了，就像个样子了，就同现在大不一样了。"现在状况，"能造桌子椅子，能造茶碗茶壶……但是，一辆汽车、一架飞机、一辆坦克、一辆拖拉机都不能造"③。显然，向工业社会转型仍然是新中国建设的主要目标。在这一时期，中国用了近 30 年的时间，初步构造起了独立、相对完整的工业体系，工业化进程也由起步阶段逐步进入了工业化的阶段。

"一五"计划的基本建设投资总额安排为 427.4 亿元，占国家对经济事业和文化教育事业总支出的 55.8%，超过财政支出总额的 1/3。5 年共投资 400 多亿元，它超过了中国近百年现代化过程中形成的固定资产的总

---

① 王玉茹、刘佛丁、张东刚：《制度变迁与中国近代工业化——以政府的行为分析为中心》，第 382 页。

② 《任弼时传》，人民出版社、中央文献出版社 1994 年版，第 710—713 页，转见沙健孙：《毛泽东与新中国建设》，中国社会科学出版社 2009 年版，第 26 页。

③ 《关于中华人民共和国宪法草案》(1954 年 6 月 14 日)。

和（到 1949 年，工业固定资产总额为 128 亿元）。可知，在国家整个建设投资取向上，工业是重点，农业只占 7.6%。① 新中国经济建设的启动实质上就是工业建设进程的启动，也就是工业城市化和城市工业化进程的启动。"我国城市建设只能而且必须采取重点建设的方针。"② 尤其在第一个五年计划时期。"这期间，全国总人口年平均增长 2%，而城市人口年平均增长 7%。"③ 1949 年全国仅有城镇人口 5700 多万，占全国总人口的 10.6%，到 1952 年时全国共有 157 座城市，城市人口 7000 多万，城市人口占全国人口的比重上升到 12.5%。在"一五"计划建设推动下，工业化建设进程中一部分农村劳动力进入城市骨干工业就业投入国家建设，这期间全国城镇人口增加了 2786 万，至 1957 年达 9949 万人，城市人口占全国人口的 15.4%。"一五"计划期间，农村每年平均净迁移 300 万人口到大中城市④。

1979 年后 30 年现代化的快速推进，仍然是工业化进程的接续性发展。从这个意义上说，其间虽有顿挫、有曲折，但不能说断裂。2002 年，中国的国内生产总值跃上 10 万亿元的新台阶，经济总量位居世界第六位；工业增加值为 45935 亿元，占 GDP 的比重达到 44.9%。作为比较，新中国成立之初的 1949 年，工业净产值仅为 45 亿元，所占比重只有 12.6%。这一数据对比背后，隐含着一个建立在农业国家基础上，拥有 13 亿人口同时进入工业化进程的历史演进。

今天中国正处于工业化中期。这是中国社科院发布的《中国工业化进程报告》对中国的工业化水平所做的评价。该报告指出，2005 年中国工业化水平综合指数达到 50。这一指数是评价一个国家工业化水平的指标，指标数在 0—33 时表示一个国家工业化处于初期，33—66 时表示工业化中期，66—100 则表示工业化后期了，而当这个指数大于 100，则表示已进入后工业化阶段。如果再考虑两年的增长，到 2012 年年末中国工业化水平综合指数达到 72 左右，中国进入工业化的最后阶段是没有疑问的。

---

① 虞和平主编：《中国现代化历程》第三卷，江苏人民出版社 2002 年版，第 1006 页。

② 薄一波：《当前基本建设中的几个问题》（1955 年 3 月 23 日），《建国以来重要文献选编》第六册，第 128 页。

③ 邹农俭：《中国农村城市化研究》，广西人民出版社 1998 年版，第 81 页。

④ 同上书，第 85 页。

百年历史演进的大格局是：中国农业从传统"重农抑商"演变为"重商轻农"，再变为"重工轻农"。其间，面对工农业严重失衡问题时虽然时有调适，也只是补救一时之困，并未影响历史演进大势。1979 后工业化、城市化、现代化加速发展，农业持续处于失重态势，而且这一趋势未来一定时间内没有可能改变。《中国工业化进程报告》预测，中国将在 2015 年至 2018 年完成工业化，最晚将在 2021 年完成工业化进程。

二 农民：日趋失位的历史演进

农民，是中国历史上最大的群体或阶层，或者说阶级。这是始终影响中国历史进程的力量。所谓"水可载舟，亦可覆舟"之水，实指为民——农民。因此，在千年如斯的社会秩序体系中，一个相对稳定的社会结构体系是"四民结构"，即：士农工商。其基本定位是士首商末，重农抑商，农本商末。在乡土中国农民最为基本的理想生活模式不是什么"出将入相"，而是"耕读之家"。在"士农工商"基本社会结构序列中，农的地位远高于工与商。

农民地位的急速下降始于近代。民国年间一位外国学者观察到，中国社会有三个不平等的现象："一个是有钱的人处处占便宜，没钱的人处处吃苦头；一个是城市的人处处得利，乡村的人处处倒霉；一个是男子处处在先，妇女处处落后。"[①] 在这里，因城乡而形成的地位反差已经是一个时代性问题了。

进入 20 世纪初叶后，传统社会原有的士、农、工、商等各社会阶层开始分化。近代城市化的进程，引动了中国社会结构的深刻变化。

在 1905 年，"窃闻国家兴亡，匹夫有责，天下虽分四民，而士商农工（已不再称"士农工商"，标志着"商"的社会地位的变动——引者注）具为国民之一分子，⋯⋯方今拒约事起，⋯⋯而实行之力，则惟商界是赖"。传统的"士农工商"变为了现实的"士商农工"，标志着传统社会结构最初的错动。正如杨开道所言：我国古时农民的地位非常高尚⋯⋯到

---

① 原载《教育与民众》第 2 卷第 2 期，1930 年 10 月《我国乡村妇女生活的实况与我们的责任》，陈侠、傅启群编：《傅葆琛教育论著选》，人民教育出版社 1994 年版，第 2 页。

了近代，从前的工匠，现在变成了工程师和制造家，从前的市侩，现在变成了商业家、资本家。但是农民呢，他们的生活一天一天的变坏，他们的地位一天一天的降低，被旁的阶级的同胞压迫和讪笑了。

社会在重构中出现了一个个新的社会群体：如"绅商界"、学界、知识界、军界等等。这是伴随着城市化、工业化及其现代化进程而发生的历史现象。到清末民初，城市中许多现代专门职业都已经具备，近代社会结构通过剧烈的分化、流动，实现了新的重构。随着中国近代城市化的过程加速，传统社会以"士农工商"为主体的社会阶层被新兴的社会阶层所取代，城市社会结构中形成了中产阶层、产业工人、城市贫民等三大社会阶层，而各个阶层内部也由于社会分工劳动细化，不断改变着原有的分层与结构。

但是，近代乡村社会的变动却并不与城市社会的变动同步展开。即使在清末民初，尽管乡村社会动荡剧烈、社会冲突不断，但其基本社会结构模式似也未发生"结构性"变动。即使在土地相对集中的江苏，乡村社会结构的变动也不明显。"根据资料来看，民国以来江苏省农业阶层变化不多，其幅度很小，农民阶层的攀登是失败的。"① 直至 20 世纪二三十年代，中国乡村社会仍是以自耕农为主体的传统社会结构模式。几项调查资料（国民政府 20 年代的调查，以及日本人的调查统计）表明，中国的农业 70% 是小农经营；农民的生活呈直线下滑态势。

新中国成立后虽曾略有改观，但在工业建设为主导，城市建设为重点的政策和方向的引导下，农民的地位依然处于下向走势。1953 年在全国政协常委扩大会上梁漱溟直言："过去中国将近三十年的革命中，中共都是依靠农民而以乡村为根据地的。但自进入城市之后，工作重点转移于城市，从农民成长起来的干部亦都转入城市，乡村便不免空虚。特别是近几年来，城里的工人生活提高得快，而乡村的农民生活却依然很苦……有人说，如今工人的生活在九天，农民的生活在九地，有'九天九地'之差，这话值得引起注意。我们建国运动如果忽略或遗漏了中国人民的

---

① 刘河北：《江苏省传统式金融的调剂方式（1912—1937）》，《近代中国农村经济史论文集》，中央研究院近代史研究所 1989 年 12 月版，第 688 页。

大多数——农民，那是不相宜的。"① 虽然梁之言辞不免过激，但其所见农民地位失落并更趋下降的问题并非无根之论。尤其是 1958 年开始实施严格限制城乡居民流动的户籍制度，以及高度集体化的体制，从而把农民死死限定在了农村，其人身与经济自由限制程度前所未有！在整个国家社会结构序列中，农民是地位最低的一个阶层：无论是生活保障、教育、就业、医疗还是政治权利上。

户籍政策限制了农民发展的自由，加之城乡不平等政策创造了城乡地域的巨大不平等（如高考制度、城乡"剪刀差"、财政投入巨大差距），不仅限制了父辈一代的农民，大幅降低农村年轻人的起点，同时又给农村年轻人创造了新的巨大不公平，严重遏制了农村年轻人的上升空间，让农村年轻人的向上奋斗"难于上青天"。

政治地位急速下降：人大代表中工农比例 1978 年以来断崖式下降。第九届、第十届中 56 个，用 56 个代表 8 亿农民，合着 56 个民族一个民族只有一个农民参加。

因此从长远上看，百年来农民阶层的地位虽时有变化，却大体上呈现出一路下滑的态势。

三 农村：日渐失范的乡村文化

在以"士农工商"简单社会分工为基础的农耕社会里，技术知识及其进步是微不足道的。社会秩序的维系和延续依赖于"伦理知识"。因此，无论社会怎样的动荡变乱，无论王朝如何的起落兴废，维系封建社会文明的纲常伦理中心却不曾变更。然而，居于这个社会文明中心位置的却恰恰是乡绅阶层。他们是乡村社会内生的力量，是乡村社会秩序和文化维系力量。

梁漱溟说"原来中国社会是以乡村为基础，并以乡村为主体的；所有文化，多半是从乡村而来，又为乡村而设——法制、礼俗、工商业等莫不如是。"传统中国社会是城乡一体化发展模式，就精英人才的流动而言城乡并无差别。民国时期一项科举人才出身的调查统计表明，科举中试的

---

① 汪东林：《梁漱溟与毛泽东》，吉林人民出版社 1989 年版，第 22 页。

人才，至少一半以上是从乡间出来的。在相关的有功名人士家族统计分析中，城乡几乎相等。而且，乡村士子，并不因为被科举选择出来之后就脱离本乡。出则为仕，退则为绅，乡间人才辈出，循环作育，蔚为大观。人才不脱离草根，使中国文化能深入地方，也使人才的来源充沛浩阔。

近百年来，传统中国社会城乡一体化发展模式破解，从而形成了城乡背离化发展的模式，即都市日愈繁荣，农村日益衰落，遂造成持续不绝的乡村危机。尤其是科举旧学废除后，现代的教育，从乡土社会论，是悬空了的，不切实际的。造成乡土人才向城市社会的单向流动。曾经的乡土精英已经不存在，洋秀才都挤在城里，所谓乡间正绅、良绅无以存续，遂造成劣绅、豪绅充斥乡村社会之局面。

近百年来持续出现的乡村危机并不仅仅是一个经济的问题，而是"中国旧社会构造遭到破坏"之后，"就是文化失调；——极其严重的文化失调！"① 亦即乡土中国处在一个旧的文化规范破坏，新的文化规范未立，人心无所适从的境况。

20 世纪以来，这种城乡文化一体化模式发生逆转。新教育制度取而代兴后，政府设学偏于城市而漠视乡村，城市教育渐次发达，乡村教育则望尘莫及。整个中国的教育布局发生了显著的变化，京师大学堂、高等学堂、专门学堂、实业学堂、师范学堂等全部集中在京城、省城或其他重要的城市，中学堂基本上都设在各府、厅、直隶州的所在地，连小学堂也多设在州县所在地。乡村学校仅占全国学校总数的 10%②，即使是服务于乡村社会的农业学校也有将近 80% 设在城区③。清末民初中国共有乡村 10 万个，村落 100 万个④。以此计算，时至 1922 年，全国中小学校共 178847 所，平均每 6 村才有一所学校。至 1931 年，全国中小学校共 262889 所，平均每 4 村才有一所学校⑤。

---

① 《梁漱溟全集》第二卷，山东人民出版社 2005 年版，第 213 页。

② 陶行知：《师范教育之新趋势》，《陶行知全集》（一），湖南教育出版社 1986 年版，第 167 页。

③ 罗兹曼：《中国的现代化》，第 551—563 页。

④ 世界著名农业经济学家白德菲博士 Do. L. Butterfield 曾于民国十年莅华调查所得，中国当时至少有乡村 10 万个，村落 100 万个。

⑤ 《第二次中国教育年鉴统计》：民国十一年全国国民学校及小学较 177751 所，中等学校 1096 所；民国二十年，全国国民学校及小学校 259863 所，中等学校 3026 所。

由此，造成乡村城乡人才的逆转性流动，"农村中比较有志气的分子不断的向城市跑，外县的向省会跑，外省的向首都与通商大埠跑"①，"而且这种流动越来越变成是单程的迁移。"② 这种"工业文明的产物"的新教育，以养成有教育的劳动者，公司雇员、国家官吏为目标，对于乡村社会而言它"是悬空了的，不切实际的"，它加速了乡村精英外流的趋势，对乡土社区是断送了人才，驱逐了人才③。

问题是，新中国成立后，及至今天的教育布局和教育资源分布，仍然没有根本改观。高考录取分数的巨大的城乡差距，名校农村学生比例的急剧下降应该是一个可以说明问题的实证。2006 年 1 月，国家教育科学"十五"规划课题"我国高等教育公平问题的研究"课题组发布了一项调查研究结果。研究表明，随着学历的增加，城乡之间的差距逐渐拉大——在城市，高中、中专、大专、本科、研究生学历人口的比例分别是农村的3.5 倍、16.5 倍、55.5 倍、281.55 倍、323 倍。目前城乡大学生的比例分别是 82.3% 和 17.7%。而在 20 世纪 80 年代，高校中农村生源还占30% 以上。

乡村社会缺失精英力量坚固的维系，也缺失培育乡村精英的完善制度设计。整个教育制度建设是偏向于城市的。

另外，由于文化失范，精英流失，乡村文化规范重建困难，造成乡村社会失序问题严峻。直到今天，这仍是一个十分揪心的问题。

四　深刻的历史反思

人们在深刻的历史反思中对于现代化建设的取向产生了质疑：在工业

---

① 潘光旦：《说乡土教育》，潘乃谷、潘乃和：《潘光旦文集》，光明日报出版社 1999 年版，第 371—378 页。
② 孔飞力：《中华帝国晚期的叛乱及其敌人》，中国社会科学出版社 1990 年版，第 238 页。
③ 费孝通：《损蚀冲洗下的乡土》（《乡土重建》，第 72 页），潘光旦：《忘本的教育》（《潘光旦文集》，第 430—433 页），潘光旦：《说乡土教育》（《潘光旦文集》），梁漱溟：《我心中的苦闷》（鲍霁主编：《梁漱溟学术精华录》，北京师范学院出版社 1988 年版，第 450—453 页）对此都有论述。

化和现代化取向下，无疑"产业界根本的变动，件件是发展都市的。"①
因此，乡村危机是对应于城市发展或城市繁荣的具有特定区位性的一种危
机，"农村则终年勤苦生产，完全供给都市人们之生活费，至其本身破灭
而止……结果都市日愈繁荣，农村日益衰落。""从都市到农村切断了农
工商相互间的纽带，""大都市作了病态的繁荣"，"农村相继破产。"② 而
现实中乡村持续衰败状况也着实惊心：

中国文联副主席、国务院参事冯骥才在 2012 年 10 月 20 日透露，相
关部门最新统计数字显示，我国的自然村十年前有 360 万个，现在则只剩
270 万个，"比较妥当的说法是每一天消失 80 个至 100 个村落"③。记者曾
对赣西北三个"空心村"进行调查，11 个自然村平均居住不到 8 人；村
民外出打工，从山村走向了城镇，留下了"空心村"，有的地方还干脆说
成是"空壳村"。

据国家统计局发布《2014 年全国农民工监测调查报告》显示，2014
年全国农民工总量为 27395 万人。近年我国农民工的基本特征：六成以上
为男性农民工，在全部农民工中，男性占 67.0%，女性占 33.0%，分年
龄段来看，农民工以青壮年为主 16—20 岁占 3.5%，21—30 岁占 30.2%，
31—40 岁占 22.8%，41—50 岁占 26.4%，50 岁以上的农民工占 17.1%。

根据报告数据可以看出农村留守人群中，妇女、儿童、老人占有相当
大的比例，由此造成的农村人口空心化极不利于农村的发展。据相关调查
结果显示，农村人口结构严重失调，50 岁以上的人占留守人群的 67%。
由此可见，"空心化"已经成为时代发展的"痼疾"。大量外流的青壮年
劳动力，严重失调的人口结构，日渐增加的"空心村"必然阻碍现代化
进程。

但是，我们从另一个角度可以提出的问题是，在百年历史的工业化、
城市化和现代化进程中，农业、农民、农村为此做出怎样的贡献？

1. 早期工业化启动及现代化启动，资金和劳动力源于农业，源于农

---

① 周谷城：《中国社会之变化》（1930 年），《民国丛书第一编》（77），历史地理类，上海
书店 1989 年影印本，第 7 页。

② 同上书，第 45—47 页。

③ 《聚焦空心村：毛泽东的社会主义农业梦变得遥遥无期》，《中华论坛网》2015 年 6 月 19
日。

民。30 年代刘大中估计农业积余 26 亿—30 亿元，这是工业化启动资金源。

2. 晏阳初参与八年抗战的民众动员深切地认识到：抗战时出粮当兵，前方流血者，后方流汗者，大都是农民。抗战胜利的结果恰恰是"这85％的乡村生产大众，已经把中国高举为五强之一。"而中共革命的胜利，正如陈毅所言：淮海战役的胜利是农民用小推车推出来的。

3. 新中国成立后，在"一五"计划期间，农村每年平均净迁移 300 万人口到大中城市，农民成为工业化奠基和城市发展的主体力量。中国目前流动人口总数超过 2 亿，这个来自农村、主要在制造业、建筑业、服务业等行业工作的庞大人群在城市打工，为今天现代化的城市生活仍然付出汗水、辛劳、青春……建国 60 年农业向工业贡献 17 万亿元，今天即使谈简单的补偿我们做得也远远不够。

也就是说，百年来的中国现代化进程的每一步，都是以农民、农业、农村的巨大牺牲为代价的。农民阶层的祖辈、父辈和子代的牺牲，成就了今天的现代化业绩。问题端在于，如果现代化的巨大成果能够与农民、农村和农业适时共享的话，相信中国农村不会是如此境况。

农业，失重不可失衡；农民，失落不可失位；农村，失范不可失序。

（作者简介：王先明，南开大学历史学院教授，博士生导师）

基础理论篇

乡愁的过去与现在

沈湘平

摘要：阻隔、记忆、闲暇是乡愁产生的三个条件。从中西词源可见，乡愁主要表现为对原初生活的向往和对家的眷恋。传统社会的乡愁是诗情画意的，现代社会的乡愁本质上基于存在历史性的领悟，具有真正的哲学意味。城市化带来的乡愁更多是离开大地的痛苦，全球化带来的乡愁事实上是民族文化意识的体现。景观化、虚拟化给我们带来对乡愁不确定的思考，面对资本逻辑和大众逻辑的合谋，乡愁的救赎呼唤倾听存在的诗之思。

关键词：乡愁　存在　救赎诗

一

比之世间万事万物，人是自由自觉的存在，是"站出来"的存在（existenz），是"去存在"（to be），是总要超越当下、谋划未来的生成的历史性存在。这也就意味着，人总是要离开旧有场域、状态，达致一种新场域、状态。但是，人之存在的特殊性还不止于此，还在于接物生情，总是在情感及精神上对所由而来的旧有场域、状态有一种深深的依恋——这大概就是最广泛意义上的乡愁了。在此意义上，人可以说是一种乡愁的存在物，人存在就有乡愁。但就每一个现实的具体的个人来说，乡愁得以产生需要三个条件：

一是阻隔。乡愁的产生以时间间隔或空间间距为前提，在原时原地无所谓乡愁。正是因为时空阻隔，才有了余光中在著名的《乡愁》中揭示的"这头"和"那头"。人从"那头"来，在"这头"却暂时或永远回不去"那头",乡愁便是"那头"对"这头"的牵引与召唤,是"这头"对"那头"的回望与眷恋。

二是记忆。存在就是被感知,历史依靠记忆,没有记忆也就无所谓乡愁。当然,对所由而来的旧有场域、状态的记忆并非一种镜喻式的纯客观识记。一方面,人们的记忆总是意向性的、筛选的视域性记忆,甚至由于历史变迁和信息不对称,所记忆的与真实存在往往大相径庭;另一方面,人们基于自己的情感和间距产生的美,对"那头"的记忆总是一种文化心理的存在,是一种美好、赤诚的文化想象,甚至可以说是一种原教旨意义上的原初崇拜。

三是闲暇。乡愁既然是"这头"对"那头"的眷恋,那就是以"这头"的主体意识为前提的。在一般的意义上,人都具有主体意识,但具体情境中所体现的方面是不一样的。在耽于工作和劳累,聚精会神于"手头"时,相对于"手头"之外的一切,人就是被动的存在。"偷得浮生半日闲",人只有在放下"手头",获得闲暇,"这头"的意识才能唤醒,去记忆、想象和向往"那头"。马克思曾说,时间是人发展的空间。其实,时间也是可能把乡愁从前意识(pre-consciousness)变成意识的重要条件。一个忙碌"无间"、没有闲暇的人可能在自觉的意义上根本不知道乡愁为何物。

这三个条件可以成为我们考察不同时代乡愁问题的基本观测点。同时,这些条件也表明,在哲学意义上,是存在的历史性以及人们对存在历史性的领悟使得乡愁成为可能。

二

从词源的角度看,东西方对乡愁的理解既有一致,也有区分,细细品味,也别有意思。

在汉语中,乡愁的"乡"的甲骨文是:

　　从字形看，普遍认为"乡"会意的是两人相向对坐，共食一簋。用今天的话来说就是同吃一锅饭。这是先民们部落生活的真实写照。对于至今仍倾向于以感觉尤其以味觉来把握世界的"舌尖上"的中国人来说，真是太契合不过了。很多国人的乡愁往往感性地体现为对家乡某种食物的记忆，似乎乡愁的救赎之道也就是在饕餮中感受"家乡的味道"。"食色，性也"而"民以食为天"。吃饭是人最基本的需要，也是最原初的生活，"乡"就指向一种基本和原初。值得注意的是，即使是在最原初的生活中，中国人也是共在共享着的，生活共同体既是生命共同体也是精神共同体。许慎《说文解字》中对"乡"的理解基于已经讹变的小篆字形，他说："鄉，国离邑，民所封鄉也。"意思是远离国都，百姓开荒耕种的地方。这倒是有了乡村与都市相对的含义。无论如何，在中国古代，"乡"乃是一种原初生活场域。"愁"则从心、从秋，一般认为，本意是指在心里对秋天成熟的庄稼的牵挂。因此，可以说乡愁就意味着对原初生活世界的向往与牵挂——"乡"在古汉语中本就有"向"的意思，例如"乡师而哭"。

　　在英语中，有两个词都可以翻译为乡愁，一个是 Nostalgia，源于希腊文 nostos（家乡）和 algos（痛苦、憧憬）；另一个为 Homesickness（德语为 Heimweh），由 home（heim，家）和 sickness（weh，病痛或伤害）两词合成。可见西语中乡愁归根到底是对"家"的眷恋。基于天、地、神、人的世界观和基督教文化影响，不少西方学者指认乡愁与亚当、夏娃被逐出伊甸园有关。人被驱逐出伊甸园后，远离了神，乡愁就是试图追寻神的踪迹，朝向那个所从而来的家。在纯粹世俗的意义上，乡愁确实是一种对家园的眷恋，家是人生的港湾，是自己所有而来，能自由自在、真实呈现自己、亲情脉脉的地方，乡愁就意味着对非此的当下的"不在家"状态的一种超越的意欲。中国人的"愁"在西方人那更多表达为一种"痛苦"和"伤害"。这里可以窥见两种文化世俗与神圣、和合与紧张的差异。当我们以西方哲学的范式观照时，确实发现对存在的历史性领悟才使得乡愁成为可能。海德格尔就曾经指出，历史（geschichte）一词本就有"痛苦"的含义，本真的历史总是意味着痛苦的承担，人生总是被来回摆动的动荡自身抛来抛去。其实，作为痛苦的乡愁无非是这种本真性的痛苦的重要表征。

三

在前现代社会中，大多数人并没有多少机会体会到乡愁，因为家或家乡是他们生于斯，长于斯，终于斯的地方，而终其一生其所在的家乡也大多不会有重大的变迁。特别是在古代中国，本来"安土重迁，黎民之性"（班固《汉书》），儒家还教导人们"父母在，不远游"（《论语·里仁》）。游者，走、离也。能远游他乡，产生"独在异乡为异客"之情愫的往往是官宦、军旅、商贾、读书之人，也就是"游必有方"的人。传统社会的生活节奏是缓慢的，与家乡的距离、对家乡的记忆对于慢生活中的人们来说，有着充裕、绵长的时间去体会、反刍和发酵，并不经常的远游也给家人、乡人带来对远行者格外浓重的思念，这种浓重的反馈又进一步加大了远行者的乡愁。于是，"他乡遇故知"成为中国古人人生"四喜"之一，"四面楚歌"可以成为战争的"撒手锏"。文章憎命达，穷愁好著书，知识分子则以书信、诗歌、书画的形式把"这头"对"那头"的感受强烈化、条理化，体验和谐化、深刻化，情感明朗化、丰富化，也就是乡愁的艺术化，形成了诸多古典的文化艺术精品。

现代社会是现代化的社会、现代性的社会，现代化是现代性的展开与实现，现代性（modernity）首先是一种观念与态度，一种与过去决裂，注重现在、未来的观念和态度。现代性是一种理想，一种时代意识的觉醒，一种新的历史意识，本质上是人的存在历史性的自觉。历史性意味着一种条件性、过程性、流动性和生成性。"一切固定的僵化的关系以及与之相适应的素被尊崇的观念和见解都被消除了，一切新形成的关系等不到固定下来就陈旧了。一切等级的和固定的东西都烟消云散了，一切神圣的东西都被亵渎了。"马克思在170年前的这一描述在今天才能被我们深刻地感受到。今天的人们都被一个叫现代性（后现代性不过是现代性的激进体现）的大炒勺颠了起来，离开所由所在的场域、状态，甚至不得不频繁地变换场域、状态。现代社会的人几乎人人都成为了异乡人。传统社会的乡愁是诗情画意的，因为它有一个稳定、静止、恒在，可以具象想象的"乡"存在。然而，现代化是一个祛魅的进程，乡愁不仅意味着对已经逊位的神的追寻，还意味着因为离开大地回不到大地所产生的恐惧，更意味着四处寻找家乡而不知家乡在何处的焦虑和痛苦。现代社会才真正使人领悟到了存在的历史性，现代人的乡愁才真正具有了哲学的意味。

城市化是现代化的重要方面或者说是集成体现，也是造成现代乡愁的直接原因。城市化时代的乡愁大抵可分两种情况：一是离开农村进入城市产生的乡愁；一是城市原著民对旧有场域的记忆产生的乡愁。城市化总是体现为大规模的去农村化。在近代以来形成的现代化观念中，城市代表着一种新的现代文明，从乡村走向城市，在城市化进程中往往被视为一种进步。在这种文明差序、条件悬殊的基础上，许多农村人都曾经把背井离乡视为一种优越、一种"有出息"的表现，基本上是全身心、义无反顾地拥抱现代化。在城市中激起的乡愁与现实中追求的美好生活是矛盾的，乡愁成为一种需要克服的东西，只有回家探亲才得到释放。相反，富有、有闲阶层才有机会以"逆城市化"的方式——筑舍乡间、躬耕南亩——去完成所谓乡愁的救赎。对于城市土著来说，乡愁的"乡"直接就是"家"和"社区"，乡愁更多是时间间隔而非空间阻隔导致的情愫。都市的乡愁是城市旧有建筑、市井风俗、生活情境的历史记忆与眷恋，从现代化意义上强调历史遗迹保护，不过是这种情愫的制度化行为。

世界上本没有城市，城市是完全人造的，是改变了大地本来模样的人类作品。套用马克思关于工业与人的关系描述，我们可以说，城市是一本打开了的关于人的本质力量的书，是感性地摆在我们面前的人的心理学。乡愁不过是现代城市化进程中的现代人最内在、最本质的心理"疾病"——城市化带来的乡愁其实更多的是离开大地的痛苦。在古希腊神话中，大地之子安泰依靠从大地获取能量，无人能敌，而赫拉克勒斯发现了他不能离开大地的秘密，将他举到空中，使他得不到大地的能量，从而战败。这在一定程度上可以视为离开大地的城市化进程中人们心理的恐惧与阴影，乡愁也就意味着一种对原始能量的向往与连接。真正的家乡不在钢筋、水泥、玻璃、沥青构筑的所谓"家园"，而在前此的大地的中央。

在现代社会，与城市化进程相伴随的是全球化。全球化无疑是现代性的重要"后果"，与前现代相比，人们的活动在时间、空间上都发生了极速、极大的改变，产生了一种"时空压缩"（哈维）或"时空延异"（吉登斯），"使在场与缺场纠缠在一起，让远距离的社会事件和社会关系与地方性场景交织在一起。"然而，正是在这种全球化进程中，民族—国家（nation-state）被反思性地建构起来，民族—国家成为全球化时代的脊梁，因而民族—国家意识反而比以往更加凸显。但是，随着全球化的不断深入，在民族—国家意识中，政治国家的意识正在逐渐下降，而民族文化的意识正在日益上升。有形的疆界更加明晰了但又更容易跨越了，而文化认同远比政治认同更为艰难，普遍存在着"出国更爱国"的现象。当然，这里说的"爱国"主要是爱的文化的国。因为，即使对所到国进行政治、文化的双重认同，但在所到国的人们看来，外来者始终是文化上的他者。这样的"遭遇"促使外来者更加眷恋自己的母国文化，中国古人讲的"去国怀乡"（"去国"的"国"原意是"国都"）在全球化时代成了很多"全球人"的真实感受，在文化、心理、情感上对母国的眷恋是表现为民族文化意识的乡愁，它与对具体的桑梓家园的眷恋合而为一、共振加强。

当人类活动进入太空时代后，宇观世界中的地球逐渐被相对化，地球相对于航行于茫茫宇宙的宇航员来说就是所由而来的家，重返地球就是回家。据说，第一位从太空返回地球的宇航员说过：见过无数的星球，但只有地球最合我心。这可以称之为太空时代的乡愁！美国好莱坞的不少有关未来星际交往的科幻电影，便是在诉说一种"将来完成时"的乡愁。

四

现代社会是一个景观社会，一切发生的东西都被影像化，都以影像化的新闻为人所知。人手一个具有摄影、录像、录音功能的智能手机，无时无刻不在记录甚至直播着每个人的生活，不仅世界、社会被景观化，人们还自觉地将自己的生活景观化，是为反向景观化。真可谓"你站在桥上看风景，看风景人在楼上看你。"互为景观的时代也就是一个互"秀"的时代，一个"为人"而非"为己"的时代。这事实上宣告了表演的无处不在，也就意味着真实呈现自己的空间的坍缩。巴门尼德、苏格拉底、柏拉图曾经就意见与真理、幻影与现实做过经典的区分，而景观社会恰恰集体营造的就是幻影、幻象，真实和真理被景观所埋葬。在表演时赢得点赞和短暂快乐的同时，更为内在、持久的是"憋屈""孤独"的普遍感受，在"看上去很美"的景观背后是精神世界的空疏化、游魂化。人对真实呈现自我的向往是先验而本质的，在网络上与陌生人的肝胆相照、推心置腹不过是真实世界被压抑的一种本能对冲。总体而言，景观时代的精神得不到自在的慰藉，如果也把这种对真实呈现自我状态的向往也称为乡愁的话，那么乡愁更具有了后现代的意味。

随着互联网尤其是智能手机的普及，现代生活在景观化的同时更加凸显出虚拟化的特征。虚拟一方面是将现实虚拟；另一方面是虚拟出本不存在的现实。就前者而言，我之外的世界被一网打尽，"网络就是宇宙，宇宙就是网络"，网外无物。不少人都通过网络来了解世界、把握世界，与世界沟通，成为常常足不出户的"宅"一族。他们不仅是离开了传统意义上的乡村，离开了大地，而且是离开了整个的现实。对后者而言就更加极端了，虚拟现实例如网络游戏所呈现的东西本就不存在，其天马行空的虚拟不仅仅是离开现实，而是虚构现实，沉迷其中的人不是无暇抽身，而是以离开虚拟世界为最大痛苦。有不少网络成瘾者别说乡愁，就是亲情都很淡漠。在此，乡愁无论是诗意的还是哲学的，都归于浮云。也许我们可以说，他们的乡愁就是对本不存在而又确实在其意识中经历过的虚拟世界的眷恋——这还是乡愁吗？这是个问题！

何以解乡愁？在资本逻辑、大众文化逻辑共谋的当代社会，表面上拥有一切乡愁救赎的形式，你几乎能轻易地吃到、看到、听到你意欲如此的一切，但是都被碎片化、商业化，乡愁成为一种商机、卖点，一种发家致富的资源。乡愁的救赎被快餐化、物质化、庸俗化和山寨化。然而，一方面，正是消费化所及，即使是见到似曾相识的东西甚至是回到故乡，也不能真正解除乡愁，会成为故乡的异乡人；另一方面，就像当年基督教堕落到只有买得起免罪符的教徒才能得以救赎一样，在一个商品社会中，似乎只有富人才能得到乡愁的救赎。人们需要一场关于乡愁的"新教改革"，需要一种超越资本逻辑、大众文化逻辑的，"因信称义"的乡愁救赎。

五

乡愁的救赎在于瞻前或顾后，本质上是朝向存在，整体、自然的存在，追寻神的踪迹，为生活加魅，为生存固本。存在总是常在，总是意味着一。同时，存在的本质问题是如何存在的问题，乡愁朝向的是本真、整体性的存在,是一种精神家园,是一种美好生活和幸福的状况,即好的存在状态(well being)。在众多救赎中,诗与思,或者说诗之思才是最可靠的,是不假外物,"独与天地精神往来","因信称义"的唯一法门。只有人是诗性的存在,诗人的天职是还乡。只有人是思想的存在物,乡愁是一种存在的召唤,是哲学的基本情绪。诗人和哲人都不是一种职业,而是一种情怀、态度与境界。当沈从文说:"一个士兵要不战死沙场,便是回到故乡"时,士兵就是诗人、哲人,在他的眼里,沙场和故乡都是归宿。正如海德格尔所说,只有诗之思才能真正思入存在。只有有了诗之思,倾听存在的呼唤,我们才有可能化解"花的迷香"(感性诱惑)与"大海的方向"(理想诱惑)之间的纠结,有一种"就要回到老地方,就要走在老路上"(崔健《花房姑娘》)的情怀,在"这头"和"那头"之间彰显出无限的积极可能。

(作者简介:沈湘平,北京师范大学北京文化发展研究院执行院长,北京师范大学哲学学院教授,博士生导师)

文化乡愁带给我们的哲学思考

邹广文

摘要：乡愁作为一种现代性话语，生成于传统农业文明向现代工业文明转换的历史语境中，所折射的是"传统"与"现代"的二元文化冲突。乡愁所表达的是现代人对传统的敬畏，是对本民族精神的依恋。处于社会急剧转型的中国，文化乡愁所传递出的价值在于：要在对民族文化传统的自觉认同中守护好文化多样性，要注意反思人类文化实践的目的指向以达于物质与精神的平衡。要通过"乡愁"来反思我们的今天文化社会实践，从而达到真正的文化自觉。

关键词：文化乡愁　现代化　文化多样性

在向现代化高速行进的当代中国，"乡愁"之情愫再一次被唤醒。从文化哲学的角度来看，乡愁是一种现代性话语，生成于传统农业文明向现代工业文明转换的历史语境中，所折射的是"传统"与"现代"的二元冲突。这是一种我们每个人在今天都普遍体验但却难以捕捉的情绪。

诚然，思乡、怀乡之情古已有之。翻开中华文化史我们会看到，乡愁是古人抒发情感的重要方式之一。乡愁作为一种文化记忆，它所表达的或者是忧国忧民的情感，或者是对于漂泊动荡生活的感受。如李白的"举头望明月，低头思故乡"，崔颢的"日暮乡关何处是，烟波江上使人愁"，王安石的"春风又绿江南岸，明月何时照我还"，苏轼的"此心安处是吾乡"，等等，都无不生动地表达出了古人悠悠不尽的思乡感受。

但乡愁对于步入现代化、工业化文明的人说来，则有着特别的意义和最真切的感受——这是一种对已经逝去的文化岁月、生活方式的追忆、留恋和缅怀。人是一种文化的存在，而文化在特定的时空中展开，特定的文化形态一旦形成，便渐渐积淀成为一种文化记忆，这种文化记忆潜移默化地影响着人的心理和行为，编织起了人的文化成长之路，甚至伴随人的一生挥之不去。在全球化时代，人类大的历史节奏是在由传统的农业文明向现代工业文明跃升。现代性的逻辑风靡世界，让我们的生活日益标准化、理性化，文化的个性日益被消弭了。而人作为一种文化的存在，不堪忍受无根的生活，总要试图以各种方式抗拒着现代性实践的流动性、多变性、快速化以及对物理距离的终结，去憧憬多元的、个性化的生活。这样，乡愁便与人类的现代化结伴而行，或确切地说——乡愁是人们对现代化生活的一种反拨。

今天，人类生活已然步入现代化时空，但是人的文化记忆却不能连根拔起。一个人的文化成长，"故乡"与"远方"常常是一生的纠结：脚步一直憧憬着远方，但内心深处挥之不去的却是故乡。因为故乡承载着思念与成长，她是我们前行的理由，是我们奔向远方的原动力。乡愁产生于距离——这既是一种空间距离也是一种心理距离。人们常说"距离产生美"，乡愁就是处在现代生活中的人们对于曾经活过的农业乡村生活的一种顾盼。诗人北岛的著名诗句"我们没有失去记忆，我们去寻找生命的湖"，体现的便是对我们生命的安定之所、生命根基的找寻与眷恋。乡愁所传达的还是一种文化认同、文化归属。是一种民族文化的"集体的梦""集体无意识"，它具有一种凝聚人心的作用。诗人余光中的《乡愁》诗歌所表达的就是台湾同胞期盼结束海峡两岸人为隔绝、回到祖国大家庭的的思乡情怀。

当下的中国，乡愁被重新唤起，并引起大家的心理共鸣。原因何在？笔者以为这折射了当今时代的普遍性的社会问题——处于急剧社会转型的中国，该如何守护我们的文化传统并找到归属感？该如何建立人与自然的和谐关系？该如何抚平人们浮躁的心绪进而拉近现代都市生活中人与人之间的心理距离？告别乡村生活，随着一座座城镇的拔地而起，人们纷纷涌入城市，开始新的生活。人与人之间的空间距离拉近了，但是心理距离却变远了，甚至同住一座楼一个单元中的人，彼此间却互不认识，无法进行敞开心扉的交流。但是生存环境的改变并没有割断我们的文化记忆，乡愁常常能够带给人们最温暖的拥抱与安慰。乡愁不单单是对一个地方的怀旧，真正萦绕心头的还是这个地方所承载的人与人之间的感情。

现代生活的脚步越来越快，时光在现代化的工作和生活的交织中逐渐老去，但乡愁也许是伴随当代中国整个现代化历史进程的文化主题。尤其是对于中国这个具有悠久农业文明的国度说来，对于现代化的感受也许别有一番滋味。在一定意义上我们可以说，对于"乡愁"的解读过程也是中国人对于"现代化"的独特认同过程。我们不能简单地把乡愁视为一种向后看的、消极的怀旧。莫如说乡愁是现代人对传统的敬畏，是对本民族精神的依恋。我们每个人在长大，故乡似乎在变小；但是故乡再小，也是心中的家。记起"我从哪里来"，我们才能更真切地知道"我要到哪里去"。"文化身份"的确认是人的一个社会行为的基本要求，通过乡愁，我们找到了自己的"身份"，也就找到了自我。在对乡愁的回味中，感受到了本民族的文化体温，感受到了生生不息的生命涌动，并渐渐涵养出我们走向未来的勇气与信心。

人的心灵不能简单地被物所填充，更不能全心沉湎于物的世界而无法自拔。而乡愁就是我们串联起生命之流、体悟生活真实的最恰当方式。如果说传统意义的乡愁所指向的多是有限的乡村场景、人物和故事的话，现代意义上的文化乡愁的所指则是一种具有人文意味、历史情怀的文化象征。看起来，"乡愁"二字包含了我们太多的文化追问：未来的中国将走向何处？国人所期盼的"中国梦"将会是一种什么样的景象？进一步说，"全球化"与"本土化"的文化冲突如何消弭？中华文化如何在未来世界文明的大潮中凸显出自己的应有价值？等等。

通过"乡愁"来反思我们的今天文化社会实践，从而达到真正的文化自觉，这也许是我们今天关注"乡愁"的最根本原因。这里，笔者集中讨论两个问题：

一　在现代化的社会实践中，要注意守护文化多样性

"乡愁"意味着人们对文化传统的情感认同。人类社会是一个以传统为根基的有机体，它通过世世代代的文化积累才呈现出今天的景象。而文化领域是一个意义的领域，文化的核心价值就在于为人的生命提供一种解释系统，以确立生命的理由。人是一种历史的存在。每个民族在其实践生活中总无法回避"我从哪里来"的问题。随着民族文化自省意识的增强，

我们深切感受到越是民族的才越是世界的。而"乡愁"传达的是人们对于原生态文化的眷恋，这种"原生态"体现着人与自然的和谐关系，它是一种个体的"亲历性"体现，因而是创生文化独特性的土壤。

在一般意义上说，文化的多样性主要是指人类文化在其表现形式上的丰富多样，如文化内容上的差异、文化地域上的特色等等。多样性是世界文化拥有魅力的前提，无论对于世界还是一个国家，保持文化的多样性，其发展与进步才是真正富有意义的。2001 年联合国教科文组织第 31 届大会在巴黎总部通过了《世界文化多样性宣言》（*Universal Declaration on Cultural Diversity*），《宣言》重申了这样的信念：缓解各文化和文明间冲突的最有效方式，是文化间的平等沟通与对话。

在全球化发展的今天，如何保持文化的多样性日益成为我们社会生活无法回避的话题。本来，文化多样性是世界的"原生态"：处于传统的、离散时空的社会发展阶段的各个民族，其文化基本上都是在相对封闭的环境下形成与发展的，因此也是各具特色的。然而，随着人类全球化脚步的加快和资本的全球性扩张，原有的世界格局日益被打破，用马克思的话说"民族史日益成为世界史"。现代性的一元逻辑日益成为改变人们日常生活的发展要素，高效率、标准化、整齐划一取代了文化的个性化追求，人类文化发展的多样性被消弭。

全球化使得文化多样性面临严重威胁。在某种意义上我们说，文化多样性问题是伴随着全球化与现代性的历史节奏凸显于我们的时代生活的。全球化加剧了不同文化系统之间的紧张，在世界舞台上，每个国家和民族都期望展示自己的文化个性魅力。但是，文化发展的实际情形却常常是：处于强势文化一方对于弱势文化采取了"文化霸权"或"文化殖民"，试图将自己的文化价值观强加于对方。结果文化的冲突就在所难免，英国史学家汤因比曾经用"挑战与应战"来指称这种互动模式。今天，许多国家尤其是发展中国家经常在"文化普遍性"与"文化个性"之间纠结。

文化多样性既是对文化个性与特殊性的表达，也是人类共同文化品质的展示，正所谓"越是民族的，才越是世界的"。只有尊重文化多样性，尊重文化的独立性、异质性和完整性，我们才深切感受到世界文化的多姿多彩。文化的成长也需要良好的生态环境，从文化生态学的角度看，文化多样性对于人类社会就如同生物多样性对于生物界那样必不可少，文化多样性也许是人类这一物种在地球上能够繁衍延续下去的关键。一种文化就像一种基因，都有其自身的历史原脉和精神传承，有其独特的智慧与潜能，唯有多基因的世界才具有更大的发展空间。

今天的中国在步入现代化的历史进程中，更要注意把握文化个性与普遍性、世界性与民族性之间的合理张力。改革开放以来我们飞快发展的现代化进程，带来了很多的文化的遗失（如语言、文字、艺术等）和文化的流失，这一后果也许是再也无法挽回了的。文化的恒常价值常常是渗透于文化多样性之中的，因此我们必须以文化多样性来抵抗、纠正、平衡单一的资本与市场逻辑，不能让现代化、工业化以及物质的增长取代文化的进步、取代精神的富有。人类的现代化实践推进了全球文化的交流和沟通，但不可能完全取消文化生产和消费的本土性，因为人的需要结构的差异性和理想欲求的丰富性，只能由文化的多样性来表达和满足。唯有如此，人的全面而自由发展的理想才可能真正实现。

当代美国著名社会学家丹尼尔·贝尔曾表白自己是一个"文化保守主义者"，可谓意味深长。在他看来，一个健康的社会应该是一个推崇神圣感、敬畏感和秩序感的社会，应该诉诸一种传统的统一性、聚合性与稳定性的"保守"取向。的确，我们不应把社会简化成一部机器，指望通过短时间的努力就可将它整体拆卸和全盘组装。而需要从传统的经验智慧那里寻找可靠的向导。如果离开了对传统的守护，我们生存的意义根基就被斩断了，我们就会沦落成为一个无家可归的漂泊者和浪荡鬼魂。文化守护的根本价值在于：它审慎地规划着人类的意义边界，彰显着人类生活实践的历史合理性与价值正当性，化解着人类在前行时所面临的种种生存困境和文化难题。

文化的世界性不能脱离民族性而存在，多样性是整个民族文化生存与发展的根基，有"意义"的个性文化成长才会为文化世界增加"意义"。坚守文化多样性立场，世界的文化才能"增值"，我们的世界才越来越充满意义。才为具有"不同意义与价值"的文化形态间的"文明对话"奠定了逻辑前提。今天在文化多样性背景下，不同文化间需要有创建的交流。费孝通先生曾强调世界各民族的文化要"各美其美，美人之美，美美与共，天下大同"。诚者斯言。文化多样性的终极作用是提升人类自身。

在经济全球化的时代，我们需要一种能够代表国家民族、彰显文化特性、具有鲜明地域文化特征的"身份"，进而达成一种基于文化自信之上的文化间的相互欣赏与赞美。也许只有这样，文化相融、共生、互动、发展的趋势才会形成，和谐文化、和谐世界的曙光才会冉冉升起。

二　要注意反思人类文化实践的目的指向，致力于物质与精神的平衡

今天，乡愁意识被唤起，折射出了我们现代化实践中的种种问题。这其中最根本的，是我们社会发展的手段与目的颠倒了，我们的物质生活与精神生活失衡了。我们知道在传统农业社会，人的生活节奏与大自然是基本吻合的，人们并不感到时间对人的排异性。但是工业化时代的来临，开启了人的现代生活，人从此被"现代"所绑架，被它裹挟着一路飞奔，与之相应，"时间"却被我们大大压缩了，人生的目的仿佛就是为了赶路，不由自主地赶路。我们一出生仿佛就上了流水线，从一个程序传到下一个程序，结果是我们走入了手段的王国而迷失了人的目标。古印第安人有一句谚语："别走得太快，等一等灵魂。"印第安人认为人的肉身和灵魂前行的速度有时是不一样的，肉身走太快了，会把灵魂走丢。按照他们的信仰，人如果连续三天赶路，第四天必须停下来休息一天，以免灵魂赶不上匆匆的脚步。这句谚语对我们今天的警示作用是不言而喻的，"等一等灵魂"的终极意义在于我们对心灵充盈与精神价值的敬重。与古老的印第安人相比，忙碌的现代人总是像陀螺一样转个不停，电脑、电话、电视，我们的手不停地敲按、触摸各种电器的按键，我们的眼睛不断地扫描着奔涌而来的资讯，但悠然简单的日子却离我们越来越遥远了，我们体会不到光阴是什么，没有谁还有闲情逸致去看那树影一寸寸移动、乡村的日出与日落，以至于这世界对于我们变得是那样浮华与陌生。我们所做的一切似乎只围绕着一个目标展开——压缩时间，提高效率，让生活节奏更快！结果是生活中所发生的一切的一切瞬间被翻过，古人云度日如年，现代人则是度年如日。我们的灵魂在四处漂泊，而肉体的躯壳却无所畏惧地前行。因此，我们总是感到迷茫、彷徨，没有方向。

人的实践活动是一种有目的性的活动，文化作为人类实践行为的最突

出成就，当然也应该是最集中地体现了人的目的性追求。人的文化不能止于碎片，因为文化所面对的是生命的整体。人文精神是通过时间播撒于我们生活的各个层面的每个角落的，因此无论是一个人还是一个社会，我们都应该期待一种缓慢而坚实的文化成长。记起渐渐被我们遗忘的时间，可以从一个特别的角度提醒人们，在关注人类经济和社会发展的速度的同时，应该更加关注经济生活中隐性制度的走向，更加关注社会发展的道德与心理成本和人文环境，从而为社会的未来发展和民众生活带来持久的福祉，以防止灵与肉的背反、精神与物质的疏离。

人的生活世界是一个有机的世界。人类在社会实践中，人类创造了极大的物质财富和精神财富，前者满足了人的"生存"需求，指向了物质文化世界，后者满足了人的"生活"需求，指向了精神文化世界。而社会作为一个内在有机体，其目的就在于实现"两个世界"的平衡。所以人作为灵与肉的复合体，在其实践生活中，其目的性的展开必然表达着物质与精神的双重关切，即追求物质与精神的平衡发展。因此在最基本的层面我们可以说，人类文化建设实践的目的性指向就是物质与精神的平衡发展。

回顾人类文化成长的历史我们会看到，人类曾经历过与其目的性追求相忤逆的片面发展阶段，这就是近代以来市场、技术和资本为主导的发展阶段。在这一阶段，物质世界获得空前的扩张，但是人的精神世界却没有相应地充实。毋庸置疑，物质文明的发展与科学技术的进步是现代社会的基础。在资本主义正式登上历史舞台之后，人类物质世界的发展就进入了膨胀期。对此，马克思在《共产党宣言》中曾经有过生动的描述：科学技术成为推动生产力的重要工具，机器化生产迅速普及，生化技术在工农业领域的广泛应用，交通运输、通信技术的成熟，乃至新大陆的开垦与新航道的通航等，极大地改变了世界的面貌，"资产阶级在它的不到一百年的阶级统治中所创造的生产力，比过去一切世代创造的全部生产力还要多，还要大。"① 今天为人们所津津乐道的"全球化"，首先为人们呈现的就是现代物质文明的图景。的确，当今世界正处于一个由技术与资本共同驱动的时代，两者融合而成的生产逻辑渗透人类世界的每一个角落，作用

---

① 《马克思恩格斯文集》第 2 卷，人民出版社 2009 年版，第 36 页。

巨大，影响深远。

考察世界各个国家和民族的现代化进程便会发现，当一个国家开始从农业文明走向工业文明，人们总是对物质与技术给予过高的期待，似乎社会生活的所有问题都可能随着物质经济的发展得以迎刃而解，因而就很容易陷入技术统治或物质主义的思维定式。当工业技术文明处于上升期，人们欢呼雀跃，幻想着技术理性将世界改造成天堂。这印证了市场经济的两个突出的特征：其一，追求利润的最大化，要求每个人都独立地追逐利润，鼓励竞争；其二，依靠资源的优化配置，最大限度的争夺市场，继而实现利益的最大化。在市场的作用下，人类的社会生产力得到充分释放，技术的进步与科学的发展就是最有力的例证。但冷静思考之后我们会看到，资本由于其逐利的本性，与人类良好意愿的发展倾向天然背离，即市场经济的这种逐利本性常常会使人沉湎于物质世界的纠葛而遗失了自我，诱人步入手段的王国而迷失了人的目标、价值与意义。

显然，物质文明对我们的社会生活说来具有两面性。技术理性全面地向社会生活的渗透不仅遮蔽了人类文化的固有魅力，也带来了诸多联代问题。人在工具理性思维中自我膨胀，造就了社会生活的"祛魅"——在科学与技术面前，这个世界变得赤裸，以往的神秘并未被充分回答，而是被鲁莽的遗弃，甚至连生命本身都可以被"操作"。在此情形之下，物质与精神的失衡便在所难免。

人不能不是一种目的性存在，这种目的性标示着人的文化创造、人文精神、意义追求，并最终丰富着人的精神世界。正是人的精神世界划定了人性的圆周，同时也规定着物质世界发展的方向。人类社会需要一些超越技术、超越金钱的东西存在。无论是一个健全的人还是一个健康的社会，都应该自觉地去反思这样一个问题——"什么是我们最想要得到的？"这里，"最想要"标示了人的精神维度、体现了人的超验性指向。精神的世界，或人文的世界永远需要我们的坚守，虽然我们无法从技术与物质世界中得到坚守的理由，但也许正是这种坚守，让人们学会在纷繁的物质诱惑面前保持一份清醒和警觉——在对物质的追求中超越物质，以此体现人性的尊严与光辉。

不可否认，人类技术与精神的失衡是现代化生活带给人类自身的一个难解谜题。工业文明的崛起极大地拓展了人类的物质疆域，技术理性的范式全面渗透社会生活的每一个细节，这一趋势将人改造的更加技术化、碎片化、模式化。于是，人不再是历史、传统和文化的存在。人的精神世界被肢解，技术与精神平衡被打破。

反思有利于进步。在当代中国，追问文化建设的目的性指向具有特别的意义——经历了近40年的高速经济发展，一系列社会问题并没有很好地解决和消化，各种社会矛盾日益凸显。突出的矛盾就是物质与精神发展的不平衡，发展的手段与目的被颠倒了。因此在文化哲学层面，我们的确应该投入一种自觉的思考，从而是我们的社会实践充盈着人文关怀，达到发展的目的自觉。

物质丰盈与精神充实的统一是社会发展的旨归。在此基础上，人的社会生活才能全面，人的身心才能和谐，这就是"以人为本"，亦即从"真正的人"出发，丰富人的精神世界、增强人的幸福体验、培育人的终极关怀。人活着需要一种寄托，需要一个目的。因为人无法容忍无根的生活，总要在纷繁陈杂的经验世界为生活寻找一个理由，这就是我们说的"安身立命"。我们之所以要重建科学和人文精神的二元统一，就是要为我们的心灵重觅一个安身之所、立命之根。诚然，幸福具有身心二元的维度，物质体验也是不可或缺的，但我们不能本末倒置，逆反了手段和目的，迷失了真正的"幸福"。因此，在当代中国，重建社会的人文关怀、丰富人的精神世界理应成为社会发展的重要指引，唯有如此，才能确保社会发展的全面性与可持续性，诠释恒常的价值与意义。

应该看到，充实和丰富人的精神世界，既是个体的修为过程，同时也需要营造良好的社会氛围。人的精神世界也是一个时代文明的折射，只有在人与社会的互动过程中，个体与社会的文明才逐渐步入更高的层次。因此，我们在社会实践层面具体可以做一下工作：首先，从个体的角度说，要自觉吸纳优秀的传统文化。优秀传统文化是一个民族文明的基本载体，人作为文化的存在，在人性养成过程中需要传统文化的滋养。一个人在日常生活中是否拥有对传统的敬畏，对自然的亲近，以及人与人交往的包容心态，无不与其对传统文明的修养程度息息相关，正所谓"腹有诗书气自华"。"诗书"是人文精神的重要载体，其中凝结了最基本的价值观。只有"返本"才能"开新"，我们只有记住乡愁，不忘初心，自觉回归传统、认同传统，才知道面对生活如何培育出无愧于我们时代的新的精神。

其次，从社会的角度说，要注意营造良好的文化氛围和社会风尚。一个社会的物质文明只是达于精神文明的手段，与物质的充盈富庶相匹配的应该是全社会每个公民现代文化素养的生成，这才是社会发展的根本目的。今天，我们要在全社会倡导一种尊重知识、尊重创造的风气，切实实现让蕴藏于人民中的文化创造活力得到充分发挥。只有让我们的社会逐渐走出单向度的感官物欲追求，摒弃低俗的感官刺激文化，增强社会文明建设的使命感，我们才能激发出全社会的文化创造活力，真正迎来中华民族文化的伟大复兴。

（作者简介：邹广文，清华大学马克思主义学院教授、博士生导师）

城市与乡愁:一种关于成长的生命美学

潘知常

摘要: 从表面看,城市建设的反省是来自"乡愁",其实却是来自"城痛"。因此,因为"城痛"而催发的关于城市成长的生命美学的全部内涵应该是:城市之为城市,必须是人的绝对权利、绝对尊严的容器,必须是自由的容器。而且,必须是"有生命的""有灵魂的"和"有境界的"。

关键词: 乡愁 城愁 自由 生命 灵魂 境界

一

中世纪的德国有一句谚语:"城市的空气使人自由。"作为人类的伟大创造,城市,一直都是人类的骄傲。然而,随着城市的发展,城市自身也出现了诸多的问题,城市的空气也开始使人不再自由。遗憾的是,对此,尽管人们大多感同身受,但是,除了异口同声地加以诟病,至今都很少有人能够加以深入的剖析与阐释。

确实,迄今为止,我们国家的城市建设已经到了一个白热化的地步。根据联合国开发计划署发布的报告,中国只用 60 年的时间就实现了城镇化率从 10% 到 50% 的过程。到 2030 年,中国城市化率更是将达到 70%。"中国的城市化与美国的高科技发展将是影响 21 世纪人类社会发展进程的两件大事。"新凯恩斯主义代表人物、诺贝尔经济学奖得主斯蒂格利茨甚至如此加以评说。

然而,过快的城市发展也引发了普遍的"乡愁"。

一般而言,乡愁意味着"思乡"。中国人一登高就望远,然后就是视线内卷、就是"思乡",所谓"日暮乡关何处是?烟波江上使人愁"。不过,现在的乡愁则更多地开始意味着对于城市的否定。它的提出,就是意在与城市的"城愁"对看,是一个与城市之间的"相看两不厌"的概念。在古代,是在"田园将芜胡不归"与"滚滚红尘长安道"之间的"旧国旧都,望之畅然"。在今天,则是乡村与城市互相之间的再发现。金主完颜亮读了宋代词人柳永的《观海潮》里面写的"三秋桂子,十里荷花",就萌发了"城愁","遂起投鞭渡江之志",于是就提兵攻打南宋。而城市人也常说:乡村是"30亩地一头牛,老婆孩子热炕头",乡村人则常说:城市是"楼上楼下电灯电话"。这也是彼此的"乡愁"与"城愁"。

也因此,不论是因为城市而萌发的"乡愁"还是因为乡村而萌发的"城愁",其实都只是意在唤起对于自身的自省,而绝对并不意味着乡村或者城市的绝对美好,所谓"唯有门前镜湖水,春风不改旧时波"。例如,在鲁迅那里,其实就是两个鲁镇,鲁迅怀念鲁镇,这是鲁迅的鲁镇;但是他的玩伴闰土却一定对鲁镇有着巨大的不满,这是另外一个鲁镇。所以中国人才会说:"梁园虽好,此地不可久留。""从纯粹的人的感情上说,亲眼看到这无数勤劳的、宗法制的、和平的社会组织崩溃、瓦解,被投入苦海,亲眼看到它们的成员既丧失自己的古老形式的文明又丧失祖传的谋生手段,是会感到悲伤的。"所以西方的马克思也才会说:"但是,我们不应该忘记,这些田园风光的农村公社不管初看起来怎样无害于人,却始终是东方专制制度的牢固基础。它们使人的头脑局限在极小的范围内,成为迷信的驯服工具,成为传统规则的奴隶,表现不出任何伟大和任何历史首创精神。"[1]

也因此,因为城市而诱发的"乡愁"并不意味着乡村建设就不存在问题,如果真去乡村生活,起码的卫生条件都不具备,还喝不上放心水,即便是短短三天都住不下去。至于把乡村的保护理解为到处去建设"农家乐",并且以此作为乡村的象征,那更是匪夷所思。

同样,因为城市而诱发的"乡愁"也并不意味着城市建设就到处都存在问题,在矛盾的《子夜》里,一个乡村的老太爷一进城就一命呜呼。

---

[1] 《马克思恩格斯选集》第1卷,人民出版社1972年版,第67—68页。

在话剧《霓虹灯下的哨兵》里，一个淳朴的士兵刚刚进城，霓虹灯的炫目多姿竟然就让他目眩神迷。周而复的小说《上海的早晨》更加醒豁，从书名就可以看出是出之于对于城市的夜晚的反感，老舍的《龙须沟》，则代表着我们对于丑恶城市的改造⋯⋯ 然而，这一切也未必都是真的。作为人类进步的伟大容器，城市的历史地位必须肯定。

其实，城市问题的自省也许往往是由于"乡愁"而起，但是，倘若要把城市搞好，却完全不是只需简单地把乡村的生活经验、乡村的审美经验搬进城市就可以因此而轻易解决。这是因为：城市是人类文明的一个全新进展，恩格斯在讨论人类的文明的定义时，就列举了文字、军队、国家机器和城堡。芒福德也说：城市是文化的容器。斯宾格勒说得更绝对：世界的历史是城市的历史。也因此，城市的建设与乡村的建设有着根本的区别。例如，乡村往往是自然先于人性，是以自然来表现人性，遵循的是血缘关系；城市却是人性先于自然，是以人性来彰显自然，遵循的是契约关系。乡村是植物形态的，是自养型的，强调的是把根须深深扎在地下，永远原地不动，仅仅依赖光合作用以汲取营养；城市却是动物形态的，是他养型的，类似动物，要喝水，它就跑 20 里去找水，要吃山羊，它可能会跟踪几天几夜，追逐百里。换言之，乡村是母亲，要求人们倒退回去，重返子宫；城市是父亲，带领着人们奋勇向前，去不断追求未知。在这个意义上，在回答人类为什么会创造城市的时候，古希腊的人才会说：城市是一个可以邂逅陌生人的地方。这就是说，只有城市的诞生，才展开了人类自身的人性的全部的可能性，然而，也正是在这个意义上，我们又要说，人类因为城市而遭遇的问题事实上完全都是人类自身的人性全部展开以后所碰到的新问题。

二

换言之，因为"乡愁"而引发的城市问题，应该是城市自身的问题，可以称之为："城痛"。

这是一种因为城市丧失了自由的空气而导致的疼痛。

具体来说，这"城痛"首先体现为：隐性政治学，也就是意识形态叙事。当下决定城市命运的，无疑都并非城市的居民，甚至也不是城市的研究者、规划者和建设者，而是暴发户和领导者。前者的话语规则是："谁的钱多，谁说了算"，可以概括为"听开发商的"。这是一种金钱意识。后者的话语规则则是："谁官大，谁说了算。"可以概括为"听上面的"。这是一种封建意识。多年来，我们的城市建设就是转辗反侧于这两者之间。在这个意义上，城市无异于"千年土地百代主"，不断地演绎着权利转换和话语转换。"普天之下，莫非地产，率土之滨，莫非楼盘。"其间的利益分配、地租增值、地租差价、地租垄断……使得城市成为一座金山，遗憾的是，淘金者却不是城市的主人、城市的居民。

其次，这"城痛"还体现为："看上去很美"事实上却很丑的丑陋意识。

无疑，在城市建设中，这个问题才更加重要，也更加学术。其实，或许很多开发商、很多城市领导者也都有心要把城市搞好，然而，却实在是有心无力。因为不但他们说不清楚城市的哪些空气是不自由的，哪些空气是自由的，而且即便是美学家们也大都说不清楚。例如，无疑没有任何人会反对扮靓城市，可是，究竟怎样才是真正的扮靓城市？却无人知道。通常的做法，则往往是"大而无当""美而无当"的以丑为美。一座城市"看上去很大""看上去很美"，到处都在盲目模仿西方的景观设计、西方的罗马柱、西方的巴洛克式屋顶……还有所谓的景观大道，更不要说触目可见的幢幢政府大楼、超大广场，以及其上所覆盖着的花费了极大工本大力引进的国外的名贵花草树木……其结果，就是我们的城市被连根拔起，就是我们的城市离人性越来越远，也离美越来越远。"城市让生活更美好"，这是上海世博会的口号，可是，至今为止，我们仍旧尴尬地发现，这一切距离我们竟然如此遥远。城市能不能让我们的"生活更美好"，其实，这至今还仍旧是一个问题。

而且，无论是城市的陷入了隐性政治学、意识形态叙事还是陷入了"看上去很美"事实上却很丑的丑陋意识，其实也都是背离了自由的必然结果。城市中一旦没有了自由的空气，也就没有了城市本身。城市之为城市，只能是也必须是为了人的，只能是也必须是以"人为目的"。也因此，城市之为城市，必须要无条件地维护人的绝对权利、人的绝对尊严，这里的"绝对"，意在强调人的自然权，这是一种人之为人的基本权利，任何的政治、意识形态、金钱利益都绝对不允许凌驾于其上。在这个意义上，城市就必须被真实地还原为人类自由生命的象征，必须被真正地还原给人本身。马克思说：人只有凭借现实的、感性的对象才能表现自己的生命，那么，谁才是人的"现实的、感性的对象"呢？这个人的"现实的、感性的对象"正是城市（当然还不仅仅是城市）。

在这个意义上，西方美学家卡尔维诺指出的"城市不仅培育出艺术，其本身也是艺术"，就十分值得我们注意。"培育出艺术"，很容易理解，"其本身也是艺术"，则难以理解。然而却又必须去理解，这是因为，恰恰就在这里，蕴含着让一座城市真正地得以洋溢着自由的空气、得以"看上去很美"的全部奥秘。

其实，"其本身也是艺术"，恰恰正是一座城市不仅仅是"房屋"，而且还应该是"家"的根本原因。人们常说："金窝银窝不如自己的狗窝"。在这里，"金窝银窝"当然是指的表面上"看上去很美"，"自己的狗窝"，则是指的真正的"看上去很美"。其中的根本差别，就是"房屋"与"家"的根本区别、也就是"城市"与"家园"的根本区别。城市之为城市，最为关键的，不是存在着无数的高楼大厦，而是因为它们都同时就是我们的家园。海德格尔不就转述过赫拉克里特的看法？当别人对他的居住条件表示轻蔑和不理解的时候，他却说：这里诸神也在场。海德格尔并且解释说："只要人是人的话，他就住在神的尽处。"① 在这个意义上，城市，就是一本打开的人性学，一本打开的美学。而在我们去判断它的空气是不是让我们自由的时候，以及去判断在什么意义上"房屋"才不仅仅是"房屋"，而且还是"家""城市"不仅仅是"城市"，而且还是"家园"，我们要去思考的，则是这个城市中的一切的一切是不是都让我们乐于接近，是不是都让我们乐于欣赏，是不是都让我们乐于居住。凡是"乐于"的，就是"家"与"家园"，凡是不"乐于"的，就并非"家"，更并非"家园"，而只是"房屋"，甚至是"墓园"。

由此，美学才真正进入了城市，城市，也才真正催生了一种关于成长的生命美学。

---

① 海德格尔：《海德格尔诗学文集》，成穷、余虹、作虹译，华中师范大学出版社1992年版，第379页。

三

在这个意义上，因为城市而催发的关于成长的生命美学无疑应该是一部巨著。然而，倘若限于篇幅，我们又可以借助芒福德的提示加以简明扼要的阐释：如前所述，芒福德曾经说过："城市是文化的容器。""然而，值得注意的是，芒福德又曾经立即加以补充说明："这容器所承载的生活比这容器自身更重要。"无疑，这句话恰恰道破了因为城市而催发的关于成长的生命美学的全部内涵。简而言之：作为文化的容器，城市之为城市，必须是人的绝对权利、绝对尊严的容器，必须是自由的容器。

这意味着，作为文化的容器，城市之为城市，首先必须是："有生命的"。

任何一座城市，如果它希望自身不仅仅是"房屋"，而且还是"家"，那么，就一定要是尊重人的，而要尊重人，就必须从尊重自然开始。这就是我所谓的"有生命"。现在的诸多城市的景观大道、城市广场等等，"看上去很美"，但是为什么却偏偏不被接受，其原因就在于：当我们接受一个城市的时候，必须从尊重人的权利与尊严开始，而尊重人的权利与尊严，则必然要从尊重自然的权利与尊严开始。这不是所谓的泛泛而谈的"天人合一"，而是说，城市的生命和人的生命、自然的生命都是一致的。我们要尊重人的生命，就要从尊重自然的生命开始，卡尔松发现："我认为假如我们发现塑料的'树'在审美上不被接受，主要因为它们不表现生命价值"。其中蕴含的，就是这个道理。再如很多城市都在搞绿皮城市，都在到处去铺草坪，可是，到处去铺草坪的结果，却恰恰就是城市的土地没有办法呼吸。这当然不能说是对于城市的尊重。须知，要尊重人的权利就必须从尊重我们脚下土地母亲的权利开始。而这也正是现在我们开始提倡海绵城市的建设的原因。所谓海绵城市，其实也就是让城市的土地得以透气。

进而，湿地作为城市之肺，当然不允许去填埋；海岸、江岸都是江河的保护线，强行去把它们弄成沿江大道也就十分可笑；海湾，堪称城市之魂，又有什么必要非要去建跨海大桥？至于水泥城市，那更是频频为人们所诟病，因为土地的渗水功能而消失。

由此我们会想到：20 世纪 70 年代的英国的科学家詹姆斯·拉夫洛克为什么会提出著名的"盖亚定则"。"盖亚定则"又称"地球生理学"，是以大地女神盖亚来比喻地球，强调地球其实是一个有生命的机体，它时时刻刻在通过大地植被接受阳光，并且借助光合活动产生养分，去哺育万物，同时也不断排除废物，以维持自身的健康。也因此，他还提示：千万不要由于环境污染而导致地球母亲的不健康，导致地球母亲的病患。而城市建设中的动辄无知地"三通一平"的种种"看上去很美"其实却很丑的做法，则恰恰是从背离了自然的生命开始的。由此，自然没有了生命，城市也因此而没有了生命。

再者，人们可以没有绘画、音乐、电影而照旧过得很好，但没有屋顶的生活却无人过得下去。大自然本来就是人类的生存环境，但自然本身却毕竟并非"为我"的，也是以其自身为圆心的，因而对人而言无疑全然是离心的、消极的。给了人类屋顶的城市就不同了，它建构的是"为我"的环境，这就要使得城市之为城市，必须要成为向心的、积极的空间。例如埃菲尔铁塔，正是它的存在，才使得巴黎不再是一片在地面延伸的空间，不再匍匐在地上，而是通过对高层空间的占有而站立了起来。至于城市的存在，就更是如此了。本来，"城"的本义只是围绕着城市的军事防御建筑，是应防御需要产生的。它是生存于其中的人们的一个保护性的盾牌。犹如说服装是个体皮肤的延伸，城市则是人类群体的皮肤的延伸。过去我们把自己从头到脚包裹在衣服里，包裹在一个统一的视觉空间中，城市也如此。波德莱尔不是也原想为他的诗集《恶之花》取名为《肢体》？可见，在他心目中，城市也正是人类肢体的延伸。

因此，传统的中国城市固然形态各异，但是一般都是一个三维的封闭空间，这却应该是其共同之处。在这方面，中国的"墙"给我们留下了深刻的印象。从城市的墙（其实长城也是一道城墙，中国最大的城墙）到单位的墙再到家家户户的墙，它们用一道道立面切割着平面，构成一个又一个三维的封闭空间，这使得城市就类似于一个套着无数大大小小的匣子的特大匣子。然而现代的城市却与之不同。它借助于四通八达的道路，无限地向四周延伸，从而把一道道的墙都拉为平面。没有了深度，从而也就没有了神圣、庄严、秩序，代之而来的是交流、沟通、平等。有机的生命节奏被破坏殆尽，取而代之的是无机的生命节奏。向心的城市转换为离心的城市。当然，国际化的大城市因此而诞生，但是，无穷无尽的困惑也因此而生。

如前所言，所谓农村，意味着一种"植物性"的生存，意味着在特定地理环境中自然而然地生长起来，然而，城市却一开始就与此背道而驰，它是被以虚拟的方式先想象出来然后再建筑起来的。因此，它一开始就是人为的。只是由于条件的限制，传统的城市最初还并没有完全与特定的地理环境隔离开来，也还与周围的农村保持着一种和谐的鱼水关系，也就是说还保持着一种有机的生命节奏。然而现代的城市却不复如此。首先，从高度的角度看，它从二维切割转向了三维切割。传统的城市仅仅对地面进行水平的二维切割，我们说"贫无立锥之地"，这里的"立锥之地"正意味着对于地面的占有，以及对于地面的依附。而靠占有地面来表现意义，也正是传统城市的一大特征。然而现在的城市却不再利用地面，变成了三维切割。于是，城市就仅仅以高度取胜，"欲与天公试比高"，成为现代城市的一大特征。于是，就像现代人的完全与传统的分离，现代的城市与地面的联系也越来越少。而且，人造环境、人造温度、人造白昼（电灯）的出现，更使得它越来越多地脱离了自然，自然条件的限制也越来越不起作用。当然，人类因此而得到了极大的自由，但是，人类与大自然整个生物链、生物系统之间的和谐关系，也从此一去不返。

其次，从广度的角度看，只有农业文明才与特定环境密切相关。例如农民与土地、渔夫与河流、牧人与水草、猎户与山川，难怪亚当·斯密会说：土地是财富之母。可是进入工业时代之后，一切都走上了全球化的不归之路，城市与近郊、城市与乡村、城市与附近的相邻城市之间，都没有了必要的关系。近郊、乡村、相邻城市所提供的资源也已经不再像过去那样为它所必需了。现在，城市已经转而与全世界彼此吞吐、勾连，链接而为一个巨大的网络系统，通过交通运输、信息交流，为自身所必需的资源、能源、食品、消费品、物品……都被超空间、超时间地吸取过来……吃的是美国肯德基、穿的是法国名牌服装、用的是日本照相机、戴的是瑞士手表，这正是当今在城市中所看到的真实一幕。甚至，由于信息化的出现，人们的生存不但与自然环境无关，而且与城市环境也无关了。物质性生存向信息性生存转型，人们从城市中心蜂拥而出，转而移居于郊区。于是，一个颇有趣味的现象是，主宰城市文化中心的人反而不住在城市，生活在城市中心的反而是一些流浪者、打工者，等等。这样，如果打一个比方的话，应该说每一个大都市都是一个网络化的存在，类似中国结，处处无中心而又处处是中心；也类似洋葱，一片一片地剥到最后，竟然什么都没有。"如七宝楼台，眩人眼目，碎拆下来，不成片段"。由此，城市之为城市，也就必然会成为无根、悬空的城市，随之而来的弊端显而易见。例如，它使得我们竟然生活在一种已经完全与世界同步的梦幻之中，"东方的巴黎""中国的威尼斯"之类的美称，就寄托着我们的白日梦幻。遗憾的是，它却又仅仅是白日梦幻，不但华而不实，而且还会一朝梦醒。

更为严重的是，我们因此而丢失了作为人类命脉的有机的生命节奏。传统的建筑往往与城市的内涵有着内在的关联，然而现在高楼林立的建筑却到处拔地而起，建筑与环境之间、建筑与建筑之间"老死不相往来"。以建筑的外观为例，传统的建筑不乏温馨的氛围，挑檐、线脚、墙饰、雕梁画栋，尽管只是装饰，却都不难达到一定的表意、叙事效果，并且使得建筑与环境、建筑与建筑乃至建筑与人之间，都趋近于和谐，而现代的建筑外观却把这一切一笔抹去，留下来的就是一个个互相之间毫无关联的单体，建筑自身的表意、叙事成分通通都没有了，犹如现代的孤独个人。在这个意义上，一位西方建筑师把美国曼哈顿的杂乱无章的建筑比喻为一首快节奏的爵士乐，这实在是独具慧眼。确实，所有的现代建筑事实上都正是"一首快节奏的爵士乐"。同时，由于现代的建筑与城市的内涵不再有任何内在的关联，城市也因此而丧失了特有的韵味。过去的建筑无不有着自己的历史、文化的脉络，从主干道到小道，再从小道到小巷，哪怕是从小道再拐进甬道，我们都不难发现其中的同中之异，以及异中之同，仿佛一部完整的交响乐，裹挟着主旋律，既层层推进，又峰回路转，更曲径通幽，相互配合，彼此衬托，令人百"听"不厌。而现代的城市却以冷冰冰的功能分区覆盖了这一切。在不同的功能分区的背后，没有了意义、韵味、温馨，城市的深度也相应消失，内在的有机层次亦荡然无存，一切都完全是肆意而为、随意而为、率意而为。例如市民的住宅：由于都是批量居住，以致彼此之间的唯一区别就是号码，因此只能被称之为"居"而不能被称之为"家"，每一个人都无非是被支离破碎地悬在空中，被搁置在火柴盒里。人们经常说：在城市生活很累，也经常说：在城市生活需要寻根，道理就在这里。

其次，作为文化的容器，城市之为城市，也必须是"有灵魂的"。

一个尊重人的绝对权利、绝对尊严的城市，一定还是一座有灵魂的城市。如前所述，作为人的绝对权利、绝对尊严的容器，自由的容器，城市必然是一个象征的存在，必然是一个象征结构甚至必然是一座象征的森林。这应该就是恩格斯在希腊雕塑面前很自由而马克思在罗马天主教堂面前却很压抑的原因。无疑，这所谓的象征，其实就是城市的"灵魂"。只是，这"灵魂"并非开发商的或者是领导者的"灵魂"，而是市民的灵魂，因此也是自由的灵魂。因此，当汉代的萧何断言"非壮丽无以重威"，当骆宾王发现"不睹皇居壮，安知天子尊"，就"断言"与发现的都并非市民的灵魂，自由的灵魂，而只是皇家的"灵魂"。还有学者指出：中国的故宫等建筑的三段空间都是空间横向排列；左中右连接，以长边为正面，人自长边进入室内。这也就是说，人是在一个很长的进深轴上不断向前深入，越深入，就距离人间越远，而空间神秘感也就越强。无疑，在这样的空间的折磨下，一旦走到尽头，对神的五体投地也就是必然的了。可是，我们再看看西方的建筑，它的三段空间是纵向排列；前中后连接；以短边为正面，人自短边进入。这无疑体现着对于人的尊重。有此我们看到，即便是建筑的空间的进深很短或者建筑的空间的进深很长，都并不简单，都隐含着一种不同的价值取向：是尊重人的绝对权利、绝对尊严，还是不尊重人的绝对权利、绝对尊严，足以一目了然，那么，再扩大到整个城市，它的尊重人的绝对权利、绝对尊严还是不尊重人的绝对权利、绝对尊严，也必须引起关注。

正是在这个意义上，当法国作家雨果大声疾呼"下水道是城市的良心"的时候，我们就看到了市民的灵魂、自由的灵魂这良心，确实，雨果所谓的"良心"，正是城市之为城市的灵魂。也因此，我们的城市才绝对不允许离开发商越来越近，却离市民越来越远；不允许离官员越来越近，却离百姓越来越远；不允许离欲望越来越近，却离精神越来越远；不允许离金钱越来越近，离自由却越来越远。

而这也正是当前诸多城市所大力推行的所谓"绿化、美化"的为人诟病之处。这些推行者往往以为他们是在突出展示性、标志性、纪念性，是在践行美，然而，殊不知他们这种对于视觉美的追捧恰恰是"以丑为美"，是把所谓的"绿化、美化"不适当地提高到了反生态、反人性的地步。例如，他们往往不惜以"绿化、美化"为名，甚至剥夺了下岗工人在城市摆摊的权利。可是，其实这是毫无道理的。城市作为文化的容器，并不仅仅是容纳某种单一的东西，而且必须是方便所有人的生存的。城市不仅仅是开发商的、领导者的城市，而且还是普通百姓的城市，也是残疾人、病人和流浪者的城市，后者的生存权利与尊严也必须尊重。像雨果的《巴黎圣母院》，就描写了巴黎的乞丐国，它无疑也是城市的组成部分，像百老汇的音乐剧《猫》，就也是对于城市多种声音的包容。显然，为了"绿化、美化"而去人为强调"整齐单一"，强调展示性、标志性、纪念性，以致不惜贬低、藐视人的生存权利与尊严，使得城市成为无聊苍白的摆设，正是丧失了灵魂的城市的典型表征，因此，也就根本无美可言。

最后，作为文化的容器，城市之为城市，还必须是"有境界的"。

这是一座"城市的空气让人自由"的最高准则，也是一座城市在其自身的生命历程中的最终关怀。

无疑，作为人类生存的环境，城市是十分重要的。雨果说，人类没有任何一种重要的思想不被建筑艺术写在石头上。罗丹说：整个我们的法国就凝聚在巴黎圣母院大教堂上，就像整个希腊凝聚在帕提侬神庙中。而北京的三千条胡同，我们也完全可以把它们看作三千张字画、三千段故事。可是，我们当前所处的环境，尽管都已经不再是千年一律，但是却都已经变成了千篇一律，都已经被麦当劳化、时尚化。动辄宣称"几年大变样"，目标则是毫无例外地"新""奇""最""快"……当然，这与我们当前的生活态度息息相通。由于充斥其中的是一种"不知今夕何夕"的赶路意识、赶时髦心态，就像电脑的不断升级，每个人都时时处处疲于奔命，都置身《生死时速》的"一日游"之中。生活成为支离破碎的世界，不再具有任何的完整性、稳定性、永久性，人与现实、人与社会、人与人之间一次性的合作与一种用过即扔的交际成为时髦，不要质的深度，只要量的广度，大量、频繁而又只及一点、不及其余，迅速建立联系又迅速摆脱联系，"聊天"取代了"谈心"，际缘取代了血缘与业缘，横向联系取代了纵向联系，这使得当代人无法维系于过去，而只有维系于未来，最终就只能成为无根的寄居人、失家的行乞者。于是，城市也就从"家园"变为"驿站"，而且更使得城市转而成为"城市奇观""城市秀"中的陪衬。所谓的城市建设，也成为一场彻头彻尾的时装表演。置身这样的城市，往往会有一种不知身在何处的时光倒错的感觉。高速公路、高架桥、地铁线、地下城、大型超市、摩天大厦、精品屋、快餐店，这一切都使人恍若就在纽约、巴黎。而且，为了建成现代化的城市，不惜无休无止地追赶时尚，不断地修补、改建、包装。在这当中，不难看出城市建设者的在城市建设中的一种欲行又止、遮遮掩掩、缺少通盘打算的时尚化心态。大家都在搞城市建设，我也搞，大家都起楼、架桥、挖洞、拓路，我也照此办理，你有什么我就要有什么。只要旧房可以拆，就造一片新楼，既然树可以砍，就拓宽为一条新马路，哪儿是城市门户，就架一座高架桥，何处是市中心，就立一座雕塑。总之，根本无视城市的优势与劣势，只是以最短的时间，最简捷的手段，最直截了当的方式，追求一步到位，立即见效。于是，我们就只能面对着一座座躁动的畸形城市，它们犹如一个巨无霸式的现代怪物、一个被时尚制造出来的城市畸象。在追赶城市时尚的道路上，面目日益模糊，特征日益丧失。越来越缺少亲切感，越来越缺少舒缓的情趣与美感，越来越缺少对于城市的温馨感觉，压抑、烦躁、冷漠，开始充斥着我们的城市。显然，这一切非但不是为城市赋予意义，而是在无情地剥夺着城市的意义。

须知，城市，作为人类与现实发生关系的一种手段，一个中介，其根本目的必须也只能应该是无限地扩大人类自由生命的可能性。也因此，作为一个象征物，作为象征的森林，城市之为城市，也无疑必然是一座自由象征的森林。它是人类自由生命的异质同构，也是人类自由生命的象征。而当一座城市能够充盈着自由的空气之时，也一定就是这座城市最终成为了一个充分尊重人的绝对权利、绝对尊严的想象空间、意义空间、价值空间之时。此时此刻，这座城市就不仅仅只是"房屋"，而已经是"家"；不仅仅只是"城市"，而已经是"家园"。于是，犹如我们时常会说，这个人有了"人味"、有了"人样"，这个人是"人"（区别于我们有时会痛斥某人不是"人"），现在，我们也会说，这座城市终于有了"城味""城样"，也最终成为了"城市"。

回到芒福德的发现："这容器所承载的生活比这容器自身更重要。"无疑，正是因为城市"这容器承载"了人类的全部自由、全部权利、全部尊严，因此，它才有生命、有灵魂，犹如人的最终"成人"，它也最终得以"成市"。

　　而这，当然就是一座城市的最高准则与最终关怀，也就是一座城市的无上"境界"。

　　（作者简介：潘知常，南京大学城市形象传播研究中心主任，教授，博士生导师）

城市化、乡愁与精神文化之原乡[①]

章伟文

摘要：本文提出，乡愁的产生于人的内心或一种文化，是因心灵之家遭到变故、文化受到破坏而带来的一种惆怅、失落的情绪。所谓"故乡"，不仅是人们的生养之地，更是指精神之家、文化之原乡。城市化带来物质文明的高度发达，但这并不意味着人的精神安顿问题可以相应得到解决。人要诗意地栖居于这个世界，不仅要靠高度的物质文明、制度文明，同样也需要高度的精神文明与文化。乡愁产生的原因之一，就在于伴随着城市化和物欲膨胀，现实离我们的本心、精神家园越来越远；人们在都市扩张的逼仄之下，急躁盲从、惶惶不安，对如何安顿自己的心灵、乃至于对自己的人生走向无所适从，追求真正的生命存在及其价值的能力也大打折扣。本文提出，在城市化的不断发展过程中，若能有意识地增进人文与价值的关怀，就能使人们的"乡愁"得到疏导、化解。

关键词：城市化　乡愁　精神文化　原乡　精神安顿

说起乡愁，大概让人容易联想到鲁迅先生的《故乡》、林海音的《城南旧事》，甚至高晓松创作的《同桌的你》等。林海音的《城南旧事》是这样写就的："我是多么想念童年住在北京城南的那些景色和人物啊！我对自己说，把他们写下来吧，让实际的童年过去，心灵的童年永存下来。

---

① 本文为 2015 国家社会科学基金重大项目"社会主义核心价值观研究"阶段性成果，项目批准号为：2015MZDB011。

就这样，我写了一本《城南旧事》。"① 旧时北京的城南，在她的笔下栩栩如生地展现出它独有的风采。《城南旧事》之所以能触动大家，让大家感受深刻，无疑是其中所蕴含的浓浓的乡愁。

一　何谓乡愁

谈到所谓"乡"，人们通常愿意将理解为故乡，尤其在讲"乡愁"之时，更是如此。人们常说的"乡里乡亲"，"美不美，家乡水；亲不亲，故乡人"，此乡便常作故乡解。

若是让我们来讨论一下什么是乡愁？可能的一个回答便是这样：乡愁一定与我们每个人的故乡相关。由此紧接着便有如下的问题：故乡是什么？故乡不仅仅是我们出生的地方，也就是通常所谓的父母之邦；故乡在某种程度上，更应该是我们每个人的文化和精神家庭！在这个文化和精神的家园，我们感觉到了自己真实的自我，我们于是得到了一种身份，以这种身份存在，我们心安理得！自在逍遥！由此，则乡愁的产生，其根源之一在于人的内心或一种文化，是人们因心灵之家遭到变故、文化受到破坏而带来的一种惆怅、失落的情绪。

中国文化讲究情理、事理，于此情理、事理中，便体现出形上之道体；道体的呈现通过情理、事理来落实。故乡愁作为情理的一种，实可以呈现形上道体之本身。中国哲学家们认为天地宇宙间，存在着一种至善的本体，此本体或谓"天理"，或谓"仁""诚""本心"，这便可以看作是文化的原乡。人因情欲之蒙蔽，不能在现实中呈现他们所具有的"天理""本心"，因而现实的人和社会皆有不完善之处，价值与事实间存在着悬殊的差异，这便可能产生乡愁。如"子欲养而亲不在"，睹旧物而思故人，皆可于人们的心中产生出一种惆怅。这种惆怅的产生，究其源，可能出于中国儒家文化所执持的"情善论"立场，离别的黯然神伤，团聚的归根之乐，侨居的怀念之思，等等这些人们所具有的具体的怀念，实根植于内心，这些情感不必斥之为伪！因它是人们内心实在真情的呈现，呈现出来便有乡愁。故"情善论"肯定人的正常情感。因为在生活中，人们

---

① 林海音：《城南旧事》，江苏文艺出版社 2011 年版，封面页。

总会感受到喜欢、愤怒、哀伤、快乐、害怕、厌恶、欲求等种种情感，这些情感的发出，若当于其理而合于其度，便是合理的！如朱自清笔下《背影》所表达的浓浓父爱，之所以容易引起人们在情感上的共鸣，是因为父爱在儒家看来，乃为值得肯定、值得大书特书的一种积极情感！当类似于这种表现父爱的文字、场景被不同时空的人们读到、感受到的时候，便会勾起他们自己心中过去曾经的拥有，若现实中这种情感不能即时得到满足、得到呈现的话，便会生起一种惆怅。以此言之，乡愁当就是这么产生的。

通常而言，对于乡、国，人们皆有一种眷恋！尤其游离于乡、国之外的游子，更是容易产生深切的怀乡之情！乡愁之产生，本质上是在内的。一个人若无内在怀乡的情愫，则眼前之物，虽视之，却若无所视，如一般所说的熟视无睹。只有在内心生起了怀乡的情愫，则于外在客观方面如一草、一木、一花、一叶，方可能于其中兴起怀乡之情！

故中国文化也还有一种倾向，即认为所谓"故乡"，不仅是人们的生养之地，更是指心灵之家、文化之原乡。若乡愁徒为外有，而非内在，则其不足以产生。因外在之存在会随着岁月、时光的消逝，而消失殆尽。正因为乡愁根植于心，故能随感而发，于其形式的消逝中，而生一种内容的真有。有此内在之心灵，则或可以随时、随地感发而为乡愁；以此乡愁引发一种回归精神家园的冲动，而生起现实的追求、变化。从这个角度而言，则对何为故乡的追问，可以一直追问到文化的原乡、或者说"心灵"之乡。

文化的发展可以表现在外，究其源，则不离我们每个人的心灵。故回到内心，才是回到了人们真正的"故乡"！内心的心灵世界，其本质如何呢？中国的先哲并没有把心灵归结为仅仅是主体的欲望、需求，而认为心灵当中秉赋有先天的本质。如孟子所说，每个人心中都有天赋的良知，此良知乃天所赋予我们每个人的，"非由外铄我也"。应该说，孟子并不否认人有自然欲望，他说："人之所以异于禽兽者几希"[1]，认为人与禽兽等动物在很多方面其实是没有什么区别的。但是，人们又都不愿意别人称自己为禽兽，而更愿意被称作"人"，这又是为什么呢？孟子认为，人与禽

---

① 孟子：《孟子·离娄下》。

兽之间存在着一个根本的差别，这就是人具有天赋的道德性和道德感。为此，孟子提出了他著名的"人性善"主张，并以人"乍见孺子将入于井"所生起的"恻隐之心"来证明：当某个人看到一个小孩子爬到水井的边缘、快要掉到井里去的时候，他的心不由自主地会产生紧张、揪心的感觉，内在自然地会生出一种"怵惕恻隐"之心，孟子认为这完全是出于其人之为人的本性，他将这个"怵惕恻隐之心"称之为"不忍人之心"；除了"恻隐之心"之外，人们与生俱来的还有"羞恶之心""辞让之心""是非之心"，其谓：

> 恻隐之心，人皆有之；羞恶之心，人皆有之；恭敬之心，人皆有之；是非之心，人皆有之。恻隐之心，仁也；羞恶之心，义也；恭敬之心，礼也；是非之心，智也。仁义礼智，非由外铄我也，我固有之也；弗思耳矣。故曰："求则得之，舍则失之。"①

孟子认为，有些人不能或不愿意存养自身本有的善性、善心，反而将其所固有的"恻隐之心""羞恶之心""辞让之心""是非之心"放逐、丢失，于是，人世间便有了善人与不善人的区分。因此，"学问之道无他，求其放心而已矣"②，一个人只要能"求其放心"，将其放逐、丢失的善的本性、本心找回来；或自然顺应其先天本有的善心、善性而为，就能成为一个德性完满的人。

在孟子那里，良知被看成每个人心中所具有的固有属性，乃天赋我者。人禀承此"天"或"道"而有"性"与"命"，个体的人安身立命、实现自身的人生价值，应当追求人性的回归。只有在人随时可以成为"人"的状态中，人们才真正感受到一种安全，这种安全感，也就是一种家园感！这是人们的精神家园、文化原乡，也是人们心灵的真正故乡！

若是这种家园感遭到破坏，或者现实与之发生了偏离，人们便会从内心产生一种深深的不安，便会有回到故乡、家园的渴求与冲动，在情绪上也会产生乡愁！乡愁即我们生活实践中所感觉到的美好存在不存在了，由

---

① 孟子:《孟子·告子上》。
② 同上。

此而生发出一种情感上的失落；由这种情感上的失落，心里便产生了一种弥补的渴求，从而在现实生活中努力去实现这种美好，或者说要努力将这种美好在我们的生活中再现出来。这种乡愁便成为人们追求美好生活的一种内在动力，而不仅仅是一种悲与愁的情绪。

这种乡愁促使人们回归——回归到心灵的、精神的家园，只有这样才能使自己的情感和心理得到一种妥切的安顿；另外，这种乡愁也促使人们对现实进行改造，使现实能够符合、接近于理想家园的要求。从这个角度言，则乡愁实有一种现实的价值，它引导、促使着人们不断追逐梦想、改变现实，趋近于至善，从而升华人们的精神世界，也规范人们的现实生活。

二 "城市化"与乡愁的产生

在城市化的过程中，有可能导致乡愁的出现。城市化何以就能导致乡愁呢？在这里，我们首先要意识到城市化究竟意味着什么？通常，城市化一般也意味着现代化、市场化，这种现代化、市场化是建立在高度的科学化基础之上的。应该说，城市化对人类而言有其重要价值！其价值主要体现在形下这个层面，即物质的高度发达与技术的日益精巧、细致，这种变化直接导致了人类物质生活的高质量，让人们觉得日常生活非常便利！

但也要看到，这种高质量和便利本身，并不一定能保证人们的心灵得到真正的自在、自由。在城市化的发展过程中，如果过度追逐利润、追求物质成果的不断翻新，人们很可能忽视了自己当初大力发展物质文明的初衷。那么，人们大力发展物质文明的初衷是什么呢？一个可能的答案，便是为了满足人的全面发展、包括精神和文化发展的需要。但在现实的城市化过程中，人们往往容易忘记这个初衷；若忘记这个初衷，则人这个社会中最重要的因素就可能因此而被忽略。所以，过度的物化是有可能对人的心灵产生逼仄的。

如前所述，虽然城市化带来物质文明的高度发达，但物质文明的高度发达并不意味着人的精神安顿问题可以相应得到解决。就如大家耳熟能详的《渔夫与金鱼》的故事，这个故事中渔夫的老太婆，可以看作是贪得无厌的物欲的代表，在高度的外在物质满足之后，其心灵仍然得不到妥切的安顿。从这个故事中引发出的一个思考就是：我们生活的目的究竟是什么？若以追求外在的物欲满足作为生活的唯一目的，则可能如渔夫的老太婆一样，总是处于不满足的过程中，如此则心里充满了焦虑、狂躁、掠夺性。在这种情况下，人类追求物质的技术能力越强，则其迷失也越深。因为人们已经不知道自己究竟要达到或追求一种什么样的生活目的。人要实现其为人，要靠什么来支撑、满足之。当人心胶着于外在物欲的时候，其内在的生命之光却漆黑一团。乡愁的产生，正是人心处于此种矛盾之中，即内在的心境与外在的环境不相应，由此产生出一种意向和冲动，希望此内在光明之心境能够落实于外在之境遇，使之活泼地日新、日长，所谓"日新之谓盛德，生生之谓易"①。

人的精神生活如何安顿？就城市化的过程而言，它似乎并不能直接解决此问题。或者说，城市化只侧重解决人的物质生活方面的需求；而人们的心灵要得到安顿，在城市化、科学化之外，还得有人文的情愫，要有对心灵的关怀和精神的安顿，才能保证人的全面发展。城市化过程中、市场经济条件下，我们固然有各种生活的轨则，但这些轨则基本成为一种外在的束缚，而不能真正成为每个人通过自觉而明的"礼"；人们对于轨则的遵循，只是出于习惯，而不是出于自己的本初之心。由心灵所发的人之情与意，于是就成为浮泛无根之游魂，随风飘荡。

外在物质世界与人的精神世界毕竟不能相等同，人要诗意地栖居于这个世界，不仅仅要靠高度的物质文明、制度文明，同样也需要高度的精神文明。所以说，文化生活对人来说是不可或缺的。乡愁之所以产生，就在于城市化的过程中，人们不断地扩充自己的物欲，在物欲膨胀过程中，离我们的本心越来越远。不可否认，城市化的过程使人类获得了不少的科学知识，但对于文明人所应当有的"明德"，则似乎并未显见成效。

三 人类精神、文化之原乡的探讨

无论城市化还是乡愁，皆有一个指向：即追求人的全面发展。如果人类在发展过程中偏离了这个正轨，不能实现此目标，势必会引发大家浓浓

---

① 《周易·系辞传》。

的乡愁。

要追求人的全面发展，明人所当有之"明德"，我们就得探讨人之所以成为人的原因。人之所以成为人，离不开"文化"。对于人类社会而言，"文化"非常重要，人与动物相揖别，大概即因于"文化"。以前的小学语文课本中曾经有一篇《乌鸦喝水》的故事：一只乌鸦口渴了，它看见一个瓶子底部残留着一些水，就把嘴伸进去，却发现自己够不着水。怎么办呢？于是，这只聪明的乌鸦捡来一些小石子，将其扔进瓶中，这使得瓶中的水位得以升高，乌鸦也因此喝上了水。但是，作为动物的乌鸦和人毕竟不同。就拿上述这只乌鸦来说，它拾石子、将其扔进瓶中、最后让自己喝上水，这只是一个偶然的、特定的个案。一般说来，它不能意识到也无力使其"喝水"的这项技能成为整个乌鸦族群的普遍"文化"。那么，待这只乌鸦"百年"之后，它的这项技能也会随着其死去而化"神奇"为"腐朽"。

虽然从科学的角度言，动物也有进化，但其进化只是出于无意识的本能；相较于人而言，这种进化不能算作自觉的"文化"，可以忽略不计。故千百年来，乌鸦还是乌鸦，老虎还是老虎！如此等等。与动物不同，人在实践过程中若有某种宝贵的生产、生活经验，会自觉地、有意识地一代、一代将之承传下去，并在此基础上创造性地发扬光大，这就属于"文化"。

关于"文化"，中国古典哲学文献《易传》有一段话非常重要，即《贲·彖》所说：

> 《贲》"亨"，柔来而文刚，故"亨"。分，刚上而文柔，故"小利有攸往"。刚柔交错，天文也。文明以止，人文也。观乎天文，以察时变。观乎人文，以化成天下。①

如何理解这段话？朱熹认为，从卦变的角度，《贲》卦大概由《损》和《既济》二卦变化而来，其云：

---

① 高亨：《周易大传今注》，清华大学出版社2010年版，第169页。

> 贲，饰也。卦自《损》来者，柔自三来而文二；刚自二上而文三。自《既济》而来者，柔自上来而文五，刚自五上而文上；又内离而外艮，有文明而各得其分之象。①

在《周易》中，阳爻为刚，阴爻为柔。若将《损》卦的六三爻与其九二爻互换，则从九二的角度言，即是"柔来而文刚"；从六三的角度言，即是"刚上而文柔"；通过这样的"卦变"方式，《损》卦就变成了《贲》卦。若将《既济》的上六与九五互换，也是如此。

《周易》卦爻的阴阳、刚柔相错，表征的是宇宙天地和人类社会的阴阳、刚柔之变。《周易》哲学思维有一特点，即推天道以明人事。在宇宙天地之间，日月运行、昼夜交替，属刚柔交错；刚柔交错不是杂乱无章，而是有其规律，此乃天之文。与此天文相应，人类社会也有其"文"，因为人类在发展过程中，其变化亦有条理、规律，人们将之总结、保留下来，即是人之"文"。此"文"与"质"相对，质乃质朴、天然的意思，指生而即有的因素；"文"有"饰"的意思，它与质不同，乃人类实践的智慧结晶，代表着继承、创新、发展。故朱熹即提出："贲，饰也。"就《贲》卦的构成而言，其内卦为离、外卦为艮，"离"有文明之象，"艮"有止之意，合而言之，即有"文明以止"的意思。

《贲》卦所说的"文明以止"，就是我们通常所说之"文化"。所谓"文明以止"，就要求文化、文明要能够"止"住、能够继承得住，使其不因时间的流逝而消失；甚至不仅不让其消逝，还能有意识地将其扩充、强化，这就是《易传》经文所说的"观乎人文，以化成天下"。在这个过程中，文化不断发扬光大，人类的各种知识、技能等就像滚雪球一样，越滚越大、越滚越强。

《周易·贲》卦所说的"文明以止""化成天下"的道理，大概只有人才能够真正做到。如前所述，人类的文化、文明，大体可以分为物质文明、精神文明两大类。物质文明方面，如科学、技术等可以作为其代表；精神文明则主要关涉人之心灵、精神和意识世界的完善。历史和现实中，

---

① （清）李光地：《御纂周易折中》；郑万耕主编：《易学精华》（下），北京出版社1995年版，第1917页。

人们对于先辈所创造的物质文明成果，一般皆能很好地继承、发展。如在当代迅速发展的"城市化"，即可以成为此论的一个重要例证。我们也因此可以很自豪地说，现代的科技和生产力水平远远超过孔子、老子和释迦牟尼那个时代，也远远超越苏格拉底、柏拉图、亚里士多德所处的时代。但是，扪心自问，说现代人的德性与智慧也远远超越孔子、老子、释迦牟尼、苏格拉底、柏拉图、亚里士多德等，我们似乎不那么有底气。于此，就有一些问题值得提出：人类究竟应该如何发展，才是更合理的发展？人类的发展究竟应该向何处去，才能够更好地继承、创新人类文明的各项优秀成果？

对于这些问题解答，我们看看传统的中国哲学为此提供了一个怎样的独特视角。中国哲学发展至宋明，产生了著名的宋明理学；一般来说，它代表着中国传统哲学的一个高峰。在理学家看来，人类发展物质文明包括制度文明等，皆是为培护人的德性、开发人的智慧、安顿人的心灵和精神服务的，故宋明理学也被称为性理之学；物质文明的发展只是手段，它要为人类之安身立命与终极关怀服务。从这个角度言，则人之德性与智慧的开发、心灵与精神的安顿就成为中国哲学尤其是宋明理学所关注的重要问题之一。

要安顿人的心灵与精神、开发人的德性与智慧，不能不涉及价值的问题。人以什么作为自己的安身立命之本？以什么作为自己的终极关怀？通常情况下，人们皆要对现实世界价值的来源、价值世界与现实世界之间的关系问题进行探究。中国哲学家们一般将"天"作为宇宙本体，并赋予其伦理的至善含义；同时又将"人"看作为一个总体性范畴，概括为一种普遍性的精神存在。在中国哲学看来，个体的人安身立命、实现自身的人生价值，就是要追求人与天的合一。"天"作为终极实在是一个至善的存在，整个世界包括人类社会在内，皆是此至善理念统摄下的世界，其发展趋势即是回归于这一至善世界。

故中国哲学家皆认为，价值问题不能仅限于社会的价值和人自身的价值这个层面，而要上升至天地、宇宙价值的高度，用中国哲学的专业术语来说，则是说"人道"要上升至"天道"的高度。一般说来，中国传统哲学各流派都肯定此"价值本体"的存在，尽管此价值本体有多种不同的名称、说法，如"天""理"或"道"与"太极"等，而人则禀承此

"天"或"道"而有"性"与"命"。所以，中国哲学家所关注的"成己""成人""成物"的理想追求，一开始便有德性本体这一价值理念的预设，没有此价值理念的预设，人和万物的存在、活动便失却其意义。此预设之价值理念，便是人类社会、自然宇宙所应达到的目标。因此价值不仅存在于主体，亦存在于客体，还存在于主客体的相互作用的关系中。故在中国哲学家看来，价值并不仅仅是某种属人的关系范畴，更是属于实体的范畴；德性即是本体，德性本身即是终极价值之源。

正因为如此，所以中国哲学家们一般认为，在事实世界之上尚有一个价值的世界。关于价值世界与事实世界的关系，价值世界是事实世界的基础和归宿，虽然两个世界有时对立，但究其根本，则应该一致。价值世界相较于事实世界而言更为根本，事实可能合于价值，也可能与价值相违；与价值相违的事实，在中国的哲学家们看来，是应该被摒弃的。我们之所以说中国哲学从本质上讲即是价值哲学，即在于其哲学体系主要建立的基础是价值判断。

人类社会是由不同的个人组成的，理想社会的实现离不开每个人的自我价值实现。中国传统学术思想中，关于个体之人如何实现自身价值、保持自己身心健康，论述尤其丰富；很多学者皆关注个体之人的生命和谐、健康快乐、精神境界与超越等问题。中国哲学中的主流观点，皆认同此至善的价值本体。如程朱理学关于"天理"的探讨，象山心学关于"本心"的讨论，都希望从中发掘价值的起源和本质，他们的观点虽有所不同，但都把德性理解为一种本体存在，它可以表现在人，也可以表现在物，故从"亲亲"到"仁民"，从"仁民"到"爱物"，皆体现至善的德性本体；而"仁者"与"天地万物为一体"，也是从这个意义上来讲的。

中国哲学认为，人类的发展要护住这个"价值之本"，如此即能保证其发展的正确方向。此"价值之本"既可以呈现在心，也可以体现在物，它即是我们人类精神与文化的"原乡"。人类的发展不能违背此价值之本；相反，我们应该时时关注此价值之本、并以之来规正我们的发展方向，以避免误入歧途。中国哲学之所以称此价值之本为"天理"，大概是要突出其"至公""无私"的品性；之所以称其为"本心"，大概是要突出其为心之主宰、为万化之本体的地位。

人类因"文化"而挺立，"文化"因"价值"而有活力与生命。如果我们在城市化过程中，没有文化与价值的指导与引领，势必走向冷冰冰的物化过程；这种冷冰冰的物化必将逼仄、压迫人的心灵，导致人的异化；人们由此而产生"乡愁"，也就成为必然的了！

四　如何在城市化的过程中解决"乡愁"问题

我们发现，城市化过程中，由于物欲的过度膨胀、扩张，导致了古朴的乡村及其文化遭到破坏，民德归厚不复存在，民风浇薄，人们心中的美好记忆也随之而破坏，引发起人们浓浓的乡愁。因此，乡愁的产生，实出于人们的反思，即现实的存在与心中的价值理想存在差距，此"差距感"进一步带来"失落感"，由失落而有惆怅，从而诞生了乡愁。

当代人们在都市的逼仄之下，急躁盲从，惶惶不安，对于如何安顿自己的心灵？乃至于对自己的人生走向，无所适从，肆恣颠倒，虚无邪恶，适足以颠覆其生命的真实，而不能追求真正的生命存在及其意义。如何解决此问题？我们认为，在城市化的不断发展过程中，伴随着物质文明的进步，要有意识地加进人文的关怀，使人们的"乡愁"得到疏导。

"乡愁"问题的讨论，重在点醒人们的历史文化意识，呼唤人们的心灵真实，也即"初心"；立此初心，则生活有本有源，在此基础上，引导人们面向未来，追求自己的文化与生活理想。虽然社会生活变化无常，但是，于其中是否有不变之本？纯净的心灵、人的本真之性能否成为其根本，中国文化倾向于对之进行肯定。人如何不至于陷溺于物欲和身体的躯壳限制之中而能得到解放，这似乎与科学的目标不同，而当归入心灵的解放；这种解放要通过洞察心灵之本真、得其所归宿；再于其内向外展开，得人们日常生活之信念。所以，"乡愁"问题的讨论，是对时下一般只关注于物质层面追求的社会风气的一种反省！人们若只是关注物质的层面，服从于社会市场的法则，则对于人的心灵和精神生命，可能会造成一种戕害！乡愁的提出，就是要让每个人觉醒其真实的生命自我，不至于在物欲中丧失其本初；当其向外展开时，则追求其价值理想的实现，当其向内反观时，则要挺立起良知的真实价值本源，如此，则能内外一体，使生命的真实得以在现实中呈现。故通过乡愁问题的讨论，恰是要端正其初心，奠定其人生追求的理想之基本方向。

如果说"乡愁"的情绪，引燃了人们内心对美好存在的一种追求，那么，接下来，这种追求是否有实现的可能？我们认为，中国哲学有助于解决城市化过程中的乡愁问题。中国的哲学要追求真实的人生，与真实的人生相对应者，便是非真实的人生；于是，便有是与非、善与恶的分辨，如此，则中国哲学必蕴有"价值"的判断，因而也成其为价值哲学。所谓价值哲学，非谓只是提供一套价值理论的体系，或者更明确地说，提供一套是非善恶的知识体系；价值哲学更重要的界定，在于其本身即是价值追求的实践、即是功夫，于实践中呈现出人之主体、人之真实存在，要在人这个层面，展示其生命的真实、生命的本质。中国哲学中的心性之学、仁义之教的特点在于其不仅是理论的、更是实践的。因此，同样是对形上之道的探求，若是从概念、逻辑方面入手，通过逻辑圆满的诉求，亦可以建立起最后真实本体的可能。如为了说明宇宙和谐、运动、发展的第一因，可以确立起主宰一切的"上帝"概念。然这种确立只是理论的设定，非带有实践性的实现。若只是就此理论而言，则此理论虽然可以圆满，但此圆满只是就其理论与概念逻辑发展之圆满，并不意味着现实和生活实践的圆满。

与此不同，中国哲学则强调于人生实践中确立起价值形上之本。如孔子说："仁远乎哉？我欲仁，斯仁至矣！"[1] "为仁由己，而由人乎哉！"[2] 中国哲学这种对仁爱之本的追求，犹如求仁得仁，是高度自由的；它不受外在物质条件、环境之制约，是一种仁心、仁意的实现；在实现的过程中，人的心灵便得到了安顿，回到了熟悉的家园。如此，则能解乡愁之苦。

城市化侧重的是物质，乡愁的产生是要于此高度物质化的过程中启发人的精神自觉，自觉人之所以为人者。在城市化过程中，人们感受到的不安、痛苦、恐惧，皆可能与乡愁相联系。乡愁之愁得越多，则人们返观内在心灵之解脱就可能越多。关心生命的成长，关心人心的安顿，是当代学人的重要担当和责任。乡愁的提出，正表明我们所谓的学问不能仅仅是一种思想与理智的游戏，它应当关注生命，不让人的生命颠倒错乱，不让人

---

① 孔子：《论语·述而》。

② 孔子：《论语·颜渊》。

的生命在物欲中迷失。纯粹关于物的追求并不代表生命真正的旨趣，因为这会让人沦于与动物相同等的地位。物质文明、科学技术，皆需要有适当的价值引领，要有人为它确立发展方向和维度，否则其便会陷于盲动中、横冲直撞。

由明德之本心发而在外，必然要求有人文世界的建构，于其中当然也包括城市化。因此，若城市化能由人的良知本心而发，则自有其合理性；城市化若能与人的生命呈现、成长相关联，则它就能与人的生命本真相贯通。因为主体生命的成长、德性的涵养是离不开家国、社会和世界的，不存在孤零零的个体之德性。正所谓"德不孤，必有邻"①，有"敬以直内"，必发而有"义以方外"②；仁德之良知本体，一定会向外感通，一定会客观化为现实，所谓"亲亲而仁民，仁民而爱物"③，由己及人，由人及物，"仁者与天地万物为一体"④；城市化若能与此相结合，则得其所而能解"乡愁"之结。

（作者简介：章伟文，北京师范大学哲学学院教授、博士生导师）

① 孔子：《论语·里仁》。
② 《周易·坤文言》谓："君子敬以直内，义以方外，敬义立而德不孤。"详见高亨：《周易大传今注》，清华大学出版社2010年版，第61页。
③ 孟子：《孟子·尽心上》。
④ 朱熹、吕祖谦：《朱子近思录》卷一，上海古籍出版社2000年版，第31页。

都市里的乡愁:现代转型中的民粹情结

程广云

摘要: 我们所谓乡愁,不是存在论、生存论意义上的、诗性(诗化)意义上的乡愁,而是工业化、城市化、现代化、全球化时代的乡愁。这种普遍乡愁就是现代转型中的民粹情结。这构成了俄国、中国之类东方社会的国情和特色。中国现代转型中的民粹主义的思潮和运动形成于五四时期,成型于延安时期,"文化大革命"时期狂热至极,改革时期有所冷却。乡愁就是人们对于乡土社会的依恋和回归。中国乡土社会以等级差异为前提,以和而不同为目标。中国现代转型在于意识形态化政党对城市和乡村进行国家化改造。乡土社会趋向瓦解,单位社会已经形成,市民社会尚未形成,存在城乡二元结构。在这个时代里,乡愁意谓我们从传统到现代的艰难抉择,意谓我们在这一历史转型中的不知所措。

关键词: 乡愁 乡村都市(城市) 现代转型 民粹情结

一

我们不必从事字源考证,只须推敲日常用法即知:"愁"是对消失着的东西的执念,具时间性的流逝感和空间性的距离感;有抉择中的两难含义,无所措施。诸如此类。"乡"字,家乡、故乡,是人们生于斯、长于斯的地方。如果有人自始至终都在一个地方,是不会生发出什么乡愁来的。乡愁一定关联离别,由于空间距离,加上时间流逝,亲切变成疏远,熟悉变成陌生。这就从有解的"离愁"发展到无解的"乡愁",表现为"无家可归"的感受或"有家难回"的体验。"家"也好,"乡"也罢,它是一种根系记忆，和我们的童年以及童年所固有的天真浪漫之类情怀纠缠在一起。因此，乡愁所关联的多半不是家乡的实态，而是家乡的想象。在这个意义上，乡愁是无法消解的。正像我们无法真正还童一样，我们即使回归家乡，由于物是人非、今非昔比等等，我们还是无法真正还乡。鲁迅《故乡》就描写了这样一种无解乡愁，特别是自己和童年伙伴闰土的隔膜，给予人们深刻的印象。"昔我往矣，杨柳依依；今我来思，雨雪霏霏。"（《诗经·小雅·采薇》）这是人们关于乡愁的诗性（诗化）的解说，其中交织着时间性的流逝感（"昔"与"今"）和空间性的距离感（"往"与"来"），吻合我们关于乡愁的存在论生存论的解释。

但是我们研究乡愁，并不满足于存在论生存论的解释和诗性（诗化）的解说。我们引入都市（城市）视角，这个视角是历史发展的特定语境。我们从这个特定语境中考察乡愁。

相比游牧社会，农业社会的一个基本特点是定居。乡村和城市是人们的定居点：乡村是小而分散的定居点，城市是大而集聚的定居点。从村落（乡村）到城市（都市）是一个历史的发展过程。就城市起源来说，有因"城"（城防）而"市"的，有因"市"（集市）而"城"的。就城市本质说，兼有军事防卫、市场交易、社会分工以及行政管辖等职能。但是城市本身经历了从古代到现代的演变。古代城市政治—军事职能压倒经济—社会职能。现代城市形成以市场经济为基础的、具有契约关系的市民社会。

在中国古代农业社会里，人们安土重迁，乡愁是一种偶发的情绪：就"四民"（士农工商）说，或士谋取功名，或商利来利往，最终落叶归根、告老还乡（所谓衣锦还乡、荣归故里、光宗耀祖、封妻荫子）。普通百姓（农、工）除非遭遇饥荒、瘟疫、灾难、战乱，背井离乡，流离失所，是既无离愁、亦无乡愁的。

乡愁从个人偶然境遇转变为社会必然境遇依赖于工业化、城市化、现代化、全球化的历史运动。资源的高度集中、人口的大量迁移，预示普遍乡愁时代来临。马克思和恩格斯在《共产党宣言》中就描述了这种普遍乡愁时代："资产阶级在它已经取得了统治的地方把一切封建的、宗法的和田园诗般的关系都破坏了。它无情地斩断了把人们束缚于天然尊长的形形色色的封建羁绊，它使人和人之间除了赤裸裸的利害关系，除了冷酷无情的'现金交易'，就再也没有任何别的联系了。它把宗教虔诚、骑士热忱、小市民伤感这些情感的神圣发作，淹没在利己主义打算的冰水之中。它把人的尊严变成了交换价值，用一种没有良心的贸易自由代替了无数特许的和自力挣得的自由。""资产阶级抹去了一切向来受人尊崇和令人敬畏的职业的神圣光环。它把医生、律师、教士、诗人和学者变成了它出钱招雇的雇佣劳动者。""资产阶级撕下了罩在家庭关系上的温情脉脉的面纱，把这种关系变成了纯粹的金钱关系。""生产的不断变革，一切社会状况不停的动荡，永远的不安定和变动，这就是资产阶级时代不同于过去一切时代的地方。一切固定的僵化的关系以及与之相适应的被尊崇的观念和见解都被消除了，一切新形成的关系等不到固定下来就陈旧了。一切等级的和固定的东西都烟消云散了，一切神圣的东西都被亵渎了。"而普遍乡愁的根源则在于城市化和西方化："资产阶级使农村屈服于城市的统治。它创立了巨大的城市，使城市人口比农村人口大大增加起来，因而使很大一部分居民脱离了农村生活的愚昧状态。正像它使农村从属于城市一样，它使未开化和半开化的国家从属于文明的国家，使农民的民族从属于资产阶级的民族，使东方从属于西方。"[①] 东方与西方的关系可以类比农村与城市的关系：东方是世界的农村，西方是世界的城市。

因此，我们所谓乡愁，不是任何一种乡愁，尤其不是存在论意义上的、诗性（诗化）意义上的乡愁，而是工业化、城市化、现代化、全球化时代的乡愁，即是普遍乡愁时代的乡愁。工业化对于农业社会的冲击、城市化对于乡土社会的冲击，以前所未有的态势，构成了历史—伦理的二律背反。由此引发一种逆城市化/再乡村化的思潮和运动，此谓都市里的乡愁。

二

这种普遍乡愁就是现代转型中的民粹情结。在俄国资本主义发展中，就有这样一种民粹主义。列宁指出："我们把民粹主义理解为一种观点体

---

① 《马克思恩格斯选集》第1卷，中共中央编译局编译，人民出版社2012年版，第402—403、405页。

系，它包含以下三个特点："（1）认为资本主义在俄国是一种衰落，退步。""（2）认为整个俄国经济制度有独特性，特别是农民及其村社、劳动组合等等有独特性。""（3）忽视'知识分子'和全国法律政治制度与一定社会阶级的物质利益有联系。"① 中国也有这样一种民粹主义。李泽厚说："民粹主义一般有两个相互结合的特色，一是痛恨资本主义，希望避免或跳过资本主义，来建立社会主义或理想社会；一是把这希望放在农村和农民身上。……可以看出，在中国近现代，始终有着……西化思潮与……民粹思潮的倾向差异。其差异主要表现在对待资本主义基本采取赞扬、肯定（前者）还是保留、否定（后者）的不同态度上，前者更注意资本主义的物质文明、工业生产带来的社会幸福、国家富强，后者则着意如何能保持'纯净'的农村环境（广义）、传统美德、精神文明等等，以超越资本主义。""民粹主义因素、道德主义因素和实用主义因素的渗入，似乎是马克思主义早期在中国的传播发展中最值得重视的几个特征。"② 历史证明，在俄国、中国、印度之类东方社会里，这种民粹主义的思潮和运动是普遍存在的，逆城市化/再乡村化与逆西方化/再东方化总是纠缠在一起，这构成了东方社会的国情和特色。

中国现代转型中的民粹情结和民主情结是紧密结合在一起的，甚至表现在同一个人的意识和心理中，例如国父孙中山。相比同时代人如康有为、梁启超、严复和章太炎等，孙中山的"三民主义"和"建国方略"鲜明地提出了民主革命、建国（建设）的理论主张和行动方案，但他的民粹主义也正如他的文化保守主义一样鲜明。在《中国的民主主义和民粹主义》一文中，列宁曾经这样评论："孙中山的纲领的字里行间都充满了战斗的、真诚的民主主义。""但是在这位中国民粹主义者那里，这种战斗的民主主义思想首先是同社会主义空想、同使中国避免走资本主义道路即防止资本主义的愿望结合在一起的，其次是同宣传和实行激进的土地

---

① 中共中央编译局编译：《列宁选集》第1卷，人民出版社2012年版，第118（121、121—122、125）页。

② 参见李泽厚《中国现代思想史论》，东方出版社1987年版，第156—157页。其实，将中国近现代思想划分为"西化思潮"和"民粹思潮"是过分简化了。"西化"包括"欧风"（欧陆——法德）和"美雨"（英美）的影响，没有囊括日本和苏俄的影响。"民粹"亦不能够代指全部中国传统。

改革的计划结合在一起的。后面这两种思想政治倾向正是构成具有独特含义的（即不同于民主主义的、超出民主主义的）民粹主义的因素。""因此，这位中国民主主义者的主观社会主义思想和纲领，事实上仅仅是'改变不动产的全部法权根据'的纲领，仅仅是消灭封建剥削的纲领。""孙中山的民粹主义的实质，他的进步的、战斗的、革命的资产阶级民主主义土地改革纲领以及他的所谓社会主义理论的实质就在这里。""从学理上来说，这个理论是小资产阶级反动'社会主义者'的理论。这是因为认为在中国可以'防止'资本主义，认为中国既然落后就比较容易实行'社会革命'等等的看法，都是极其反动的空想。"列宁预言：将来"中国社会民主工党""在批判孙中山的小资产阶级空想和反动观点时，大概会细心地挑选出他的政治纲领和土地纲领中的革命民主主义内核，并加以保护和发展。"[①] 但是，中国现代转型充满乡愁，民粹情结根深蒂固。大致地说，中国现代转型中的民粹主义的思潮和运动形成于五四时期，成型于延安时期。

其一，五四时期的乡愁和民粹情结。诚然，五四时期的主流是反传统和全盘西化，在"古今中西之辩"中，以"西学"为"新学"，以"中学"为"旧学"，是五四前后自由主义（如胡适）和民主主义（如陈独秀）的思维方式。但保守主义（如梁漱溟）、民粹主义（如李大钊）则具有不同甚至相反趋向。梁漱溟既主张"本位文化"，也主张"乡村建设"。李大钊一方面转向马列主义；另一方面则倾向民粹主义。在《青年与农村》一文中，李大钊指出："要想把现代的新文明，从根底输到社会里面，非把知识阶级与劳工阶级打成一气不可。""都市上有许多罪恶，乡村里有许多幸福；都市的生活，黑暗一方面多，乡村的生活，光明一方面多；都市上的生活，几乎是鬼的生活，乡村中的活动，全是人的活动；都市的空气污浊，乡村的空气清洁。……只要知识阶级加入了劳工团体，那劳工团体就有了光明；只要青年多多的还了农村，那农村的生活就有改进的希望；只要农村生活有了改进的效果，那社会组织就有进步了，那些掠

---

① 中共中央编译局编译：《列宁选集》第 2 卷，人民出版社 2012 年版，第 291、292—293、293、293—294、296 页。

夺农工，欺骗农民的强盗，就该销声匿迹了。"① 这里，首先就是一个悖论，一方面是知识阶级知识上的先进性；另一方面则是劳工阶级道德上的高尚性，这正是知识—道德的二律背反；其次，在都市/乡村二元叙事中，虽然承认城市先进，乡村落后，但却在生活和生态的意义上，将都市的罪恶、黑暗、鬼的生活、污浊与乡村的幸福、光明、人的生活、清洁两相对照；最后，这里已经具备知识分子（青年）与劳动群众（农民）相结合思想。

其二，延安时期的乡愁和民粹情结。延安时期是马列主义的意识形态和精神文化的奠基时期：一方面是马列主义中国化，形成毛泽东思想；另一方面则是民粹主义更加显著，最根本和最主要的就是尊劳主义和反智主义的结合。这就是说，谁亲近实践，谁就有知识；谁疏远实践，谁就无知识。前者在道德上干净和高尚，在政治上先进和革命；后者在道德上肮脏和卑贱，在政治上落后和反动。这里，知识论、伦理学和政治学三者一致。按照这一标准，知识分子和工人农民的地位就颠倒过来了。毛泽东说："群众是真正的英雄，而我们自己则往往是幼稚可笑的，不了解这一点，就不能得到起码的知识。""许多所谓知识分子，其实是比较地最无知识的，工农分子的知识有时倒比他们多一点。""工人农民，……比资产阶级和小资产阶级知识分子都干净。"② 这就是说，无论在知识上，还是在道德上，知识分子比工人农民都不如。因此，毛泽东曾在一个更广泛的意义上提出过："革命的或不革命的或反革命的知识分子的最后的分界，看其是否愿意并且实行和工农民众相结合。"③ 这就是说，在政治上，知识分子也不如工人农民。

新中国成立以来，民粹主义沿着五四时期和延安时期确定的方向继续发展；到了"文化大革命"时期，狂热至极，知识青年上山下乡、干部下放劳动，将城市人口疏散到农村；直到改革时期，有所冷却，知识青年、干部返城。整个这一有组织大规模人口流动除了备战、备荒、革命、生产等等政治—经济需要之外，也就是在民粹主义思潮引导下的一场社会运动。

① 《李大钊文集》第2卷，人民出版社1999年版，第287、290页。
② 《毛泽东选集》第3卷，人民出版社1991年版，第790、815、851页。
③ 同上书，第2卷，第559（566）页。

当然，我不认为我们历来把民粹主义判定为"空想的、反动的"社会主义是合适的。正如其他任何思潮以及社会运动一样，民粹主义思潮以及社会运动有它的现实性和合理性，有它的合法性和正当性。工业化也好，城市化也罢，诚然是历史的进步，但也的确让我们付出了惨痛代价：生态危机、社会危机、精神—文化危机。这些危机集中反映在城乡之间、工农之间、脑力劳动和体力劳动之间的"三大差别"上，集中反映在农村、农民、农业"三农"问题上。这一切都在推动着一种逆城市化/再乡村化的思潮和运动。它使原本存在论生存论意义上的、诗性（诗化）意义上的乡愁形成历史潮流，更加汹涌澎湃。

三

根据我们对普遍乡愁时代的乡愁亦即工业化、城市化、现代化、全球化时代的乡愁的历史考察，我们可以将"乡愁"定义为人们对于乡土社会的依恋和回归。

中国乡土社会以等级差异为前提，以"和而不同"为目标。这就是说，通过公平差异，实现社会和谐。费孝通就是在所谓"差序格局"中理解和解释"乡土中国"亦即中国传统社会的"礼治秩序"的。首先，"差序格局"是与"团体格局"相对应的，是一个与"生人社会"相对应的"熟人社会"。"在社会学里我们称之作 Face to face group，直译起来是面对面的社群。"人际关系即"伦"。"伦是什么呢？我的解释就是从自己推出去的和自己发生社会关系的那一群人里所发生的一轮轮波纹的差序。""中国乡土社会的基层结构是一种我所谓'差序格局'，是一个'一根根私人联系所构成的网络'。"这是一个个的"社会圈子"。它的基点不仅是"大家庭"（扩大了的家庭 Expanded family），而且是"小家族"。"我的假设是中国乡土社会采取了差序格局，利用亲属的伦常去组合社群，经营各种事业，使这基本的家，变成氏族性了。"这与通常家庭的"生活堡垒"的职能根本不同。费孝通说："所谓礼治就是对传统规则的服膺。"这种秩序成于"社会继替"，毁于"社会变迁"。"社会继替是指人物在固定的社会结构中的流动；社会变迁却是指社会结构本身的变动。"它是"长老统治"（爸爸式的 Paternalism）。这种"社会继替"中的教化权力，也与"社会变迁"中的"时势权力"、社会冲突中的"横暴权力"、社会合作中的"同意权力"根本不同。① 中国乡土社会的要害是前提与目标之间的相互矛盾，等级差异的传统社会基础已经被现代社会所解构，但"和而不同"的目标却依然是社会治理的方向。

我们今天谈论中国乡土社会，必须意识到百年以来中国乡土社会的巨大"变迁"中断了千年以来中国乡土社会的漫长"继替"，必须意识到乡村也如城市一样经历了翻天覆地的变化。在中国传统社会，中央政府权力从未介入乡、村两级，县级以上是政府治理，县级以下是非政府治理。② 在中国乡土社会，封闭的自然经济在一定程度上阻碍了国家对社会的渗透，与之相适应的是保守的宗法治理结构。这种情况在现代转型中得以改变。

中国现代转型始于清末民初。在北洋政府时期，两大意识形态政党——中国共产党、中国国民党先后出现。中国国民党以三民主义为意识形态，代表全体国民；而中国共产党则以马列主义为意识形态，代表工人阶级。这种政党形态已经具备国家雏形，意味着政党对城市和乡村进行国家化改造。在南京国民政府时期，中国国民党着力于控制城市，而中国共产党则着力于控制乡村。中国国民党在乡村依靠士绅阶级，维护传统宗法社会秩序；而中国共产党则领导农民阶级，发动阶级斗争，这种斗争所采取的主要手段就是用阶级关系来割断家族纽带。③ 在中国传统社会，家族营造了一种和合的氛围，在一定程度上消融了阶级意识与阶级差别。梁漱溟认为，中国古代社会并非一个阶级对立的社会。④ 但是，对城市和乡村进行国家化改造必须强化阶级意识与阶级差别。在城市，党代表工人利益反对资产阶级；在乡村，党代表农民利益反对地主阶级，从而瓦解其家族势力和宗法制度。只有这样，国家介入乡村才会顺理成章。

新中国成立以来，国家全盘改造乡村这一历史任务提上日程：从土地改革、合作化到人民公社化，是"文化大革命"之前国家全盘介入乡村

---

① 费孝通：《乡土中国》，三联书店 1985 年版，第 10、25、29、39、55、78 页。

② 参见黄仁宇《中国大历史》，三联书店 2008 年版。

③ 参见金观涛、刘青峰《开放中的变迁——再论中国社会超稳定结构》，法律出版社 2010 年版。

④ 参见梁漱溟《乡村建设理论》，上海人民出版社 2006 年版。

的几个历史阶段。乡村国家化改造过程始终存在着两个方面：一是阶级斗争撕去了家族的温情面纱；二是人情关系"斩不断，理还乱"。同时，这种国家对农民的直接介入，使得人民直接面对国家，并未充分形成一个市民社会。这些问题在而后中国发展的不同历史阶段上得以不同程度的凸显。改革之后，从家庭联产承包责任制、村民自治到土地流转，改变了原有的人民公社和合作社的体制。但是，中国乡村并未实现人们所预期的现代转型，例如基层民主成效甚微；许多方面甚至回归传统，譬如家族势力重新坐大。

工业化、城市化历史进程形成"城乡二元结构"。"文化大革命"之前，取代乡土社会的是单位社会，人们不是按照以血缘和姻缘为基础的地缘划分进行组合，而是按照以劳动和工作为基础的单位划分进行组合。原有自组织性乡土社会已经瓦解，单位社会是被国家重新组织起来的：国家凌驾于社会之上，形成政治泛化的国社一体化或政社一体化；个人束缚于单位之中，成为人身依附的组织人或集体人。城乡之间、工农之间、脑力劳动与体力劳动之间的"三大差别"愈益固化。改革之后，虽然阶级差别逐渐淡化，但是身份识别依然存在，表现在户籍制度上有农业户和非农业户的身份识别，在档案制度上有劳动部门、人事部门和组织部门分级分类管理职工、企事业职员和干部的身份识别。农村、农民、农业"三农问题"（即"农村真穷、农民真苦、农业真危险"）愈益强化。城市对乡村的统治，遵循资本的逻辑、权力的逻辑。资本和权力的结合，是造成现有一切危机的根源。改革唯有触及根本，才能真正消解危机。

真正城乡二元结构在于形成法理社会/礼俗社会与市民社会/乡土社会的紧张。费孝通比较了两种社会的差异。他说："在社会学中，我们常分出两种不同性质的社会，一种并没有具体目的，只是因为在一起生长而发生的社会；一种是为了要完成一件任务而结合的社会。用 Tönnies 的话说，前者是 Gemeinschaft，后者是 Gesellschaft，用 Durkheim 的话说，前者是'有机的团结'，后者是'机械的团结'。用我们自己的话说，前者是礼俗社会，后者是法理社会。"同时，通过"感情定向"，费孝通比较了两种文化的差异。他说："Oswald Spengler 在'西方陆尘论'里曾说西洋曾有两种文化模式，一种他称作亚普罗式的，Apollonian，一种他称作浮士德式的，Faustian。亚普罗式的文化认定宇宙的安排有一个完善的秩序，这个秩序超于人力的创造，人不过是去接受它，安于其位，维持它；但是人连维持它的力量都没有，天堂遗失了，黄金时代过去了。这是西方古典的精神。现代的文化却是浮士德式的。他们把冲突看成存在的基础，生命是阻碍的克服；没有了阻碍，生命也就失去了意义。他们把前途看成无尽的创造过程，不断的变。""乡土社会是亚普罗式的，而现代社会是浮士德式的。"① 乡愁也是处于法理社会和现代（市民）社会浮士德式文化模式中的人们对于礼俗社会和（传统）乡土社会阿波罗式文化模式的依恋和回归。

但是，由于中国的国情和特色，在社会和文化的转型中，传统的礼治秩序已经解构，但现代的法治秩序却尚未建构；传统的乡土社会已经解构，但现代的市民社会却尚未建构。情况正如张艺谋导演电影《秋菊打官司》所揭示的法与情的矛盾一样。这也就是我们这个转型时代。在这个时代里，乡愁意谓我们从传统到现代的艰难抉择，意谓我们在这一历史转型中的不知所措。

（作者简介：程广云，首都师范大学哲学系教授、博士生导师）

---

① 费孝通：《乡土中国》，三联书店 1985 年版，第 5、43 页。Tönnies 现译藤尼斯，Gemeinschaft 意为共同体、社区或团体，Gesellschaft 意为社会、社群和文化圈；Durkheim 现译涂尔干；Oswald Spengler 现译斯宾格勒，Apollonian 现译阿波罗，Faustia 仍译浮士德。

伦理辩护与批判:城市化及其伦理后果[①]

晏 辉

摘要: 迄今为止,市场经济是人类能够找到的最有效率的经济组织方式,它使原有的自给自足的自然经济变成了生产与享用完全分类的交换经济,在生产与享用之间植入了分配和交换两个环节。只有先为他人生产才能最后为自己生产。货币、资源、劳动力、文化等等都要通过市场被组织起来。其结果是整个资源集中在政治、经济、文化、便利极度集中的地方,即城市。城市化是现代化的过程本身,又是现代化的结果。这是大机器生产必然带来的后果。城市化在过程与结果上具有伦理二重性,在带来诸多价值的同时又造成了诸多代价,为城市化进行伦理辩护与批判,正是根据于城市化的伦理二重性。对城市化进行伦理辩护与批判,对于正在进行快速城市化的中国而言,更具有政治意义和社会意义。

关键词: 市场经济 大工业生产 城市化 伦理后果 伦理重建

就"城市化"这一题材而言,至少有"史"和"论"两个维度,"史"的维度在于再现城市化的历史过程;"论"的维度在于对城市化进行价值判断,简言之就是客观因果性陈述和意义妥当性陈述。我们的主旨是基于城市化的内在客观逻辑而集中讨论它的价值逻辑。这种讨论之所以重要就在于只有明了其"正当性基础"才能明了该如何城市化,这对正在快速城市化的转型中国而言乃是最为迫切的理论课题、实践难题。

---

① 本文是国家社科基金重点项目"转型期中国伦理基础变迁及其重建研究"的阶段性成果,课题编号:16AZX018。

市场化与城市化及其伦理辩护

在时间维度上，现代化就是近代化，萌芽于 14、15 世纪，发展于 16、17 世纪，而成熟于 18 世纪。"化"乃是一个通过观念和行动而使某事或某物具有某种属性的过程，具有某种属性的过程也就具有某种价值的过程。市场化就是根据供给—需求规律而使产品商品化的过程，商品化就是使产品通过交换行为而具有社会关系的过程。而要商品化就必须解决两个前提条件问题，一是，大机器生产所需要的庞大的组织化问题，上百人甚至上千人要集中进行生产，进行有效率地分工与协作，以快速创造出更多的等待交换的产品来。马克思说："资本主义生产方式占统治地位的社会财富，表现为'庞大的商品堆积'，单个的商品表现为这种财富的元素形式。"① 二是，生产出来的产品要通过交换，进到消费领域，就必须创设交易之所，而交易之所绝不可能设置在人口稀少、穷乡僻壤之处，而是人口集中、交通发达的地方。城与市并非具有原初的一致性，中国的城要早于市，即有城无市。城乃是政治和文化中心，但未必是经济中心，在农业社会，交换行为可能存在，但并没有市场。只是到了近代以后，随着交换经济发展为商品经济继而发展为市场经济，经济在政治和文化的推动下，快速发展起来，于是，城与市就密切地关联起来，出现了现代意义上的城市。城市也就必然地成为了政治、经济、文化和科技的中心。

推动和支撑现代化运动从而推动城市化进程的，有三个关键要素：欲望的神圣激发，它为现代化提供了动力；市场的建构与利用，它为现代化提供了社会环境；科技的发明创造与广泛运用，它为现代化提供了手段。当动力、环境与手段并置在一起，现代化这辆战车就被发动了。现代化表现为三种"化"的过程：在生产方式上表现为大工业化，日益取代了手工业和家庭农业。在组织方式上表现为大企业化，高度的分工与协作使得成百上千的人被组织起来，形成现代化的管理模式，这种模式可能从根本上解构着传统的国家治理和社会管理模式。在消费方式上，由资本的运行逻辑所推动的全球化的消费运动将要形成，人们愈发成为消费者，而不是

① 《马克思恩格斯文集》第 5 卷，人民出版社 2009 年 12 月版，第 47 页。

享用者和享受者。

为人类的城市化及其后果进行伦理辩护，旨在揭示城市化在社会进步和人的发展中所做出的贡献。我们可以在目的之善意义上，把一个良序社会规定为三种价值的最大化：财富的积累与公平分配；社会自治能力的提高；每一个人基本上能够过上一种整体上的好生活。那么，现代化、市场化和城市化为实现这三种价值有积极的推动作用吗？回答是肯定的。首先，市场经济是人类迄今为止能够找到的创造财富和平等分配财富的相对有效的方式。在自然经济条件下，人创造财富的意愿和能力是极其有限的，根本原因在于，生产、分配、交换和消费之间的逻辑关系尚未出现，生产的规模、生活资料的积累是受人的自然需要的限制的，简单的生产方式与简单的生活方式是匹配的。生产方式决定着人们创造财富的能力和分配财富的方式。生产力作为人与自然关系，其程度与广度决定着生产关系的结构与方式；而作为人们之间利益关系之反映的生产关系的方式与结构又影响着生产力的水平，"人们对自然界的狭隘的关系决定着他们之间的狭隘的关系，而他们之间的狭隘的关系又决定着他们度自然界的狭隘的关系。"① 在自然经济状态下，生产与需要之间是直接的对应关系，因此生产方式构成了需要的自然边界；而自然需要又构成了生产欲望和生产能力的主观边界。在此种场域下，如若不能找到打破生产与需要之间的直接对等关系，既不能提高劳动能力和生产欲望，也不能打破自然需要的边界。

打破自然边界和主观边界从而使生产能力和生产积极性的极大提高的要素在于社会分工的发展。"各民族之间的相互关系取决于每一个民族的生产力、分工和内部交往的发展程度。然而不仅一个民族与其他民族的关系，而且这个民族本身的整个内部结构也取决于自己的生产以及自己内部和外部的交往的发展程度。"② 而决定人们创造财富的能力的关键要素则是社会分工的发展。"一个民族的生产力的发展水平，最明显地表现于该民族分工的发展程度。任何新的生产力，只要它不是迄今已知的生产力单

① 《马克思恩格斯文集》第1卷，人民出版社2009年12月版，第534页。
② 同上书，第520页。

纯的量的扩大，都会引起分工的进一步发展。"① 除去两性之间的自然分工之外，还有社会分工，而每一次较大的社会分工都引发了生产方式的革命。"一个民族内部的分工，首先引起工商业劳动同农业劳动的分离，从而也引起城乡的分离和城乡利益的对立。"② 商业的出现从根本上打破了生产与需要之间的对等性，它把生产与需要分成两个世界，而它又把两个世界连接起来；而商业借以完成这种分离与连接的社会空间就是市场。市场又分为有形和无形两种形态，《说文》："市，买卖所之也。"就是交换其产品的物理空间；依照何种游戏规则进行交换，这是无形市场，它构成了交换的价值逻辑。在交换经济、商品经济和市场经济之间存在着极大的差别，只有把资本、市场、收益三个要素整合为一个有机整体时，市场经济才会真正形成。

市场经济的本质就是使社会资源资本化，通过市场使各种社会资源进行优化组合，借以追求收益最大化。为着这一目的，它必须打破一切固化现象，使任何一种可进行市场配置的要素都流动起来，流动性、变动性和生成性是市场经济所造成的直接后果。然而，各种可流动的市场要素绝不会流向偏僻的山村、农村，而是集中于城市，因为城市才是集中创造财富、分配、交换和享用财富的最为有利的社会空间，因此，城市是市场经济造成的物质后果。那么，市场化和城市化对社会进步和人的发展意味着什么呢？第一，资本的运行逻辑打破了一切制度限制，冲破了一切文化障碍，将不同地区的人们变成了无人称、无身份的生产、分配、交换、消费者，从而推动了世界历史交往形式的形成；它形成了全面的依赖关系，全面的需求，全面的交往关系。第二，培育、锻造了人的理性能力，包括理论理性、创制理性和实践理性。理论理性使世界图像化、观念化。起始于14、15 世纪的，发展于16、17 世纪而成熟于18、19 世纪的现代化运动，即市场化的过程，催生了现代理论体系的产生，物理学、生物学、化学、心理学、数学都有了长足的进步，而人文社会科学更是雨后春笋般地踏步向前推进了，政治学、经济学、社会学、经济哲学、政治哲学和精神哲学逐渐被建构起来，以至于有人把这几个世纪称之为"建构的时代"。创制

① 《马克思恩格斯文集》第 1 卷，人民出版社 2009 年 12 月版，第 520 页。
② 同上。

理性使科学技术、规范体系不断革新。在一个建构的时代，创新已经成为一个时代的精神，创制理性使得两个方面的创新成为可能，其一，财富的创造。如果说，自然经济还是基本上依靠自然的限制和自然需要的限度进行生产和消费的，那么市场经济语境下则是依照被构造出来的社会需要和创造出来的庞大的工具系统，创造愈来愈超出实际需要的"庞大的商品堆积"。其二，规范体系的创造。技术的创新，技术规范的革新，用来解决的是人与自然的关系，是生产力所要求于人们的事情，而行为规范的创新，则是生产关系和人际关系所要求于人们的事情。其三，实践理性所要求的是，在广泛交换和普遍交往的场域下，在金钱欲、权力欲和生殖欲得到全面激发的境况下，人们该如何正确认识和正当行动呢？这就是康德道德哲学所要解决的问题，必须在家庭伦理以外开显出政治伦理、经济伦理和公民伦理来！在自然经济条件下，人们的联结方式是"机械团结"，在市场经济条件下，人们的交往方式是"有机团结"。第三，市场化和城市化使自由、民主、平等成为社会价值体系中的首要价值。自由是前提、民主是保证、平等是目的。市场化和城市化是人类在追寻自由、民主、平等，追求好生活过程中所能找寻到的相对为好的方式，但这种方式却是悖论式的，犹如一块银币的两面，创价与代价是并存的。

市场化与城市化的伦理后果：世界语境与中国问题

从历史事实看，市场化要晚于城市化，一如马克思所说："古代的起点是城市及其狭小的领域，中世纪的起点则是乡村。"[①] 而市场化是如何使中世纪的乡村逐渐城市化的，马克思和恩格斯在《德意志意识形态》、桑巴特在其三大卷的《现代资本主义》、布罗代尔在《菲利普二世时代的地中海和地中海世界》和《资本主义》中都不同程度地做了描述和叙述，这种研究方式可称为"历史的方式"，旨在还原真实的历史本身。如果从正当性角度看待城市化和市场化的问题，就要在历史事实基础上指明其价值历史，这便是市场化与城市化的伦理后果问题。

在普遍的世界历史交往已成事实的今天，全球化业已成为人们不得不

---

① 《马克思恩格斯文集》第 1 卷，人民出版社 2009 年 12 月版，第 522 页。

承认、不得不应对的世界性问题。在世界语境之下，看待各国市场化和城市化的过程及其存在问题，人们会发现，尽管城市化的时间节点不同，方式各异，程度有别，但却存在着共同的伦理问题。我们预先标划出这些普遍性的共同问题，旨在确定一个世界语境，以求在解决城市化、市场化之伦理问题的道路上相互借鉴，达到视界融合。首先，城乡二元对立问题。一如马克思所说，中世纪的起点是乡村，那么乡村在市场化、城市化的过程中受到了怎样的冲击呢？诚如我们曾经指出过的那样，流动性、变动性和风险性是市场化和过程中的基本特征，但能够流动的是一定是可以离开土地的那些东西，而不是土地本身，人们无法把乡村的广袤土地移动到城市中去，除非把乡村变成城市。唯其如此，城市与乡村之间的流动是单向的，而不是双向的；即便是双向的流动也是极不对等的。其一，不变资本和可变资本从乡村流向城市。无论是通过《狩猎法》使山民离开大山涌入城市，还是通过"圈地运动"使农民离开土地流入城市，其结果只有一个，那就是为城市提供了廉价的劳动力。而无论城市在市场化的过程如何举足轻重，却永远离不开农业，蔬菜和谷物都必须通过广袤无垠的农村来提供。于是，在城市的崛起和扩张过程中，未能在起始阶段就成为市民的山民和农民来说，如果能够享受到城市化过程中快速产生的价值，就必须被边缘化的方式逐渐市民化，这就是始终突出的三农问题。而作为生产资料和生活资料存储和生产空间的农村，为城市提供着依靠城市自身而永远都无法获得的资源，自然资源和生活用品。石油、煤炭、矿石，等等，通常都在城市以外的地区，而这些资源的开采、除去消耗大量的水资源，使水资源短缺之外，还会造成极大污染。在大城市和超大城市急剧扩张的过程中，会随着城市边缘的不断扩展而使大量农田工业化、商业化，使大批农民失去土地。这种资源流向城市、污染和垃圾流向农村的不对等的流动，是城乡二元对立的主要方面。其二，乡村文化的拔根问题。在各个国家之城市化过程中，以农业为支柱产业的国家，要比起初就以城市为中心的国家要付出更沉重的代价。除了上面所指出的不变资本和可变资本的单向流动这种不平等事实之外，更为严重的是农业文化或农业文明的消失。从 15 世纪起，欧洲一些主要国家就已开始市场化和城市化了，如荷兰、意大利、英国、法国、德国等等。这些国家作为先发国家，也同样遇到了城乡二元对立问题，但这些国家都较好地解决了这种对立，除了快速崛起的城市之外，还保留了农村田园诗般的风光。起源于农村庄园之上的骑士以及骑士精神与城市精神之间具有很强的契合，而在以农业为主要产业的典型农业大国，情形就完全不同的了。其次，城市空间正义问题。即便是超大城市，其空间也是有限的，而大量人口涌向城市，势必因争夺有限的城市空间而发生冲突，而解决冲突的方式却完全不是市场的方式，相反，通常是借助政治权力完成的。于是，城市空间的分配就极有可能依照权力的逻辑而不是根据创造价值即生产或劳动的逻辑来进行的。最后，商品化、物化与异化问题。在市场化、城市化的过程中，为何普遍存在这样的问题，人们创造了大量的财富，却未能创造幸福本身？其深层原因在于，人变成了资本运行逻辑中的一个可配置性要素，人变成了生产与消费对象，商品拜物教、货币拜物教使得人们生产与消费的客体。马克思和恩格斯令人信服地指出了市场化与城市化的价值二重性："资产阶级在它的不到一百年的阶级统治中所创造的生产力，比过去一切时代创造的全部生产力还要多，还要大。"① 一方面是财富的快速积累；另一方面是全面的物化和异化："资产阶级在它已经取得了统治的地方把一切封建的、宗法的和田园诗般的关系都破坏了。它无情地斩断了把人们束缚于天然尊长的形形色色的封建羁绊，它使人和人之间除了赤裸裸的利害关系，除了冷酷无情的'现金交易'，就再也没有任何别的关系了。它把宗教虔诚、其实热忱、小市民伤感这些情感的神圣激发，淹没在利己主义打算的冰水之中。它把人的尊严变成了交换价值，用一种没有良心的贸易自由代替了无数特许和自力挣得的自由。资产阶级撕下了罩在家庭关系上的温情脉脉的面纱，把这种关系变成了纯粹的金钱关系。"② 简言之，市场化和城市化造成的伦理后果就普遍地表现为物质的过程、社会的过程和精神的过程。如果依照这样三个有着内在逻辑关系的价值判断，分析中国的市场化和城市化过程，情形又如何呢？

中国的市场化与城市化与先发国家有着极大的不同。从历史的逻辑起点看，中国在开启市场化和城市化之历史进程的准备上，表现出较为明显的"先天不足"。从实践主体看，真正推动市场化和城市化的中坚力量不

---

① 《马克思恩格斯文集》第 2 卷，人民出版社 2009 年 12 月版，第 36 页。
② 同上书，第 33—34 页。

是官吏，而是那些实业者阶层。在欧洲中世纪，生活在社会最底层的一个人群，他们为着生活不得不从事为古希腊伦理和基督教伦理所禁止的活动：买卖活动。商人改变了传统的社会结构，它把生产与消费分离开来，又把它们联结起来。它把生活资料的创造与享用分成了马克思所说的四个环节：生产、分配、交换与消费。在商人孜孜以求的商业活动中，企业家被培养起来，而企业家又逐渐促成了市民社会的形成，进而形成了市民精神，尽管这种形成过程是以悖论式的形式完成的："劳动力的买和卖是在流通领域和商品交换的界限以内进行的，这个领域确实是天赋人权的真正伊甸园。那里占统治地位的只是自由、平等、所有权和边沁。自由！因为商品例如劳动力的买者和卖者，只取决于自己的自由意志。他们是作为自由的、在法律上平等的人缔结契约的。契约是他们的意志借以得到共同的法律表现的最后结果。平等！因为他们彼此只是作为商品占有者发生关系，用等价物交换等价物。所有权！因为每个人都只支配自己的东西。边沁！因为双方都只顾自己。使他们连在一起并发生关系的唯一力量是他们的利己心，是他们的特殊利益，是他们的私人利益。正因为人人只顾自己，谁也不管谁，所以大家都是在事物的前定和谐下，或者说，在全能的神的保佑下，完成着互惠互利、共同有益、全体有利的事业。"①从文化资源看，欧洲的市场化和城市化虽然始于15世纪，成熟于19世纪，但如果没有古希腊的自由精神、古罗马的法律精神、基督教的职业感和原罪感，那么这种"近代化""现代化"就很难发生。从社会结构看，一如马克思所说，古代的起点是城市，中世纪的起点是乡村。但从古希腊、古罗马开始，构建不同于家庭、家族和村社的公共生活的努力始终没有间断过，只有建构出一个完整的、完善的公共生活世界，支撑市场化和城市化的公共精神才能培养起来。而无论是从实践主体、文化资源看，还是从社会结构看，中国的市场化和城市化都缺少足够的历史前提。在不到40年的市场化和城市化过程中，我们以压缩的形式完成着西方先发国家几百年才逐渐完成的事业，其所造成的问题重叠显而易见。

　　第一，从权力资本到经济资本、知识资本和社会资本。资本、市场、

---

① 《马克思恩格斯文集》第5卷，人民出版社2009年12月版，第204—205页。

城市是"三位一体"的相互嵌入的过程。西方先发国家在市场化和城市化过程中，经济资本起着核心的作用。生活在社会最底层的人，他们拼搏进取、孜孜以求、殚精竭虑，积累了可进行资源配置的资源，即货币，而货币作为可以兑换一切的特殊商品，却无法改变封建专制的权力资本，封建主作为既得利益集团，极力固化其已有的支配地位。而作为经济活动的主体、市民阶层、新兴的资产阶级，若想摆脱自己在政治上的被动地位，就必须改变封建主的专制统治。为着为其进行的政治革命提供理论支持，它必然要把自由、民主和平等作为首要价值建构出来。正是在这种相互交织的过程中，权力资本、经济资本、知识资本和社会资本被置于相对独立的语境中，在某种意义上，它阻止了权力资本化的路径。市场化和城市化的过程正是各种社会资本相互或共同作用的结果。而中国的市场化和城市化的历史前提完全不同于当时欧洲的情形，首先，我们缺少那个类似于市民阶层的实业者，进而也就缺少自下而上的推动市场化和城市化的"民间力量"，而真正推动市场化的力量乃是政治权力和行政职权。如果说在计划体制下，我们是在政治的统合下实行"统、包、销"，那么，在建构市场经济的过程中，就应该根据市场规律进行资源配置，而我们的市场特别是成熟的市场根本就不存在，于是，政府就"责无旁贷"地承担起建构市场的重任，由政府来进行资源配置。而政府完成这一"重任"的路径就是政策设计和制度安排，而在这种设计与安排中，如何才能排除设计者的利己主义动机呢？当缺少足够的外在约束时，自律的力量是有限的。事实证明，在市场化和城市化的过程中，政治权力的设定、分割、设置，行政权力的运行往往缺少明晰的"产权界定"，导致的结果便是较为严重的"权力资本化"现象。其表现就是政治资本兑换成了经济资本、社会资本和知识资本，行政管理渗透到社会各领域的管理中，其后果是，当政治资本、经济资本、社会资本和知识资本相互嵌入、构成一个自足的利益链条时，就几乎阻止了弱势人群和边缘人群享受社会改革成果的机会。而在市场化初期在诸种资源配置中优先享受"优惠"的人群就会自动成为既得利益集团，他们会运用各种手段、动用各种力量，固化自己的优势，建构起足够坚实的"防御体系"，躲避法律的制裁和道德的批判。"权力资本化"是造成严重的两极分化根本原因。

第二，智力、智慧与决策。既然中国的市场化和城市化主要是由政治权力和行政职权推动的，那么权力拥有者和使用者的德性与智慧就成为了决定能否科学决策从而实现平等、公正、正义、公平的关键要素。如果说德性决定了为谁进行市场化、城市化，那么智力和智慧就成为了决定能否进行科学决策的主体性资源。市场化和城市化过程中的国家治理、企业管理和社会管理都完全不同于传统农业社会的情形，需要丰富而专业的理论体系和知识结构，而这些理论和知识需要通过艰苦的学习过程得来。在近 40 年的改革进程中，市场化和城市化的设计者、操作者似乎既没有从容的时间和强烈的愿望进行学习，没有学习中国古代智者、与贤者的管理智慧，更没有向西方人学习，学习他们关于现代管理的知识、理论与思想。剩余下来的就只有用简单的直观和过往的经验去建构和管理其复杂性和风险性远远超出设计者之主体性资源的现代社会。在城市化过程中，大量的违背天道与人道的决策和管理行为持续存在，由于过度使用权力，使得大量完全不符合基本价值原则的决策和管理无法受到限制、谴责和惩罚。在管理的理念上，缺乏整体性的和谐观念，人与自然、人与人、人与自己的和谐必须成为城市化所必须坚持的价值原则。

第三，文化的荒芜与传统的拔根。如果说城市化造成的城市与农村的二元结构还是一种自然空间的变迁、交往结构的转型，那么隐藏在这种二元结构背后的则是文化的荒漠和传统的拔根问题。所谓文化的荒漠特指在市场化和城市化过程中，我们严重缺失与城市化相匹配的城市文明。我们建造了一个又一个的现代化城市，甚至超大城市，却没有建构起一个厚重的、整体性的城市文化。所谓传统的拔根乃指在市场化和城市化过程中，建基于农业社会基础之上的传统在市场化和城市化过程中逐渐被解构和消解。其所造成的拔根后果是极其明显的。其一，本体安全的丧失。稳定性和持续性是个体生存与生活的基础，而稳定性和持续性的供给则靠着理性的和非理性的力量来完成。非理性的力量便是人的感情或情感，具体言之便是亲情、爱情、友情、乡情，这些情感要么是基于自然血缘关系之上，要么是基于自然地缘关系之上。这种自然情感就像聚合力极强的黏合剂，把具有血缘和地缘关系的人们连成极具亲和力的群体。它大大降低了人们之间的怀疑和猜疑，更是阻止了相互侵害的可能性，使得人们保持在高度的确信、信任、相信和认同之中。家庭和家族之前的相似性，使得每一个个体在不同的家庭中就能得到相似甚或相同的呵护、关爱、认同和尊重。这种自然情感和内心体验无须经过特殊的"培训"，只需在日常的时时处处的交往中获得，它已经变成了一种习性，通过无语的、无声的"言传身教"，后辈从先辈和前辈那里习得了自然情感和情感的使用方式，并像他的前辈那样传递给后辈。这就是"代代相传"。另一种非理性的力量则是千百年来不曾改变的风俗、习惯、惯例、巫术、禁忌、家法、村规。这些规范系统具有不可能质疑性，人们无须怀疑它的合理性和合法性。内在的情感、外在的强约束体系为相互交往的人们提供者持续基础，也为人们提供着安慰、认同，这些构成了除身体和财产安全之外的心理安全，可称之为"本体安全"。在市场化和城市化的过程中，家庭、家族和村社这种提供本体性安全的共同体逐渐被解构，大量村民从熟人社会置身于完全陌生人的世界，无论是身体、财产安全，还是情感、认同感、归属感都遇到了极大的困境。这个变动不居的陌生世界无法为他们提供类似于家庭、家族和村社那样的共同体所能提供的一切，其所给出的生存法则近乎类似于霍布斯的"丛林法则"和较为发展的等价交换原则。马克思笔下的"天赋乐园"在涌入城市的人群中似乎若隐若现。一种无法名状的"乡愁"油然而生，它是对城市陌生环境的无奈，是对过往的"乡村生活"的留恋，逝去的不再拥有，企盼的尚未到来。其二，从自然情感到社会情感的艰难历程。社会情感是在家庭、家族和村社关系之外的社会交往中形成的心理倾向性，包括移情和同情两个方面。在没有血缘和地缘关系的公民之间如何建构起一个以公共理性和社会情感为基础的良序关系，无疑是在市场化和城市化过程中必须着力解决的问题。

为一个良好的市场化和城市化进行伦理基础奠基

我们诚然要向西方先发国家学习和借鉴，学习他们在国建管理和城市治理过程中形成的理念，借鉴他们在建设现代城市过程中发明的技术和操作。但我们却无法从根本上把他们的理念、技术和操作变成我们自己的。这需要我们在长期的实践中培养、积累和完善。

与市场化和城市化相匹配的城市文化体系如何被建构起来？

　　如上所述，市场化和城市化构成现代化或现代性的核心内容，因此，能否形成一个整体性的现代文化体系才是在市场化和城市化过程中所必须解决的基础性问题。首先，目的之善观念。财富的积累与公平分配、社会自治能力的提升、过一种整体性的好生活，无疑是目的之善，是任何一个国家和民族所欲实现的价值目标。然而在自然经济条件下，一如一切都是自然而然的那样，人们对目的之善也同样缺少设定和反思，而在现代性语境下，这恰恰是被优先加以规定的问题。从目的之善角度质疑市场化和城市化，我们可以这样来设问，市场化和城市化是为着谁的？哪个人群才是城市化的最大受益者。如果这个观念始终不能成为城市的设计者和管理者的清晰的观念，那么城市化就会偏离目的之善的轨道，而变成为极少数人进行资本积累以谋求私利的手段。德性的力量是有限度的，而内心的冲动和外在的诱惑却是巨大的。一如前述，城市化过程就是一个进行原始资本的积累、积累财富、争夺地位、抢占机会的天然契机，然而，无论从西方先发国家、特别是从中国近 40 年的城市化过程看，通过政策设计和制度安排而进行的城市化乃是基本的道路，这就无疑极大地加强了政治权力和行政职权的支配性作用。于是在城市化过程中，与城市密切相关的人就被分成两个大的人群：设计者和管理者、建设者。前者是通过权力而确定的，后者是通过劳动而确立的。于是，如若设计者和管理者没有或少有目的之善观念，那么城市化过程极有可能成为个别设计者积累政治资本以谋得更大政治权力的手段。最为危险的情形则是，个别设计者和管理者具有极强的利己主义动机，而经济资本、知识资本和社会资本又都逐渐集中于城市，这就为权力资本化提供了社会基础，设计者可以借着权力的支配性力量，将权力兑换成其他资本形式，从而形成利益联盟，构成既得利益集团。然而，这些设计者、将权力资本化的人群却又表现出一种为着目的之善的样子，这是造成在城市化过程突出伦理问题的根源。在市场化和城市化过程中，传统文化中的劣根性元素不是被缩小了而是被放大了。解决目的之善的观念的根本道路在于，政治权力和行政职权的拥有者从灵魂深处转变传统的政治观和权力观，否则，根深蒂固的"官"的观念、"权"的观念，不能随着现代社会的建构而被彻底改造，那么市场化和城市化过程中的伦理后果则不过是古代官僚政治和政治官僚"以权谋私"的现代版本而已。

其次，手段之善观念。若城市化的设计者和管理者具有显明的目的之善观念，那这是否意味着，市场化和城市化就必然朝向目的之善演进呢？结论是否定的。即便是善良动机或善良意志，如若没有手段之善也不能有善的后果。当市场化和城市化之设计者和管理者排除了动机偏离之后，接续的事情便是正确地进行城市建设。而导致不能正确城市化的原因又可分为三种情形：无知、匮乏（不足）、过度。建构现代化社会、打造现代城市，既需要现代观念，更需要现代知识。这种知识并不预先存在于设计者和管理者的主体结构中，虽然并不排除个别的设计者和管理者具有专业知识，又具有管理才能，但通常条件下，则是专门从事城市建设与管理之研究的科研人员才会拥有专业理论和知识。现代社会的建构、现代城市的建设是极其复杂的事业，需要各种专门人才通力合作。而在实际的运行中，从城市的设计、实施到评估、问责等诸多环节，始终贯彻着权力的运行逻辑，由于权力具有排除各种抗拒以贯彻其意志、而不问其正当性基础为何的可能性，无知的设计者和管理者可以借着强制的权力将自己的个人意志贯彻到各个环节中，而不问这种设计和管理是否正确。这就是所谓的权力过度。而权力不足（匮乏）则是更大权力拥有者置各种不正确的设计和管理于罔闻，甚至袒护、包庇、纵容。在正确的意义上，在手段之善的观念上，市场化与城市化至少有如下问题需要深入研究和合理解决。第一，权力、资本、身份、地位和机会的固化问题。一如前述，中国的市场化和城市化是自上而下的社会过程，其路径依赖在于政策设计和制度安排。这就权力极大地放大了权力作用的广度、深度和力度，同时也开启了权力资本化的运行逻辑。其后果便是权力—资本—身份—地位—机会，强势人群与弱势人群和边缘人群的初始性建制，导致财富和机会快速积累到强势人群，并逐渐建构起一个"天幕"，使得在初始性的制度安排未能进入强势人群的弱势和边缘人群较长时间内无法通过自己的努力而改变自己的不利地位；相反，在初始性制度安排中凭借制度优势而使自己获益的人群便可借着制度持续地获益，以致出现较大范围和较大程度上的"不劳而获"。这突出地表现在空间分配中的正义问题，即城乡二元结构和城市空间的争夺。如何破解财富与机会的固化现象，修复和矫正不合理的政策设计和制度安排乃是根本的道路，而要完成这一点，就必须具有将目的之善和手段之善有机统一起来的既具有德性又具有智慧的设计者和管理者出现。

在何种意义上，市场化和城市化是政治性的？

若不是在技巧、智巧、算计、权术意义上理解政治，那么转型过程中的市场化和城市化乃是最具政治性的事业。我们可以为这一判断提供两个强有力的论证，第一，只要是关乎每个公民之根本利益（生存权、财产权和自由权）的就是典型的政治性事业；第二，与每个人的政治意志有关的事情就是政治性的。市场化和城市化不但改变了生产方式、交往方式和生活方式，更是改变了财富积累方式和分配方式，而这些方式涉及每个人的生活是否得以改善，每个人的生活是否值得延续下去。大工业生产，集约化的工作方式，日益普及化的现代传播手段，使得每一个人可以随时了解、认知和理解与自己的根本利益有关的事情，人们逐渐培养起了我的意识，有了日益清晰的产权观念，积累了最基本的质疑和反思能力，生发除了表达政治的意愿，即政治意志。这是一个巨大的进步，当每个人的表达其政治意志的愿望业已汇集一种强大的公共性力量时，先前那种权力过度和权力匮乏现象就会减弱，使得市场化和城市化在德性与智慧支配下进行。然而，这并非说，每个人有了表达其政治意志的意愿，就一定能够正确和正当表达其意志，它必须基于两个严格条件之上，其一，政治胸怀；其二，公共意志。在由市场化和城市化所推动的世界历史普交往逐渐形成，世界视野与中国问题逐渐交织在一起，于是，过往那种封闭式的国家治理和社会管理实难维持下去，在这种语境下，培养和运用政治胸怀已成历史的趋势，给每个人充分表达其政治意志的机会和权利，同时也给了让其担负其政治责任的约束性条件。否则，一种反复出现的埋怨、怨恨乃至仇恨就会汇集成一种非理性的政治力量，滞阻国家治理和社会管理沿着正确和正当的逻辑运行下去。而要使非理性的政治力量变成积极的力量，就必须完成由相似、相同的意志变成公共意志，而不是简单的共同意志。因为，追求个人利益最大化，追求使自己快乐与幸福的益处，就是共同意志，但却不是公共意志。公共意志的形态是公共价值；公共意志的精神基础是公共理性。从公共舆论中见出公共意志来，乃是公共理性的使命，对此，黑格尔不无深刻地指出："公共舆论中有一切种类的错误和真理，找出其中的真理乃是伟大任务的事情。谁道出了他那个时代的意志，把它告诉他那个时代并使之实现，他就是那个时代的伟大人物。他所做的是时代的内心东西和本质，他使时代现实化。谁在这里和那里听到了公共舆论而不懂得去藐视它，这种人决做不出伟大的事业来。"①

（作者简介：晏辉，北京师范大学哲学学院教授、博士生导师）

---

① ［德］黑格尔：《法哲学原理》，范扬、张企泰译，商务印书馆 1979 年版，第 334 页。

中国美学的城乡二元结构

刘成纪

摘要：在城市与乡村之间，中国美学保持了最持久的张力。但受中西文明二元论的影响，中国传统美学中的城市侧面被长期遮蔽。从历史看，中国社会早期审美和艺术创造即向城市聚集。这有两点证据。其一，考古资料表明，史前文化中关于美与艺术活动的几乎都在早期城市中开展。其二，中国传统城市不但是美与文化的容器，而且城市本身就是政治、哲学和艺术观念的物态形式。由此，中国美学史上出现了一个吊诡的现象：虽然城市构成了传统中国美和艺术的制造中心，但历代文学艺术家在情感领域似乎更乐于肯定自然的审美价值。对此诡论有两点解释：首先，中国文学艺术有一个需要重新发现的城市维度。其次，以摹写自然见长的中国山水田园诗画，所表现的并不是真正意义上的乡居生活，而是城中士人关于乡村的心灵映象。要深入理解此一问题，必须深入洞悉徘徊于城乡、官民之间的知识群体——古代士人的生存命运。

关键词：中国美学　城乡二元结构　审美

近代以来，自从西方文明进入中国，中西之间的差异化比较就成为中国人文学者最热衷于讨论的问题。按照现代学界的一般看法，西方文明是海洋的，中国是内陆的；西方是商业的，中国是农业的；西方是城市的，中国是乡村的，等等。与此一致，中国美学和艺术作为其文明或文化精神的具体表现，则基本被这种讨论定性，即西方美学和艺术被视为来自海洋观念、工商业产生方式的孕育，城市是它的载体和呈现场域；中国美学则体现出鲜明的内陆属性，它被视为传统农耕文明的产物，它的审美主要指向乡村、田园和自然山水。这种非此即彼的比较，导致了对中国传统文化或文明属性的严重误判，阻滞了对中国美学和艺术多元性和丰富性的认知，同时也使传统美学中深具现代性的侧面（海洋、工商业、城市）被长期遮蔽。现在，是到了对这种几近固化的美学史观做出改变的时候了。

从历史看，中国文明从来不缺乏海洋的维度，它是以大江大河为中介形成的面向内陆和海洋的双向文明模式；中国传统生产方式也绝不仅限于农业，而是士、农、工、商"四民"并举。与此一致，对乡村、田园、自然山水的歌吟固然是中国美学和艺术的价值选择，但这并不足以减损城市对人的审美创造和审美取向的主导性。传统中国像西方古国一样，是城邦国家。城市不仅是国家的政治、经济、文化中心，同时也是美的制造和传播中心。在古汉语中，"国"的本义即指城市；所谓"中国"，则要么指帝王所居的中心城市，要么指一般城市，即"中国犹国中也"。关于城市之于国家建构的普遍性，史学家何兹全先生曾讲："从有历史以来，除去游牧民族，各民族的历史从有记载开始甚或包括传说时期，大体上都是从城邦开始的。"就中国而言，距今4000年的龙山文化时期，原始城市就开始在中原地区大量出现，如山东章丘城子崖城址、日照尧王城遗址、河南淮阳平粮台城址、登封王城岗城址、郾城郝家台城址、辉县孟庄城址等，都显现出后世中国城市的基本建制形式和功能构成。城市的出现说明，当时的中国社会已从散布四野的村落聚居形态，向跨村落的中心区域聚集。城市对周边地区形成的向心力和吸纳能力，使跨越血缘、族际、地域的文明共同体得以形成。这时的城市，从美学角度讲，已因能工巧匠的聚集而成为精美器具的集散地，因政治经济和文化的强势而成为区域性审美风尚的主导者和审美标准的制定者。

中国社会早期审美和艺术创造向城市聚集的状况，主要体现在如下几个方面：首先，自龙山文化始，中国现代与美和艺术相关的重大考古活动，几乎都是围绕着早期城市展开的。像山东城子崖的黑陶，河南二里头、大河村的青铜器，城址均构成了器具的存在场域。至三代时期，这种趋势更趋强化，像河南殷墟考古、陕西周原考古，均应被视为城市考古学的范畴。后世，墓葬在中国考古学中的分量日益吃重，人的居地和葬地出现了分离，但大型墓葬一般均处于城市的近郊，它是作为城市的延伸或附属物存在的，仍是王城政治和精神生活的组成部分。其出土器具的艺术风格则表现出与区域城市的一致性。其次，美国学者刘易斯讲，城市是文化的容器。在中国，传统城市不仅是美与文化的容器，而且城市本身就是政治、哲学和艺术观念的物态形式。从《尚书》《逸周书》等文献看，中国早期的城市规划起于西周初年洛邑的营建。周王朝之所以将王城选建于洛邑，是因为这里被视为天下的中心。此后，"左祖右社，前朝后市"的王城布局，"青龙白虎，朱雀玄武"的四门设计，成为中国城市建设的基本模式。据此可以看出，古人建城不仅是为了"盛人"和商业贸易，而且包含着营建者的天下观念和哲学理想。它是一种有意味的形式，预示着一种具有内在精神深度的城市哲学和美学的诞生。最后，自从城市成为国家的政治权力中心，它同时也就成了艺术家和思想者的聚集地。如《国语·周语上》记云："天子听政，使公卿至于列士献诗，瞽献曲，史献书，师箴，瞍赋，矇诵，百工谏。"这里提到的公卿、列士、瞽、史、师、瞍、矇、百工，既是政治家或行政官员，也是城中的艺术家群体。其中的百工，则直接是城市建设者和工艺性器具的制造者。与此一致，后世的思想者也大多是城中居民。像孔子与墨子，他们周游列国，也无非是从一座城市走向另一座城市。至于中国士人的隐逸传统，这些隐士看似与城市疏离，但往往身处江湖，心存魏阙。魏晋以后，"大隐隐于市朝"观念的出现，则更凸显出城市对包括美学、艺术家在内的士人群体的整体包容性。

但是，从中国美学和艺术史看，一个吊诡的现象不容回避，即：虽然城市构成了传统中国美和艺术的制造中心，但历代文学艺术家在情感领域，似乎又对城市生活并不认同，他们更乐于肯定自然的审美价值。像中国诗歌中的田园山水传统、绘画中的山水花鸟画传统，就是这种审美取向的反映。对于这种现象，如下的辨析是必要的：首先，中国文学艺术有一个需要重新发现的城市维度，《诗经》二雅中的《文王》《灵台》《都人士》《瞻彼洛矣》诸诗，对这一维度具有开启意义。此后，汉魏都市赋、六朝宫体诗、唐传奇、宋元话本、明清小说，在本质上都是城市性的，即：它们要么摹写都市景观、表现都市生活，要么以城市居民作为艺术消费对象。其次，需要指出的是，以摹写自然见长的中国山水田园诗画，所表现的并不是真正意义上的乡居生活，而是城中士人关于乡村的心灵映象。1920 年，鲁迅在其小说《风波》的开篇，曾以讽刺性的笔触揭示了这种城乡之间审美经验的矛盾：坐在酒船上的文人，看到的鲁镇是一幅

"无思无虑，田家乐"式的田园画卷，但在鲁镇内部，却正上演着种种相互倾轧和冲突。这意味着，事实上存在着两个鲁镇：一个来自城市文人的乡村想象；另一个则是乡野百姓的生活实态。由此看中国历史上的田园山水诗画，大抵也不过是以城市为视角对乡居生活的想象性重构。在中国诗歌史中，自《诗经·七月》始就有农事诗传统，但这一揭示乡村生活实态的传统至魏晋时期逐渐被田园诗取代，这正说明城市视角在中国自然审美活动中的主导性，也说明以崇尚自然为主调的中国美学精神，本质上是一种建基于城市中心背景下的精神。

从以上分析来看，虽然中国传统美学奠基于农耕文明，但城市并不是这一传统中阙如的环节。但同样一个不容否认的事实是，不论人工构建的城市在中国美学史中占据着何等重要的位置，自然山水田园又毕竟主导了中国人的审美趣味，甚至被赋予了作为精神家园的神圣价值。要理解这种矛盾，我认为必须深入洞悉古代士人的生存命运。中国社会自春秋始，士人阶层渐趋独立。这一徘徊于城乡、官民之间的知识群体，一方面为实现政治抱负必须走向城市；但另一方面在精神领域却依然保持着对故乡的固恋和忠诚。这就是居尘与出尘、入世与出世、廊庙与山林、心存魏阙与身处江海、"滚滚红尘长安道"与"田园将芜胡不归"之间的永恒矛盾。其中，童年式的乡村记忆固然重要，但城市作为功利、欲望、快乐的麇集之地，也同样让人难以舍离。这种理智与情感的矛盾，是中国传统士人的基本精神性状，中国美学也正是在这种双向选择中表现出鲜明的城乡二元性。在当代中国，这种现象并没有消失，而是以更加剧烈的方式表现出来。比如，为了世俗幸福，人们都渴望生活于大都市，但每逢重大节日，人们又返回乡村，都市则几乎变成一座空城，这是传统中国的城乡二元结构在现代的反映。

总之，在城市与乡村之间，中国美学保持了最持久的张力。它所依托的文明形态，既非纯粹乡村，也非纯粹城市，而是在两者之间维持了微妙的平衡。人，无论居于乡野渴望都市，还是立于都市回望乡村，均意味着两者对人而言具有同等的重要性，它们共同昭示了一种可能的完美生活。但仍需指出的是，对于中国美学而言，这种城乡二元并置的审美选择仍然只是美的现实形态，而不是理想形态。在理想层面，则要进一步克服分离，寻求城乡二元结构的融合或统一。在中国美学史上，这种努力是存在的，主要体现在起于魏晋、兴于唐宋、大盛于明清的文人造园运动。生活于都市的士人通过园林筑造，为自己营造出乡居生活的审美幻象，从而使原乡焦虑得到抚慰。与此一致，现代城市美学中的"园林城市"观念，其目的也不仅仅是解决城市的绿化问题，而是要通过将乡村元素植入城市，使城市获得家园感。这种努力，可视为中国古典时代城乡合一的审美理想在现代的延续。

（作者简介：刘成纪，北京师范大学哲学学院教授，博士生导师）

探寻城市之美

——城市景观美学视域下的"美丽城市"

贾　澎

摘要： 城市景观美学主张从城市的景观入手，从理论上探究何为城市之美，从实践上打造美丽城市，是一门综合性交叉学科。城市景观美学中蕴含着美丽城市的三重维度。一是从城市生态维度，认为城市与生态是和谐共生的，人文景观是城市景观的重心，让自然回归城市是当下人们对城市生态的向往。二是从城市个性维度，认为美丽城市必须是具有个性的，要保持地方性与世界性的统一、历史感与现代感的统一以及景观的多样性和差异性。三是从城市设计维度，认为城市设计必须以人为本，包括城市设计要符合人的认知方式、能够释放人口潜能以及能够完善社会关系。

关键词： 城市景观美学　城市生态　城市个性　城市设计

　　城市景观美学是近年来随着城市发展中各类矛盾的凸显而逐渐进入研究者视野并广泛引起关注的新兴学科。从本质上讲，城市景观美学是处在美学、城市规划学、设计学、社会学、伦理学等学科交织网上的综合性交叉学科，主张从城市景观入手，不仅在内隐的理论层面探究城市在何种意义上是美的，而且在外显的实践层面着力打造城市之美。从理论研究角度，城市景观美学试图在根基上使美学在城市问题研究中最大限度地实现各学科各领域的思想整合，从而形成一种全新的、建设性的理论建构；然而正是由于这种跨度大、综合性强的交叉学科性质，该学科尚未得到理论界应有的重视。从现实需求角度，党的十八大提出建设"美丽中国"的目标，在当前城市化发展道路成为必然走向的大形势下，建设"美丽中

国"的最大权重是建设"美丽城市"①。我们看到，在城市化进程的深刻
影响下，城市必然地处在空间环境和物质形态急剧变化的发展境遇中：一
方面，高效而现代化的城市环境，为人们提供了充分的物质和精神享受；
另一方面，城市中人口、资源、环境的不协调发展带来的压力，以及由此
所引发的社会生态和精神生态的危机，使城市的发展面临严峻挑战。如何
应对挑战，破解发展中遇到的难题，使城市发展模式由经济型向审美型转
变，城市功能由居住向宜居、安居、乐居转变，达到实用与审美的统一、
人与自然的和谐，实现人们对于"城市之美"的追求，这正是城市景观
美学所关注和研究的内容，因此该学科研究对建设"美丽城市"的重要
性是不言而喻的。简言之，伴随中国城市化进程的历史巨轮和建设"美
丽城市"目标的进一步确立，城市景观美学已经成为当今学术研究中亟
待加强的领域，其中蕴含的关于"美丽城市"深刻而丰富的维度，引导
我们按照美的规律重新审视当下的城市建设。

一　城市生态和谐发展

城市生态环境是包括人际社会与自然环境、人造环境在内的综合生态
系统。现代工业的发展对自然生态环境的严重破坏催生了美学的生态思
潮，乃至整个现代及后现代的思想理论都在很大程度上被这种批判性思潮
潜隐的作用着。如果说在 20 世纪以前批判的矛头主要指向工业污染，那
么 20 世纪以后批判的矛头可谓指向整个城市社会，因为人们认识到城市
的存在及其运作方式是导致人与自然关系失衡的根源。如何正确理解城市
中人与自然的关系、重建城市的生态之美，奠定了城市景观美学的研究基
调。这不仅在思想领域体现出美学由认识论向存在论转型的历史性学术命

---

① 随着大量人口向城市集中，城市的规模不断扩大，城市不仅成为经济、政治和生活的中
心，更被看作人类文明的标志、文明的主体，城市化的程度成为衡量一个国家和地区社会发展程
度和管理水平的重要标志。根据一组数据，20 世纪初，世界城市化率为 10%，21 世纪初约为
50%，预计到 2030 年，这个数字将超过 60%。我国的城市化进程开始得比欧美发达国家晚，当
前实际城市化率只有 35%，百万人口以上的城市只有 127 个，数量很少，与我国作为世界前四大
经济体之一的实际发展水平不相匹配，这就意味着在当前及今后几十年内我国必然面临大规模高
速的城市化发展进程。

题，更在现实领域成为城市化深入发展大势下工业社会向后工业社会、消费社会向生态社会跨越转型的必由选择。

1. 城市生态观——城市与自然和谐共生

城市中高度发达的工业文明带给人们舒适物质享受的同时，总是伴随着生态环境的污染——尾气、噪声、沙尘、雾霾、食品安全问题，等等。以至于人们依据这些表象甚至达成一种共识：城市的存在总是与美好的生态环境相对立的。这种观点其实是建立在人与自然为对立关系以及对生态学、美学误解的基础之上，认为人类的实践活动必定是对生态环境有害无益的。然而城市景观美学的理论家却透过表象看到了更为深刻的本质。阿诺德·柏林特（Arnold Berleant）和艾伦·卡尔松（Allen Carson）指出，"我们几乎不可能找到摆脱人类活动影响之地，现在整个地球上几乎没有留下什么蛮荒之地"①。的确，从现实语境出发我们看到，从国内到国外，从城市到农村，从摩天大楼到瓦房村舍，从街心公园到乡间小河，人迹所至之处，皆留下被改造过的特征，而且越是适宜人类生存之地，被改造的特征越明显，反之亦然。可以说，自然从来不能主动满足人类生存生活的需要，只有通过实践活动的改造才使自然满足人的需要并最终达成人与自然的和谐。换言之，人类对大自然蛮荒生态环境的改造不仅可以不对自然生态环境形成破坏，并且可以使环境向更有利于人类生存的方向发展，形成一种人与自然和谐共生的生态审美型发展模式。对于城市来说，城市以满足人的需要为发展目标，其中的一切皆是人类实践活动反复强化作用的产物，甚至可以说，城市的舒适度是与人类实践活动的强度成正比的关系。在此条件下，明确城市与自然的关系是和谐共生的原则显得尤为重要，这是城市景观美学得以展开的基础和前提。这一原则指导我们在对待城市中的生态问题时，不再一味否定人类实践活动，转而将重心放在思考如何更好地发挥人的作用上，去创造更舒适的城市生活。如果一定要将城市文明与生态环境对立起来的话，恐怕我们所追寻的美好和谐的生态环境就成了无法实现的乌托邦。毕竟，没有多少城市人愿意放弃或有可能放弃城市为他们提供的一切而回到原始生存状态。

---

① Arnold Berleant, Allen Carson. *The Aesthetics of Human Environment.* Peterborough, Ont.; Orchard Park, NY: Broadview Press, 2007: Introduction, 13.

2. 城市生态的重心——城市景观中的人文景观

城市生态通过城市景观外显出来，城市景观分为自然景观与人文景观。在树立了正确的城市生态观之后，必然面临一个处理人文景观与自然景观的关系问题。阿诺德·柏林特曾这样表述："地理学家开始用'文化景观'（Cultural Landscape）一词，意指因为人类活动影响而塑造出来的景观，人们的耕作方式、建筑样式和居所，都会在土地上留下印记"①。城市景观美学特别重视人的存在和参与，城市是为了满足人的需要而存在的，因此城市中的景观绝不是与人无关的，人文景观是城市景观的重心。史蒂文·C. 布拉萨（Steven C. Bourassa）在其著作《景观美学》一书中，提出一种文化与自然相互交融的景观感知方式，即景观中蕴含的文化和历史是使人对该景观产生愉悦的根源。这种将景观与人、景观与文化联系起来，认为二者是相互作用、相互影响的观点影响十分广泛。艾伦·卡尔松也持这一观点，他还进一步认为景观的形成是一个动态而漫长的历史演变过程，并且在此过程中景观被赋予独特的文化和审美特征："对于绝大多数景观而言，关于它们'持续进行的'历史的知识对于其审美欣赏至关重要。"②这些观点将人和自然统一、融合起来，并将融入了人类实践活动的人文景观看作城市景观的重心，推崇人性化的景观，认为一个城市的文化积淀影响了一个城市的景观，同时这个城市的文化又积淀在景观之中，通过景观的表象传达城市的价值。总之，人的参与，或者说融入了文化因素的人文景观是城市景观美学研究的重点。景观不单纯是一种自然物，更是人们满足自身需要和社会需要的产物。尤其对于城市而言，其景观价值的最大体现与其说是一种自然的属性，不如说更是一种文化和社会的属性，人文景观比自然景观更能代表一个城市的特性。

3. 城市生态的向往——城市景观中的自然景观

钢筋水泥构筑的灰蒙蒙的摩天大楼和拥堵的街道已经成为当今中国大城市的共同特征。生活于其间的人们虽然享受了现代化的物质成果，却逐渐感到生活的空间越来越狭小，时间越来越紧迫，想要同祖辈那样在雨后

---

① ［美］阿诺德·柏林特：《环境美学》，张敏、周雨译，湖南科学技术出版社 2006 年版，第 7—8 页。

② ［加］艾伦·卡尔松：《自然与景观》，陈李波译，湖南科学技术出版社 2006 年版，第 116 页。

闻一闻泥土的芬芳或者推开窗就可以沉浸在一树花香里都成为遥不可及的奢望。如今，这种来不及深刻思考城市中人与自然关系的高速城市化发展阶段已经过去，而古人那种山水田园式的生活则成为城市人梦寐以求的向往。让自然回归城市，换言之，强化自然景观的建设是当今中国城市化发展的迫切需求，更是当下人们对城市生态发展的迫切要求。如何让自然回归城市，这不是简单的扩大绿化的面积，必须结合当地的气候条件因地制宜，"至少包括再造自然和保留荒野两个部分"①。再造自然，指的是运用自然素材（如植物、木材、石材等）营造出宜人的自然景物从而美化环境，如建造公园、修建绿化带、植树造林、园艺、盆栽等等，在我们的城市中运用十分广泛；而保留荒野的意义则在于"保留了自然景观的原生态，这与任何完美的人造景观都迥然不同，它帮助居住在城市中的人们与野生动植物相连"②。埃比尼泽·霍华德（Ebenezer Howard）在19世纪末便提出过类似的理想，他主张进行建设"田园城市"的试验。"在我们城市的周围始终保留一条乡村带，直到随着时间的推移形成一个城市群……每一个居民实际上是居住在一座宏达而无比美丽的城市之中，并享有其一切优越性；然而乡村所有的清新乐趣——田野、灌木丛、林地——通过步行或骑马瞬时即可享用……居住在这一美丽的城市或城市群的居民要建设快速铁路交通，把外环所有的城镇联系在一起。"③ 霍华德主张建立城市群，在这些城市中再造自然，而在城市之间的乡村保留荒野，连接城市群的是一条快速铁路交通，让生活于其中的人们既可享受城市的物质文明，又可随时感受荒野的清新乐趣。这一思想对当今的中国，尤其是环绕北京、上海、广州等大都市的城市圈的建设仍具有十分重要的借鉴意义。此外，荒野对于城市中儿童的成长也具有十分重要的意义。"自然是人们孩童时代的重要体验。当我们建设的邻里城镇中没有了自然元素，我们实际上是摧毁了孩子的理想乐园和对自由的需求。荒地、公园、开放的海岸、受保护的河岸、草场、山脊——这些都成为年轻人的世外桃源。人造环境

---

① 代迅：《城市景观美学：理论架构与发展前景》，《西南大学学报》（社会科学版）2011年第7期。
② 同上。
③ ［英］埃比尼泽·霍华德：《明日的田园城市》，金经元译，商务印书馆2012年版，第107页。

被成年人统治，但自然世界，无论大小，应该成为孩子们的基本权利。他们需要足够的野外环境作为自己的领地，以他们自己的方式在那里实现梦想。"①

二　城市个性鲜明突出

世界上的著名城市都有自己鲜明突出的个性。城市的美在很大程度上取决于建设者们是否因地因时制宜按照客观条件和美的规律使之具有独特的个性。如果把城市比作一件艺术品，那么流水线作业下简单的模仿和复制一定不是艺术创作的正确途径。而当今中国的城市建设恰恰是走入了千篇一律、互相模仿的怪圈。因此，塑造突出城市的个性之美就成为当前我国城市建设重中之重。概括地讲，由于城市的自然景观建立在该城市自然气候条件和自然资源禀赋的基础之上，人文景观则建立在该城市历史、文化资源和传统习俗的基础之上，二者紧密联系、不可分割、相互依存，交织起来构成一座城市的个性。具体来说，塑造鲜明突出的城市个性蕴含三个方面的内容：

1. 保持地方性与世界性的统一

日本美学家今道有信曾经阐述了关于城市建设的主张，他指出当代的城市建设要加强"内外接点"的建设②，也就是要加强建设具有国际性规模的设施，以建成国内外文化交流、对话的场所。在全球一体化发展的背景下，重视国际交流和对话已成为城市建设不可回避的重要环节。换言之，城市中地方性和世界性的关系构成了城市个性的第一个特征。一方面，一所城市所具有的地方性是承载了城市市民文化身份和文化认同的载体，其作为这所城市的自身品格内化于市民心中以及城市生活、城市运行的方方面面；另一方面，城市发展的现实需要迫使城市必须具有开放的世界性品格，以期实现与世界发达城市最大程度的对话和接轨。没有地方性，就如同没有自我，就意味着无法与世界实现真正意义上的平等对话；

---

① ［美］彼得卡尔·索普：《未来美国大都市：生态·社区·美国梦》，郭亮译，中国建筑工业出版社 2012 年版，第 26 页。

② ［日］今道有信：《美学的将来》，樊锦鑫译，广西教育出版社 1997 年版，第 49 页。

没有世界性，在当今世界经济一体化的大趋势下地方性就无法得以真正的继承、地方优势就无法得以真正的显现。因此，在当今国际化的大趋势下，彰显一个城市的个性特征之美，不是单单具有地方性或者世界性就可以，必须要实现这所城市地方性与世界性的统一。例如北京的地标性建筑群奥林匹克中心（包括鸟巢—水立方—国家会议中心—奥林匹克公园等），就是体现北京地方性与世界性统一的代表。其建筑理念恢宏、大气、实用性强，不仅赋有中国传统元素和首都气魄，也充满国际化的特征。在2008年的奥运会上，世界通过它们认识了北京，如今的奥林匹克中心不仅每天仍在迎来送往全球各地慕名而来的游客，更是当地居民体育运动、休闲活动的重要场所，以及召开国内外大型会议和活动的重要场所，并且极大地改善了北京城市北部的综合生态环境，为北京市民的生活创造了福祉，为北京赢得了国际美誉。

2. 保持历史感与现代感的统一

大部分城市都有着悠久的历史文化积淀，通过城市的人文景观体现出来，如古老的建筑、街道、城墙、河道等历史文化遗迹，这些都是一个城市可以看得见、摸得到的底蕴和灵魂。当今中国的城市化发展飞快，很多城市在几年之内面貌焕然一新，在城市改容换貌的过程中大量的现代景观涌现出来。这中间必然存在旧城与新城、历史遗迹与新兴建筑的矛盾与冲突。如何解决这一对矛盾关系，显然是既要保护历史又要鼓励创新，归根结底，要以坚持历史感与现代感的统一为原则。唯有如此，才能让一座具有历史厚重感的城市充满活力，也才能令一座现代化的城市具有底蕴和灵魂。今道有信曾经提出应该加强城市"古今接点"的建设。具体来说，就是要加强博物馆、美术馆等能够联结古今文化的公共文化设施建设，并通过有偿收购、对艺术品交易免征高额税收等方式确保博物馆、美术馆中的藏品具有高超的历史价值。① 这的确不失为保持城市历史感与现代感统一的良策。当然，还可以在旧城（旧址）之外另辟新址，进行现代化建设，如果处理得当，也能使历史感与现代感和谐统一。印度的首都新德里和我国的古都南京，都是新旧城结合的范例。印度的旧德里古城曾经是印度历史上7个王朝的首都，独立后的印度新首都新德里在建址的时候，选

---

① ［日］今道有信：《美学的将来》，樊锦鑫译，广西教育出版社1997年版，第49页。

择在旧德里城外的西南方向进行，从 1911 年到 1931 年，历时 20 年完工。完工之后的新德里是一座具有现代感的花园城市，与充满历史遗迹厚重感的旧德里相得益彰，共同构成一座历史感与现代感交相辉映、和谐统一的都城。除此之外，在保护历史性建筑的同时使其焕发新生、在当下发挥作用，也是一个保持历史感与现代感统一的好办法，例如北京的四合院就是典型范例。四合院代表了北京浓郁的京味儿文化，是这所城市历史感的典型代表。这些年政府在对四合院进行修缮和保护的同时，也鼓励社会力量对其进行深入的开发和利用，于是我们发现很多地方的四合院（如鼓楼、后海、南锣鼓巷附近等）已经不单单在履行其作为历史文化遗产的文化职能或作为市民居住之所的基本职能，而且兼具商铺、酒吧等商业功能，成为商谈、国际交流、休闲娱乐的重要场所，这样一来不仅使老建筑焕发新生，还使其融入了现代人的生活，甚至美名远播，深受国内外游客的喜爱，这就是在保护的同时加以开发利用，实现了历史感与现代感的统一。

3. 保持景观的多样性和差异性

"如何在视觉上使城市拥有多样性，如何尊重城市的自由，但同时又在视觉上表现出秩序的形式，这是城市面对的一个重要的审美问题。……城市如果缺少多样性，那就注定会一方面导致压抑；另一方面也会导致混乱的感觉。"① 当今中国城市的景观呈现出一种千篇一律、相互模仿的现象，走在很多城市的大街上，我们常常囿于城市景观的"标准化"模式而不能分辨得清这究竟是哪一座城市。缺少差异性、景观单一化是当代中国城市景观呈现出的弊病。这与我们所处的特殊历史阶段有关。曾经，我们为了追求 GDP 的增长、加快城市化的进程，并没有来得及深入细致的思考应该如何建设城市。随着经济发展水平的提高，人们对物质条件的需求开始从追求数量转而追求质量，随之对城市景观的要求也从无到有、从有到宜，并体现出独特的城市审美风格。具体说来，就是要根据自然气候条件和资源禀赋的差异，以及历史文化资源传统的不同，在不同城市之间保持自然景观与人文景观的多样性和差

---

① ［加］简·雅各布斯：《美国大城市的死与生》，金衡山译，译林出版社 2013 年版，第208 页。

异性。在自然景观方面，因为主要是自然条件影响因素，景观的多样性和差异性容易保持并且易于理解，如我国南部沿海城市道路两旁是高大的椰子树，中部城市多是茂密的梧桐树，而东北的城市则多是挺拔的白杨树。在人文景观方面，由于影响因素多，因此需要建设者投入更多的用心。比如由于文化传统的差异，东方城市中普遍建有佛教寺庙，西方的城市则多见基督教、天主教的教堂；因为气候条件，哈尔滨的建筑呈现出庄严厚重的俄罗斯风格，苏州园林则是精致细巧的风格；由于地势原因，太原的街道平坦笔直，青岛则是依山而建、高低错落；北京是当今的首都、在清朝亦十分显赫，因此应呈现出当今首都精神与清朝历史文脉的恢宏大气风貌，西安则鼎盛于唐朝，要体现出深受唐朝文化影响的特点。总之景观的多样性和差异性是不同的城市在对其特殊自然地理条件和文化条件的追求中形成的，"景观实际上是作为抵抗环境同质化的一种手段，并且同时提升地方象征和场所集体感觉"①。美国学者柯林·罗（Colin Rowe）和弗瑞德·科特（Fred Koetter）在《拼贴城市》一书中，也表达了对城市景观多样性和差异性的追求。他们认为，现代的人们为了某种乌托邦的理想而把城市变为充满秩序和理性的空间，破坏了城市原本固有的历史文脉，这样做的结果虽然可能使人们拥有了相对平等的物质空间，却造成了彼此间的冷漠、文脉的割裂、文化的缺失以及城市构造的单一化等城市弊病。一座城市并非设计者自己的城市，而是多少年来人与人的相互作用、相互影响形成的历史合力的产物，所以任何人对城市的认识可能都是片面的、局部的，整个城市是以拼贴的方式存在的，"城市的拼合形态是一个永不过时的观念"②，匀质只能令城市索然无味，多样性、矛盾性才是城市的本来面目。当然，我们还应该在城市景观多样性基础上注意到各种风格的统一，将各种异质风格组织在一起，形成一种片段的统一。

---

① ［美］詹姆士·科纳主编：《论当代景观建筑学的复兴》，吴琨、韩晓烨译，中国建筑工业出版社 2008 年版，第 12—13 页。

② ［美］柯林·罗、弗瑞德·科特：《拼贴城市》，童明译、李德华校，中国建筑工业出版社 2012 年版，第 181 页。

三 城市设计以人为本

在城市景观美学的理论资源中，蕴含着城市设计以人为本的理念。亚里士多德曾经说，人们为了生活得更好而居住于城市。无论是人口密集程度，还是生产力发展水平，抑或是人们的期许，城市都应以人为本，把提升人们的生活舒适度和便利性作为其发展和建设的本质要求并通过城市设计体现出来。国际现代建筑协会（CIAM）曾发表《杜恩宣言》，指出城市的发展必须以人们的行动为基础从整体上进行研究和设计，考虑不同条件和尺度下住宅、邻里、街道的不同功能。也就是说，城市的规划和设计必须来源、服务于人本身。可以说，城市价值的体现在很大程度上有赖于城市的设计、布局、规划等是否有助于改善人们的生活、提高工作生活的效率、完善人性、建立平等的社会关系等，使城市社会遵循良性的发展模式服务于人。

1. 城市设计要符合认知方式

在《城市意象》这本著名著作中，凯文·林奇（Kevin Linch）运用了心理学知识，认为城市是一种"可意象的景观"①，一个好的城市应符合人的认知方式，具有容易被人理解的城市空间结构和城市意象，从而"使拥有者在感情上产生十分重要的安全感，能由此在自己与外部世界之间建立协调的关系，……而且也扩展了人类经验的潜在深度和强度。"②并且这种可理解的城市空间结构和城市意象不是被设计师赋予的，而是被生活于城市中的人自然而然地感受到的。受荣格思想中"集体无意识"的影响，林奇认为"似乎任何一个城市，都存在一个由许多人意象复合而成的公众意象，或者说是一系列的公共意象，其中每一个都反映了相当一些市民的意象。如果一个人想成功地适应环境，与他人相处，那么这种群体意象的存在就十分必要。每一个个体的意象都有与众不同之处，其中有的内容很少甚至是从未与他人交流过，但它们都接近于公共意象"③。

① ［美］凯文·林奇:《城市意象》，方益萍、何晓军译，华夏出版社 2012 年版，第 70 页。
② 同上书，第 3 页。
③ 同上书，第 35 页。

这些包含了公共意象和个体意象的城市意象构成城市的景观，具体来说由五种元素：道路（Path）、边界（Edge）、地域（District）、节点（Node）和标志物（Landmark）组成，这些元素"不会孤立存在"，而是"有规律的互相重叠穿插"①。并且这些元素是在城市自然禀赋与历史文化积淀的基础上形成的，生活于城市中的人透过由这些元素组成的景观去感受和理解城市，因此，"景观也充当着一种社会角色，……为了保存群体的历史和思想，景观充当着一个巨大的记忆系统，……向人们提示了对共同文化的回忆"，这是"将人们联系在一起的并得以相互交流的强大力量"②。林奇借助精神分析学派的研究方法，把城市景观分为个体意象和集体意象两个层面，以集体意象的"集体无意识"特征确立了城市景观的设计应与人的认知方式相吻合的建构方式以及不以个别人的意志为转移的客观化属性，这一方面充分奠定城市的设计必须以人为本、以人的认知方式为本源的基调；另一方面势必引导城市设计者不应从主观出发，而要遵照城市的自然禀赋、文化历史积淀和生活习俗去理解、建设城市。

2. 城市设计要释放人口潜能

无论是霍华德还是刘易斯·芒福德（Lewis Mumford），他们都主张以"田园城市"为原型，重新分布城市中的人口，以分散的方式解决城市中人口的快速增长问题，从而解决交通、住宅等一系列城市问题。这是一种分散型的城市空间设计理论。与这种主张不同，简·雅各布斯（Jane Jacobs）在《美国大城市的死与生》一书中批判了建设"田园城市"的城市空间设计主张，认为那是一种逃避主义的体现，是落后于时代的。雅各布斯激烈地抨击了美国大城市在发展中出现的各种现实问题，认为"解决的办法不能只是在都市范围内规划一些新的、自给自足的城镇或小城市，这样做只会徒劳无功"③，因此他反对低密度状态的汽车型郊区化扩张以及由此带来的支离破碎的城市格局，指出城市设计的成功在于建立功能完整的社区，并以步行距离和邻里个性为尺度建立合理的公共空间秩

---

① ［美］凯文·林奇：《城市意象》，方益萍、何晓军译，华夏出版社2012年版，第37页。

② 同上书，第95页。

③ ［加］简·雅各布斯：《美国大城市的死与生》，金衡山译，译林出版社2013年版，第198—199页。

序。他认为人口是"城市活力的源头""人口的集中是一种资源","城市中大量人口的存在应该作为一个事实得到确确实实的接受，而且应该将这种存在当作一种资源来对待和使用：在需要激活城市生活的地方，提高人口密度。"①因此他主张以"提高城市人的生活"②为导向，以保持"建筑年代的多样性"③、建设众多短小街段④、"街道或街区用途的一体化"⑤为手段，建立一种由一定人口密度支撑起来的具有完整性和多样化的功能型城市。雅各布斯的主张在美国影响巨大，乃至在 20 世纪 80 年代掀起了一场对美国普遍存在的城市问题进行全面反思的新城市主义运动。无论是人口分散型的"田园城市"设计主张，还是人口密度型的"功能城市"设计主张，都立足于通过人口分布对城市空间布局进行设计改良，其最终目标指向改善城市中人的生存状态。可见在城市景观美学看来，人口因素是城市空间设计的重要参考和重要资源。在今天的中国，尤其是对于像北京、上海这样特大人口密度的城市，因地制宜地借鉴这些思想改善城市设计，例如一方面将市区内的大量人口视作城市资源加以整合利用；另一方面通过改善交通和配套设施，以及城市非核心功能疏解等方式，构建环城市中心区的郊区及相邻城市组成的城市圈，等等，这些思想对于疏解人口压力从而释放城市潜能具有积极意义。

3. 城市设计要完善社会关系

根据马泰·卡林内斯库（Matei Calinescu）等人的观点，启蒙的现代化高扬理性精神，而美学的现代化则追求超功利的精神超越，抵制理性的狂傲扩张。由于资源依赖性的工业经济占主导地位，现代城市无法逃避地遭遇生态问题及其在社会关系领域制造的麻烦。卡尔森和柏林特等人的学术研究正是对这种挑战的直接回应。"大规模的工业社会中充斥着极大的复杂性，不协调的各种活动制造着无序和无效，最终导致社会崩溃和混乱。机器模式是不适当的，因为它是产生无人格的、混乱的、非人性的工

① ［加］简·雅各布斯：《美国大城市的死与生》，金衡山译，译林出版社 2013 年版，第 200 页。

② 同上。

③ 同上书，第 170 页。

④ 同上书，第 161 页。

⑤ 同上书，第 204 页。

业化城市区域的根源。'生物生态系统模式'似乎能够克服早期指导原则的不足：它似乎比'历史偶然模式'更能回应人类社会生活的工作和需要，比'机器城市模式'更加真实地回应人类境况，也比两者能够更加富有弹性地回应人类社会形式和活动的多样性。……如果我们将审美融合作为环境生态学模式，事件就转化为我们对栖息于其中的那个生活世界的体验。审美融合是人造环境的试金石：它能够验证人造环境是否宜居，是否有助于丰富人类生活和完善人性。"①这样一种审美融合的研究路径不仅从人的情感出发否定唯经济至上的经济主义，而且以其超功利的自然审美态度完善人性，把人从工业和经济理性的控制中解救出来。在此意义上，城市景观美学成为调整社会关系、构筑可持续发展的新经济的方法。此外，杨·盖尔从日常社会交往对城市空间设计的要求出发探讨了城市空间设计对改善城市社会关系作用。他认为现代城市在空间设计上忽略了人们的心理因素和社会交往的需要，没有充分认识到城市空间结构对社会心理和社会交往的潜在影响。因此盖尔提出在城市设计中要有效地构建充满活力和人情味的城市街道、社区、广场、公园等公共空间。我们知道，当今生活于城市中的人们普遍患上人际关系疏离、个体孤独感增强的"城市病"，而且越是发达的城市，这种"城市病"现象越是严重。盖尔人情型"社交城市"的设计主张无疑是消弭城市孤独感、完善人际社会关系的一剂良药，充分体现出城市设计以人为本的人性关怀。

结　语

　　城市景观美学作为交叉学科性质的新兴应用美学，蕴含着丰富而深刻的"美丽城市"建设思想和实践方法。探寻这些思想和方法不仅可以推动政府及城市建设者转变思想观念，自觉按照美的规律来建设城市，从而实现城市中功能与审美的和谐统一，创造出宜居的美好城市环境；还可以促使市民转变审美心态和行为方式，改变急功近利的思想，创造一个舒适

---

　　① ［美］阿诺德·柏林特：《审美生态学与城市环境》，程相占译，《学术月刊》2008 年第 3 期。

栖居的家园，从满足于基本的实用功能层面上升到追求精神愉悦的层面，塑造人们的城市审美意识、家园意识，提升人们的文明素养和文化品位，从而促进城市健康、生态、可持续发展，实现城市之美，助力"美丽中国"。

（作者简介：贾澎，北京市社会科学院助理研究员，北京世界城市研究基地特约研究员）

美国现代化、都市化与"乡愁"
对中国"乡愁"的启示

袁国芳

摘要："乡愁"是一种跨时代、跨民族、跨文化、跨国界的文化心理情怀和现象。受民族历史、思想文化、社会经济等因素的影响，美国"乡愁"有其特殊性。脱胎于移民社会，"乡愁"必然是多元化的；作为现代化和都市化的产物，对自然的回归和留恋则成为其主要内容。比较而言，美国"乡愁"与中国"乡愁"明显不同，这源于两国基于两国的社会历史、文化传统、思想信仰以及价值取向的差异。这启示我们应以美国为鉴，发展传统思想文化和价值体系。

关键词：美国 现代化 都市化 乡愁

怀旧与乡愁的情结是人类本性的使然。古代人有之，现代人趋之；中国人恋之，西方人也难以释之。老子推崇的"小国寡民"，陶潜向往的"采菊东篱下，悠然见南山"的天然佳境，王维作品中的禅思，苏轼对人生的感悟，乃至现代作家沈从文对湘西风土民情的爱恋和对城市生活的反抗与无奈等等，无不反映出中国人在社会"进化"过程中难于避之的"乡愁"与"怀旧"情结。西方文艺复兴对古希腊文明的追恋与复兴，实质是对失去的人性本质的追寻。工业革命给西方社会带来了丰富的物质生活享受与高度的物质文明社会，同时它也毒害致残了天然而纯洁的人性。所以无论是莎士比亚、华兹华斯、狄更斯、杰克伦敦、爱默生、海明威等文学艺术家，还是康德、卢梭等哲学思想家，都在批判"文明"社会对人性的戕害，而试图寻回失落的天然与人性，表达出一种乡愁与怀旧之情。无论是中国儒家思想的"叶落归根"情怀，道家思想中推崇的"返璞归真"，当今时尚的"农家乐""杀猪饭""粗茶淡饭""绿色食品""民族文化节日"等，还是美国的"城市边缘化"，"都市赤贫化""建筑设计返璞归真化""历史博物馆展览活动"等等都是在试图寻回那逝去的、纯真但又是虚幻的对自然的模糊记忆，对纯洁真实的人际关系的怀念，在表达着人类有史即存的那种剪不断，理还乱的乡愁与怀旧情结。

"乡愁"被定义为一种"因怀念家乡而产生的忧伤心情"（现代汉语词典，第1255页）。而本文所要讨论的乡愁，其内涵及所覆盖的领域都因社会经济文化的发展变化而比现代汉语词典中的定义要宽泛得多。所以，乡愁更是一种情怀，一种情愫，一种情境，一种情意，一种恋情，一种对从前的人、事、物、景的模糊的若隐若现而挥之不去的心理情结。乡愁是人类发展过程中的一种历史现象。当代人有乡愁，古人也有乡愁。乡愁也是一种社会经济发展过程中的现象。来自不同阶层的群体，处于不同的社会经济地位的人都有乡愁，只不过他们有着不同的乡愁罢了。乡愁更是一种文化现象。居住在都市里的城市人有乡愁，生活在乡下的农村人也有乡愁。中国人有乡愁，外国人也有乡愁，只是中国人的乡愁更浓，更深，更久，更复杂，更难以释怀。也就是说，今天人们讨论的乡愁，不仅伴随着人类社会的发展而一直存在着，而且在不同的社会发展阶段，在不同的国家和地区，其表现的形式也不一样。

从人的心理维度来说，乡愁往往是人们对现实生活和现实情境的心理反应。作为历史的创造者和社会进步的推动者，人类永远是和他们的过去息息相关的。儿时的记忆，童年的回忆，犹如停止转动的时钟，牢牢地定格在过去的那一时，那一刻。无论现在的境遇如何，是功成名就，风光无限，还是碌碌无为，平淡无奇，甚至是穷困潦倒，儿时的梦想与憧憬都已深深地刻在了他们的潜意识。无论他们现在的生活境况是富足，还是贫穷，他们都走不出对过去模糊记忆的那种痴情与眷恋。中国人那种"返璞归真"，"叶落归根"的情怀其实就是乡愁的最好体现。虽然已经人是物非，时过境迁，但还是在执着地追寻那模糊记忆中的或许已不复存在的那人，那事，那物，那情或那景，那份早已淡化了的，甚至是质变了的"人情味儿"。

"乡愁"更是反映出人们对现实生活，现实社会的某种缺憾，失落，担忧与不满。改革开放以来，中国的经济迅速地发展，中国人的物质生活也越来越丰富，也越来越提高了物质生活水平，但他们似乎还是对现有的日渐丰富的物质生活不满意。他们担心食品的安全与卫生，为了身体健康，他们选择粗茶淡饭，自觉放弃大鱼大肉及各种精粮细面。他们担心环境污染，雾霾以及各种环境问题，向往回归从前的蓝天白云，青山绿水。他们也在担心贫富两极分化，缺乏公平正义，诚信度失缺等社会问题。他们为大都市拥挤的交通困扰，为日渐消失的村落而不断扩展的城镇化都市化而忧虑。他们还在憧憬杜牧那首短诗中的田园式的乡村画面——"清明时节雨纷纷，路上行人欲断魂，借问酒家何处有，牧童遥指杏花村"。现代人与陶渊明一样向往"世外桃源"式的单纯自然生活，向往那种"采菊东篱下，悠然见南山"的田园风光。可是他们却很少有陶潜那种"结庐在人境，心远地自偏"的心境与洒脱。人们或许也还在梦幻那份"长亭外，古道边，芳草碧连天。晚风拂柳笛声残，夕阳山外山"的纯情景意，可是无所不在的网络通信似乎已经把人与人之间的时空距离完全消除了，同时又在人与人之间竖起了无法穿越的壁垒。

其实，一个自然和谐与健康向上的小康社会只有高度的物质文明与丰富的物质生活是不够的。"民以食为天"，"仓廪实而知礼节，衣食足而知荣辱"都只是建设一个小康社会的基本前提和条件。物质文明和精神文明对人类发展同等重要。随着现代社会的高度现代化，科技化，电子化，网络化，人们已经不再只满足于衣食住行等那些基本的生存需求了。他们更需要精神层面上的需求。没有积极向上的精神文明生活，物质文明建设过程中就会出现许多问题：对自然资源掠夺式的开发利用而带来的环境污染和生态失衡；对物质资料的贪婪和无止境的追求而导致的拜金主义和日益扩大的贫富差距；物质上的极大富有而精神上的极端贫乏而来的社会正义公平问题等等。人们更深深地被这种后现代、后事实、高科技、网络化、物质化的人际关系和社会关系而困惑，而无奈。中国需要"乡愁"带来的正能量，需要回归中国优秀的传统文化，需要正视当前的环境问题与社会问题，才能为后人留下一份自然资源，一片蓝天白云，一带青山绿水，创造一个和谐富足的小康社会，也为子孙后代留下一份对现今时代甜美的"乡愁"情怀。

如上文所说，"乡愁"是跨时代，跨民族，跨文化，跨国界的一种文化心理情怀和现象。下面就简单地从民族历史，思想文化，社会经济等方面谈一谈美国的现代化，都市化与乡愁。

美国是一个移民国家。1607 年，英国人在哥伦布发现的新大陆北美洲建立了第一个殖民地——詹姆斯镇（Jamestown）。1620 年一艘名叫"五月花号"的英国船只载着大约 102 名为逃避宗教迫害，追求信仰自由的清教徒从英国驶抵马萨住萨州的普利茅斯（Plymouth），开启了英国人在美洲真正的殖民生活。在以后的 200 多年时间里虽然有其他欧洲国家的移民来到美洲，但是英国移民还是占主流。从 1820 年至 1920 年的 100 年间，美国经历了三次大规模的移民高潮，至 1920 年，美国总人口已经超过 1 亿。

美国不仅是一个移民国家，更是一个多元化多种族的国家。基于 2010 年的美国人口调查报告，美国总人口为 3 亿 874 万 5538 人。其中白种人约占总人口的 63.7%，拉丁美洲人种约为 16.3%，非裔人种约占 12.5%，亚裔人种约为 4.7%，土著美洲印第安人人种约为 0.9%，其他人种约为 2.0% 左右。这些来自不同国家，分属不同种族，有着不同文化、不同历史和不同社会背景的移民创造出多元兼容而又个性十足的美国文化。所以美国社会既是一个"大熔炉"（the melting pot），它能包熔接纳纷呈各异的不同文化，同时它又是一大盘"色拉"（the salad bowl），每个成员都是一个追求自由、张扬个性的独立个体。

除了占美国总人口不到 1% 的土著美洲印第安人以外，美国还是一个由自愿移居美国的不同种族的"外国人"组成的移民国家。除了早期的非洲黑人是被作为奴隶贩卖到美国的非自愿移民以外，其他族裔的人种大多是离乡背井，冒险来美国追求自由，追寻实现"美国梦"的自愿移民。说得更具体一些，他们是为了追求宗教信仰自由；为了逃避基于种族、宗教、民族或者国籍等方面的迫害，或者因不同政治观点而遭到的迫害；为了逃避地区冲突或者暴力；由于天灾人祸而流离失所需要避难；寻求更好的医疗保健；为子女或自己寻找创造更多更好的教育机会，就业机会或者商业机会，等等。他们是心甘情愿来美国冒险的。所以虽然在这一群群的追梦人中，不是所有的人梦想成真，如愿以偿。但他们并不后悔移民美国。因为在过去的一百多年里，通过美国移民的勤劳和智慧，使美国成为而且一直是世界上最强大最富有的资本主义强国。物质生活比起他们的祖国要丰富得多，稳定得多。他们就没有很强的思乡念国之情了。

当然，有着社会群体性的人类也有一种社会群体的归属感，这种族裔群体的归属感其实就是一种"乡愁"的体现。在美国，这种以族裔为主而集聚的社区很多，比如以华裔为主的"唐人街"，以意大利人后裔为主的"小意大利镇"，犹太人为主的"犹太人区"，土著印第安人的"保留地"，瑞士人后裔的"阿米什人村"，西班牙语族裔集聚社区，黑人社区等等。这些一个个不同的族裔群体有的集聚在城区（黑人社区，唐人街等），有的集聚在郊区（犹太人社区，小意大利镇等），还有的集聚在乡村（土著印第安人"保留地"，阿米什人村等）。无论是集聚在城市，还是集聚在乡村，这些不同的族裔群体都在试图保留他们日渐被同化的民族传统和风俗文化。如果他们不懂英语，他们可以使用他们的本族语，到他们本族人开设的工厂上班，到他们本民族的超市购买他们的生活必需品，和他们的同族人庆祝他们自己的传统节日等等。所以，对于这些族裔的群体来说，他们选择住在他们的社区，不仅仅是因为那份"乡愁"，更是为了生活工作的便利，或许也是因为无奈。而土著印第安人和阿米什人与其他族裔群体又很不一样。由于宗教信仰的原因，土著印第安人和阿米什人都需要保留他们的先人遗留下来的生活方式和文化精神。土著印第安人还是世世代代居住在他们的"保留地"，阿米什人还是居住在乡下，在本族人内通婚，生养众多，不使用电灯、汽车等现代化电气化及高科技电讯化产品。他们就想远离现代"文明"，返璞归真，保持他们原有的生活方式。

其实，美国的这种种族隔离现象也是美国工业现代化带来的后果。美国的现代化可分为五个阶段：18世纪中后期，即美国的建国初期以农业为主的初步发展时期；19世纪初至19世纪中叶的西进扩张运动，这个时期也以发展农业为主；19世纪中后期，也就是美国的南北战争以后的南北重新一统的工业革命时期；20世纪初至20世纪30年代的美国垄断资本主义时期，以及"二战"以后的以高新技术为支柱的可持续发展时期。美国的南北战争以前，大批的非洲黑人被贩卖到美国的南方种植园做奴隶。南方的种植园主和北方的工业资本家为了争夺廉价的黑人劳动力而爆发了南北战争。最后，代表工业资本家利益的北方联邦军队击败了代表南方种植园主利益的邦联军队，从而"解放"了南方的黑人奴隶，大批的黑人涌向了北方的工业城市，为美国的工业革命和现代化建设提供了大量的廉价劳动力。当然，这些廉价的劳动力还包括从中国来的华裔劳工"苦力"，爱尔兰移民，以及意大利移民等。在工业革命和现代化的进程中，城市变成了工业，商业和经济发展中心，工作机会也主要集中在城市，所以这些不同的"北漂"族只能住在城区，他们往往和自己的族裔集聚居住在不同的城区，组成自己的社区。这样的种族隔离现象就一直延续到现在。今天无论你到美国的哪一个城市，你都会看到分属不同族裔的社区。他们是一群群弱势群体，一直没有被这个"富强，民主，自由"的国家正视过。许多像纽约、洛杉矶、芝加哥和休士顿这样的大都市既是美国的金融中心，经济核心，但同时又是居住着不同少数族裔的贫民窟，这些大都市里充满了严重的种族隔离、黑帮、凶杀、毒品等各种犯罪。随着美国的工业化和现代化不断推进，美国都市和中国人理解的中国都市已经完全不一样了。中国人向往生活在上海和北京这样的大都市是可以理解的，因为这些大都市集聚了中国最好的政治、经济、文化和教育等各种资源。美国则不然，美国社区的财政主要来自商业和房地产税收，房产越贵，税收越高，财政就越好，社区的各种资源就越丰富，也就越适合居住。美国的大都市是上班工作的地方，而不是生活居住的所在。丰富的各种资源集聚在郊区，而非在城区。因为有钱有势的人都居住在环境优美的郊区。

今天也有大批来自墨西哥等国来的廉价劳动力。他们大多是非法移民，没有身份，或者没有受过良好的教育，没有技术，他们大多在农场，或在餐馆打工。正如当年北上的黑人"北漂"一样，他们大多居住在城市里的贫民窟，生存环境极差，犯罪率极高，可利用的自然资源及社会资源极度贫乏。他们忍受着强烈的"乡愁"，憧憬着美好的"美国梦"，他们内心思恋着故乡，可是又不愿表露出来。他们还是觉得美国的月亮比他们故乡的月亮圆，美国还是比他们的祖国强大富有，在美国还是有更多的机会。所以他们的"乡愁"情结也就非常复杂，难以名状。

所以基于两国的社会历史、文化传统、思想信仰以及价值取向的差异，美国人理解的"乡愁"和中国人理解的"乡愁"还是不一样的。就宗教信仰来说，基督教思想是美国的立国之本。虽然现代主义、后现代主义、后结构主义、后殖民主义、女权主义等现代思潮不断地冲击着美国传统的基督教思想，去教会做礼拜的美国人不断减少，基督教思想还是美国思想的主流。许多美国人认为他们在这个世界上是寄居的，天国才是他们永恒的"天家"。所以他们并没有中国人的那种叶落归根的"乡愁"情结。美国人更愿意忘掉过去，把握现在，憧憬未来。他们相信车到山前必有路。面包会有的，一切都会好的。他们对生活的态度比较积极，乐观。他们认为不要为过去而后悔，也不要为明天而忧虑，过好今天就够了。当然他们也很少去留恋那"美好的过去"，没有中国人常有的那份"乡愁"。

美国也是一个以市场经济和商业资本为主的现代资本主义国家。人与人之间的关系完全是由市场经济的资本主义生产关系决定的。维护个人利益是人际关系的前提和基础，所以美国人不会为了迁就他人而牺牲个人利益。在美国，没有永远的朋友，只可能有永恒的利益。在利益面前，没有亲情，没有友情，只有利益（business）关系，权利和义务关系。中国文化中的对"发小""同窗""故友""知己"等产生的"乡愁"情怀，美国人比较淡漠。市场经济和资本主义生产关系也决定了美国社会是一个迁徙频繁的社会。哪里有工作，哪里有机会，他们就搬家到哪里。很多美国人一生搬家20多次是很寻常的事。他们出生在哪儿，父母家人在哪儿并不重要。这种频繁的搬迁生活大大地影响了人与人之间的关系。人们忙于个人的工作和家庭，以及适应新的的环境，没有时间，没有精力，更没有心情去想过去的人和过去的事。美国人没有户口的限制，更没有城市居民的福利限制。只要哪个地方需要你，也就是只要你能在哪个地方找到工作，你就可以到哪个地方去。所以他们也就没有中国式的那种恋旧情怀和"叶落归根"的"乡愁"了。

美国的法制社会和美国人的法制观念也影响了美国社会的人际关系。在"法"与"情"面前，"法"往往高于"情"。无论是同事关系，还是上下级关系，大家都会自觉地遵守各自的行为准则，规章制度，依法照章办事。当然其中各种歧视，偏见和不平等的事肯定是有的，只是各自心照不宣，或者无可奈何而已。所以人与人之间的关系显得特别平淡冷漠，缺乏"人情味"。习惯了这种较为单纯平淡的人际关系，在这种社会文化氛围中生活工作还是感到比较轻松的。但对于已经习惯于东方文化的亚洲移民来说，他们还是比较怀念那种东方式的重情重意的友情和亲情。常常认为美国人说话办事总是一根筋，不懂得人情世故。所以美国人的"乡愁"

主要是在于对没有现代工农业所破坏、所污染的自然环境的回归和留恋，而不同于中国式"乡愁"还包括对过去那种单纯的人际关系的怀旧情怀。

现代化和高科技也改变了美国人的生活方式。为了满足人类对物质生活永无止境的贪欲，转基因工程技术被广泛地应用于农业和畜牧业生产，各种抗生素和激素也被用于饲养业，催生出大量高产丰产的农作物产品，以及牛奶、牛肉、猪肉、鸡肉、鱼肉等乳制品和肉产品等；化学肥料和超强度农药杀虫剂的使用，不仅破坏了生态环境，也对人类的身体健康造成了极大的危害，导致了像癌症、糖尿病、心血管疾病等各种疾病。越来越多的美国人意识到现代化给人类带来的各种问题，他们自觉选择素食，选择有机食品（organic food），抵制各种肉类食品，奶制品和人工饲养的水产品。他们也选择更为健康的生活方式，出门多步行，多使用公共交通工具，尽量减少自己驾车的次数。多做户外锻炼活动，多看书，少看电视，少玩电子产品等。这其实也是一种"返璞归真"的生活方式，是对现代化文明以前的单纯自然的生活方式的回归和留恋，是一种地地道道的"乡愁"。与时下中国流行吃"杀猪饭"，去"农家乐"，游"农庄"等是一种别样的"乡愁"。

因此，作为一个由多民族多种族组成的移民国家，美国的"乡愁"也是多元化的。处在不同的时代，分属不同的社会阶层，来自不同的国家和地区，美国人的"乡愁"是不同的。华裔美国人，美国黑人，拉丁美洲裔美国人等，他们有着不同的文化和历史背景，他们的"乡愁"也不一样。就是同一种族的美国人，移民美国的时间长短不同，融入美国主流社会的程度不同，他们的"乡愁"也不一样。比如，第一代美国华人的"乡愁"就比第二代代美国华人的"乡愁"浓，越到下一代，对中国的"乡愁"也就越淡漠。其次，美国人作为一个整体民族，其"乡愁"所表现的内容主要是对自然的回归和留恋，而非那种"纯洁真实"的人际关系。最后，美国人的"乡愁"也是美国的现代化和都市化的产物。美国的现代化和都市化曾经过度地开发了自然资源，破坏了生态平衡，导致了严重的环境污染。比如发生在 20 世纪 30 年代美国中部大平原由于过度耕作而发生的"黑尘暴"（the dust bowl），1969 年发生在重工业城市克利夫兰由于过度河流污染而导致的水上大火（cuyahoga river fire）等都使美国人想回归自然，远离现代化，远离大都市。大都市的贫民窟，转基因工程的使用，垃圾食品的泛滥等等，都让美国人看到由于现代化而导致的严重的贫富两极分化及其他社会问题。

所以从历史文化及思想传统来说，中国人的"乡愁"比美国人的"乡愁"复杂得多。中国只用了约30年的时间就走完了美国150年的现代化历程，取得了举世瞩目的成就，使中国的GDP赶到美国之后，位居世界第二。但是，中国也为此付出了巨大的代价：自然资源过度开发，生态失衡，严重的环境污染等等。但是更为严重的是中国传统文化思想、传统价值观、科学人生观的缺失，拜金主义、功利主义、享乐主义盛行等等，从而导致了许多如贪污腐败，贫富两极分化严重，社会诚信度严重失缺等社会问题。中国要以美国的教训为鉴，极力倡导中国传统思想文化及价值体系，加强民族自豪感，提高社会诚信度，发展绿色经济，治理环境污染，保护生态平衡，建设一个造福子孙后代的"富强，民主，和谐，自由，平等，公正，法制，爱国，敬业，诚信，友善"的中国，实现千百年来中华民族憧憬向往的中国梦。

（作者简介：袁国芳，美国犹他谷大学教授）

宗教乡愁的佛教时空美学特质

余安安

摘要： 乡愁文化具有典型的时空倾向性，乡愁情结带有浓厚的美学色彩，而佛教的彼岸观预设了一个极乐无忧的精神家园，众生从漂泊、轮回至返乡、回归于超越性彼岸世界的精神追寻和时空变迁，构成了"宗教乡愁"的特殊审美心理，形成了对生命本真、自由存在的审美式理解。佛教的回归理念融合了美丽的乡愁色彩，反映了般若的美学智慧。

关键词： 宗教乡愁　佛教时空　美学特质

人经历着世事无常、生灭幻化，形成了对精神家园的向往，而佛教信仰者所怀的宗教乡愁，能引领其亲近、回归至清净时空的原乡。

一　漂泊与宗教乡愁

芸芸众生始终际遇着须臾与永住、有限与无限的交织中，一方面，处于平凡时空中遭遇烦恼；另一方面，向往超凡时空的享受极乐。

沉重的生命在空间趋向是向下坠落，而轻盈的精神在空间倾向是往上飞扬。佛教有向上提升的作用力，将人从不堪重负中拉拔与解放出来。佛教破迷启悟的功能，使人在大彻大悟后，进入近似全知全觉的，自由超脱的状态。这种力量是圣对凡的强大吸引磁力。佛教信徒毕生修为的方向是从此岸的世俗时空进入彼岸的神圣时空，寻找安身立命的净土，犹如对精神家园的回归渴望。彻悟生死无常，犹如归家稳坐。经受凡间生存的困顿的人，与生俱来并持续保持着一种无法抗拒的、虔诚热切的回归渴望，这种渴望指引着回家的路，源于宗教式的"乡愁"。

"希望与起初的时间重新统一，希望回归于众神的临在，重新存在于彼时坚固、清新、纯净的世界里，对神圣的渴望，即是对存在的乡愁①。""彼时"是起初的时间，与故乡之"故"是一致的，故乡之所以美好，是因为它不仅仅是一个地理概念，它还是一个时间概念，"故"意味着遥远的曾经的"彼时"，地理上的故乡尚可回去，时间上的故乡却难以回去，难以回去方显得可贵，更值得怀念。所以彼时的世界是坚固、清新、纯净的，让人心神向往，向往回归的过程甜蜜而美好，仿佛重温一场温暖的旧梦。人的诞生伴随着来自母体的温暖记忆，回归似乎成为人的一种本能，最自然的倾向是将所要回归的世界想象成一个超越性的完美世界，或许彼时的那个世界、彼岸的那个故乡也许并不那么完美，但都被时间和空间的巨大阻隔所遮蔽，因此，渴望回归母亲的子宫作为成人的童话，回归田园牧歌时代作为现代人的浪漫情结，其实与子宫无关，与真正的那个逝去的时代无关，只是一种精神寄托的方式和一种逃避现实的方式，因此，乡愁必然是美丽的，回归必然是美好的。

人生在世，行履匆匆，漂泊无定。远行客漂泊越久、流浪越远，孤独无依之感愈深切，离愁别绪、流离之思愈浓郁。就如禅诗中所说："春已暮，落花纷纷下红雨。南北行人归不归，千林万林鸣杜宇。"② 在落英缤纷的暮春时节，杜宇声声催人归，使浪迹天涯的游子肝肠寸断！再如："日入酉，梦幻空花能几久。百岁光阴二分过，茫茫无限途中走。告禅人，早回首，莫待春风动杨柳！"③ 告劝人们一切繁华不过是脆弱虚无的"梦幻空花"，禅人应"早回首"，迷途知返，人如果参不透其中的因果，那么生命就如春风中的杨柳一般茫然无所依，只有回归，依了本真，才能真正摆脱这种无意义的轮回。在佛家看来，所有的烦恼来自无尽贪嗔痴，恶的种子生长出恶果和业障，业障令人陷入苦厄轮回，只有从因上反省，从心念上改变，修善因感善果，彻底回归生命的本真，才能得到大超脱。佛学中因果报应、生死轮回的理念带有明显宗教训示的意味，但确实蕴含

① ［罗马尼亚］伊利亚德（Mircea Eliade）：《圣与俗：宗教的本质》，杨素娥译，桂冠图书公司 2001 年版，第 94 页

② （宋）普济：《五灯会元》卷十七，《梵卿》。

③ 《续古尊宿语要》卷一，《草堂清》，《新纂续藏经》第 68 册。

了无奈而深沉的生命体悟。

在漫长的历史中，战争频繁，灾祸连年，百姓流离失所，在苦海中漂泊无依，导致了精神层面的归属感缺失。佛主张救度迷途中的众生，人难以忍受身心长久流离失所的孤独与痛苦，漂泊终须回归，"返乡"成为了必然。那么，应返何处之乡？佛家有言：心安处是吾乡，能安放灵魂的地方才是精神的家园。《佛说阿弥陀佛经》如是说："佛告老舍利弗：'从是西方，过十亿佛土，有世界名曰极乐。其土有佛，号阿弥陀佛，今现在说法。舍利弗，彼土何故名为极乐？其国众生。'无有众苦，但受诸乐，故名极乐。舍利弗，极乐国土，游子七重栏楯，七重罗网，七重行树，皆是四宝。周匝围绕。是故彼国名为极乐。"① 其中描述的西方极乐之地，庄严、清净、平等，是一方远离烦恼、无忧无虑的净土和乐土，是众生梦寐以求的彼岸家园。所以，佛教认为众生生命中的每一步都需谨慎，一言一行皆为修行，都是为了接近彼岸的美好。有佛光的照引，脚下的路尽管曲折艰辛，前途纵使百般险阻，但对彼岸的满怀期待，让身在此岸的人坚定了自己回家的步伐。

圣凡之别不过于心，即"佛心"之有无，这种"佛心"在应对世俗世界纷杂的干扰诱惑，能舍世间心，发菩提心，展现异于俗人的智慧和从容。娑婆世界充斥着颠倒梦想，人常会心灵被蒙蔽而变得麻木不仁、自我分裂、失去本真。面对世事无常，生命脆弱，凡夫俗子容易被凡尘俗相蒙蔽双眼，迷失方向，放逐自我，甚至走向沉沦。而佛性坚固、自性清净者，因为信守与彼岸佛国宿世结下神圣的契约，他们会智慧地看待人生百态，从容地品味生存的滋味，更超脱地参透生与死之间的界限。

生死事大，死亡带给平凡众生最深的恐惧、最大的困扰。佛教认为凡人会坠入轮回道中流转，而修成正果的人则能终得圆满，可以超越轮回通达最高的境界，即涅槃之境。于是，死亡不再让人生畏，以微笑面对成尘，死亡意味着新生，意味着臻于圆满。"念死无常"提醒众生应正视和省思死亡，坦然面对这个自然而然的归宿，才能深刻理解生存的真义。同

---

① 《佛说阿弥陀佛经》，《大正新修大藏经》第 12 册。

理，佛教认为，人如果持有对彼岸的坚定信念，就会形成一道坚固的心理保护屏障。"视死如归"的将死亡视为返乡，善始善终，超脱了"死亡"与"有形"的迷障，智慧对生存的虚妄，摆脱焦虑与迷失，终能回归"永恒"和"无限"，达到破除生死的境界。

二　回归与超越

然而，通向彼岸的路如此漫长遥远，人类需要一种宽慰心灵的方式去排解回归过程中的无奈与寂寞。佛学有"不离世间觉""生死即涅槃"等理念，来解除烦恼的心结，拨开生存的迷雾，在此岸、在当下，返本归己而寻求超脱，回归自由永恒的彼岸家园以出离烦恼。

佛学的时空观展示了历史之悠长、天地之宏大，流转不尽，延展无穷。而人生如须臾，渺如微尘，生命如芦苇般脆弱。如何解决无穷与有限之间的矛盾对内心的冲击？唯有持一种放下烦恼，从容洒脱的姿态，心存对彼岸的神往，便可从实存、物性的囹圄中挣脱出来，超身世外达到物我两忘的境界。同时，厉行佛教主张的"无念、无往、无相。"以豁达的、超验的态度对待时空，以主观的心理时空来抵抗客观的物理时空的局限，可使有限的自我个体与无穷的宇宙合而为一。

当透彻了世事浮云，当看穿了幻影假象，才会明白只有归属彼岸才能获得永恒的真。何必执着痴迷于凡俗呢？任花开花落，任人世沧桑，超脱有限，通达无穷。同时又能自足品味有限生命中的点点滴滴，刹那即永恒，一粟亦沧海，享受明月朗照、青山依翠，让生命情调中多一份气定神闲的淡然的自在。

既然人有回归彼岸的终极向往，这种向往如此热切、坚定，从而潜化至个体生命的情性、意志等人性的深层结构中，并影响着人的生存处世态度与方式。无闲事挂心，人生每一个阶段都应如四季好时节的好景致，心怀宗教式虔诚的乡愁，能无怨无悔地穿越人生的苦难与无常，触类是道，体悟点点滴滴"生活禅"的智慧。

在此岸的超负荷中，去仰望彼岸的神圣，即使肉体之身无法到达，心灵却可常驻极乐。内心澄明清静，便可在俗尘上立地成佛，如在西方。心灵净土常清净："欲得净土，当净其心。随其心净，则佛土净。"① 与其苦于向外难以得道，不如直指人心，在心中滋养一片净土，回归自性，见性成佛，宽慰乡愁的方式不过"安顿心灵"而已。

佛道无处不在的通流于本然状态的世间生活中。扬眉动睛、举手投足，无不是佛事。普通人日常经历的庸常琐屑一切，看似平常，却可从中参透最精微的自然天机、玄妙禅机。烦恼即菩提，五蕴即涅槃，悟解此道，可释然于心。众生可在"当处道场"中得到"当处解脱"，解脱的时空条件可即时即处发生，如此平常亲近，不必舍近求远地去苦觅遥远的彼岸，也不必过于拘泥清规戒律的修行。在尘土飞扬的世间，若能掏空内心的愁绪，清净性灵中的污浊，则能在寻常的"当处"发现真如禅心。在此岸中觉悟彼岸，在浊世中参透佛理，以平和清正的心性升华人生的境界。彼岸花的种子在人心的大境界中发芽开花，即心是佛。

三　理想与解放

故乡一词让人倍感亲切，接近故乡总能带来温暖欣慰的情感，如海德格尔认为返乡由于归根返本带来的亲近感。②

人受亲近本源的意志所趋，即使无法地理意义上的真正返乡，也可以拉近与精神家园的心理距离，打破时空的局限，在返乡的理想与自由的解放中享受神圣的宗教洗礼，自觉形成心不为形役、形不为物役的审美人格。所以，乡愁不可止步于单纯的愁苦、浅薄的悲情，它应转化为超脱的自由，解放的欢欣。只有如此，美丽的乡愁才能抚平人性的失衡，治疗精神的创伤，收敛心灵的躁动，将人从贪嗔痴妄的束缚中解放出来，将人的

---

① （后秦）鸠摩罗什译：《维摩诘所说经》，《大正新修大藏经》第 14 册。

② 海德格尔论述：接近故乡就是接近万乐之源（接近极乐）。故乡最玄奥、最美丽之处恰恰在于这种对本源的接近，决非其他。所以，唯有在故乡才可亲近本源，这乃是命中注定的。正因为如此，那些被迫舍弃与本源的接近而离开故乡的人，总是感到那么惆怅悔根。既然故乡的本质在于它接近极乐，那么还乡又意味着什么呢？还乡就是返回与本源的亲近。但是，唯有这样的方式还乡，他早已而且许久以来一直在他乡流浪，备尝漫游的艰辛，现在又归根反本。见 ［德］海德格尔：《人，诗意地安居》，邬元宝译，远东出版社 1995 年版，第 87 页。

灵魂安顿在清净庄严的佛国境界。

如前所说，所谓"乡愁"只是一种隔空的超越式情感，这种情感来自两个方面，一方面是人为现实的苦难所迫，产生强烈的厌恶和逃避的情感倾向，只有寄望于一种超现实，而佛教作为一种巨大的超越性话语，正满足了人们寻求寄托的心态；另一方面是人们倾向于将故乡和人的原初状态无限理想化，唯其如此，那种虚无的、只存在于人想象中的故乡才拥有对现实的解构力量，才能足够支撑起人们的灵魂寄托。其实，这两方面都说明回归理念与"乡愁"情结在某种程度上是一致的，即美学的一致。从美学角度来理解，佛家的"回归"理念与文学中频频提起的"乡愁"情结，其实都是关于人生本真状态的审美式理解，"乡愁"是对遥远的故乡记忆的审美，而佛家的回归则隐含了对彼岸世界的美学智慧。因此按照宗教与美学结合的心灵拯救思路，人如果能持怀宗教式的乡愁，则能摆脱现实的丑恶束缚，领会佛家所谓"回归"的美学智慧，终得自由解放的境界。尽管这种思路在现实的人生实践中会给人带来一致趋于极致的虚无主义，但在精神层面上这种虚无却填补了另一种虚空，宗教不仅通过教义，而且通过一种美学来抓取人的心灵，让人在审美式的满足中得到精神寄托。正如詹志和所说：

> 理想性是宗教魅力的根源，几乎任何宗教都有诸如天堂、福地、净土、瑶台的构想，尽管它们都是虚无缥缈的，乃至被称为幻想的太阳或精神鸦片，但不可否认，宗教理想实质上是人基于自身的愿望与欲求而形成的群体性理想的最高表现。人类离不开对现实的冷静关照来把握自然，同样，人类也需要通过美好的理想来解放自我，宗教文化对后者的关注正是价值之所在。①

"生活在别处"的人们，在尘世辗转游离，被兴衰无常困扰，内心遭受矛盾痛苦。若精神上有所寄托，与众佛有高山流水般的知音相契的愉悦，还原一颗静穆虔诚之心，便可唤醒灵魂中对彼岸的记忆。这种

---

① 詹志和：《佛陀与维纳斯之盟：中国近代佛学与文艺美学》，湖南师范大学出版社 2006年版，第 16 页。

"唤醒"是一种自我寻找，自我认可的过程，是对在现世中失足的、分裂的个体的真正救赎，是对精神危机的最好补偿。在得到唤醒，救赎，补偿之后，千里之遥的故乡，便可近在咫尺，当人用心灵的眼睛去观望佛国的琉璃宝殿，以心灵的耳朵去倾听佛国的钟鼓梵音，便能在无涯苦海中得以解脱，建立心中的理想圆满的彼岸家园，回归最美好纯洁的生命原乡。

（作者简介：余安安，文学博士，廊坊师范学院文学院讲师）

现代生活中的焦虑症与还乡梦

薛晋锡

摘要：现代生存焦虑发端于现代社会与传统社会之间的"断裂性变迁"，其症候表现为：生存状态中意义的缺失、生活原则的碎片化与冲突化、心理体验中不安全感的弥漫；而现代职业生活中的信仰迷失更是存在对精神文化进行整体解构的趋势。现实生活中的个人时常怀着一种乡愁的冲动在寻找精神的家园，精神生活中的还乡情结如果能借助对过往生活的追忆在当下与未来之间展开双向批判，进而以超越性的意识为依据来对当下生存境遇进行批判性地改造，也许能为我们在现代生活中重塑存在的意义提供一种精神上的可能性。

关键词：时间　空间　生产劳动　禁欲精神　历史性

> 理性一再成为胡闹，欣慰一再变成烦恼。　　　　——浮士德
> 别离后，乡愁是一棵没有年轮的树，永不老去。　　——席慕蓉

一　日常生活中的生存焦虑

一般而言，焦虑是一种充满担忧的期待，即当人们面对未来境况的不确定性时所产生的焦躁不安、抑郁怅惘等复杂感受交织之下的情绪体验。通常对于焦虑现象的认知局限在心理学或病理学的层面，而在现代社会中，焦虑往往会弥漫为一种具有相对普遍性的生存体验，它本身更是成为了现代性的严重后果之一，这要求我们从现代生活运行机制的角度对焦虑现象展开社会哲学的分析。

按照安东尼·吉登斯的理解，现代社会与传统社会之间发生了"断

裂性变迁"，我们可以从社会生活模式对比的维度对现代焦虑症的生成机制进行发生学的分析，具体而言，可以从生存状态、生活原则、心理体验三个角度来展开说明：

首先，从生存状态来分析，现代生活使时间和空间维度逐渐被分离和"虚化"，造成人们的生存意义无所附着。

时间和空间不仅是人类自然生命得以展开的物理维度，而且关联着人们对于生存意义的发现和体会。在传统社会中，人们根据"二十四节气"的区分来安排生产，依据"物候现象"来预测自然气象的变迁，人们对于时间的区分总是参照特定的空间标记来实现，或者凭借有规律的自然现象来完成，在此基础上形成的传统时空观与人们对于生活意义的理解相互统一，特定的时节往往与具体的社会事务安排相贯穿。然而，随着机械钟表的发明及其在现代生活中的推广运用，"普遍、抽象、量化的时间形式支配了时间过程的定性组织形式"[1]，时间被抽象成了各种各样的时刻表，以此为基础，人们可以精确安排日常生活中的各种"分区"，出现了对工作时间、休息时间、用餐时间等时间区域的严格分别，并且逐渐与表达生活意义的感性空间相脱离，这也就造成时间的"虚化"。与时间的"虚化"相伴随的是空间的"虚化"，现代传媒技术可以帮助人们在实际"缺场"的情形下营造出虚构的"在场"效果，"虚化"空间同样褪去了人们的特定意义体验。

其次，从生活原则来描述，现代社会为人们的行为划定出相对独立的活动领域，带来个体生存活动的碎片化。

传统社会中的人们生活在相对稳定的伦理共同体中，人们遵循自然的节奏和人伦的秩序就可以安度一生，天长地久、福禄永终成为传统社会中大多数人的精神追求。与此相对，快节奏、高效率的现代生活为人们划分出了政治、经济、文化等相对独立的活动领域，各个领域遵循的基本原则分别是平等、效益、自我表达等等；此外，现实的个人既要追求私人利益的满足，又要对自身生存的共同体承担义务。我们看到，在现代社会生活中，内心分裂的个人遵守着相对独立的原则来安排自己碎片化的生活，当实际状况使不同原则之间的过渡不再顺畅时，人们难免会产生不知所措的

---

① 安东尼·吉登斯：《历史唯物主义的当代批判》，上海译文出版社2010年版，第137页。

焦虑感。

最后，从心理体验来说明，现代生活的加速运转使任何科学知识和生存价值都被不停地翻新，导致不安情绪的普遍弥漫。

正如马克思所看到的那样，在现代生活中，"一切固定的僵化的关系以及与之相适应的素被尊崇的观念和见解都被消除了，一切新形成的关系等不到固定下来就陈旧了。一切等级的和固定的东西都烟消云散了，一切神圣的东西都被亵渎了"①，人们通过反思性的运用知识来开展实践活动并发现生活的意义，然而，驶入快车道的现代社会却在不停地更新着人们的社会认知，在高速运动甚至加速运转的现代生活面前，人自身仿佛却被置身其外。

高新科技所带来的便利也许终究可以让人们轻易地穿梭于不同的时空情境，但是，人们似乎永远也不敢肯定自身已经获得关于特定领域的确切知识；与此同时，生态灾难、病毒肆虐、工业事故、核战争威胁等现代性后果让人们深切地感受到，"我们中的大多数人都被我们还无法完全理解的事件纠缠着，这些事件基本上都还处在我们的控制之外"②。我们看到，不断翻新的知识创造和高风险的现代境况给人们带来了深深的不安全感。

二 职业生活中的信仰迷失

人们对待生产劳动或职业生活态度的转变，构成了传统社会与现代社会的明显区别之一。传统社会中人们是为了消费而生产，通常是消费多少就生产多少，生产劳动的社会地位并不高，传统基督教更是把劳动视为上帝对人类"原罪"的惩罚，儒家传统也有"劳心者治人，劳力者治于人"的说法；而在现代社会中，生产劳动被提升到了突出重要的地位，职业生活被认为是体现个人社会价值的关键领域，劳动价值的体现方式已经不再取决于个人创造或者拥有多少使用价值，而在于他收获了多少以货币为计量单位的交换价值，在现代社会生产中，这一点进一步表达为个人所操纵的资本规模的大小。由此可见，传统社会中的生产劳动以获取使用价值为

---

① 《马克思恩格斯选集》，人民出版社 1995 年版，第 275 页。
② 安东尼·吉登斯：《现代性的后果》，译林出版社 2011 年版，第 2 页。

目标，而现代社会中的生产以交换价值的增多或者资本的增值为目的。

按照马克斯·韦伯的分析，现代社会是在获取物质利益的欲望与"禁欲新教的理性伦理"这双重动力之下起步的。太史公马迁早已有言："天下熙熙，皆为利来，天下攘攘，皆为利往"，获取物质利益的欲望古已有之，因此只有走到获利的欲望之外，才能有效说明现代社会得以起步的动力机制，韦伯从历史的追溯中将新教禁欲主义传统界定为资本主义的文化精神，认为正是这种精神孕育出了以工作作为"天职"的现代职业人。

从社会效果来看，"新教伦理作为一种生活方式便是虔诚、节俭、自律、审慎、对工作的全力投入以及先劳动后享受的消费观念"①，韦伯认为，正是新教精神塑造出了与现代社会生活相称的文化性格——即井然有序、遵守纪律并且以工作作为生活目标的个人，它要求人们保持必要的自我克制，配合适当的素食主义和冷水浴，来对抗肉体欲望的诱惑，以此来消除信仰上的怀疑态度和生活上的无意义感。在新教精神看来，热情主动的世俗行动、出色的工作表现就是个人作为上帝选民的"征兆"，正是因为有了新教伦理作为精神信仰上的保障，现代社会生产和资本的增值才得以顺利实现。

但是，随着消费社会的兴起，韦伯本人也不无悲观地感受到"这世间的物资财货，如今已史无前例地赢得了君临人类之巨大且终究无以从中逃脱的力量。如今，禁欲的精神已溜出了这牢笼——是否永远，只有天晓得？总之，获胜的资本主义，既已盘根在机械文明的基础上，便也不再需要这样的支柱"②。现代社会中，人们对物质欲望的追求甚至表现出了消费竞赛的特征，各种炫富行为经常被媒体渲染、报道或批判，"白富美""高富帅"等网络用语也迅速在日常语言中扩散开来，消费主义的兴起使禁欲精神面临全面失守的危险。

从本源上看，人是凭借自身的劳动创造活动来超越自然赋予的本能，进而实现人类社会的人文化成。按照黑格尔的说法，"劳动是受到限制或

---

① 丹尼尔·贝尔：《资本主义文化矛盾》，江苏人民出版社 2007 年版，第 301 页。

② 韦伯：《新教伦理与资本主义精神》，广西师范大学出版社 2007 年版，第 187 页。

节制的欲望，亦即延迟了的满足的消逝，换句话说，劳动陶冶事物"①。本能欲望对消费品的否定具有如同动物界的直接性，欲望本身会随着消费对象的消失而消逝；相比之下，劳动创造是要在劳动对象上表达劳动者自身的主体意愿，只有当意识不再是直接肯定欲望的满足，而是凭借对工具的使用将对于对象的否定关系"延迟了"的时候，人的意识才真正摆脱了本能欲望的直接自然性。此外，意识在将自身内容表达在劳动产品上的同时也进行了自我反思和修正，成为自为存在着的自觉意识——即自我意识。正是从这一点出发，人类才真正开始了自身的文化创造活动；与此同时，外在的自然世界也被人们的劳动创造建构成了人化的世界，人化自然体现着人类物质文明的现实成就。由此可见，与自我克制相伴随的生产劳动才使人类获得了自我意识，进而开始了对精神文化的创造活动。

回到现代消费社会的背景来看，纵欲主义的弥漫必将削弱精神生活中的人文色彩。一方面，职业生活、生产劳动仅仅被人们视为获取物质财富的经济行为；另一方面，本能放纵所带来的快感体验逐渐占据了文化追求的主流，传统社会中的文化信仰、禁欲态度下的审慎自律将越来越被边缘化。韦伯已经看到，在物欲满足为主要追求的社会氛围中，"专家没有灵魂，纵欲者没有心肝；这个恶废物幻想着它自己已达到了前所未有的文明程度"②。让人们感到痛苦的并不是他们用笑声取代了思考，而是人们并不清楚自己为什么笑，以及为什么不再思考，纵欲主义弥漫下的现代职业生活存在着文化信仰上的严重迷失。

三　精神生活中的还乡情节

现代人生存意义的缺乏与文化信仰的迷失本身就内生于现代社会的运行机制之中，因此，现代社会的生存焦虑具有本体论的性质，它渗透到了每个人的心理体验之中，个体所体会到的焦虑情绪也只有程度的不同。现代生活中，人们对于生存境遇的理解、未来远景的谋划、自身所处坐标的勘定都不再是确凿无疑的，价值观念、行为规范、时尚标准不断被翻新却

---

① 黑格尔：《精神现象学》，商务印书馆 1979 年版，第 130 页。
② 韦伯：《新教伦理与资本主义精神》，三联书店 1987 年版，第 143 页。

又似乎不可究极；另外，传统的人文关怀随着精神信仰的世俗化和形而上学的撤离而花叶飘零，社会场景中司空见惯的冷漠时时触动人们敏感的神经，人们对其却又深感无可奈何。有意义的现实生活、高尚的道德情感似乎已经离我们远去，日常生活中的人们经常感受到莫名其妙的烦恼袭上心头；职业追求中的人们更是如庄子所讲："终身役役而不见其成功，茶然疲役而不知其所归，可不哀邪！人谓之不死，奚益？"① 这样的生活常常与物相刃相靡，本身是很悲哀的事情。

海德格尔把人们茫然无措、惶惶不可终日的生存状态描述为精神生活的"不在家状态"。"家园"是对人们文化信仰和道德情感的守护之所，传统熟人社会人们的交往圈子相对狭窄，"乡土中国"的人伦秩序以"差序格局"为典型特征，"亲情、仁民、爱物"，"老吾老以及人之老，幼吾幼以及人之幼"② 构成传统社会的价值原则，"礼乐仁和"则是其文化信仰的核心，大众认可的是彬彬有礼、温文尔雅的正人君子，与此同时，被礼仪规范所压抑的自然情欲在"乐"的维度得到了舒展和释放，社戏、庙会、祭祀、婚丧嫁娶以及曲艺表演都可以辅助人们让自己的心灵安顿下来，从文化性格上看，人们既中正平和，又不至于麻木不仁。随着 20 世纪 80 年代以来的社会变迁，人们纷纷走出传统的乡土社会，进入大都市去寻觅人生价值实现的广阔空间，但是随后又发现，现代都市生活也有它的不可爱之处，在这样的境遇之下，精神生活中的还乡情节逐渐从现代生活中凸显出来。

人是一种历史性的存在者，人们凭借过往的记忆来确定自身在世界中的位置并且筹划可以预见的未来，过往历史在当下的延续保证了个体人格的一致性和民族文化的传承。海德格尔认为，个人（海德格尔用"此在"来描述个人的存在）本身的存在就具有历史性的特征，"向死而在"的个人只有面对最终的不可能来筹划当下的存在，才能在良知的召唤下获得本真性，本真存在的获得同时是对以往存在的现实化，此外，集体生活的共同体也有自己"民族的演历"或"天命"，因此，对"历史遗业"自觉承担的同时面向未来筹划当下，这构成了个体生存活动的基本结构。现代

---

① 《庄子集解》，王先谦撰，中华书局 1987 年版，第 12 页。

② 《孟子译注》，杨伯峻译注，中华书局 1960 年版，第 16 页。

生活中的生存焦虑迫使人们不断回望过往历史来重塑生活的意义，人们相信"面向过去的结果就是面向未来。追回失去的时间成了未来解放的手段"①。

精神生活中的还乡情节并不是期盼回到遥远时空存在中的那个故乡，而是要以此为线索来重塑现代生活中的存在意义。正如有评论者所指出的那样，现代生活中"乡愁的愁不是忧愁而是客愁。客愁是一种江海气魄的抱负深情，是两地相悬，回望故乡的一条线索；而不是思而不见，泪落如雨的忧伤"，纵然时空情境已经发生了巨大转变，但是"举头望明月，低头思故乡"的审美体验依然可以引领我们在当下生活中创造出宁静与和谐。此外，作为一种审美表现的还乡情节，并不仅仅是一种纯粹形式意义上的心理体验，古人讲"慎终追远，民德归厚"，人们对过往生活的追忆可以在现在和未来之间形成双向批判，进而以超越性的意识为依据来实现对当下生存境遇地批判性改造。

在这个充满高度不确定性的现代生活中，也许我们极尽精巧的理性设计和多方面的自我努力都难以从根本上使个体摆脱生存焦虑的牵绊，而心理体验中的还乡情结也许可以为我们重塑现实生活中的存在意义提供一种超越的可能性。

（作者简介：薛晋锡，哲学博士，天津师范大学马克思主义学院讲师）

---

① 马尔库塞：《爱欲与文明》，上海译文出版社 2005 年版，第 13 页。

资本与现代人的生活

——在马克思的视野中

刘志洪

摘要：资本攫取了现代社会的最高权力，不但支配了劳动和剩余价值，而且统治着现代人的全部生活。资本所具有的权力依次展开为对生产生活、经济生活、社会生活和生活世界四个层面的支配。马克思的资本权力思想揭示了资本与现代人生活的深层关联，敞开现代人受资本权力统治的生存状态，开启了对现代人与世界进行深刻批判的理论路径。

关键词：马克思　资本　权力　支配

资本来到世间，每个毛孔都奔涌着主宰世界的血液，深刻地支配了现代人的全部生活。资本对现代人生活的统治，依次表现为对生产生活、经济生活、社会生活和生活世界这四个逐级递进的层次的支配。而这四个层面，也大体构成和表征了现代人生活的内在结构。从而，可以认为，资本十分有力而牢固地掌控着整个现代人的生活。

一　对生产生活的支配

生产蕴含着现代社会运行和发展的不竭动力。资本的支配性力量首先就表现为它对生产的统治和生产对它的从属。通过对生产的支配，资本逐渐地主宰了现代世界。马克思认为，在"奴隶制基础上的生产""超额收益归地主所有"的经济中，"资本还没有支配生产"，也就不存在严格意义上的资本，不存在资本主义生产。①而在现代大工业生产中，"生产过程从属于资本"②，亦即资本支配了整个生产过程。只有到这个时候，真正意义上的资本主义生产才开始出现，并在经济生活中确立了统治地位。也只有到这个时候，才能将人类的物质生产称为资本主义的生产。

资本破除旧有的生产方式，而以新的方式，组织工人进行生产。资本"不再让工人继续停留在它所遇到的那种生产方式中……而是创造一种与自己相适应的生产方式作为自己的基础"，并在这个新基础上建立自己的权力。它使工人的生产"有共同的地点，监工的监督，统一的规章制度，较严格的纪律，连续性和已经确立起来的在生产中对资本的依赖性"③。从而，资本及其人格化身——资本家成为"生产的指挥者和统治者"④，在生产过程中取得了绝对的权威。

但是，资本对劳动的这种"指挥"，根本异质于真正联合体中"作为一种同其他职能并列的特殊的劳动职能"的指挥，而是作为一种权力，"把工人自己的统一实现为对他们来说是异己的统一、而把对他们劳动的剥削实现为异己的权力对他们进行的剥削"⑤。因为，"雇用工人的协作只是资本同时使用他们的结果。他们的职能上的联系和他们作为生产总体所形成的统一"存在于资本之中。资本统治下的结合，不是工人相互的结合，"而是一种统治着他们的统一体，其承担者和领导者正是资本本身。他们在劳动中的特殊结合——协作——事实上对他们来说是一种别人的权力，也就是……资本的权力"⑥。

可见，资本支配着现代的生产。"资本的必然趋势是在一切地点使生

---

① 《马克思恩格斯全集》（第二版）第32卷，中央编译局编译，人民出版社1998年版，第35页。

② 同上书，第153页。

③ 《马克思恩格斯全集》（第二版），第30卷，中央编译局编译，人民出版社1995年版，第589页。

④ 《马克思恩格斯全集》（第二版），第46卷，中央编译局编译，人民出版社2003年版，第997页。

⑤ 《马克思恩格斯全集》（第二版），第32卷，中央编译局编译，人民出版社1998年版，第298页。

⑥ 《马克思恩格斯全集》第47卷，中央编译局编译，人民出版社1979年版，第298页。

产方式从属于自己，使它们受资本的统治"①。马克思甚至认为，在资本主义社会中，生产方式的两个方面——生产力和生产关系都表现为资本的属性。"在流动资本中各种劳动相互之间的社会关系表现为资本的属性，正像在固定资本中劳动的社会生产力表现为资本的属性一样。"② 换言之，资本掌控了生产力和生产关系这两个最根本的社会要素，从而统摄了生产，进而支配了社会。虽然资本和生产各有自己的逻辑，但在资本主义社会中，是资本逻辑支配着生产逻辑，生产逻辑则服从于资本逻辑。至少可以说，资本的逻辑贯穿并作用于整个生产的过程中，而生产的逻辑要与资本的逻辑保持一致，在符合资本逻辑的前提下展开自身，进而展现资本逻辑的灵魂。

二 对经济生活的支配

资本不光统摄生产，而且通过这种统摄，进一步控制交换、分配和消费，从而支配经济生活的全过程。按照马克思的思想，在生产、交换、分配和消费这四种主要经济活动或者说经济生活的四个主要环节中，生产处于决定地位，制约着交换、分配和消费。③ 通过生产对交换、分配和消费的决定性作用，主宰着生产的资本，也能够型塑交换、分配和消费，从而支配现代的全部经济生活。

一定的生产方式要求符合自己的交换方式。这种交换方式甚至可以看作生产方式的另一面。因此，马克思说，特定的生产方式"从一开始就以一定的交换方式即以这种生产方式的形式之一作为前提"④。资本主义生产方式同样如此。资本要求交换适应其自行增值的逻辑，为生产和消费的不断扩大乃至全球发展创造条件，为剩余价值的分配与分割提供基础。

---

① 《马克思恩格斯全集》（第二版）第31卷，中央编译局编译，人民出版社1998年版，第128页。

② 《马克思恩格斯全集》（第二版）第31卷，中央编译局编译，人民出版社1998年版，第113页。

③ 《马克思恩格斯全集》（第二版），第30卷，中央编译局编译，人民出版社1995年版，第40页。

④ 《马克思恩格斯全集》（第二版），第32卷，中央编译局编译，人民出版社1998年版，第76—77页。

"资本一方面要力求摧毁交往即交换的一切地方限制，夺得整个地球作为它的市场；另一方面它又力求用时间去消灭空间，……把商品从一个地方转移到另一个地方所花费的时间缩减到最低限度"①。总之，在现代社会中，交换必须竭尽所能地为资本永不停歇的运动提供支持。

特殊的生产方式"产生出一定的分配方式"②，"分配形式只不过是从另一个角度看的生产形式"③，"一定的分配关系只是历史地规定的生产关系的表现"④。资本在支配生产的同时，必然也要主宰分配。较之对生产的统摄，对分配的操纵甚至是资本更为关心的事情。尽可能多地无偿获得剩余价值，这是资本（一般）主宰现代分配方式的主要目的。而各种具体的资本形态，也都争先恐后地要求属于自己的那一份剩余价值。现代生产方式既不断地再生产出资本的生产关系，"也不断地再生产出相应的分配关系"⑤。《资本论》的主线：资本—剩余价值以及资本的诸具体形态—剩余价值的分割，正是对资本宰制下的生产和分配所作的理论揭示。

一定的生产方式不仅产生一定的分配方式，而且还产生一定的消费方式⑥。资本增值的逻辑要求消费适应生产的扩大而持续增加。从而，资本昼夜不停地以多样的方式刺激和再生消费。"第一，要求在量上扩大现有的消费；第二，要求把现有的消费推广到更大的范围来造成新的需要；第三，要求生产出新的需要，发现和创造出新的使用价值。"⑦ 消费本是人的享受，是人之生存和发展的条件与动力，然而，在资本的控制和驱动下，"消费的目的已经不再是仅仅满足人自身的需要，而是为了使资本获取更大的利润。于是，日常生活消费品变成了货币符号，变成了资本增值

<hr/>

① 《马克思恩格斯全集》（第二版），第30卷，中央编译局编译，人民出版社1995年版，第538页。
② 《马克思恩格斯全集》（第二版）第32卷，中央编译局编译，人民出版社1998年版，第77页。
③ 《马克思恩格斯全集》（第二版），第35卷，人民出版社2013年版，第88页。
④ 《马克思恩格斯全集》（第二版），第46卷，中央编译局编译，人民出版社2003年版，第998页。
⑤ 同上书，第995页。
⑥ 《马克思恩格斯全集》（第二版），第32卷，中央编译局编译，人民出版社1998年版，第77页。
⑦ 《马克思恩格斯全集》（第二版），第30卷，中央编译局编译，人民出版社1995年版，第388页。

的工具，甚至过度消费、超前消费以及炫耀性消费也成为取得信贷的手段，成为资本运作上的需要"①。这种消费是麻痹人民的新的鸦片，是资本统治现代人类和现代世界的高超手段。

以上从生产、交换、分配和消费的角度，考察了资本对现代人经济活动的统摄。我们还可以换一个视角，从产业的角度分析资本对经济生活的支配。马克思认为，在资本主义时代，资本拥有工业的最高权力，"工业上的最高权力成了资本的属性"，资本家成为"工业的司令官"②。按照马克思的思想，工业是现代资本主义社会的核心性和主导性产业，是"本"，是其他产业的基石。资本在工业中把持最高权力，也必然在其他产业中要求并拥有这种权力。换言之，资本也必然要掌握农业、商业等重要产业的领导权。"在资产阶级社会的最初阶段，商业支配着产业；在现代社会里，情况正好相反。"③ 这里的产业指的就是工业。也就是说，在资本主义发展到一定程度，工业支配了商业。进而，资本还要主宰社会的整个产业链条。"一旦资本主义生产方式……控制了农业、矿业、主要衣着布匹的生产，以及运输、交通工具，它随着资本的发展，或是逐渐征服只是形式上从属于资本主义生产的其他部门，或是逐渐征服还由独立手工业者经营的其他部门。这就是资本的趋势。"④

三　对社会生活的支配

资本不单必须支配人的经济生活，而且需要全面地主宰政治生活、精神文化生活和家庭生活，从而支配现代人的全部社会生活或者说现实生活。这是资本的本性使然。而资本对经济生活的统治也为此提供了条件。作为现代生活的基础，经济生活为现代人的生活确定了基本的样

① 丰子义：《全球化与资本的双重逻辑》，《北京大学学报》（哲学社会科学版）2009 年第 5 期，第 27 页。

② 《马克思恩格斯全集》（第二版）第 44 卷，中央编译局编译，人民出版社 2001 年版，第 369 页。

③ 《马克思恩格斯全集》（第二版），第 31 卷，中央编译局编译，人民出版社 1998 年版，第 272 页。

④ 《马克思恩格斯全集》第 48 卷，中央编译局编译，人民出版社 1985 年版，第 25 页。

式，一定程度地设定和规约了人们的政治生活、精神文化生活乃至家庭生活。诚如马克思深刻指出的那样，"物质生活的生产方式制约着整个社会生活、政治生活和精神生活的过程。"① 葛兰西也认为，生活方式、思维方式和感受生活的方式同劳动方式不可分离。结果，对于工人甚至所有现代人，"资本的存在是他的存在、他的生活，资本的存在……规定他的生活的内容。"② 一句话，资本决定了现代人的生活及其方式与质量。

作为同经济生活和经济领域联系最为密切的领域，政治生活和政治领域首当其冲地遭到了资本的支配。国家的权力格局、公共政策与总体形势等，对资本增值的影响直接且显著，因而，资本必然想方设法地掌控政治领域，既消除一切不利于它的障碍，又建构各种有利于它的渠道与屏障，为增值活动的顺利进行保驾护航。诚如丰子义先生所言，在羽翼未丰之时，资本总是"追求权力保护进而控制政治权力，……羽翼丰满之后，资本又总是通过对政治权力的渗透和控制来推行自己的意志，满足自己的欲望；随着自由资本向垄断资本以至向国际垄断资本的发展，资本对政治生活的操纵与控制能力越来越强，国家政治权力对垄断资本的依赖性也越来越大"③。奈格里说，"马克思（特别是在《大纲》中）经常频繁地指出，国家是另一种意义上的资本。"奈格里甚至认为，"国家是资本的唯一方式"④。当然，受资本管控的国家权力也会反过来巩固和强化资本及其权力。詹姆斯·奥康纳也指出，资本主义的国家机器创造了某种相对独立的东西，它操控了获取和使用劳动力、土地与原材料的权力，从而能够按照资本所希望和要求的时间、地点、数量与质量，将劳动力、社会性的

---

① 《马克思恩格斯全集》（第二版）第 31 卷，中央编译局编译，人民出版社 1998 年版，第 412 页。

② 《马克思恩格斯全集》（第二版）第 3 卷，中央编译局编译，人民出版社 2002 年版，第 281—282 页。

③ 丰子义：《全球化与资本的双重逻辑》，《北京大学学报》（哲学社会科学版）2009 年第 5 期，第 27 页。

④ ［意］奈格里：《大纲》：《超越马克思的马克思》，张梧、孟丹、王巍译，北京师范大学出版社 2011 年版，第 232 页。

基础结构乃至自然界等要素都奉送给资本。①

资本不仅主宰政治生活，而且侵蚀人们的精神文化生活。精神世界是个人最深层和私密的空间，但资本及其灵魂却深刻地贯穿于人们的观念、思想和心理之中，渗透和改变人们的精神世界，使之认同和适应自己的逻辑。不但深度主宰了个人的精神生活，资本还有力宰制着社会整体的文化生活。"一个阶级是社会上占统治地位的物质力量，同时也是社会上占统治地位的精神力量。支配着物质生产资料的阶级，同时也支配着精神生产资料"②。现代社会中处于统治地位的意识形态，正是作为统治阶级的资产阶级的意识形态。文化本为人类创造的精神财富和文明果实，但在资本主义社会，也和人类的其他很多创造物一样，沦为资本统治的工具。在资本眼中，只有能够进行交换并带来利益的才是有价值的，因此，它在文化中也寻觅和制造出了交换价值。不仅如此，资本还把包括科学技术在内的文化变成意识形态，让它们为自己的统治作出合法性辩护。通过对政治生活和精神生活的支配，资本权力将政治领域和文化领域勾连在一起。

家是人乐享天伦的温馨港湾，但同样无法逃脱资本的魔掌。资本决定着现代社会的人口生产及其规律。和马尔萨斯等人不同，马克思强调，资本主义社会的人口生产，服从和服务于资本自行增值的需要。为了最大限度地获取剩余价值，资本迫切要求造成劳动力之间的相互竞争，从而积极促成了人口的大幅增长。另外，它还通过操纵妇女和未成年人大量涌入劳动力市场，形成庞大的"产业后备军"，来压缩成年男工讨价还价的能力与空间。马克思特别指出，童工的大量使用，并非由父母的权力造成，而是由资本的权力造成的。"不是亲权的滥用造成了资本对未成熟劳动力的直接或间接的剥削，相反，正是资本主义的剥削方式通过消灭与亲权相适应的经济基础，造成了亲权的滥用。"③ 资本的权力甚至决定了父母的权力，让父母对自己权力的使用服务于资本的利益诉求。为此，注重家庭生活的马克思痛心疾首地指出，资本"撕下了罩在家庭关系上的温情脉脉

---

① 参见［美］詹姆斯·奥康纳：《自然的理由——生态学马克思主义研究》，唐正东、臧佩洪译，南京大学出版社 2003 年版，第 236—237 页。

② 《马克思恩格斯全集》第 3 卷，中央编译局编译，人民出版社 1960 年版，第 52 页。

③ 《马克思恩格斯全集》（第二版）第 44 卷，中央编译局编译，人民出版社 2001 年版，第563 页。

的面纱，把这种关系变成了纯粹的金钱关系"①。

资本对现实生活的主宰，也就是对现代人生存方式的支配。在一定程度上可以说，在资本主义社会中，资本的存在方式规约着人的存在方式，人的存在方式就是资本的存在方式。现代人所推崇的自由和平等是这方面的典型表现。资本需要自由和平等地获取剩余价值，因此它也要求自己谋利的"工具"——人一定程度地拥有自由和平等。马克思鞭辟入里地分析道："流通中发展起来的交换价值过程，不但尊重自由和平等，而且自由和平等是它的产物；它是自由和平等的现实基础。作为纯粹观念，自由和平等是交换价值过程的各种要素的一种理想化的表现；作为在法律的、政治的、社会的关系上发展了的东西，自由和平等不过是另一次方上的再生物而已。"②

四 对生活世界的支配

资本不但统治人现实的生活方式与生存方式，而且支配现代人的素质、关系、发展与自由，进而宰制社会与自然，从而主宰人存在其中的整个生活世界。这是资本权力最高层次的表现。

资本控制了现代人的生命活动和生活过程，也就决定了现代人的素质与品性。因为，素质、品性是人之生命活动的凝结与表征，人在活动（或者说生活）的展开过程中生成和提升自己的素质与品性。从而，生命活动的高度决定了素质与品性的高度。资本让现代人的生存过程带上了它的鲜明特征，规定了现代人生命活动的质量，规约着现代人的主体力量与局限性，从而也决定了现代人整体素养的可能空间。诚如马克思所言，一个人"是什么"和"能做什么"并不取决于他的个人特征，而取决于货币的特性与力量。货币的力量有多大，人的力量就有多大。③ 或许可以

① 《马克思恩格斯选集》（第二版）第 1 卷，中央编译局编译，人民出版社 1995 年版，第 275 页。

② 《马克思恩格斯全集》（第二版）第 31 卷，中央编译局编译，人民出版社 1998 年版，第 362 页。

③ 《马克思恩格斯全集》（第二版）第 3 卷，中央编译局编译，人民出版社 2002 年版，第 361—362 页。

说，资本达到怎样的历史高度，受资本统治的人也就达到怎样的历史高度。换言之，资本主宰着现代人的总体发展程度。它一方面造成了人全面发展乃至自由发展的需要，进而一定程度地实际促成了人的全面发展；但另一方面又更为深刻地扼杀了这种发展，甚至造成了人之发展的片面性与不自由性。

时间是人的积极存在与发展空间。然而，在资本主义社会中，时间并不属于人，而属于资本。"如果时间就是金钱，那么从资本的角度来看，这指的只是他人的劳动时间，……这种时间当然是资本的金钱。"① 人们总说时间就是金钱，并且以为这是属于自己的金钱，但在本质上，时间只是资本的金钱。必要劳动时间与剩余劳动时间，对于资本有着截然不同的意义。资本竭尽所能地"节约"一切必要与非必要时间，把它们变成剩余劳动时间，从而变成剩余价值，并收归囊中。资本更大的魔力还在于，它使人坚信时间归属自己，从而心甘情愿地尽可能替资本珍惜和节省时间。人们越是把时间当作金钱，就越是把时间变成资本的时间和金钱。

攫取了时间，也就意味着资本在根本的意义上消解了人的自由与个性。马克思指出，现代人表面上的自由发展是在受资本统治这种有局限性的基础上的自由发展。这种自由实际上是最彻底地取消任何个人自由。资本还使个性完全屈从于采取独立的、极其强大的物的权力的形式的社会条件②。结果，在现代社会中，"资本具有独立性和个性，而活动着的人却没有独立性和个性"③。总之，资本主义"生产不仅把人当作商品、当作商品人、当作具有商品的规定的人生产出来；它依照这个规定把人当作既在精神上又在肉体上非人化的存在物生产出来。"④ 资本不仅塑造人，而且还型塑人与人的社会关系。资本"把

---

① 《马克思恩格斯全集》（第二版），第31卷，中央编译局编译，人民出版社1998年版，第23页。

② 《马克思恩格斯全集》（第二版）第31卷，中央编译局编译，人民出版社1998年版，第43页。

③ 《马克思恩格斯选集》（第二版）第1卷，中央编译局编译，人民出版社1995年版，第287页。

④ 《马克思恩格斯全集》（第二版）第3卷，中央编译局编译，人民出版社2002年版，第282页。

一切封建的、宗法的和田园诗般的关系都破坏了"①。"在资本作为统治力量的前提下,所有这些关系当然或多或少会被玷污",丧失其"神圣光彩"②。在资本的深层操控下,现代的人与人的关系,以物与人甚至物与物的关系的形式表现出来,具有浓厚的物的色彩。"它使人和人之间除了赤裸裸的利害关系,除了冷酷无情的'现金交易',就再也没有任何别的联系了。"③

资本对人及其社会生活的役使,也就是对整个社会的支配。资本的运动总是在特定社会的经济、政治、文化环境和条件下展开,受到这些环境和条件的制约。要实现自我保存和增值,资本必须冲破一切不利于自身发展的环境与条件的限制,利用和创造一切有利于自己的环境与条件。为此,资本必然越出经济的界限来掌控整个社会,主宰现代社会的面貌、性质与趋势。马克思认为,在现代资本主义社会中,社会生产力和社会关系都表现为资本的属性。"在流动资本中各种劳动相互之间的社会关系表现为资本的属性,正像在固定资本中劳动的社会生产力表现为资本的属性一样"④。换言之,资本掌控了生产力和生产关系这两个最关键的社会要素。在根本的意义上,现代性——现代社会的总体规定性,就是"资本性"——资本的本性。资本不但支配着社会,而且宰制着自然。大自然蕴藏了资本增值的无穷宝藏,蕴含着资本扩张的无限空间。资本一方面极大地拓展了人类对自然的认识与利用,更充分地发挥了自然之于人的价值与意义;但另一方面又对自然造成了毁灭性的破坏,甚至威胁到自然和人类自身存在的底线。

资本支配现代人生活的这四个层次,也是其支配现代世界的四个步骤或阶段。资本对整个现代社会世界的统治,大体上就是沿支配生产以至经济生活,进而支配全部社会生活和整个现实世界的路径推进

---

① 《马克思恩格斯选集》(第二版)第 1 卷,中央编译局编译,人民出版社 1995 年版,第 274 页。

② 《马克思恩格斯全集》(第二版)第 30 卷,中央编译局编译,人民出版社 1995 年版,第 462 页。

③ 《马克思恩格斯选集》(第二版)第 1 卷,中央编译局编译,人民出版社 1995 年版,第 274 页。

④ 《马克思恩格斯全集》(第二版)第 31 卷,中央编译局编译,人民出版社 1998 年版,第 113 页。

的。资本是一个天生的"世界主义者"。"资本主义生产，……在本质上是世界主义的。"在运行和发展过程中，或者说在施加统治的过程中，资本首先遇到的是地方性的限制，从而先行突破的也是这种狭隘的地方性的限制，进而逐步取得了在民族—国家范围内统摄人、社会和自然的地位。但出于本能，资本决不会满足于对一个或几个民族—国家社会的主宰，而必然进一步突破民族—国家的制约，去追求和实现更为宏大的统治全球的愿望，最终在现代世界的各个角落都深深地打上自己的烙印。梅扎罗斯一针见血地指出，"资本需要实现继续生存与统治的新方式，它找到了两条主要的出路，以便应对达到自己结构性界限的威胁。第一条出路是，从内部角度来看的，这条出路包含在资本的支配地位得到毫不留情的增强之中；第二条出路是，在全球范围内实行权力扩张与多样化。"① 资本构筑起全球统治体系，把控了全球权力。作为现代世界的造物主，资本"按照自己的面貌为自己创造出一个世界"②。赵汀阳先生在近著《天下的当代性》中提出，"超越现代性的全球系统化权力……属于正在来临的将来时"。从资本权力的角度看，资本早已建构起了一种全球系统化的权力。

资本强有力的统治，导致整个生活世界日益商品化、货币化和资本化。商品化和货币化是资本化的表现和低级形式，资本化则为商品化和货币化的本质和高级形式。一切现实的和虚拟的存在，都成为商品、化作货币，都可以用商品、货币来衡量和交易，都服从和服务于资本自行增值的逻辑，甚至都被纳入资本之中，最终变成资本。资本的权力强大到这样一种程度，连对资本的批判也必须以一种资本的方式出现。我们看到，许多批判资本主义的书都或被动或主动地在以符合资本增值要求的方式（包装与宣传）出现于市场之上。哈特和奈格里说得好："当代的资本主义的生产，不只是在生产剩余价值，或者是在生产劳动产品，它是在生产一种社会形式，在生产一种价值体系，在生产一种社会经验的结构。"整个社会变成了资本的企业。换言之，资本成为现代社会的"本体"。在这个意

---

① ［英］梅扎罗斯：《超越资本——关于一种过渡理论》（下），郑一明等译，中国人民大学出版社 2002 年版，第 541 页。

② 《马克思恩格斯选集》（第二版）第 1 卷，中央编译局编译，人民出版社 1995 年版，第 276 页。

义上，整个资本主义世界的运动和变化，不过是资本持续不断、周而复始的自我生成、保存、增值和再生的过程与结果。也可以说，资本不仅是现代世界的"实体"与"主体"，而且就是整个现代世界。

（作者简介：刘志洪，北京大学哲学博士后流动站研究人员）

试析消费社会语境下的身体规训

——以整容为例

刘　翔

摘要：本文以消费社会中整容现象的激增和普及为切入点，试图解析该现象之下蕴含的哲学机制，尤其是哲学视野中的身体规训。消费社会通过媒体对每一位成员输出的，不仅仅是自我的范型，还有他者的目光。文章从拉康的镜像理论入手，将整容分析为"自我"受到镜像蛊惑的后果，是在"他者"凝视下的异化行为。为了进一步分析消费社会对身体的规训，笔者对身体在哲学史上的地位嬗变进行了一番梳理：从对身体的贬抑，到对身体的发现，及至对身体的重塑，以解放为名，身体一步一步地进入了消费视野和符号结构，在其背后是一整个身体工业的运作和商业资本的操弄。如果我们把乡愁视为流动的现代性中永远无法归去的原乡，那么有朝一日，外表终将成为我们最表层却又最深刻的乡愁。

关键词：消费社会　身体规训　镜像　他者　外表

消费社会既是一处场域又是一种景观，更是现代都市人无从逃逸的宿命。消费社会的基本特征被鲍德里亚指认为"一种由不断增长的物、服务和物质财富所构成的惊人的消费和丰盛现象"[①]，或者一言以蔽之——"符号的包围与堆聚"。正是由于符号体系架空并且疏离了真正的现实，因之，人们在消费社会中所经验到的并非现实本身，而是现实所产生的眩

---

① Jean Baudrillard, *The Consumer Society*: *Myths & Structures*, trans. J. P. Mayer, London: SAGE 1998, p. 1.

晕，然而吊诡的是，这种经验却迫切地需要现实的暗影来维系其合法性与激情。故此，消费社会一方面享有因符号体系而产生的欣快；另一方面却不得不时时受到来自现实本身的威胁。从这个意义上讲，消费社会就好比是"被围困的、富饶而又受到威胁的耶路撒冷"。① 正是此种本质性的矛盾造就了它在意识形态层面上的"感伤"，一种避无可避的"乡愁"。

如前所述，消费社会中的全体事物都遭遇了符号体系的展布，我们的身体概莫能外。不，或者应该这么说：我们的身体是符号体系展布的最典型场所。那么，身体究竟是如何变得与物品同质的呢？是由消费社会给出的身体样本开始的。这些身体样本也许来自模特，也许来自演员，甚或来自某个网红：漂亮、完美、无懈可击，因而她们绝非本来意义上的身体，而是抽象的，她们的存在使得身体高度形式化，成为符号。正如鲍德里亚所看到的："身体，尤其是女性的身体，特别是时装模特这种绝对范例的身体，构成了与其他功用性无性物品同质的、作为广告载体的物品。"② 当这样的身体成为一种典范之后，整个消费社会中的身体与物品的同质化便顺理成章了。以此为契机，身体进入了符号网络，与所有其他物品彼此赋值，并交换它们各自的含义。

也正是在这个基础上，以关注并拯救自己的身体为名，化妆品、保健品、药物、健身、时装、香水和珠宝接踵而来，消费成为身体自我救赎的唯一途径。但笔者在这里想要援引为例子来进行探讨的并非以上任何一种，却是更切肤、更直接也更具隐喻意义的一种身体消费——整容。本文将尝试以后现代批判理论来揭示整容这一社会现象背后的哲学机制。

一 现象:整容的前世今生

公元前，古印度医书《苏胥如塔·妙闻集》（*Sushruta Samhita*）中记载了人类历史上最早的整容手术——采用额、颊皮肤进行的鼻再造术；19世纪初期，"整形"作为一个术语首次出现在医学专著《鼻整形》上；19

---

① Jean Baudrillard, *The Consumer Society: Myths & Structures*, trans. J. P. Mayer, London: SAGE 1998, p. 15.

② Ibid., p. 134.

世纪后期，女权运动加速了整形美容外科的发展；20 世纪初期，两次世界大战所导致的大量组织缺损和畸形，促成了整形美容外科的空前发展。而今时今日，越来越多的人进行整容并非由于伤残或畸形，却是出于对"更美"的诉求。在韩国，一个漂亮的下巴可以是父母送给子女的高中毕业礼物。与此同时，整容也不再是讳莫如深的秘事，它可以云淡风轻地发生在午休时间，通过注射玻尿酸或是肉毒杆菌，人们只花一个中午就可以变得容光焕发。

不知不觉间，中国也已成整容大国。根据国际美容整形外科学会（International Society of Aesthetic Plastic Surgery，ISAPS）2014 年 7 月公布的统计数据，2013 年度全球共开展了 2300 万例整容手术，其中有 12.7%发生在中国，位列世界第三，仅次于美国和巴西。而习惯上被认为是"整容之国"的韩国仅仅排在第七，中国人成为亚洲最热衷于整容的人。[1]2015 年，中国医美市场规模达到 500 亿—1000 亿元，行业增速达到20%—30%，远高于传统医疗行业的平均增速。而资本正在迅速地涌入这个市场，2016 年 6 月清科研究中心发布的统计数据显示：1998—2016 年间中国医疗美容产业链上下游共发生 779 笔投资，其中，2015 年投资案例数达 249 例，较之 2008 年增长超过 15 倍，投资金额增长近 10 倍。[2]

从整容手术的内容来看，注射肉毒杆菌、填充物和可吸收材料以及隆胸分别占据前三位，具体排布情况见下表：

在这每年数千万例的整容手术当中，涌现出如下几个也许值得我们留意并加以梳理的现象：1. 整容成瘾者有之：有人总是不满意自己的鼻子，几乎每年都要改变它的形状；有人热衷于靠肉毒杆菌消除皱纹，以至于面部肌肉萎缩而无法控制自己的表情。很多人因此面目全非，令人惨不忍睹。2. 命丧手术台者有之：也许是遇上资质不够的医师，或是药物渠道根本就不规范，甚至仅仅是因为手术中的误操作或是坏运气。一个被人们讨论得比较多的例子是，超女王贝 2010 年接受下颌角手术时，由于主刀医生操作不当，致使下颌手术部位出血，血液通过王贝的喉部进入气管，

① Angela：《谁是真正的主导者——整容时代下的利益疑团》，《世界博览》2014 年第 22期，第 41—42 页。

② 《三联生活周刊》2016 年第 37 期，生活·读书·新知三联书店 2016 年版，第 32 页。

窒息后抢救无效死亡。3. 越来越多的男性整容者，其中很大比例是位高权重的官员；主要是一些抗衰老手术，对面部的改动非常微小，但会令人看起来更年轻、更有精神。意大利前总理贝卢斯科尼几乎从头到脚整过一遍，法国前总统萨科齐在大选期间平均每小时的整容费用高达450欧元，韩国前总统卢武铉接受过重睑术（俗称割双眼皮）以及俄罗斯总统普京每隔一段时间就会去"处理"一下他的眼袋和皱纹。4. 整容的主力军仍然是女性，占到全部整容人群的70%—80%以上。

表1　　　　　　　　2013年度全球整容手术内容数据表①

	手术内容	数量
外科手术	1. 隆胸	1773584例
	2. 抽脂	1614031例
	3. 眼睑整容	1379263例
非外科手术	1. 注射肉毒杆菌毒素	5145189例
	2. 填充物和可吸收材料	3089686例
	3. 激光脱毛	1440252例

面对此种激增和普及，哲学岂可失语？在医疗美容行业蓬勃发展的根基处，究竟隐藏着何种文化逻辑？又该以何种视角切入进行分析与批判？也许，是哲学话语介入的时候了。

二　凝视：来自他者的目光

整容的动机大致可以分为外因驱动式和内因驱动式。其中，外因驱动式包括：(1)受明星影响，整容者希望自己变得跟明星一样；(2)受旁人影响，整容者听从了周遭人群的劝说，或是受到别人议论的影响，甚至出于取悦别人的意图；(3)受社会影响，认为整容是一件时髦的事。而内因驱动式则包括：(1)想要改变先天或后天的缺陷；(2)希望身体的某些部位得到

① 根据ISAPS于2014年公布的统计数据得出。

改善；(3)适应自身工作环境、职业要求和社会活动的需要。①

　　基本上，笔者愿意将整容概括为满足凝视的需要而进行的一项行为，并且，无论其动机来自外因还是内因，他者的目光都毫无例外地起着决定性作用。而这里的他者，既有"大他者"也有"小他者"。在拉康的意义上，"大他者"（Autre / Other）是一个神秘而抽象的存在，是话语、习见、权力结构或其他，"大他者"从不在场，却又无处不在，而"小他者"（autre / other）则是"大他者"与我们照面的方式，是"大他者"具体而微的投射。拉康在镜像阶段理论当中把镜子视为婴儿自我指认和异化的第一个介质，从婴儿对镜自顾的那一次宿命性的凝视开始，他的目光就已不再纯粹，他的目光就已混合了他自身、他的镜像以及他者的目光。主体的自我建构从其初始之处便是外在性的：被自身的镜像所诱惑，并将该镜像认同并内化为其自身，所以何曾真的有过全然内在性的先验自我？

　　在我们耳熟能详的童话《白雪公主》中，王后通过日复一日地对镜凝视来进行自我验证，这种验证务必要在镜子给出"您是世界上最美丽的人"这一判断之后方能结束，并且她无法接受任何其他答案。当她从镜子那里得知白雪公主比她更美的时候，她的反应除了忌妒和愤怒之外，还有恐惧，因为这意味着自我的裂痕及其崩解的可能。王后一秒钟也没有怀疑过这一则来自他者的评断——他者的目光是不容置疑的，她唯一想到的解决之道是杀死那个比她美的人。在这个故事中，镜像既是"小他者"又是"大他者"，它既代表王后的自我发声，也代表美的评价体系发声。

　　我们不妨将拉康的"镜像阶段"理解为：主体对于自我的最初经验，本质上都是他者与自我想象的共同建构。故此，"自我"从一开始就是一个疑窦丛生的伪概念，从这个意义上讲，我们每一个人都是那位王后，终其一生只能"在他者中生存，在他者中体验我"②，这当然是一场悲剧。对此，拉康早有阐释：

　　　　镜子阶段是场悲剧，它的内在冲劲从不足匮缺奔向预见先定——

①　王肃生：《美容整形受术者动机的心态分析》，《实用美容整形外科杂志》1995—1996 年第 3 期，第 167—168 页。
②　拉康：《助成"我"的功能形成的镜子阶段》，《拉康选集》，褚孝泉译，上海三联书店 2000 年版，第 91 页。

对于受空间确认诱惑的主体来说，它策动了从身体的残缺形象到我们称之为整体的矫形形式的种种狂想———一直达到建立起异化着的个体的强固框架，这个框架以其僵硬的结构将影响整个精神发展。由此，从内在世界（Innenwelt）到外在世界（Umwelt）的循环的打破，导致了对自我的验证的无穷化解。①

毋宁说，自我是一个幻觉。自我当中先天地潜伏着他者的魅影，当一个自我在镜子面前被唤醒，随之睁开的还有他者的眼睛。这是一个不可回避的事实：自我从诞生的那一刻起已经被异化，并且一直在被异化着。他者以其恒常而隐晦的存在，对自我进行着持续、深刻而悄然无声的诱惑与主宰。可以说，如果没有镜子，自我就不会成立；如果没有他者，自我就是残缺的。如果说镜子是他者对于自我的权力保障，那么，媒介则是消费社会对于主体的权力保障。消费社会正是通过媒介（包括电视、广告、电影、网络和图像等）源源不断地向主体输出来自他者的凝视，完善着并且实时调试着主体对于自我的想象。媒介与镜子一样，具备平面化、表象化与无深度的特征。以媒介中最出色的典范——"广告"为例，鲍德里亚曾一针见血地指出"广告的功能性质几乎完全是二次度的……因为它就像所有带有强烈引申意义体系一样自我指涉"。② 广告的逻辑不是现实世界的逻辑而是符号系统的逻辑，在其中，真正起决定作用的不是广告的内容、目的或受众，而是由广告所给出的那一整个参照系统。那是一个镜中王国，其中没有真实的物和真实的世界，而只是"让一个符号参照另一个符号、一件物品参照另一件物品、一个消费者参照另一个消费者"，广告强大力量的根源正在于此。

试问，当屏幕上出现查理兹·塞隆女神般的形象时，她美艳的面孔，高傲的颧骨，以及一袭金色长裙下凹凸有致的曲线，难道不会多多少少带给观者一丝焦虑吗？当然会，焦虑是必须的。诚如周宪教授所言，"当代身体工业将少数人才能达到的美学标准合法化和普遍化时，就是将一种关

---

① 拉康：《助成"我"的功能形成的镜子阶段》，《拉康选集》，褚孝泉译，上海三联书店2000年版，第93页。

② Jean Baudrillard, *The System of Objects*, trans. James Benedict, London & New York：Verso 1997, p. 165.

于身体的强制规范转化为无数个体的内心需求，只有这样，身体的美学才有可能缔造一个潜力巨大的消费市场。"① 消费社会的高明之处正在于此：它提供的模型是如此高不可攀，但它抛给我们的中介物却又貌似触手可及——迪奥真我香水固然价格不菲，然而一滴即可弥合你与女神之间的鸿沟，何乐而不为？同理，区区数针玻尿酸即可给你李敏镐般的鼻子，何乐而不为？一次小小的自体脂肪填充手术即可打造 Angelababy 同款苹果肌，何乐而不为？主体对于自我的体认已被消费社会全面而深刻地异化，从这个意义上来讲，消费社会的每一个参与者都是《白雪公主》中那位坏王后，被镜中的形象诱惑，被镜中的形象塑造。而整容者与坏王后的区别仅仅在于，向自己还是向别人挥刀。

三　规训：哲学视野中的身体

1. 被贬抑的身体

从进入哲学视野的那一刻起，身体就承担着某种负面意涵。对于以柏拉图为代表的古希腊哲学家来说，身体是需要驯服、控制和贬抑的对象。《理想国》中，柏拉图对灵魂作出理性、激情和欲望的三重区分，认为理性不朽，而激情和欲望可朽。人的身体对应着欲望，是需要被理性这个驭马者驯服的劣马。可见，身体不仅与灵魂对立，并且受制于灵魂。《斐多》当中描述苏格拉底饮下鸩酒后的安详与平静，其从容赴死的背后乃是这样一种观念的默默支撑，即，"非要到死了，灵魂不带着肉体了，灵魂才是单纯的灵魂"。② 对苏格拉底来说，身体沉重、烦人而又尘俗，是灵魂接近智慧的障碍，真正的哲学家始终仇视身体，因而，当死亡这样一个将灵魂与身体彻底剥离开的终极事件发生时，他们非但不会恐惧，也绝不会愁苦，而是欢欢喜喜地等待灵魂从身体当中超脱出去。而在其不得不与身体共度的那段生命当中，灵魂则"老在躲开肉体，自己守住自己"③，也就是苏格拉底所谓的"练习死亡"，唯其如此，灵魂才能在脱离身体后

---

① 周宪：《读图，身体，意识形态》，汪民安主编，《身体的文化政治学》，河南大学出版社 2004 年版，第 142 页。

② 柏拉图：《斐多》，杨绛译，辽宁人民出版社 2000 年版，第 17 页。

③ 同上书，第 44 页。

抵达不朽、神圣而有智慧的彼岸。

自此，古希腊式的哲学述说当中初步建立起这样一种二元结构：身体的低劣之于灵魂的高尚，身体的沉重之于灵魂的轻盈，身体的污秽之于灵魂的纯洁，身体的昏聩之于灵魂的通透，……总而言之，在身体面前灵魂享有绝对的超越性和优越性，这样一种观念深刻地弥漫在古希腊以降的哲学史当中。正如汪民安教授所指出的那样，此后的身体受到来自哲学和宗教的双重磨难，对它的指责和嘲笑"有些时候是发自道德伦理的，有些时候是发自真理知识的"。① 具体来讲，前者有以奥古斯丁为代表的基督教神学家，他们将身体（尤其是性欲的身体）与上帝之城对立起来，视之为罪恶的源头，从而从信仰层面把身体打入深渊；后者则是由笛卡儿肇端的认识论哲学，以"我思故我在"将人的心智完全地区别于并且抽离于身体，并且将人性的本质归结于心智的思考能力，从而从认识论层面把身体打入冷宫。

2. 被发现的身体

直到尼采"权力意志"的提出，身体遭到贬抑的境遇才被攻破。"还有比对肉体的蔑视更危险的迷误吗？"② 这是尼采的大反击。在他这里，身体绝处逢生，身体—灵魂的二元结构发生了彻底的反转和颠覆——不是身体比灵魂低劣，而是比灵魂更为本质；不是身体受制于灵魂，而是灵魂应该服务于身体。

> 整个有意识的生命，精神连同灵魂、心灵、善、德性：它究竟是为什么服务的呢？服务于动物性功能之手段（营养和提高手段）的最大可能的完美化：首要地是生命提高的手段。
>
> 这原因在绝大程度上毋宁就在于人们所谓的"身体"和"肉体"：其余只是一个小小的附属物。使命是要继续编织整个生命线条，而且要使之变得越来越强大——这就是使命。但现在人们要来看看，心灵、灵魂、德性、精神如何正式密谋颠倒这一原则性使命：仿

---

① 汪民安：《身体、空间与后现代性》，江苏人民出版社 2015 年版，第 6 页。
② 尼采：《权力意志》，孙周兴译，商务印书馆 2007 年版，第 955 页。

佛它们就是目标似的……①

　　两千多年来，基督教也好，柏拉图主义也罢，都将灵魂和彼岸视为不朽，而肉身、尘世和欲望则被"作为'世俗'而受尽耻辱。现在，一切都完完全全是虚假的，只是'话语'……"② 尼采指出，在肉身之外，被命名为心灵、灵魂、精神等的一切都是肉身的附属物，这些附属物的使命在于为生命的强健服务，然而，基督教和柏拉图主义提供给人们的迷思却是，心灵、灵魂和精神等附属物被置于更为优越的地位，这无疑是对肉身的僭越和篡位。这不仅是对肉身的贬抑，更是对生命和权力意志的贬抑。同时，尼采又借查拉图斯特拉之口说道："我完完全全是肉体，此外无有，灵魂不过是肉体上的某物的称呼，③" 就此终结了古希腊以来身体的贬抑史。

　　但对身体地位的考究和研判远未结束，对身心二元模型的颠覆也才刚刚开始。由尼采奠基的崭新的身体观，被此后的哲学家不断地追随和回应：巴塔耶回应以"色情"，德勒兹回应以"欲望"，而福柯则回应以身体和权力的关系。福柯将身体视为历史铭刻其上的用具，也是权力发生的首要场所，"身体是事件被铭写的表面（语言对事件进行追记，思想对事件进行解散），是自我被拆解的处所（自我具备一种物质整体性幻觉），是一个永远在风化瓦解的器具"。④ 身体从早期的不被重视，一跃而成权力的焦点，但这种权力的缠绕在福柯看来颇为不妙，因为，此时的身体愈发地成为权力展布的场所，也愈发地被视为工具和客体，而其活生生的生命本质却被湮盖了。如果说，身体在尼采那里元气淋漓，不仅足以击溃长期由心灵把持的彼岸霸权，还是权力意志本身，是超人得以横空出世的基底所在，那么，福柯则不无颓唐地将身体揭露为生产的工具、话语的产物和权力的顺民。也正是从这里开始，身体成为了权力的必争之地，也成为资本操弄的重要对象。福柯的后继者阿甘本有一段话也许恰

① 尼采：《权力意志》，孙周兴译，商务印书馆2007年版，第713页。
② 同上书，第747页。
③ 尼采：《苏鲁支语录》，徐梵澄译，商务印书馆2004年版，第27页。
④ Michel Foucault, Language, Counter-Memory, Practice, Bouchard, 1981, p.148. 转引自汪民安《身体、空间与后现代性》，江苏人民出版社2015年版，第19页。

可描述这一现状：

> 面孔、真理和展示如今都是一场全球内战的争夺目标，这场内战
> 的战场就是全部的社会生活，而其突击队则是媒体，而其受害者则是
> 大地上的所有人民。……国家权力如今已不再以垄断暴力的合法使用
> 为基础……毋宁说，国家的首要基础现在是对表象的控制。①

有鉴于此，形形色色的身体理论应运而生。著名身体理论学家克里
斯·希林把对身体的讨论概括为以下五种视角：消费主义视角，将身体更
多地视为消费的唯一载体；女性主义视角，主要凸显身体被作为控制和压
迫女性的一种手段；治理术视角，主要研究拘束身体的规则，把身体视为
治理术的运作场所和渠道；从技术进展的视角来看，身体是技术施展的对
象，更极端地来看，是一套等待社会力量对其予以重构的信号接收系统；
而社会学视角则将身体视为构成社会实在的要素。② 而希林自己则提出了
肉身实在论，主张将身体纳入社会结构和社会行动中进行考量。

3. 被塑造的身体

在福柯之后，我们需要因应的是身体的另一种境遇，即，消费社会语
境中被过度关注的身体。毫无疑问，今时今日我们对身体的重视程度超过
了历史上任何时刻，然而，这种重视究竟意味着身体的解放，抑或是对身
体更为隐晦、深层而长久的桎梏？比方说，女性不再缠足，而代之以数不
胜数的高跟鞋；不再束胸，而代之以五花八门的胸罩和紧身褡；不再
"笑不露齿、行不动裙"，而代之以健身房里的挥汗如雨和对"马甲线"、
"A4腰"的狂热追求。身体一旦从长期以来的蒙蔽状态下被发现，针对
身体的技术便刻不容缓地介入人们的生活。套用卢梭的那句话："身体生
而自由，却无往不在枷锁之中。"

那么，身体的解放又是怎么一回事呢？如前所述，在西方哲学视野当
中，有相当长的一段时间，身体都是作为以灵魂（或其他非物质原则）

---

① 阿甘本：《无目的的手段：政治学笔记》，赵文译，河南大学出版社2015年版，第128页。

② 克里斯·希林：《文化、技术与社会中的身体》，李康译，北京大学出版社2011年版，第2—6页。

为中心的意识形态的批判对象而存在的。而当时所有的异端都以对身体及其肉欲的高蹈为主要标志。因而在前消费社会里，身体曾意味着对主流意识形态的反动，具有极为尖锐的颠覆性意涵。然而一旦进入符号秩序，对灵魂的圣化便终止了，而对身体的贬抑也终止了，以灵魂为中心的叙事已然过时并被彻底超越，它被一种"更具功用性的当代意识形态所取代，这一意识形态主要保护的是个人主义价值体系及相关的社会结构"。① 因而，在符号意义上，灵魂和身体同质了。然则在符号秩序中被解放的是否果然是原初意义上的那个身体呢？事实并非如此。毋宁说，被解放的是作为消费符号的身体，它非但未能得到自由，反而被越来越严密的监控起来。可见，身体的解放仅仅是名义上的解放，而"一切在名义上被解放的东西——性自由、色情、游戏等等——都是建立在'监护'价值体系之上的。"② 这就正如福柯对性话语的分析，18 世纪以来对性的谈论不再是一种禁忌，这也是某种名义上的解放，人们必须谈论的性"不再仅仅是惩罚或者宽容的对象，而是管理的对象"③，性被逐出了隐秘之所，并就此被纳入了话语系统，成为了能被各种公共话语、权力机制和警察监管机制所调节的东西。

在比福柯更为激进的哲学家鲍德里亚的眼中，身体的解放被符号化之后，就变得安全可控，不再是对任何一种既成秩序的根本威胁，从而失去了其革命性。鲍德里亚认为，消费社会"把本属于女性的提供给女人们消费、把本属于青年的提供给青年消费，这种自恋式解放成功地抹煞了他们的真正解放。"④ 这与福柯的观点如出一辙，"我们不要认为在对性说'是'时，我们就是对权力说'不'"⑤，是的，事实恰恰相反，在消费社会里，对性的追求、对身体的解禁和对权力的臣服是同一回事，因为其中的"性"和"身体"都早已被彻底地驯服，都是社会编码的一个部分。

---

① Jean Baudrillard, *The Consumer Society：Myths & Structures*, trans. J. P. Mayer, London：SAGE 1998, p. 134.

② Ibid. , p. 137.

③ 福柯：《性经验史》，佘碧平译，上海人民出版社 2000 年版，第 18 页。

④ Jean Baudrillard, *The Consumer Society：Myths & Structures*, trans. J. P. Mayer, London：SAGE 1998, pp. 137—138.

⑤ 福柯：《性经验史》，佘碧平译，上海人民出版社 2000 年版，第 114 页。

消费社会一直以来所做的是否认身体的颠覆性，摧毁其总体功能及象征交换结构，通过各种努力将身体置于使用价值/交换价值的模式下，这是对身体真正意义上的阉割，从某种意义上讲，比古希腊时期对身体的贬抑更具抹杀效力。

而对自身容貌体征的认同，毫无疑问是文化规训的后果，最终导致我们不由自主地向着消费社会提供的理想范式靠近。须知，媒介向我们提供的身体和容貌的理想型，原本只针对和适用于极少数人，却在媒介和身体工业的推波助澜下终于成为一种普遍的模范。而为了使身体尽可能地贴近那种理想型，人们必须对身体进行日复一日地投资、矫正和塑造：烫发、化妆、箍牙、纹身、切割、抽脂、注射、填充，……一切你所能想到的改变体貌的方式，它们何止是对"身体发肤，受之父母，不敢毁伤"这一传统观念的彻底背弃和解构，更是迅速迭代的身体观对个体产生的具体影响，也是人们对于理想型亦步亦趋的追捧。而在消费社会中，理想型的投放是无远弗届的，我们就仿佛身处一场无可逃避的嘉年华，举目尽是资讯的狂欢、图像的狂欢和快感的狂欢。

在这里，我们也许有必要对原始谱系与当代系统中的身体纹饰做一番对比，尽管人们总是将这两种语境下的文身混为一谈，但事实上它们是根本迥异的两类意指方式。正如鲍德里亚所看到的那样，对印第安人而言，"身体总在相互注视并交换它们所有的符号，这些符号在无休止的流转当中消耗殆尽，却既不参照价值的超验法则，也不参照主体的私人占有"，正是因为他们对象征交换体系交付出了整个身体，因而他们的身体是自由的，可以自如表达一切；而对现代人而言，"身体为符号所困囿，并通过等价法则和主体的再生产法则下的符号交换计算而增值。主体再也不能在交换当中置身事外了——正是它在进行投资"。[1]与原始谱系中身体符号的自在流转相比，现代人的身体已沉沦于符号交换的算计，早已不再自由。

鲍德里亚揭露了一种狡诈的身体政治经济学，它采取更为隐晦的策略来控制身体：以对身体的肯定来取代否定，以对身体的解放来取代压抑，

---

[1]　Jean Baudrillard, *Symbolic Exchange and Death*, trans. Hamilton Grant, London, Thousand Oaks & New Delhi: SAGE Publications 1993, p. 107, pp. 159—160.

并且以新的符号意指系统来取代旧的，对身体实施一种名义上的解放，而这种解放的本质，是重行捕获和规训。现时代所谓"身体解放"的过程实际上也可被看作是身体接受符号的区划、接受拟真的封印的过程。以解放为名而接受禁锢的身体背后，是一整个身体工业的运作和商业资本的操弄，受其宰制的有政要、有明星、有网红、也有平民，这是时代给予我们每一个人的无差别的规训。

四 乡愁：外表之思

脸、妆容、身体……诸如此类人们用以自我呈现、自我体认、并向世界和盘托出以求取认同之物，被通称为外表。我们曾以为外表是肤浅的，而外表背后至少许诺了一个意义，然而这不过是我们根深蒂固的误会。鲍德里亚早已提醒过我们，一旦外表嵌入符号体系当中，或者说一旦符号侵入外表的层面，那么，意义就将被抹杀殆尽，最终消弭于外表的深渊——"所有的外表都联合起来与意义作斗争，以铲除有意或无意的意义，将它逆转到一种游戏中"。[①] 在意义被迅速消耗的眩晕里，一切都被化约为外表的游戏。

让我们回到整容。今时今日，最快捷的整容方式是什么？是给一张自拍照加上美颜效果。事实上，人们已经很难再将一张没有经过美颜的人像照发去朋友圈了。很显然我们已经习惯了比实际上更为均匀的肤色、更为细滑的肤质、更亮一些的眼睛和更小一些的脸，而要达成这样的效果异常便捷，一键美颜即可办到。如果精益求精，当然可以花更多的时间修图：去掉黑眼圈、增高鼻梁、加深轮廓、洁白牙齿，而现在的美颜应用甚至可以实现诸如具备缩小鼻翼、增加卧蚕或是收缩颧骨等更为精细的功能。观看者对于"图像经过美颜"这一点心知肚明，而被观看者则从不指望对方看不出"图像经过美颜"这一事实，换言之，这一切毋宁是一个观看者与被观看者都默认美颜规则的游戏。但游戏的关键在于，没有人会去揭穿这一点，没有人会去追究那个真实的容貌，因为真实的容貌没有意义，这是游戏的所有参与者心照不宣的共谋。人类这种控制自身外表的天性，

---

① 让·鲍德里亚：《论诱惑》，张新木译，南京大学出版社 2011 年版，第 83 页。

正如阿甘本所揭示的那样：

> 所有生物都生存于开放坦白之中：它们通过自己的外表坦白自身
> 并发出光彩，但唯有人，力图盗用这种开放坦白，控制自己的外表和
> 他们自身的公开呈现。语言就是这种盗用，它将自然本性改造成面
> 孔。因此之故，外表才成了人类的一个问题；它成了争取真理的斗争
> 发生的场所。①

化妆、健身乃至整容，不过是权力话语对外表的展布和宰制。但这种
权力并不咄咄逼人，也不耀武扬威，它是柔软的、幽微的、侵蚀性的，用
福柯的话来讲是"谦恭而多疑的"，② 然而正是这种潜移默化的权力在微
妙而持续地改变着消费社会中的每一位成员、每一个事件和每一种机制。
挟网络和媒介的铺天盖地之势，消费社会正在越来越深刻地成为一个盛大
的图像嘉年华，举目尽是漂亮的面孔和曼妙的身体。如果说过去的爆款是
杨幂同款双肩包和范冰冰同款太阳镜，那么，现在的爆款则是安吉丽娜·
朱莉同款唇形和吉赛尔·邦辰同款腹肌。相较于其他商品，身体已被祛
魅，已不再神圣。这是德波已经预言但从未想象到的"景观"，而消费社
会中的每一张脸、每一个身体都是景观的一个部分。人们不仅认同这个景
观，并且将自身认同为这个景观不可或缺的一部分。如果说明星整容旨在
将外表维持在商品的最佳状态，那么官员整容则是旨在呈现更好的公众形
象，不管是哪一种，都是对自身外表的异化，是对当前整个社会景观的妥
协与合谋。

王尔德在《道林·格雷的画像》中讲述了美少年和他的画像之间微
妙而险恶的关系：时间的消磨和命运的杀伐对他不起作用，他始终青春俊
美，由他的画像替他承受一切，日益丑陋衰朽。有了画像的庇护，美少年
就此堕落，一再作恶。有一日，他幡然悔悟，举刀刺向画像，倒地而亡的
却是他自己。濒死之际，魔魅退散，他迅速衰朽，而画像则俊美如初。这

---

① 阿甘本：《无目的的手段：政治学笔记》，赵文译，河南大学出版社 2015 年版，第 123
页。

② 福柯：《规训与惩罚：监狱的诞生》，刘北城、杨远婴译，生活·读书·新知三联书店
1999 年版，第 193 页。

是一个将外表的异化具体呈现的故事。故事中，从与画像订约的那一刻起，美少年就不再是他自己。他出卖自身的形象，换取永不衰颓的容颜，但他所不知道的是，这样一来，他的形象和他自身都已不再属于他，而是属于那个黑暗的诱惑力量——他被异化了，因而他就此走上了一种命定的被急速损耗的道路。须知，脸从不仅仅是脸，而外表也从不仅仅是外表，毋宁说，它是我们在世的方式，正如列维纳斯所看到的"这种他者在其中展示自身的方式，超越在我中的他者的观念，我们命名为面孔。"①

诚如沈湘平教授所定义的那样，"乡愁不仅意味着对已经逊位的神的追寻，还意味着因为离开大地回不到大地所产生的恐惧，更意味着四处寻找家乡而不知家乡何在的焦虑和痛苦"，消费社会中的每一个现代人都是离开了土地的安泰，而当我们被赫拉克勒斯举起来的那一刻，脚下的土地已不复存在。"云横秦岭家何在，雪拥蓝关马不前"，有朝一日，我们会怀缅那个时代，那个我们的脸不必追慕任何一种模型就能自在成立的时代。这大概可以被视为最表面也最本质的乡愁。

也许，我可以用阿甘本的这一段话来结束这篇以整容为切入点但绝不仅仅讨论整容的小文——

> 只需是你的面孔之所是。你跨过那道门槛吧。不要再做你各种属性或职能的主词，不要再驻足于它们的背后：行动吧，带着它们，通过它们，超越它们。②

（作者介绍：刘翔，哲学博士，《中国哲学前沿》编辑）

---

① Emmanuel Levinas, *Totality and Infinity*, trans. By Alphoso Lingis, Martinus Nijhoff Publisher, 1979, p. 83.

② 阿甘本：《无目的的手段：政治学笔记》，赵文译，河南大学出版社 2015 年版，第 136 页。

发展战略篇

发展城镇化切勿割裂"城"与"乡"

王金涛

摘要：在中国，城镇化是现代化背景下的持续发展过程。世界上没有任何一个国家的现代化像中国面临着这样庞大的任务。当代中国城镇化需要同时解决一系列经济社会问题，过程复杂，难度很大。在这些问题当中，有三个问题是需要引起高度关注的。首先，城乡发展不均衡由历史原因累积而成，随时代发展逐步得以缓解。其次，农村富余劳动力进城受到城乡二元制度体系束缚，该问题阻碍了劳动力资源均衡配置。最后，农村地区转型发展影响深远，农村承载中华传统文化血脉，未来相当长时期仍是我国重要人口承载空间。

关键词：城镇化 城乡均衡发展 农村现代化

城镇化对于推动经济持续增长和转型升级以及城乡协调发展具有不言而喻的重要意义。中国的城镇化，以及其背后恢宏的现代化进程，将推动世界发生深刻变革，其影响之深远将超出威斯特伐利亚体系出现以来的任何新兴大国。在中国，城镇化是现代化背景下的持续发展过程。世界上没有任何一个国家的现代化像中国面临着这样庞大的任务。当代中国城镇化需要同时解决一系列经济社会问题，过程复杂，难度很大。今后发展战略的基本出发点建立在人口、资源、环境、社会等基本要素协调均衡发展的基础上。① 传统行业产能过剩、人口老龄化、人力资源成本上升、资源过度消耗、生态环境恶化、城乡二元结构问题、地区发展不平衡、收入分配

---

① 罗荣渠：《现代化新论——世界与中国的现代化进程》，商务印书馆2004年版，第525页。

差距拉大、社会保障水平不高等一系列经济社会问题日益凸显，中国过去几十年大规模高速扩张型的发展方式越来越不可持续。

在这些问题当中，有三个问题是需要引起高度关注的，包括城乡发展不均衡问题、农村富余劳动力进城问题、农村地区转型发展问题。

首先，城乡发展不均衡由历史原因累积而成，随时代发展逐步得以缓解。

我国客观存在的"城乡分割"状况是由历史原因造成的。1949 年中华人民共和国成立后，百废待举、百业待兴，面临着恶劣严峻的国际形势，不得不选择"工业先导、城市偏向"的发展战略，采取以农促工、以农补工的积累方式，把战略重点放在工业发展和城市建设上。同时，限制农村人口进入城市，确保充足的农村劳动力提供低价农产品，维持城市居民低工资，确保国家高效完成工业化积累。这与工业化国家的普遍发展规律相符合。纵观世界工业史，工业化初始阶段，以农业支持工业，为工业提供积累，是普遍趋向。工业化达到一定程度后，工业反哺农业、城市支持农村，工农城乡协调发展也是普遍性趋向。①

改革开放后，城乡得到制度解放和快速发展，偏重城市的改革措施造成新的城乡对立。城市建设用地需求大量增加，城郊农村土地较快转为建设用地，这种转变或主动或被动，许多农民被卷入"被动城镇化"洪流。这些城郊的村庄逐渐失去乡村特点，变得似城非城，完成土地城镇化，却没有在公共服务、产业发展、文化环境等方面加速转化，沦为"城中村"。

上述过程背后，有大量资本推波助澜，这些资本囤积土地、开发项目，加速土地城镇化发展，一些地方也乐见其成，因为外在环境改变更容易展现政绩，更利于在"晋升锦标赛"②中占据优势。有人形容，这种过程把农民置于陌生的"城市文化符号体系的底层"③。

2004 年，党中央制定"工业反哺农业、城市支持农村"方针，

---

① 胡锦涛：《胡锦涛文选》（第二卷），人民出版社 2016 年版，第 247 页。

② 周黎安：《中国地方官员的晋升锦标赛模式研究》，《经济研究》2007 年第 7 期，第 36—50 页。

③ 李强：《主动城镇化与被动城镇化》，《西北师大学报》2013 年第 6 期，第 1—8 页。

通过城市要素向乡村流动形成涓滴效应，产生实质性效果需要较长时间。2006 年之后，我国又开展了社会主义新农村建设，加快乡村改造升级。

党的十八大以来，党中央进一步提出美丽乡村和城乡一体化建设，要求消除城乡、区域差别，实现均衡发展。这些举措进一步把城乡协调发展与中国经济增长有机结合起来，形成了城乡良性互动。

其次，农村富余劳动力进城受到城乡二元制度体系束缚，该问题阻碍了劳动力资源均衡配置。

大规模城镇化造就数量庞大的进城农民。农民工市民化的现实特征是长期城市偏向政策导致二元经济转换滞后、二元经济结构反差过大的结果。农民工是特殊的群体，他们是城乡文化的纽带，作用不可替代，发挥着促进城乡文化交融、加快农村现代化的作用，被称为城乡社会"第三元"[1]。

21 世纪初以来，我国已针对流动人口迁徙、居住、就业、教育培训、社会保障、子女教育等出台不少政策。但是，城乡二元结构、以户籍制度为代表的城乡二元制度体系等障碍性因素依然造成农民工在福利和权利方面无法与城镇居民相同。[2] 在城乡二元体制制约下，农民工不能平等享受城市的就业、教育、医疗、社会保障、住房等公共服务，整体上仍处于半市民化状态。[3] 2014 年，国家统计局发布《全国农民工监测调查报告》，分析了 2010—2014 年农民工生活状况变化趋势。这段时间，农民工总量增加 13.1%，跨省流动比例降低，40 岁以下占比下降，租房者占比提高且合租比重上升，超时工作、被拖欠工资比例有所上升，参加社会保险水平也有所提高；新生代农民以从事制造业为主，受教育程度相对父辈有所提高，偏好在大中城市务工。

---

① 郑永年：《城市体制改革的首要问题是城乡统筹》，《关键时刻：中国改革何处去》，东方出版社 2014 年版。

② 顾东辉：《"治理型增能"：治理理念在流动人口增能中的应用》，《西北师大学报》（社会科学版）2015 年第 3 期，第 11—15 页。

③ 刘传江、程建林：《第二代农民工市民化：现状分析与进程测度》，《人口研究》2008 年第 5 期，第 48—57 页。

农民工是产业工人的重要来源，遍布各地区各行业，被视为新社会阶层之一。他们以青壮年为主体，家庭化趋势明显，对城市认同程度不高，游离于城市边缘，就业层次较低。他们是介于农民与市民之间的特殊人群，对城镇化发展影响很大。是让他们徘徊于"进不去"的城市和"回不去"的农村之间，还是成为推动加工制造业转型升级的熟练劳动者，是摆在政府面前的大题目。农民工尚处于半市民化状态，促进他们迈向"主动市民化"，循序渐进，完成深度市民化转变，有助于社会和谐发展，避免社会矛盾激化。①

在我国社会大背景下，农业转移人口是一个长期存在，其市民化过程也是一个长期存在。与之相适应，政策转型也需要不断推进制度创新。这是制度供求由非均衡态向均衡态转变的动态渐进过程。② 政策变迁涉及面广，影响因素复杂，并非简单制度革新，涉及利益格局重构和社会成本调节等深层次问题。在推进农民工市民化过程中，需要建立公平合理的社会秩序使农民工实现"进退自如"，即"进"可成为市民，"退"可回乡耕田。工业部门和农业部门发展应处于一种相互深度融合、互联互通状态。③

为此，需要按照保障基本、循序渐进原则推动改革，先易后难，分阶段、分步骤解决农业转移人口享有城市基本公共服务问题，着力解决好以下问题。

一是消除户籍制度障碍。当前的城乡资源配置建立在城乡二元户籍管制制度基础上。这种户籍制度限制了劳动力充分自由流动，对农业富余人口转移构成阻碍。④ 户籍制度改革需要在消除认识障碍基础上，恢复户籍制度基本功能，剥离附加在户口上的不合理利益，放宽农民工进城限制，解除农民工市民化户籍壁垒。

---

① 司翼、高飞：《我国农业转移人口市民化政策构成要素及实施困境分析》，《中国管理信息化》2015 年第 3 期，第 202—204 页。

② 何一鸣、罗必良、高少慧：《农业转移人口的市民化：基于制度供求视角的实证分析》，《经济评论》2014 年第 5 期，第 38—48 页。

③ 解安、朱慧勇：《农民工市民化：自主选择与社会秩序统一》，《中国社会科学院研究生院学报》2015 年第 3 期，第 39—44 页。

④ 范逢春、姜晓萍：《农业转移人口市民化政策转型的多源流分析：构成、耦合及建议》，《四川大学学报》（哲学社会科学版）2015 年第 5 期，第 17—25 页。

二是努力提高社会保障水平。社会保障制度的选择，既应保持权力平等、制度统一的基本方向，又应从农民工实际出发，创造可行的过渡形式，按照低水平、广覆盖、可持续方针，解决好农民工社会保障问题。

三是建立健全劳动保障机制。应建立城乡统一、平等就业、规范有序的劳动力市场，健全劳动权益保障制度，调节劳资分配关系，依法保护劳动者权益。

四是积极推进住房制度改革。开展以农民工为对象的"住宅运动"，建立农民工廉租房制度和经济租用房制度；开展义务教育、公共卫生、计划生育等公共服务的制度变革与创新，减少与住房绑定的政策限制，为农民工市民化提供良好的制度环境。[1]

五是培育进城农民社会资本。社会资本对农民市民化影响较大，涉及就业机会、经济地位、社会认同等许多方面。增加农民工社会资本存量，需要打造有利于他们与市民互动交往的文化环境，增强农民工对城市社会的认同感，加强对农民工就业培训，发挥好民间志愿性组织作用，增强进城农民社会参与意识。[2]

最后，农村地区转型发展影响深远，农村承载中华传统文化血脉，未来相当长时期仍是我国重要人口承载空间。

除少数能在大城市定居外，多数进城务工农民在拼搏若干年后，会选择返乡居住。返乡后，他们有多种可选择的居住方式，比如，在县城购买商品房、在镇上购房、在村里盖新房等。调查显示，选择在城镇定居的农民中，选择在中小城市定居的比例达到 56.9%。[3]

由于信息不对称，政府不能准确掌握农民家庭收入情况。让农民根据自身情况"用脚投票"，鼓励有意愿、高收入的农村家庭进入城镇定居，

① 王竹林：《城市化进程中农民工市民化研究》，中国社会科学出版社 2009 年版，第 254—255 页。

② 赵立新：《城市农民工市民化问题研究》，《人口学刊》2006 年第 4 期，第 40—45 页。

③ 吴孔军、疏仁华：《返乡农民工的角色认知选择与生存走向》，《南通大学学报》（社会科学版）2015 年第 3 期，第 129—133 页。

有利于促进发展，降低政策阻力。① 收入多元化的家庭通过务工、营商能获得更多收入，有能力也有意愿搬进城镇居住；依靠农业为主的家庭，离开村庄困难较多，往往进入城镇的意愿较低。

在推动农村转型发展的一系列问题中，笔者比较关注三个问题。

一是改革农村土地经营权制度，实现农地资源高效利用。

尽管一些农民离开村庄，进入城镇生活。但由于对土地经营权的控制，限制了耕地的集中经营和高效利用。即便出现大量"空村"和千万亩土地撂荒，仍不能实现土地集中。到 2012 年，中国仍有 2.58 亿劳动力从事农业生产，远高于发达国家的从事农业生产的人口比例。中国的劳动力短缺，是农业劳动生产率低下掩盖的假象。

鉴此，需要通过城镇化使一部分农民进城生活，推动土地资源集约高效利用，促进农业规模化经营，探索适合我国特点的农业合作社、集体农庄、国有农场等现代农业经营方式，加快推进农业现代化。农地产权制度改革和创新，应以明晰土地产权关系为核心，改善市场环境实现土地流转，为市民化提供农村土地退出制度保障。这是中国建成现代化国家同时保证有效社会动员力必不可少的条件。

二是提高农村劳动生产率，保障安全、可靠、稳定的粮食供给。

市场规律决定了农村人口外流成为当前阶段的趋势。当留在农业的劳动力下降到临界点时，任何进一步下降都会引起劳动力、土地和资本无效使用。发展经济学家刘易斯通过分析工业化过程中劳动力人口及其价格变化趋势，提出"刘易斯拐点"。② 如果没有农村劳动生产率提高，劳动力减少并不能保证粮食产量稳定。

此时，需要推动传统家庭小规模经营向大规模产业农业或合作农业经营发展，在保障农民利益不受损情况下，促进土地集聚带来"规模效益"。需要注意的是，农业经营平均规模上升并不意味着规模收益递增。

---

① 李强、陈振华、张莹：《就近城镇化与就地城镇化》，《广东社会科学》2015 年第 1 期，第 186—199 页。

② William Arthur Lewis, "A Model of Dualistic Economics", *American Economic Review*, Vol. 36, No. 5, 1954, pp. 46—51.

其规模必须适应劳动力真实工资上升带来的人地比例变化。[①]

三是提升农村地区民生保障水平,保护农村精神文化净土。

不少农村地区,尤其是中西部落后地区,存在许多民生问题,需要引起关注。比如,人口结构比例失衡;女性地位低;农民收入水平低,生活条件差;农村家庭照料功能弱化;农村学无优教;农村医疗条件差,农民病无良医;农村生态环境污染;农村封建残余风俗盛行,黄赌毒之风日盛;基层组织薄弱,农民信仰危机等。[②] 这些问题如果不能很好解决,势必对我国长期稳定发展不利。

总体来看,上述问题都是城镇化过程的衍生品。这些问题的核心是人,更准确来说是农民。解决问题需要抓住关键,上述问题的关键就在农村。农村如何发展决定了农民流向,也决定了城镇化的发展方向。即便中国城镇化率达到 70% 左右,留下在农村生活的人口仍然超过 3 亿。农村是我国现代化发展的短板所在。只有补齐农村发展的短板,才能促进我国现代化迈向更高水平。

(作者简介:王金涛,清华大学社会科学学院博士。)

---

① 盖尔·约翰逊:《经济发展中的农业、农村、农民问题》,林毅夫、赵耀辉译,商务印书馆 2004 年版,第 41 页。

② 刘剑虹、陈传锋、成晓:《当前我国农村民生状况百村万民调查报告》,《浙江社会科学》2015 年第 7 期,第 96—103 页。

基于马斯洛需求理论　构建特大城市宜居框架

黄江松

摘要： 将马斯洛的需求层次理论与现代大城市生活结合起来，从 5 个层次的需求满足出发构建包括城市的健康性、安全性、开放性、包容性和活力在内的特大城市宜居框架。从城市规划视角提出了特大城市的 4 项宜居原则，即依托大都市圈解决城市功能集聚与城市发展空间有限的矛盾；确保城市产生丰富的多样性，避免城市功能单一；城市紧凑发展中适当利用"人随线走"的建设模式（TOD 开发模式）；巧妙设计，打造疏密结合、错落有致的城市空间形态。

关键词： 马斯洛需求理论　特大城市　宜居城市

一　宜居城市评价指标体系的理论基础：基于马斯洛需求理论构建特大城市宜居框架

做好城市工作，要坚持以人民为中心的发展思想，坚持人民城市为人民。以人民为中心，建设国际一流的和谐宜居之都就要从满足人的需求出发。根据马斯洛的需求层次理论，人的需求从低到高分为 5 个层次，即生理需求、安全需求、社交需求、尊重需求、自我实现需求。马斯洛认为，一个国家多数人的需求层次结构，是同这个国家的经济发展水平、科技发展水平、文化和人民受教育的程度直接相关的。那么，我们进一步分析会发现，需求是动态变化的，生活在不同地域、不同时代，人们的各种需求的表现差异性很大。

将马斯洛的需求层次理论与现代大城市生活结合起来，我们认为提高特大城市宜居水平应从 5 个层次的需求满足出发提高特大城市的健康性、安全性、开放性、包容性和活力。

满足人的生理需求，提高城市的健康性。生理需求是指个人在城市生活所必需的物质方面的需求。格莱泽在《城市的胜利》书中提到，"地缘上的接近性为思想和商品的交流提供了便利，但它同时也方便了细菌的传播和钱包的盗窃。全球所有较为古老的城市都得过'大城市病'：传染病、犯罪、拥挤"。历史上，城市的健康水平一度低于农村。17 世纪，英国城市地区的死亡率大大高于农村；1901 年时纽约市民平均预期寿命比全国低 7 岁。随着时代的发展，现代城市经过几十年到几百年的建设、发展，城市满足市民生理需求的能力大幅提高，所以市民生理需求的内涵已发生很大变化。比如，洁净的空气成为人们在大城市生活基本的生理需求。根据对在北京工作的外籍人的调查了解到，北京的雾霾天气已成为外籍人员离京、外籍人员拒绝来京工作的首要因素，76.1% 的被调查者表示会因空气质量差而选择离开北京。人们来到城市是为了生存，宜居城市是能让他们生活得更好的城市，能够满足市民健康生存和繁衍的要求，提供健康的空气、水、住宅、食品，宜人的气候，完善的市政基础设施，便利的商业环境，有效防治各种传染病。

满足人的安全需求，提高城市的安全性。李光耀认为，一个宜居城市的重要条件是人民感觉安全，他说："在这个地方创造一种安全，一种舒适的感觉。如果你老是感觉害怕，无论周遭环境有多美好也没有用。"但是在现代社会，特大城市由于人口密集、规模大、社会多元、对外开放程度高、社会关注度高，面临的潜在风险非常大，是各种风险的多发地和矛盾的汇集点。当今世界恐怖袭击事件无一不在特大城市爆发，向世人警示特大城市的高度脆弱性。危机事件呈现跨领域发生态势，经济安全、社会安全、生态安全彼此间界限逐渐模糊，相互交融，牵一发而动全身；传统威胁增加，恐怖袭击、金融攻击、网络攻击等非传统威胁呈不断上升势头。宜居城市应满足人的安全需求，增强市民的安全感，维持稳定的社会秩序。

满足人的社交需求，提高城市的开放性。20 世纪 90 年代我国在城市实行住房制度改革，单位不再分配住房，人们住在商品房小区；而且随着改革的深入城市人口流动性加大，大量外来人口涌入大城市，导致我国现

代大城市与传统的乡村社会、计划经济时代的大城市在社区层面存在本质
区别，现代大城市的社区是陌生人社会，邻里之间没有天然的联系。那
么，建设宜居城市要最大程度地满足市民社交的需求。城市政府要在社区
建有足够的公共空间、公园绿地为居民交往提供场所。社区自治组织、社
区社会组织要发达，将社区居民组织起来，为社区居民服务，开展社区活
动。社会学的研究证明，对于一个社会的良性运行而言，有组织比没组织
好。研究美国大城市中心区的振兴过程发现，居民的文化参与有助于提高
公民意识、增强社区凝聚力，文化舞台越活跃，中心区的暴力水平和贫困
率下降越大。大城市公共交通要便捷，慢行系统完善，方便各类居民，尤
其是无车居民出行。大城市要重视街道的建设，雅各布斯在《美国大城
市的死与生》一书中提出，街道是一个城市最重要的器官，能促进人们
的交往。街道及街边的商店是大城市里非正式的公共场合，丰富的城市生
活就是从街道开始的。街道还是城市里孩子们成长的地方，城市街道是培
养孩子们公共责任感的绝佳的场所。另外，处在信息时代的人们大都依靠
互联网、移动互联网进行交往，大城市要建有广覆盖、安全、快速、低价
甚至免费的互联网、移动互联网。

满足人的尊重需求，提高城市的包容性。尊重的基础是公民社会权利
的平等，没有公民权利的平等，尊重就不可能实现。城市要提供平等的公
民权利体系，城市居民不论种族、肤色、户籍都平等地享有选举权和被选
举权，平等地享有教育、医疗、社会保障等公共服务，平等地参与城市管
理、接受公共管理。社会建有客观的评价机制，只有每个公民的贡献能够
得到恰当的评价，尊重才能得到体现。全社会建有良好的收入分配机制，
这是尊重在经济上得以体现的最为根本的机制。能给予一个人和其才能、
贡献相匹配的报酬，能打破各种身份限制，实现同工同酬。尊重需求的满
足，还体现在对城市贫困人口、老年人、残障人等弱势群体的接纳、关
怀。

满足人的自我实现需求，提高城市的活力。城市是人类最伟大的发
明，在工业社会，城市能组织大规模生产，降低生产成本，创造极大的物
质财富；在信息社会，虽然互联网普遍使用，人们借助新技术可以无障碍
地进行交流，大城市因为人员的多元性、地缘的接近性、空间的集聚性，
相比农村、小城市，仍然具有满足自我实现需求的先天优势。宜居城市应

满足市民自我实现的需求，提高城市活力。提高城市经济活力，为人们提供充足、体面的就业机会。农村人来到城市即便生活在贫民窟也比待在农村好，农村可能比贫民窟安全，但那是一种世世代代永远受穷的安全。城市里充满了贫困人口，并不是城市让人们变得更加贫困，而是城市因为具有能提高穷人生活水平的前景吸引了贫困人口。营造独特、多元的城市文化氛围，提高城市文化活力。功能齐全、完备的文化设施，丰富的公共文化活动，繁荣的文化市场都有助于满足人自我实现的需求，吸引各地、各国优秀的文化人才。世界上的特大城市无一例外都是地区乃至世界的文化中心，如纽约、伦敦、巴黎、东京。发展慈善事业，提高城市社会活力。就个人而言，参与慈善活动是满足自我实现需求的路径，随着社会的进步，慈善将成为一种生活方式；对国家而言，基本完成工业化之后的国家，如果能够兴起广泛而持续的慈善运动，整个社会就会实现稳定的转型和提升。

二　特大城市宜居指标体系

特大城市宜居指标体系

总目标	目标	具体指标
国际一流和谐宜居之都	城市的健康性	空气质量：PM2.5 年均浓度值
		水环境：重要水功能区水质达标率
		区域环境噪声平均值
		生活垃圾无害化处理率
		食品安全
		购物便利
	城市的安全性	最低生活保障水平
		城镇登记失业率
		医疗机构床位数/万人
		人均期望寿命
		刑事案件数/万人
		交通事故死亡人数/万人

总目标	目标	具体指标
国际一流和谐宜居之都	城市空间的开放性	中心城绿色出行比例
		人均公园绿地面积（公园绿地 500 米服务半径覆盖率）
		互联网网速、价格
		道路铺装面积
	城市的包容性	平均受教育年限
		养老服务水平
		残疾人保障水平（无障碍设施数）
		残疾人服务水平
		社会保障水平
	城市的活力	创业活动指数
		世界 500 强大学数
		世界文化遗产数
		图书馆人均藏书量
		每百万人占有银幕数
		剧院年表演场次
		体育场馆数/万人

三 特大城市的宜居原则

（一）依托大都市圈解决城市功能集聚与城市发展空间有限的矛盾

从 20 世纪初到 20 世纪 40 年代，一些富有见识的规划思想家终于认识道：有效的城市规划必须从超越城市的范围着手——从城市及其周围农村腹地的范围着手。盖迪斯是西方近代建立系统区域规划思想的第一人，他在 1915 年出版的专著中就提出，"人们不能再以孤立的眼光来对待每一个城市，必须认真进行区域调查，以统一的眼光来对待它们"。著名城市学家刘易斯·芒福德在 1938 年出版的《城市文化》一书中说："真正的城市规划，必须首先是区域规划。"但是一直到 1929 年至 1932 年的西方经济大衰退后，人们才完全意识到必须要把城市与其影响、依托的区域联系起来进行系统规划。

1937 年英国政府为了研究、解决伦敦人口过于密集的问题，成立了以巴罗爵士为首的巴罗委员会。1940 年提出的《巴罗报告》中建议：要通过疏散工业和人口来解决大伦敦的环境与效率问题。阿伯克隆比制定的"大伦敦规划"在 1944 年被伦敦国土委员会采纳，他对西方城市规划理论与实践最大的贡献就是在一个比较广阔的范围进行特大城市的规划。该规划体现了《巴罗报告》中提出的分散工业和人口的中心思想，提出从伦敦密集地区迁出工业，同时也迁出 100 万人口。从今天的现实发展情况看，伦敦由 1951 年的 820 万人口减少到目前的 660 万人口，"大伦敦规划"的思想及其提出的措施，使其成为成功舒缓现代城市压力的最经典案例之一。"大伦敦规划"吸收了 20 世纪初期以来西方规划思想中的许多精髓，提出的方案对当时控制伦敦的蔓延、改善混乱的城市环境起到了一定的作用，所以后来为东京、首尔等城市所效仿。

（二）确保城市产生丰富的多样性，避免城市功能单一

《美国大城市的死与生》的作者雅各布斯认为，大城市所谓的"死与生"完全由城市的多样性主宰。单调的大城市孕育的是自我毁灭的种子，而多样化的城市孕育的是自我再生的种子，意味着即使有些问题和需求已经超出了城市的限度，这些城市也有足够的力量保持再生能力，最终解决那些问题和需求。城市要产生丰富的多样性，四个条件不可缺少。第一，城市的功能必须多元，以确保在不同的时间段城市某区域都有大量的人流。第二，街道必须要短，也就是说，在街道上能够很容易拐弯，街道频繁出现和街道短小都是非常有价值的。第三，一个地区的建筑物必须各式各样，年代和状况各不相同，保留适当比例的老建筑。第四，人流的密度必须要达到足够高的程度。这四个条件必须共同作用才能产生城市的多样性，缺少任何一个都会阻碍一个地区多样性的产生。

《雅典宪章》和《马丘比丘宪章》是现代城市规划的两大代表性文件。1933 年 8 月制定的《雅典宪章》最突出的内容是提出了城市的"功能分区"思想，认为，城市的诸多活动可以被划分为居住、工作、游憩、交通四大基本类型，居住、工作、娱乐三大活动在空间上分区设置，同时建立一个联系三者的交通网。44 年后即 1977 年，国际建筑师协会在秘鲁

的马丘比丘召开会议，并制定了著名的《马丘比丘宪章》。该宪章对城市功能分区进行了反思，提出不要为了追求清楚的功能分区而牺牲了城市的有机构成和活力。"功能分区这一错误的后果在许多新城市中都可看到，这些新城市没有考虑到城市居民人与人之间的关系，结果使城市生活患了贫血症。"

纽约曼哈顿地区最有名的两个商务区是华尔街金融区和中城商业区，这两个商务区由于承担的城市功能不同而呈现了截然不同的情况。华尔街金融区汇聚了近3000家大大小小的金融机构以及成千上万个贸易公司和律师事务所。华尔街最大的问题是晚上像座"鬼城"，周末像座"死城"。中城商业区既是许多著名大公司的总部所在地，也是一个以洛克菲勒中心为主要区域的商业区，第五大道聚集了名声赫赫的大型百货公司和世界一流品牌的名店，中城是个"不夜城"。两个商务区都在曼哈顿地区，为什么会出现这样两种截然不同的情况呢？究其原因，华尔街金融区仅仅发挥了城市的单项功能：办公，而中城商业区不仅发挥了办公功能，还使商业发展与城市生活——娱乐、休闲完美结合在一起，将城市综合功能发挥到极致。

（三）城市紧凑发展中适当利用"人随线走"的建设模式（TOD 开发模式）

亚洲人口占世界人口的60%，但土地面积仅占世界的30%，因此，亚洲的城市必须走紧凑发展的道路，紧凑型城市同样可以满足城市宜居和可持续发展的要求。比如，紧凑型城市更便于发展公共交通，而公共交通的能源消耗远低于私家车，这样一来，城市紧凑发展还起到了节约能源的作用。

香港是城市紧凑发展的典型代表，当地居民也从其中得到了很多好处，如低廉的税费、便利的交通和优质的营商环境等。不过在20世纪七八十年代，香港政府也同样面临着治理"城市病"的挑战，打造紧凑型城市正是当地政府对于这一挑战的积极回应。在这一过程中，香港政府适当利用了"人随线走"的城市发展模式（TOD 开发模式）——即先修建城市快速轨道交通，再以此为基础吸引人口和产业向新区迁移，并在本地逐步完善教育、医疗等其他城市功能——取得了明显的效果。

香港在建设紧凑型城市的过程中，始终坚持公共交通优先发展的原则，通过征收高额的汽车首次登记税和车辆牌照费，对私家车的使用实行严格控制，逐渐使公共交通成为居民出行的首选。通过实施土地综合开发，香港创造了人车分流的步行系统，大量空中步行长廊再与公共交通结点或枢纽相衔接，既方便了居民的出行，又丰富了城市的空间层次。

（四）巧妙设计，打造疏密结合、错落有致的城市空间形态

特大城市人多地少，高密度建设在一定程度上是大势所趋，因为只有提高建筑密度，才能够提升人均建筑面积，保证居民拥有高质量的生活和工作条件。那么，对特大城市而言，有效缓解高密度建设给人带来的压抑感，让市民在城市中看到天空、亲近自然、享受运动，就显得尤为重要。

新加坡的建筑密度是很高的，但是当地政府在做城市设计时进行了巧妙地处理，将国际象棋棋盘的格局引申到城市空间设计中，黑色的方格代表高密度的住宅区或商业区等，白色的方格则代表低密度的公园或广场等。如此一来，城市中的高层建筑便不会集中在一起，而是有低层建筑穿插其中，这就使居民能够经常看到天空，从而在一定程度上缓解了高密度建设给居民带来的压抑感。

新加坡政府还积极打造花园城市，以进一步消除居民生活在大城市中的压抑感。当地政府在土地资源并不十分充裕的条件下，仍然制定了很高的绿化率标准，并要求建筑前要保有大量绿地。如果建筑前的绿地面积未达到标准，则要求在各楼层"见缝插绿"，或是在楼顶修建花园。

新加坡不遗余力地发挥城市公共空间的作用，建设便捷的运动场所。像铁路线下、沟渠边、房顶、地下车站这些公共空间，在多数城市都是闲置的，新加坡一个都不会放过，并赋予它们多种用途，新加坡重新定义了可利用空间的概念。如沟渠边建起步行道和自行车道，立交桥下建五人制足球场，大型公共停车场变成小型赛车场地，屋顶建游泳池。

（作者简介：黄江松，首都社会经济发展研究所副所长，研究员。）

教育、城市与大国发展

——中国跨越中等收入陷阱的区域战略

陆 铭[①]

摘要：中国经济持续增长，才能跨越中等收入陷阱。教育水平的提升对于经济持续增长固然重要，但对于中国这样一个大国来说，充分利用城市发展（特别是大城市的发展）来发挥人力资本外部性和不同技能的劳动力在城市中的互补性，提高人力资本的回报，是于国于民均至关重要的发展战略。为了实现这一发展战略，中央政府应加大基础教育投入，实现基础教育资源可随人口流动而携带，同时，多种渠道增加教育资源总量，促进人口流入地基本公共服务均等化，逐步清除阻碍劳动力流动的制度障碍。

关键词：教育回报 人力资本 外部性 城市中等收入陷阱

一 引 言

虽然中等收入陷阱的概念备受争议，但如果将其理解为是否最终缩小了与美国的发展水平差距，的确有不少国家陷入了中等收入陷阱（胡永泰等，2012）。自 20 世纪 60 年代起，作为跻身中等收入国家的经济体，到 2008 年成功"毕业"而成为高收入的，只有 12 个，并且 4 个在东亚（Rozelle，2015）。对于中国而言，是像东亚近邻一样能够成功"毕业"，

———————————
① 本文得到了中国国际经济交流中心课题"我国人力资本投入研究"和国家自然科学基金课题（71273055）"包容性的城市发展：人口规模、人力资本外部性对就业和收入的影响"的资助。作者感谢夏怡然、向宽虎、常晨和梁文泉在前期研究和数据、文献整理中所做的贡献。

还是像拉美那样被甩在后面，未来十年就会有答案。

看中国经济增长的持续性要在经济增长理论基础上嫁接"空间"的因素。经济增长理论告诉我们，人均 GDP 取决于两个关键因素；一个是人均资本；一个是全要素生产率。人均资本好理解，而全要素生产率则复杂得多。通常，全要素生产率主要取决于教育水平，这是 Rozelle（2015）强调中国要加大对于教育的投入，特别是加大对欠发达地区农村教育投入的原因。当然，加大投入提升教育水平是重要的，除此之外，在我看来，对于中国这样一个的发展中大国，其内部城乡和地区间的资源配置效率也是决定全要素生产率的重要方面。倘若从"空间"的视角看中国的教育问题，教育就不再是一个投入和水平的问题，而是包括了在哪投入和在哪提高教育回报的问题。

从全球范围来看，中等收入国家往往也是城市化率居中的国家，而在中等收入国家中，中国的城市化水平已经落后于发展水平类似的国家大约10 个百分点（Lu and Wan，2014）。因此，要跨越中等收入陷阱，却不提高城市化水平，在国际范围内没有先例。同样，以换"空间"的角度来看问题，中国是一个大国，每一个省放在欧洲都是一个（甚至几个）国家的尺度。如果分省来看，2014 年中国已经有 9 个省市（其中 8 个在沿海）的人均 GDP 超过 10000 美元，也都是城市化水平比较高的地区。所以，从中等收入陷阱的角度来看，中国发展问题的本质是提高中西部省份的人均 GDP 和居民收入。在这个问题上，一个习惯性的思维误区是，中西部省份居民提高收入就是他们在家乡提高收入。从全国的空间看去，事实并非如此，中西部居民提高收入的地点既可以是家乡，也可以是外地，即通过流动到有更高收入的地方来实现。打破人口流动的障碍，尽可能地利用有限的资源提高人们的教育水平，并让每一个劳动力自由选择能够最大化自己教育回报的工作和居住地点，这是有效提高欠发达地区居民教育回报的最优方式。

从上述"空间"的视角出发，中国成功跨越中等收入陷阱的关键是实现城市化和区域经济发展过程中的劳动力合理流动。相比之下，在既有的对中国人力资本积累、经济持续增长和中等收入陷阱问题的讨论中，"空间"视角被重视的程度不够。这篇文章尝试弥补这个不足，强调在哪教育和在哪获取教育回报的问题，既对现有的相关研究进行总结，又在行文中提出缺乏研究的课题。

全文共分为五个部分：第二部分以"人力资本外部性"的概念为核心，讨论城市与教育回报的关系。第三部分为"人往高处走"提供一个现代经济学的解释，讨论城市人力资本对劳动力流动的影响。第四部分讨论那些阻碍了教育投入与产出的空间最优化的障碍。第五部分是对未来的展望以及本文的政策含义。

二 城市、人力资本外部性与教育回报

在经济增长里，劳动投入和资本投入的增长是看得见的部分，其余都被归为全要素生产率。但全要素生产率又是什么？人们会将其归因为劳动力的质量以及制度。再具体一点，在发展过程中，教育水平的不断提高是一个问题，教育的回报能否获得提高，又是另一个问题。给定教育水平，可能教育回报很低，这会进一步地降低教育投资的积极性。

（一）教育回报的上升：人力资本外部性的重要性

中国改革开放40多年的发展印证了教育回报的不断上升。计划经济时代所有人的工作都是由国家统一安排，教育回报率被严重的压低（Cai et al., 2008）。不同的研究均显示，从改革开放起，教育回报率逐年上升。在图1中，我们可知，教育回报率在1978年仅为-0.642%，到了1987年则上升为3.707%（Fleisher and Wang, 2005）；在整个20世纪90年代，从1990年的2.43%，上升到1999年的8.1%（李实和丁赛，2003）[①]；2000年之后，从2001年的6.78%，上升到2010年的8.6%（Gao and Smyth, 2012）。我们用2005年1%人口小普查的微观数据，在控制了年龄、年龄平方、性别、民族和婚姻状况后，发现一年教育水平的提高会平均提高工资水平的13.2%（梁文泉和陆铭，2015）。

私人教育回报的持续上升体现出教育的确在创造价值。一种直观的理解是，教育回报的上升原因是计划经济时期对教育回报的压制在市场经济

---

① 类似的，Zhang et al.（2005）发现教育收益率从1988年的4.0%增加到2001年的10.2%。

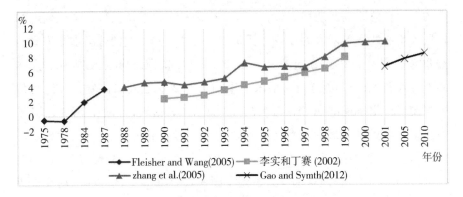

图 1　教育回报率的长期变动趋势

下得到纠正。另一种容易想到的解释是，随着时间的推移，教育质量得到了改善。而要特别强调的是，我们最近的研究发现"人力资本外部性"（human capital externalities）在提高教育回报方面的作用被严重忽视了。

　　"人力资本外部性"的含义是，一个人的教育水平提高不仅提高了自己的私人收入，还在与其他人的社会互动中产生知识的外溢性，从而在加总的意义上产生社会回报，即一个人能够从其他人的教育水平提高中获得收益，包括收入提高、犯罪率下降和人民生活质量改善。如果人力资本外部性很大的话，那么，劳动力从农村流动到城市，或者从教育水平低的城市流动到教育水平高的城市，就可以获得收入的提高。那么，中国的人力资本外部性对收入的影响有多大呢？根据我和哈佛大学的 Glaeser 的研究发现，通过使用 CHIPS2002 和 2007 的数据，一个城市的平均受教育年限增加一年，这个城市的居民平均收入将提高大约 21.9%（Glaeser and Lu, 2014）。如果换用 2005 年 1% 的人口小普查数据，一个城市的平均受教育年限增加一年，这个城市的居民平均收入将提升 19.6%—22.7%（梁文泉和陆铭，2015）。不同的数据估计出来的结果非常接近。这意味着，即使给定教育水平和所有其他个人特征，只需要将一个人的居住地的人均受教育年限增加一年，他的收入就可以同步提高大约 20%（以上几个系数估计值的约数）。另外，由于存在人力资本的外部性，原先教育的私人回报就被高估了，这其中包含了教育的社会回报。

　　那么，在城市化进程中，人力资本外部性在加总的层面对于人均收入产生多大的影响呢？如果做一个非常粗略的估算，在 2014 年末，中国有大约 2.6 亿的跨地区迁移人口，假设其中都是农村进城人口，考虑到农村地区人均受教育年限大约比城市低 3 年，再考虑到他们的劳动参与率大约是 80%，那么，在迁移过程中，这 2.6 亿人口的人均收入提高了大约48%（20%×3×80%）。如果未来中国再有 2.6 亿人口进城，大约将使中国的城市化率提高到 75%（55%+2.6 亿/13 亿）。即使按 60% 的劳动参与率来计算（考虑到现有农村人口中老人和女性更多），再假设城乡间的人均受教育年限仍然相差 3 年，这部分人的人均收入将提高 36%（20%×3×60%），而这部分人占到全国人口的 20%，他们的人均收入提高将转化成为全国人口平均收入增长大约 7.2%（36%×20%）。这个迁移效应大约相当于当前中国一年的人均 GDP 增长率。如果新进城的人口劳动参与率达到 80%，而且相对集中在受教育水平更高的大城市，使其周围的人均受教育水平能够增加 4 年，这部分人的人均收入将提高 64%（20%×4×80%），而这部分人占到全国人口的 20%，他们的人均收入提高将转化成为全国人口平均收入增长大约 14.4%（64%×20%），相当于2 年的人均收入增长。换句话说，在城市化水平提高到 75% 的过程中，仅仅借助于人力资本外部性的机制，就可以让中国跨越中等收入水平的时间提前 1—2 年。当然，这个估算非常粗糙，只是为了给读者一个大致的感性认识。

作为一个正在经历经济转型的发展中大国，中国不同区域的经济发展水平差异明显。不同地区影响教育回报的因素不尽相同，包括私有部门的经济比重、不同程度的经济开放度（吸引 FDI 的程度）、不同的地域性政策等。更为重要的是，城乡之间和不同城市之间人均教育水平存在巨大差异，就会使得教育回报在城乡之间和不同城市之间产生差异。邢春冰（2015）的研究表明，城市的教育回报显著高于农村的教育回报，在城市层面，那些教育程度更高的大城市有着更高的教育回报。

邢春冰（2015）的研究显示，在 1995 年，每年教育的回报率在不同地区一致为 3%—4%。到了 2002 年，广东省以 8.4% 的每年教育回报率居全国首位，而湖北和云南的每年教育回报率最低（4.6%—4.7%）。从 2002—2007年，中西部省份的教育回报率停止增长并出现下滑的态势（例如安徽和甘肃）。与之形成对照的是，沿海地区的教育回报率持续攀升，在部分地区出现了爆发式增长。例如北京的教育回报率从 6% 上升到 11%，江苏的增长态势亦是如此。全国的教育回报率出现了明显的区域差异化。高等教育回报升水呈现出类似的态势。可以看出，教育回报主要来自高等教育阶段，特别的，沿海地区的高等教育回报成为了该区域教育回报的主体。

为了进一步反映出教育回报的地区间差异，邢春冰（2015）利用2005 年 1% 的人口小普查数据估计出了所有城市层面的教育回报，估计结果从 5% 到 15%，展现出很大的城市间差异。他发现，总体来说，每年教育回报和城市人口呈现出正相关关系，城市越大教育回报越高。同时，每年教育回报和城市的大学毕业生占比正相关，大学生占比越高，教育回报越高。

（二）高技能者的集聚为什么会使低技能者得益？

读者可能会问，难道高技能者所产生的人力资本外部性不只是由高技能者自己得到的吗？这样，城市要发展自己，就不需要低技能劳动者，或者说，城市受教育水平的提高会替代掉低技能劳动者？不是这样的，事实上高、低技能者之间存在着技能互补性（skill complemetarities），这使得大学生更多的大城市反而需要更多的低技能劳动者。那为什么大城市会促进技能互补？原因可能是以下三点：

一是劳动力分工。当市场容量增加的时候，会促进劳动力的分工更为细化，劳动力彼此之间的联系更为紧密，不同技能的人在生产过程中位于不同的岗位，相互分工，从而产生互补性。其实，这就是市场规模促进分工的"斯密定理"。

二是人力资本外部性。人力资本外部性的存在会提升高技能者周围劳动力的生产率。

结合以上两点，可以说明存在劳动力分工时，不同技能的人会从事符合各自比较优势的职业，存在外部性的情况下，高技能者的增加会提高其自身劳动生产率，同时也会促进低技能者劳动生产率的提高。因此，大城市会促进高低技能互补。我们的研究发现，高低技能劳动力之间的互补性会出现在大企业内部，但大城市的促进效应并未明显强于中小城市（Liang and Lu，2015），但大城市的确更可能通过促进企业间和行业间的外部性来促进高低技能互补（梁文泉和陆铭，2014）。

三是消费外部性。就业工资的上涨会增加人们从事家务的机会成本。

对于高技能劳动力而言，从事家务的高机会成本会促使其将家务活动外包给从事家政、餐饮等消费型服务的低技能劳动力。同时，收入水平的提高还会增加其他诸如医疗、艺术、法律等的服务需求，而它们的从事人员主要是高技能劳动力。大城市会通过外部性、分享和匹配等机制提升高技能劳动力的工资，促进高技能劳动力将更多的家务活动外包，同时增加对消费型服务业的需求，进而会增加消费型服务业的就业量。据估计，城市中每增加1个高技能岗位，就会增加5个消费型服务业的岗位，其中2个是医疗、艺术、法律等高技能劳动力从事的岗位，3个是餐饮、收银员等低技能劳动力从事的岗位（Moretti，2012）。

上述技能互补性的存在都使得城市受教育水平的提高带动低技能劳动力的工资上涨。我们用2005年1%的人口小普查微观数据考察城市高技能比例对不同技能劳动力工资的影响，结果显示，当城市高技能者（大学本科以上学历）比例增加1个百分点时，高技能者的小时工资会增加6.11个百分点，而低技能者（大学以下学历）的工资会增加7.17个百分点，增幅略大于对高技能者的影响。另外，如果我们将低技能劳动力细分为具有高中学历和大专学历的中等技能者和具有初中及以下学历的低技能者，同样发现，城市高技能者比例增加对低技能劳动力工资的增幅效果最大（梁文泉和陆铭，2015）。

在高技能者向大城市集聚的过程中，也将带来大量低技能劳动力的需求，从而表现为城市规模对于就业和收入水平的正效应。通过使用CHIPS 2002年和2007年的个人层面数据，我们发现，人们在大城市更有机会找到工作。高技能者和低技能者都在人口规模效应中获益，而且低技能劳动力在大城市中获得的就业机会更多。相比之下，中等技能人群的就业情况不会受到显著的影响。因此，限制城市人口增长，特别是低技能劳动力的流入，对效率与公平均有弊处（陆铭等，2012）。此外研究也发现，城市规模对劳动力收入具有正效应：在对收入进行了消胀后，每提高1个百分点的城市人口会增加个人实际收入大概0.082%到0.143%（高虹，2014）。

三 人往高处走：城市人力资本对劳动力流动的影响

中国有句古话叫"人往高处走"，这句话的现代经济学含义就是人会向收入更高、就业机会更多的地方迁移，为此，人们会从农村迁移到城市，从小城市迁移到大城市。

（一）教育促进劳动力从农村向城市迁移

城市的工业和服务业教育回报高于农村，因此，劳动力从农村向城市转移就是提高教育回报的途径。在一个代表性家户中，教育水平较高的成员在工业和服务业领域有比较优势，会被派到城市里务工。实证研究证实了这一点，通过使用 CHIPS 2002 年数据，在控制了其他个人、家户、乡村特征等变量后，不同的教育水平对农民工进城有着不同的正效应。如果以文盲作为参照组，那么具有中学和小学教育水平分别会提高农村劳动力外出务工概率 7.13% 和 5.25%。而具有较高教育水平的人外出务工的概率提高较低（技校或大专教育水平提高 4.75%，高中教育水平提高 4.9%），当然这可能是由于具有初中以上教育水平的农村劳动力更易获得城市户口，因此不被计入外出务工人员中（Chen et al.，2014）。

（二）高技能劳动者向教育水平更高的城市集聚

高技能劳动者向教育水平更高的城市集聚是这些城市规模扩张的源动力。由于人力资本存在外部性，一个城市的平均受教育程度越高，劳动者获得的学习机会就越多，其劳动生产率和工资的增长就越快（夏怡然和陆铭，2015）。如图 2 所示，平均教育水平更高的城市吸引了更多高技能劳动力的流入，具体来说，改革开放以来的几轮人口普查数据均显示，初始大学生比例更高的城市，在未来大学生比例中增长更快。

我们利用 2000 年和 2010 年的人口普查数据并借鉴 Berry and Glaeser（2005）的做法来考察 2000 年城市人力资本情况对 2000—2010 年的城市人力资本变化情况的影响，结果发现，2000 年的城市高技能者比例每增加 1 个百分点，2000—2010 年的高技能者比例会增加 1.3 个百分点；即使我们控制了 2000 年的城市人口规模、人均 GDP 和产业结构，2000 年的城市高技能者比例每增加 1 个百分点，2000—2010 年的高技能者比例会增加 1.02 个百分点（梁文泉和陆铭，2015）。值得一提的是，现有城市的高技能者比例影响后续高技能者比例的现象在美国同样存在（Berry and Glaeser，2005）。

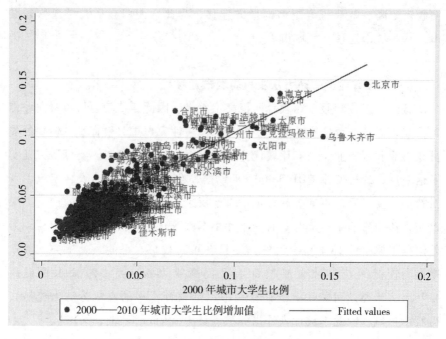

图 2　初始大学生比例与大学生比例的增长，2010—2000 年

数据来源：根据 2000 年和 2010 年人口普查数据计算。

　　至此，我们已知城市现有的高技能者比例会影响后续的高技能者比例，但这是经济集聚的结果，还只是产业转移的结果呢？我们的研究证实，中国城市间的人力资本水平差异主要是来自行业内的差异，而不仅仅是因为不同城市的行业不同（梁文泉和陆铭，2015）。类似地，Berry and Glaeser（2005）发现美国在 1970—2000 年内城市间人力资本的分流不是行业间差异带来的，而主要是来自行业内的差异。

（三）城市人力资本对于劳动力流动的影响

　　如果高、低技能的劳动力之间存在着技能互补性，那么，高、低技能的劳动力会同时向人力资本水平更高的城市集聚。我们利用 2000 年和 2010 年的人口普查数据来考察具体情况，结果发现，2000 年高技能者比例增加 1 个百分点，则在 2000 年到 2010 年之间，高技能者比例显著增加 1.129 个百分点，中等技能劳动力显著减少 1.479 个百分点，低技能劳动力则会增加 0.351 个百分点，但不显著，不过系数的 t 值已经大于 1（梁文泉和陆铭，2015）。类似情况在美国也出现，从 1970 年到 2000 年，初期高技能劳动力比例高的城市，在后续 10 年内高技能劳动力比例增加的同时，低技能劳动力比例也在增加（Berry and Glaeser，2005）。

更为直观地，我们可以在地图上将跨地区迁移人口的空间分布画出来，由图 3 可以看到，虽然总体上人口向东南沿海地区迁移得更多些，但与其说东部吸引了更多的人口迁入，不如说大城市及其周边地区吸引了更多人口迁入。

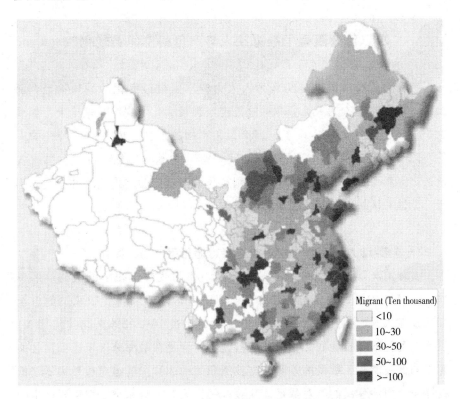

图 3 2010 年人口普查中迁移人口的空间分布（示意图）

城市人力资本对于劳动力流动的影响并不是刚刚发生的。笔者和夏怡然（2015）最近的研究用明清两代的进士数量构造了中国古代城市级的人力资本，我们发现，在中国历史上，各个城市的人力资本就有很大的差异。在 1952 年，中国运用行政力量实行高校搬迁，对城市的人力资本分布形成了巨大的冲击，改革开放之后，随着时间的推移，城市级的平均受教育年限和历史上的人力资本越来越相关。

经济收入和就业机会是吸引劳动力流入的一个主要原因，此外，获取公共服务也是吸引劳动力流入的因素。使用 2005 年 1% 的人口小普查数据和 220 个市区层面的特征数据，我们发现，具有更高收入和更多的就业机会以及更好基础教育和医疗服务的地区都会吸引劳动力流入。但是，公共服务对劳动力流向的影响小于工资、就业对劳动力流向的影响。因此，即使公共服务均等化政策能够促使人口的空间分布适度分散，仍然无法改变劳动力向大城市集聚的趋势（夏怡然和陆铭，2015）。

四　什么阻碍了教育投入与产出的空间最优化？

劳动力的自由流动是实现个人人力资本回报最大化的最佳途径。那么，如何判断个人的人力资本回报已经实现最大化了呢？在理论上，如果这个"最优化"已经实现了，那么，在不同的地区之间，同样特征的人的实际收入应该趋同，这就是"空间均衡"的基本思想。反之，如果各地区之间教育回报存在巨大差异，则意味着高技能劳动力的跨区域流动不能充分地对区域间的需求差异作出反应。

（一）劳动力流动的"空间均衡"遭遇阻碍

实际情况是，中国跨地区的"空间均衡"受到了很大的阻碍。邢春冰（2015）的研究发现，在北京、上海、广东，外来高技能职工约占全部高技能人群的 1/3，在 23 个省份里均有超过 10% 的外来高技能职工。该比例远低于低技能职工中的移民占比，特别是在沿海地区考虑到高技能职工和低技能职工数量的差距，高技能职工中的移民的绝对数量远低于低技能职工中的移民的绝对数量。从收入差距来看，沿海省份大学毕业生的收入远远高于中西部省份，而对于低技能劳动力来说，不同地区的工资差距要小得多。高虹（2014）进一步在个体层面考查了城市规模对于收入的影响，不管用生活成本指数还是用房价对于名义收入进行平减，结果仍然可以发现，在人口规模更大的城市，居民的实际收入更高。而且，相对来说，收入水平更高的组别中，城市人口规模对于个体实际收入的影响更大。这个结果同样说明，中国城市间人口流动的"空间均衡"还远未达到，尤其是高教育水平和高收入水平的人群，这种"空间均衡"没有达到的状况更为明显。

另一个视角是看不同技能水平的劳动力在不同城市的分布。如果高、低技能的劳动力之间存在互补性,那么,大城市同时吸引高、低技能的劳动力,而对中等技能的劳动力则吸引力不大。在美国,大城市具有更高比例的高技能劳动力,但平均技能水平和小城市却相差无几(Bacolod et al.,2009),而且大城市间的技能水平具有更大的方差(Gautier and Teulings,2009)。Eeckhout et al.(2014)发现,在美国的大城市中具有更高比例的高技能劳动力和低技能劳动力,而中等技能劳动力的比例则更低,这充分说明了大城市会促进技能互补。

我们利用2005年1%人口普查微观数据对比不同城市间的技能分布情况来考察高、低技能互补情况。我们将大学本科以上学历人群定义为高技能者,大专和高中学历人群定义为中等技能者,初中及初中以下学历人群定义为低技能者,然后直接看这三类技能劳动力数量在大小城市间的对比,具体情况见表1。可以知道大城市的人均受教育年限为9.785年,而小城市的为8.465年,二者之间相差1.32年,在1%下显著。另外,我们可以看到大城市具有更高比例的高技能和中等技能劳动者,但低技能劳动力的比例却更低。美国的情况与表1的情况相反,美国的大城市中具有更高比例的高技能者的同时,也具有更高比例的低技能者。

表1 大小城市的技能数量比较

城市规模	高技能者	中技能者	低技能者	人均受教育年限
小城市(173)	0.0187	0.179	0.803	8.465年
大城市(24)	0.0597	0.276	0.664	9.785年
差值				1.32年

注:表中的小城市定义为人口小于100万的城市,大城市定义为人口大于250万的城市,*** p < 0.01。

如果上述发现都是准确的,那么,从地区间的收入差距来看,高技能劳动力的流动似乎受到的更大的阻碍。而从不同技能的劳动力占比来看,似乎是低技能劳动力的流动受到了阻碍。这两个看似矛盾的结果怎么会同时出现?在缺乏更深入的研究之前,我认为,在逻辑和制度背景上说得通的解释是,低技能劳动力流动受到了更为严重的制度障碍,同时,对于高技能者，他们相互之间的异质性太大，以至于仅用实际收入的地区间差异来判断这类人群是否已经达到劳动力流动的空间均衡是不够的。换句话来说，相比欠发达地区和中小城市的大学生，发达地区和大城市的大学生所从事的行业、职业及不可观察的其他特征给他们带来的收入更高。

那么，为什么以户籍制度为代表的劳动力流动障碍长期以来一直未能消除呢？为什么大城市始终认为需要控制外来人口规模，特别是低技能劳动力的规模呢？我认为，首先的障碍来自知识和认知，我常常把这种原因称为"不明白"。具体来说，如果人们没有认识到城市规模会通过人力资本外部性对于收入、就业产生正面的影响，如果人们不知道低技能劳动者向大城市迁移是因为"技能互补性"带来的需求，同时，又简单地将城市病的产生归结为人太多①，不知道控制人口流动对本地弊大于利，那么，控制人口流动的政策主张就不足为怪了。另一种导致劳动力流动障碍的原因是地方政府追求短期的本地利益，对人口流动设置人为的障碍。这种原因是"政治经济学"意义上的，是本地短期利益与长期公共利益之间的矛盾，这在本质上不是"不明白"，而是"装糊涂"，需要通过制度设计来解决。

（二）劳动力流动障碍对人力资本投资的负面影响

地方政府有意愿实施吸引高技能人才的政策，但通常不愿意直接为教育进行投资，特别是不愿意为基础教育投资。原因在于，高技能者在空间上的集聚使地方经济发展受益。如果直接对教育进行投资，在劳动力频繁的流动过程中，本地的教育投资所形成的人力资本却可能在其他地方产生回报，这就产生了人力资本投资跨地区的回报，降低了政府进行人力资本投资的激励。而我国现行的基础教育经费主要是由县和乡两级政府负担，中央和省一级财政支出比例过低。而在劳动力流入城市（特别是特大城市），地方政府不仅不愿意为流入的低技能者增加教育投入，反而把对于低技能者随迁子女的教育歧视作为阻碍他们流入的政策。为此，中国应当

---

① 事实上，城市病与人口规模不能简单地建立因果关系，城市病在很大程度上是规划、管理和技术的问题，以城市病为理由来实施控制人口的政策是缺乏理论和实证依据的（陆铭，2015）。

改变基础教育主要由地方政府承担，中央政府财政支出比例过低的现状。

尤为值得一提的是，城市化进程中留守儿童和流动儿童的教育问题。中国的快速城市化增加了人力资本的积累，但在当前的户籍制度和教育财政制度下，城市化也伴随着一些问题，将对人力资本的长期发展带来危害。由于中国的户籍制度限制，大多数的外来务工人员不能在他们的务工地享有养老、医疗、公共教育等社会福利。虽然跨地区的人口流动规模庞大，但初等教育经费主要是由本地户籍儿童的数量决定的，且该经费无法实现跨行政区的流转和携带。因此，地方政府缺乏激励和财政资源来解决随迁儿童的入学问题。面临子女入学难的问题，外来务工的父母们有三个处理办法：一是缴纳择校费让子女进入当地公立学校学习；二是让子女进入私立学校学习；三是将子女留在老家由祖父母或其他亲戚监护。事实上，由于前两种途径的成本高昂，大量家长的选择是将孩子留在家乡，造成大量的留守儿童问题。

根据国家统计局提供的《全国农民工监测调查报告》显示，举家迁移的人口仅占到全部迁移人口的20%，但"候鸟迁徙"式的人口流动仍然是转移劳动力务工的主要形式。由于迁移人口的子女未能在流入地获得平等的受教育机会，举家迁移比率始终处于低水平的状况并伴随着大量的留守儿童问题。根据第六次人口普查数据，全国大约有6100万留守儿童，这些儿童没有跟随父母一起来到外地，而是留在农村上学。Jia et al.（2010）发现，留守儿童的生活健康状况低于非留守儿童，心理问题而非生理问题是造成这种情况的主要原因。Chang et al.（2011）则指出，父母外出务工会增加老人和儿童农活和家务活的任务量，特别是对于老年妇女和女童的影响较大。Gao et al,（2010）分析发现，留守男童容易有不吃早饭、运动量不足、网络成瘾、吸烟、自杀幻想、肥胖等问题，而留守女童则易出现甜类饮料摄入过量、沉溺于电视、吸烟酗酒等问题。2014年共青团中央中国青少年研究中心对全国留守儿童群体调查后发现，留守儿童的成长面临社会、心理等多方面问题，其中在学习成绩、身体状况、心理健康、生活满意度、行为举止等方面不良问题表现突出，引发了全社会对留守儿童生活状况和成长环境的深深关切和担忧。

对于留守儿童问题，很多人的感性认识是打工的父母对孩子关爱不够，应该鼓励他们回乡，并且应该加大对于农村教育的投入。给定目前劳动力流动的状态，当然，通过加大农村教育的财政投入，加强政府和社会对留守儿童的关爱是可以解决一部分问题，但是，这却不是根本的办法。鼓励打工的父母回乡不能解决问题，因为这意味着要他们放弃在城市的收入，与城市化的方向背离。同时，考虑到城市的教育投入有规模经济效应（同样的投入有更多的产出），城市的教育质量更高，城市的学校围墙外存在着现代社会需要的知识与技能，让留守儿童与他们的父母在城市团聚，并在城市接受教育要远远好于让他们的父母回乡，同时让他们在农村接受教育。

遗憾的是，如果不改制度，在城市这一端，流动儿童的教育也令人担忧。同样根据第六次人口普查数据推算，0—17 岁城乡流动儿童规模达3581 万人，这些孩子虽然居住在城市，但却未能与城市儿童一样获得同等的教育（全国妇联课题组，2013）。临时随迁儿童被录取入学的可能性远低于本地儿童，随迁不满一年的儿童遇到此类问题的情况尤为严重（梁在和陈耀波，2006）。随迁儿童入学难的问题在大城市更为严重。一段时间以来，在控制特大城市人口的政策取向上，北京和上海的户口政策和流动人口政策尤为严格，流动儿童的入学问题表现出更为严峻的态势。陈媛媛和冯帅章（2013）的研究发现，不能进入公立学校就读的随迁儿童在语文和数学方面的发展显著低于本地儿童。近些年，很多城市（特别是一些大城市）人口出现了快速增长，由于城区中心地带住房的刚性供给，很多新来的流动人口只能住在郊区或者一些刚由郊区转为城区的地段。由于大城市和特大城市的教育经费是由各个区县的财政提供，而市中心往往是经济更为发达，优质教育资源丰富的地区，这就会出现城市中心区域教育资源充裕，城市偏远地段的公立学校和新建流动子弟学校的教学质量都是相对较差的，因此，城市内部不同地段的教育资源分配不均便会体现为随迁儿童教育条件更差的现象。

说完孩子的教育，再来看成人的培训。由于农民工通常不被地方政府当作"本地人"，同时，这个群体的流动性太强，企业也不愿为其支付培训成本。与此同时，我国的培训供给在地区间存在差异，从表 2 可看到，不管是民办的职业培训机构还是公办的就业训练中心的数量，中部地区各省的平均值都高于东部地区的各省平均值。中部地区公办的就业训练中心的数量是东部地区的 1.5 倍。从培训经费上看，东部地区的民办职业培训机构的培训经费高于中部，但是公办的就业训练中心的经费却低于中部。从培训的人数来看，东部的民办职业培训机构培训的人数高于中部，但中部的就业训练中心培训的人数却高于东部，从加总数量来看，中部的两类培训机构培训的总人数大于东部。综合上述几个方面，中部地区的培训供给大于东部，相比之下，西部的培训供给最少。培训需求主要来自完成正规教育的经济活动人口和农村转移劳动力，根据 2010 年的人口普查，我们可以看到无论是经济活动人口还是流动人口的数量，都是东部最多，其中流动人口的数量东部几乎是中部的 2 倍。由此推断，我国的培训供给和需求存在区域上的错位，这种错位主要体现在政府主导的培训供给结构上。

表 2　　　　　　　2010 年的培训投入与就业人口的地区差异

	东部	中部	西部
民办职业培训机构			
数量（个）	736.92	779.33	428.70
经费（亿元）	4.92	1.91	1.73
培训人数（个）	441474.5	373821.4	289486.4
就业训练中心			
数量（个）	100.91	150.56	72.70
经费（亿元）	0.75	0.87	0.31
培训人数（个）	310718.5	396461.3	119321.1
经济活动人口数量（人）	31420764	22268284	19977253
流动人口数量（人）	13949658	5142117	3786410

注：表中的数值为各地区内部各省的平均值。

数据来源：培训的数据来自 2011 年《中国劳动统计年鉴》，经济活动人口和流动人口数量来自《中国 2010 年人口普查资料》，经济活动人口数量和流动人口数量都是长表抽样调查的样本数，与全国样本的总数不等，但是这个数量不影响我们进行地区间的比较。

（三）劳动力流动障碍对人力资本回报的负面影响

前面已经说过，城市的发展不仅仅需要高技能劳动力，同样也需要低技能劳动力。不同技能劳动力之间存在技能互补，高技能劳动力就业量增加的同时，也会增加低技能劳动力的就业量。如果从生产率和工资来看，高技能劳动力数量的增加会提高低技能劳动力的生产率和工资。

然而中国的户籍制度对落户条件的规定是很严格的，尤其是在大城市。特别地，在北上广这样的特大城市，只有像大学本科以上的毕业生才有可能落户。这种严苛的户籍制度阻碍了低技能劳动力自由流动到需求更多、收入水平最高的地方。我们的研究证实，的确在户籍门槛更高，落户难度更大的城市，相对来说集聚更多的高技能和更少的低技能劳动力（梁文泉和陆铭，2015）。当大城市高技能劳动力偏多，低技能劳动力偏少的情况出现的时候，会阻碍大城市高、低技能者之间的互补性，而从不利于大城市自身的发展（Liang and Lu，2015）。

仍然是户籍制度的障碍，影响到了移民群体的教育回报。那些没有本地城市户籍的人难以进入高端服务行业（Chen et al.，2013）。严善平（2007）利用上海市数据发现，1995 年至 2003 年间上海市本地劳动力和转移劳动力的教育回报增速不同，外来移民的教育回报被压低了。严善平（2011）使用上海市数据发现，转移人口在就业市场的份额逐步提升，同时，转移人口的教育回报也稳步增长。本地和转移劳动力教育回报差距的缩小表明城市就业市场对两种劳动力整合度的提升。目前对转移劳动力的就业歧视主要是求职和社保方面的制度性歧视。遗憾的是，近几年来北京和上海对于外来劳动力的制度性排斥又有所加剧。

再来看培训的回报。由于大量劳动力跨地区就业，因此，他们的培训接受地和就业地是不同的。陈钊和冯净冰（2015）的研究发现，平均而言，在东部接受职业教育的人比在内地接受职业教育的人在劳动力市场上有更好的表现。这一结果表明职业教育资源的空间分布仍有改善的余地，即更多地投资于东部地区能够提高职业教育的总体效率。

五　展望以及政策含义

放眼全球，城市化是实现国家现代化的必经之路，中国若要实现现代化，城市化水平的持续提高将是一个必然的趋势。对于中国这样一个大国来说，比城市化水平持续提高更为重要的，是形成有效率的城市体系和城市空间布局，这就需要制定正确的城市发展规划，实现兼顾效率与平等的区域发展模式。实现这一目标的关键是以生产要素在城乡间、地区间自由流动为前提，形成以大城市和都市圈为带动的区域经济增长格局，实现经济的集聚发展和地区经济的有效分工，从而走向城乡间和地区间在人均收入水平，特别是生活质量上的平衡发展。

基于上文所述的，中国的人力资本投资总量和结构远远不适应人口流动的规模和方向。因此，本文提出，中国应该在教育投资、劳动力市场、户籍制度等方面进行全面的政策调整与改革。

(一) 中央政府加大基础教育投入，实现基础教育资源可随人口流动而携带，促进人口流入地基本公共服务均等化

中央财政应统一划拨各地基础教育经费，各地的基础教育经费、校舍、配备教师数等教育资源应按照常住人口中的适龄儿童数量统一划拨，考虑到教育的规模经济效应，人口密度低的地区应适当增加人均经费。

针对劳动力已经大量跨地区流动，农村存在大量留守儿童的现实，中央政府应加大对人口流出地的教育转移支付力度，尽快实现教育资源可跨地区携带。在人口流入地，应以宪法和义务教育法为依据，推进流动人口子女在其父母就业地平等享受当地的教育资源。在特大城市，由于各区县的经济规模和财政状况不同，应加强市财政对各区县教育资源的统筹配置，实现市域内中心城区和郊区教育资源的均衡分配。

(二) 多种渠道增加教育资源总量，促进流动人口子女在父母工作地平等就学

减少教育资源供求矛盾的正确做法是增加供给，而不是减少需求。第一，在资金筹措上，采取流动劳动力支付、中央财政转移和地方财政增量投入、社会其他渠道筹措，多方共担的方式，共同增加教育资源总量。其中，中央的教育财政转移支付应与城市吸纳的外来人口数量挂钩，在教育资源的配置上，向大型居住区和外来人口集聚区倾斜。第二，在供给方式上，降低办学的进入门槛，设置合理的办学标准，让各种资金、各种投资主体提供差别化、多层次的教育服务，借助市场的力量满足不同孩子的需求。第三，只要学校容纳能力允许，对有入学需求的孩子，除居住证、缴

纳社会保障和按居住地就近入学之外，不采取其他限制性条件。

（三）推进户籍制度改革，加快流动人口的安居乐业，促进其人力资本投资

当前户籍制度无法适应人口向大城市和特大城市集聚的需求，为此户籍制度改革应加快进度，降低门槛，以大城市和特大城市为突破口。为此，对于已经长期在大城市和特大城市工作的外来常住人口，除就业与社会保障缴纳条件，应取消其他落户限制。应对已在大城市和特大城市工作的大学毕业生缩短其落户的工作年限要求。教育水平和技术职称门槛不应继续作为落户标准，促进低技能劳动力在就业所在地落户和融入社会。

在户籍制度改革推进过程中，地方政府应实现常住人口的基本公共服务均等化。在基础教育上，应允许流动劳动力子女在支付一定费用（包括可携带的中央教育投入）之后进入公办学校。当地政府的技能教育、培训等投入应覆盖到常住人口，为未来的城市发展打下人力资本基础。同时，在劳动力市场上，应促进公平就业，提升外来人口获得人力资本投资回报的预期，加强其进行人力资本投资的意愿。

（作者简介：陆铭，上海交通大学教授，博士生导师。）

城市人精神还乡中的自然

——城市博物学及其实践刍议

刘孝廷

摘要：博物学与我们的当下生存直接相关。随着认识的深入，人们越来越理解博物学更多的是一种知识与研究范式、一种思想与方法传统、一种姿态与情怀。随着城市化进程的演化，城市规模的拓展和经济的迅速增长，逐步出现了城市拥挤、交通堵塞、环境污染、空间紧张、生态质量下降等一系列新问题，要解决这些带有普遍性的系统的城市病，利用城市博物学的理论与实践，不失为一种有效的办法。城市博物学是要把城市当作一个活体或有机体来对待，通过绿色化、林园化、公园化、山水化等建设理想城市、田园城市、宜居城市，把城市变成一种适宜于人类生存和生活的博物存在。对整个北京城区进行博物标示，建立博物品牌，强化人们的博物印象，唤起博物记忆。可先在城市博物规划的基础上突出特色增加标示，建立城市博物的时空地图，加强教育和宣传。从而焕发城市活力，增强北京的城市魅力。

关键词：城市博物学　精神还乡　宜居城市

最近几年中国社会城镇化的速度异常加快，其影响之大甚至被国际社会列为 21 世纪全球最重要的两大发展引擎（另一个是以美国为主导的科技创新驱动网络）。中国农民以前所未有的规模和速度进城，豪迈地开启了历史转型的新阶段，迈开了现代化前进的大步伐，由于推进速度巨快，也引发了一系列深问题。特别是，对于传统的农业国家而言，还直接触及了文化的断裂与保存等，由此引发诸如农业与工业、传统与现代、都市与乡愁关系的多重矛盾和对话，把如何建设具有文化兼容性的宜居城市推到风口浪尖上，使智能城市、智慧城市、绿色城市、数字化城市、城市人、城市精神等，一时成了热门话题。而城市博物学对此或许是一条有作为的边径和小道，因它以最切近的方式实实在在地关乎城市中的人与自然问题。

一 物：城市人精神还乡的小路

博物学是一种古老的知识传统，所以今天的人们听到"博物"二字，就会习惯性地想到博物馆，以为都是一些古旧的东西。实际来说，博物学确实"古"，古到人类知识的起源时刻，因而可以看作知识的活化石。但它古而不旧，随时随地就在我们身边，我们的平常日用能够随时感受到它的现实存在。所以说到底，博物学的根本就在于，它是与我们的当下生存直接相关的学问。

博物学，按其字面意思，就是广博地了解万物的学问，一如孔夫子所言："多识于鸟兽草木之名。"[1] 西方人把博物学叫"Natural History"，直接译成汉语就是"自然史"，但考虑到 History 在最初还具有探究的意思，所以有学者主张翻译成"自然志"。[2] 而博物学不过是中国人自己的叫法，如晋代张华编撰的《博物志》。[3] 博物学知识的来源主要靠这样几种途径：（1）个体的生活亲知，也就是日常活动中的感受和体知；（2）集体或族群的劳动协作；（3）先民经验的传承；（4）知识分类。[4] 博物学最常用的方法是观察和采集，相当于常说的古代以观察为主的经验知识阶段。为了把观察和采集到的材料和信息进行整理，以便更好地把握和辨识这些物，博物学的一个重要的工作是分类，传统的关于动物、植物和矿物的种类、分布、性质和生态等学科，以及今天所说的天文、地质、地理、生物学、气象学、人类学等学科都有一部分是博物学的内容。如此得来的知识明显地具有几个特点：自然性；切近性或涉身性；具体性和有情性；本土性或

---

① 孔子：《论语·阳货第十七》

② 吴国盛：《什么是科学》，广东人民出版社 2016 年版，第 219 页。

③ （晋）张华：《博物志全译》，贵州人民出版社 1992 年版。

④ 刘啸霆：《博物论》，《江海学刊》2014 年第 5 期，第 5—11 页。

地方性。① 这也是"博物学"所显现的。可见，博物学既是一门内涵丰富的综合性学科，也是一种重要的科学研究传统。

与今天高度数理化的知识相比，传统的博物学主要是经验知识，特别是涉身的、难言的内在体验性知识。就内容而言，动物、植物、矿物、生态系统，都属于博物学的考察对象，与此相关的当今意义上的天文、地质、地理、生物学、气象学、人类学、生态学、自然文学、动物行为学、保护生物学等学科虽然大部分都已经数理化了，但仍然有部分内容属于博物学。在这个意义上，博物学更多的是一种知识与研究范式、一种思想与方法传统、一种姿态与情怀。

科学史上与博物学传统相对照的是近代开启的以实验为起点和特色的自然科学传统，这主要是用数学方法加工和整理物理经验的成果，所以相应地也可叫数理知识或传统。所谓近代哥白尼—牛顿的科学革命，即通常所说的近代自然科学对希腊自然哲学的革命，说到底就是数理科学传统对博物学传统地位的颠覆。数理科学是以实验和工具为手段与中介所形成的知识，技术化、理论化、自我中心化是其本质特征，所以它一经形成就开始远离人类的日常生活和经验。比之博物学的天人合一性，数理科学则是天人相裂的知识。许多数理的东西远离人类生活，只到课堂里才能学习。这样的知识带来了自我中心化的现代文明，现代城市就是它的最大具象物，但它也由此隔断了人类与大地的联系，使人成了无根的存在。而这正是博物学这样的知识对如今生活在城市里的人们的用功所在，因为说白了人也是一种博物性存在，不能脱离万物而孤在。人类可以生存在乡村或城市，甚至可以上天入地，但无论走在哪里，他都是一种特定的肉身存在。以肉身为边界，超出适当的指数，人就无法存活。因此，当笛卡儿为了寻找一个思想的明确立足点而说"我思故我在"时，就人作为一种具体的生存物而言，也可以说"我博物故我在"。或许城市化带来的最大文化改变，就是摧毁了传统乡村时代的博物环境和生活，因此为了保持传统、为了生活得有意义有韵味，重建城市生活的博物学语境并非可有可无。

今天博物学的重新兴起，就说明它不是随便可以被退出历史舞台的，

---

① 刘华杰：《博物人生》，北京大学出版社 2012 年版，第 28—44 页。

它的存在不仅可以在一定程度上弥合以往科学与人文的分裂，也向人们说明了一个关于人的完整科学的道理。

二　城市：宜居化中的博物天地

城市作为聚落是迄今为止最大的人工物，也是文明进程不可跳过的舞台。由于极其复杂的原因，我们曾经对城市采取了极端拒斥的态度，极大地延缓了中国现代化的进程，今天的城镇化就是对这一耽延的矫正。

1. 城市与文明

英文的 civilization（文明）一词，就和城市 city 的词根是一样的。这也说明了城市与文明的内在关系。但是，现代城市不同于古代的城市。古代的城市把人类从野蛮提升到"文明"，现代城市则把文明从古代提升到现代。通常所说的现代化的"十化"——劳动社会化、国家工业化、生产机械化、乡村城市化、大众知识化、经济市场化、政治民主化、社会法治化、文化多元化、思想自由化，除了乡村城市化外，其他"九化"最终都是在城市这个平台基础上实现的。特别是在城市中产生了一个被叫作现代人和现代人的阶级——市民与市民社会，是现代化的核心与根本。按照马克思的唯物史观，市民社会起于城市行会、商人公会和工场手工业组织，是现代社会的诞生地。它作为市民阶级物质交往形式的总和与城市居民的政治共同体，不仅构成国家、宗教、哲学的基础，也构成个人权利、特别是财产权利的基础（在市民社会基础上形成现代意义的私有制）。当资产阶级获得社会领导权时，资产阶级的社会形态就成为市民社会的完成态或终结。所以，一直到今天，推动现代城市运转的主要是资本，现代科学技术和管理规则等不过是资本的从属品或等价物而已。这也是城市膨胀中最根本的问题，它的根治将是一个漫长的过程。

2. 城市问题与城市病

城市化是文明进程的历史必然。从城市发展的历程看，主要经历了农业社会、工业社会、后工业社会、信息社会等几个阶段，或者说是前城市时代、城市时代和后城市时代。城市化在由低到高的进化过程中，随着城市规模的拓展和经济的迅速增长，逐步出现了城市拥挤、交通堵塞、环境污染、空间紧张、生态质量下降等一系列新问题，而其中最大的问题是垃圾和水资源问题。这些问题中，有的是带有普遍性的系统的城市病，需要借鉴广泛的经验来治理；有的则是只具有特定地域特性的个别城市病，需要区别对待。

中国的城市问题兼具普泛与特殊的两面性。一方面，我们已经看到了城市化的优势。从西方现代化的第一天算起，中国人耽搁城市化的时间已有三个多世纪，所以21世纪中国的城市化是历史进程的必要一环，带有"补课"的性质。另一方面，中国作为后发国家，原初的外部空间大大被压塑，只能通过城镇化来扩大内需来发展弹性空间，这样一种功利化运作必然带有急迫发展留下的问题，如过程粗劣、问题聚堆、多事相互掣肘、做事顾头不顾尾等。作为配套和补救，国家提出了建设社会主义新农村和宜居城市的号召。只是许多人在领会这一口号时往往忽略其中的逻辑关系，而不知道二者都是城镇化到一定程度的产物。也就是说，宜居城市是城市发展的一个高级阶段，新农村也必须是高度城镇化甚至是后城市时代的农村。否则，离开城镇所展现的充分社会化，既谈不到什么完善的"社会"主义，更谈不到合格的"新"农村。

3. 宜居观念呼唤博物城市

宜居城市的观念是从宜居观念出现以后才开始的，其思想源自人类居住环境的日益恶化。1976年联合国在加拿大温哥华召开了首届人居大会，提出"以持续发展的方式提供住房、基础设施服务"的口号，随后成立了联合国人居委员会（CHS）和联合国人类住区委员会（UCHS，即联合国人居署的前身））。1989年起开始设立全球最高规格的"联合国人居环境奖"，20年后的1996年在土耳其伊斯坦布尔召开的联合国第二次人居大会上提出了城市也应当是适宜居住的人类居住地的思想。该理念一经提出便在国际社会形成了广泛共识，成为21世纪新城市观的前导思想。2016年10月16日又在厄瓜多尔首都基多召开联合国第三次人居大会，会上通过了具有里程碑性的文件《新城市议程》，为未来城市可持续发展设定全球标准。① 2000年中国也在住建部主持下设立了"中国人居环境奖"，随后中国的理念推进可谓快马加鞭。2007年5月30日中国《宜居

---

① http://dsj.china.com.cn/dashanghai/dashanghai/2016/10/26/content_ 9114903.htm.

城市科学评价标准》正式发布。① 据知，该《标准》还是导向性的科学评价标准，不是强制性的行政技术标准。《标准》实行百分制，宜居指数达到 80 分且没有否定条件的即认为是"宜居城市"。《标准》的主要指标项包括环境优美、公共安全、生活便宜、经济富裕、社会文明、资源承载六个方面。其权重分别是：①环境优美度，权重 0.30（30 分/100 分）；②公共安全度，权重 0.1（10 分/100 分）；③生活便宜度，权重 0.30（30 分/100 分）；④经济富裕度，权重 0.10（10 分/100 分）；⑤社会文明度，权重 0.10（10 分/100 分）；⑥资源承载度，权重 0.1（10 分/100 分）。

尽管这个指标体系还处于不断完善中，但是从中可以看到指标"①环境优美度"和"⑥资源承载度"加在一起的自然方面的权重已经到达 0.4，也就是 40%，这在很大程度上反映了城市居民对自然和环境的愿望与需求。

2004 年中国国务院原则上通过了《北京城市总体规划（2004—2020年）》，规划中提出要用 15 年的时间将北京建成宜居城市，这是北京第一次将"宜居城市"作为城市发展目标写入正式文本。《北京城市总体规划（2004—2020 年）》中宜居城市的建设大致包括三个阶段：一是宜居城市建设的准备阶段，即以 2008 年奥运会为契机加快城市规划、建设和管理，使"宜居北京"的理念深入人心；二是重点做好生态环境建设和良好文化氛围塑造，努力构建和谐北京；三是全面实现经济、社会、文化、生态环境全面协调发展的宜居城市目标。在不同的阶段和大的指标项中另有具体的细节和部署，如生态北京、绿色北京等，从而标示着"宜居城市"建设已经成为北京城市发展的重要方向和未来发展的重要目标，在全国起到了引领和昭示作用。②

宜居城市的最大价值是突出了城市生活以人为本中的自然向度，突出了要在城市这个最大的人工物中为人类生活留有自然空间和余地，以实现天人合一。于是，一时间美国首都华盛顿市中心广场的草坪、纽约市中心曼哈顿街区的中央公园、加拿大温哥华市区的农作物等等，都成了相关人

---

① http://www.chinanews.com/gn/news/2007/05/30/947022.shtml.

② http://www.eepn.com.cn/zcfg/3/2436.html.

士津津乐道的话题和推介的对象。

其实，宜居城市的根本主要在于要适宜人类生存，要让人类在城市中生活能够展示自己的存在，而博物学作为自然性生存的科学，是绝对不可或缺的；宜居城市显然不是只就城市的方便而言，更是指城市的健康，是指要把城市当作一个活体或有机体来对待，以焕发城市活力，用城市自身的魅力留住人；从其存在性来看，宜居城市显然需要把乡村文化与城市文化融合起来，乡村文化作为一种博物文化，其根本主要有三条，即亲近自然，熟悉的邻里关系，以及维护它们的乡社制度。而家园感的自然要求无非是山水田园，这样的城市自然应该是一种绿色的、生态的、人文的后现代城市。城市博物学的任务就是运用博物学的知识在深绿和深生态的意义上，通过绿色化、林园化、公园化、山水化等建设理想城市、田园城市、宜居城市，把城市变成一种适宜于人类生存和生活的博物存在。

三 行动：城市博物水平提升之途

城市博物学在国外虽有一定基础，尽管大多不叫这一名字，但其在中国则刚刚起步，目前既看不到一本关于城市博物学的书籍，也难见规范化程度高的城市博物活动，可见其从理论到实践都需要基础性的建设。对此，我们按照城市中的博物存在（植被）、博物活动（接近自然的方式）和博物教育的线条试作讨论。

1. 城市博物要旨

目前关于城市博物学还没有严格的定义，但是它的子类相关学科却已有很多，如城市森林学、城市花鸟学、城市水系等。就此，城市博物学可以看作是把博物学探究和实践转移到城市当中来的过程，是城市里的博物探究和行动。这样的博物活动显然已不简单是原初大自然或农村中的博物行为，而是必须重视和对待城市这个现实存在。

若以城市与自然的关系为例，地球上现有的城市大体可以分为内陆城市、水边城市二类。内陆城市又可分为干旱城市（如沙漠城市）和一般城市；水边城市也可分为河边城市与海滨城市。显然，不同类型城市的宜居标准和发展方向是不同的。

北京属于干旱少雨的特大内陆城市，但不属于沙漠城市，所以森林城市就是其人与自然的最好结合。北京未来的发展模式和目标主要是大面积多种类地广泛植设森林，目前的北京花大钱到处铺设吸尘弱又过度耗水的草皮，是很不恰当的。

森林是大地上天然植被的主体，也被叫作大地之肺，是防风、吸尘、节水的最佳植被系统，大片林木的树叶不但能阻挡、过滤和吸附空气中的灰尘，通过光合作用吸收二氧化碳放出氧气，吸收一定数量的有害气体特别是放射性物质，降低其在空气中的浓度，还能通过清洁灰尘和释放杀菌素（如桦木、银白杨、地榆银，草本植物中的洋葱、大蒜等皆有一定功效），减少空气中的含菌量，净洁城市环境。

此外，森林是个立体空间，城市森林主要由乔木、灌木、矮棵植物、花草等构成。其中，高棵林木空地既为花草虫鱼鸟兽提供生存和活动空间，其高大枝叶系统也可以形成巨大立体空间而为人们提供多种用途与活动场所，人们以城市森林为依托和对象，在其中居住、工作、休闲、从事各类活动。所以，生态北京应把森林北京列为最重要的指标之一。

最后，城市博物学主要是让人们有便利条件和机会多开展接触自然、了解自然的活动，以健康身心和增长直接的自然知识，随时随地培养自然条件下的生存技能，而不必远涉郊外和乡村去"补课"。如果城市到处都只是由水泥构成的森林，则博物或宜居只能是空想。

2. 推进城市博物环境建设

限于篇幅，此处仅以北京为例，在城市博物环境建设和市民博物活动两大方面略加探讨。

城市博物环境是宜居城市的内在性条件，所以推动城市博物环境建设也就是推动宜居城市建设，其中最大的工作和基础是城市植被的完善。就北京而言又是以森林为主体的多样性复杂植被系统。由于北京是一座历史悠久的传统型城市，人口密集，街道等比较狭窄，许多地方为了扩路而伐掉了道路两边的树木，高楼紧邻道路两边拔地而起，下面却一片光秃秃和密密麻麻的人群，城市的干燥、粉尘、呼吸疾病等多因此而增加。中国绿化面积少，主要是森林少，导致许多当代城市儿童患了自然缺失症。所以，下一步的北京规划应该把植被数量和种类列入城区内外建设的硬性指标，以寻求一些有效增量。比如，可以按照中心化结构——中心公园、区域林地、郊区森林的思路①，扩大城区内成片和整块的绿地面积，使之特色化，对城区外围若干公理完全实行森林覆盖，使城市被森林围绕，以此增加生物多样性。城市的森林要够一定面积，不仅仅是用来装点门面的死森林，而是活的有循环能力的森林整体。在这方面，吉林省会长春是一个比较成功的北方城市。由于树木札根比较深，这对严重缺水的北京城市雨水保持和存续也可谓意义非凡。目前国际上开始流行在城市建筑（包括桥梁）中植设空中植被系统，也不失为一种可资借鉴的补救方式。当然，这样做的原则是要自然而然，切忌出现为景观而景观，为博物而博物的生搬硬套、胡乱上马的伪博物现象。

其次，要方便市居民对以森林为主的城市生态资源的利用，因为保护环境的目的也是为了直接改善人们的生活。比如，城市中心公园要为人的活动留下空间，城市周边广阔的林地应铺设一些步道和自行车出行路线，还可以设立森林氧吧等便民设施和场所，使静态的博物资源得到恰当利用，有静有动有合，来塑造城市的乡村感，从而既丰富市民的生活，也提高其博物意识与技能，更满足人们对乡愁的回味。

3. 积极开展城市博物活动

如今各地城市的博物类活动已经非常丰富，只是名称还不统一。北京作为特大城市如何在使人们感受其特大的同时，也能体会其自然的丰富性和魅力，这是一个新课题。以下也只勾画两个思路。

其一，对整个城区进行博物标示，建立博物品牌，强化人们的博物印象，唤起博物记忆。大体说来，可先在城市博物规划的基础上突出特色增加标示，建立城市博物的时空地图，并通过各种媒体推介。传统的北京在社会文化方面区域分片特色明显，如不同时段有不同的庙会、灯节、仪式，不同的街道有食品街、购物街、古玩市场等，老北京人多能如数家珍、引为骄傲。但对北京的植物分布和观赏记忆却相对较弱，除了香山红叶、玉渊潭樱花等，大多数地方概念不清、特色不明显。为此可以重新做一些规划、圈点标示和建设完善，逐步建立品牌，形成城市的博物记忆，为市民提供更多的自然去处。同时，还可以通过一些巧妙的设计组织以"城市博物"为主题的各类活动，如科普活动或编辑出版《北

---

① 叶功富、洪志猛：《城市森林学》，厦门大学出版社 2006 年版，第 34 页。

京植物（树木、花草）》等纸质与电子材料等，让人们了解北京、建设北京、热爱北京。

其二，倡导城市森林浴。现在，世界上的许多国家都在倡导森林浴或森林医学。城市与森林生活的对比试验已经证明，森林浴不但对人的肺、肝、体能、胆固醇等都具有很好的疗愈作用，而且具有心理和精神治疗功效，可以借助诸如自然疗法等疏解城市生活的紧张感和焦躁感等，效果非常明显。① 固然，人们若是都能去林子里是最好了，但是很难都办到尤其是难以天天办到，最实际的做法是转换思路，即与其离开城市找林子，不如把林子搬到城市里面来，建立城市森林。虽然对于北京这样大的城市，马上达到森林浴的条件比较困难，但是在现有条件下逐步扩大指标空间特别是森林的体量，推动城市返魅还是可能的。

4. 有效施行城市博物教育

百年大计，教育为本。良好的城市博物建设塑造有良好素质的市民主体。而这又需要开展城市博物教育。

博物教育是立足于博物学的思想和理念而展开的教育活动。由于有了博物学这个平台，通常所说的素质教育、通识教育、博雅教育等都可以看作是博物教育的题中应有之义而归入其中。博物教育有一套不同于流行教育的新观念，如教育的整体观念、技能化观念、社会化观念、生存化观念、智慧化观念、多元文化观念等。城市博物教育的实施不单是在学校教育中推动博物学内容，而主要在于提高市民的博物学修养、提高博物实践的水平，把普通百姓的工作、家居和休闲等都串联起来，形成生活中的博物带，更使人民在工作和生活中能贯彻博物原则，建立博物情怀和精神，消除城市的隔离感。博物情怀或精神就是万物共在、多元一体的情怀和精神，它是以对既存事物和状态的某种接受与承认为前提，通过非激烈性否定的方式促进事物完善和系统提升的一种态度、准则、规范和行动体系，其在理论上包含着博物存在（事物的多样性、互构性）、博物认知（体知亲知）、博物伦理（万物一体）、博物美学、博物逻辑（多值逻辑）、博物信仰、博物方法论和博物史等。由于博物教育主要是从人与自然关系角度展开的，所以有时也叫自然教育。人类古文明中都有异常丰富的博物资源

---

① 李卿等：《森林医学》，王小平等译，科学出版社 2013 年版。

可资挖掘和借鉴，中国作为历史上最大的农业国家，也是第一博物大国，[①] 博物智慧更是历史悠久、浩如烟海，这些通常被列入自然国学（如周易和道家的自然智慧、农学和中药学等）的范围，只要仔细梳理都可达到古为今用、推陈出新的目的。在这个意义上，博物学不但是一种民生科技，博物智慧也是民生智慧，复兴博物学在某种意义上就是复兴国学。

从历史上看，森林曾经是人类最初的摇篮和家园，地球在大约 3 亿年前就有了森林。2000 万年前第一批灵长类动物开始出现在非洲的森林里，大约 300 万年前有一批灵长类动物在林地混交地带开始走向人的旅程。所以，至今人类与森林共有三次大的疏离：[②] 最初是气候干旱导致森林退化，人类被迫离开森林而开始双脚站立在大地上，通过劳动步入新征程；大约 1 万多年以前随着大理冰河期的结束，人们开始在大地上畜养种植，开创田园式的农业文明；公元 15 世纪以来，人类又开始大规模进城而出现完全人工化的城市家园。现在，随着城市问题的日益严重化，后城市时代来临，人类仍然需要回到林子里面去，去弥补当下的自然缺失状况，去重构新的生态文明，所以城市博物学还将有更大的作为。当然，森林在此只是作为诸物的代表或主干被提出来。今天的城市学已经成为一门显学，各种类型的城市研究方兴未艾，著作量大质优，难以计数。城市博物学借助这些丰厚资源也将很快地丰满完善起来，而博物化的城市群更会如雨后春笋般地迅速崛起。盼望北京在这样一个城市生态化的运动中能够再次发挥引领作用，引导中国的城市走出生态困境实现文明转型。

（作者简介：刘孝廷，北京师范大学哲学学院/科学与人文研究中心教授，博士生导师。）

---

① ［日］上田信：《森林和绿色中国史》，山东画报出版社 2013 年版。
② 苏祖荣：《森林哲学散论》，学林出版社 2009 年版，第 12—22 页。

城乡教育共生：一项教育哲学探索

刘远杰

摘要：反思长期以来关于我国"城乡教育"问题的认识论与价值论局限，共生哲学或共生价值观无疑是一种必要选择。以此为基，建构一种具有"现实超越性"的城乡教育共生观，是为一项教育哲学探索。城乡教育共生即乡村教育与城市教育作为具有不同"性格"的教育形态之间"异质共存"、互补发展，或"各美其美、美人之美、美美与共"的关系构型。城乡教育共生实践的可能性关键在于：确立平等正义·承认正义的哲学前提；重建乡村教育；拾掘与建构乡土知识；正视"逆城市化"现象与"新乡村主义"思潮和可能出现的"教育互转"。

关键词：城乡教育共生 农村教育 城市教育 乡土文化 教育改革

"城乡教育"问题的深刻性、复杂性和长久性促使我们不能也不应满足于当下理论与实践之构筑，诸多问题仍待进一步追问、探究与解答，如农村教育果真是落后或"差"教育的象征吗？现代城市教育一定是"好"的且远优于农村教育进从而农村教育一定要"城市化"吗？又如，"我"只能接受乡村教育或城市教育吗？城、乡教育是"平等"的吗？等等。对这一系列问题的解答，不仅需要我们对惯有的思维、观念与价值判断加以反省，更需建构新的问题意识、认识思路、价值或哲学立场，既需理性之思，亦需勇于想象；不仅是教育问题，又是文化、文明的问题。"共生"作为一种生命与价值哲学、关系性思维方式，为我们回答这些问题提供了重要视角。"城乡教育共生"观力图以人的人文与社会性发展为根本进而推进城乡教育、文化、文明的共生发展，虽具有一定程度的"乌托邦"色彩，但并不妨碍其作为一种抵达教育与文明之"彼岸"的哲学假设。

一 反思与改进：我国"城乡教育"的认识论、价值论问题

新中国成立尤其是改革开放以来，我国城乡关系发生的剧烈演变深刻地表现为城乡之间教育、文化、文明的拉锯战和分离史，又可谓之为一种城市中心主义导向下的中国急速现代化构建史和传统乡土社会没落史。以此为背景，我国学界不断涌起关于乡村生存与发展、城市化反思和中国文化传承复兴的忧思浪潮。对于教育，其作为文化创新、文明演进、国家发展和人类进步的基本动因和同构机制，在此历史过程中的衰落与兴起似乎有着决定性的意义，乡村教育复兴更成了乡村存亡乃至城乡文明共同发展的重要基石，从而，"乡村教育"不免成为此浪潮的中心话语，可以说，"现代教育的问题是与整个乡村问题扣连在一起的"。同时，如若在一个宏观的横向文化空间视野上审视当前我国教育整体发展样态，其"问题性"就可能统括到一个"城—乡"文化空间的分析与解释框架之中：不但要独立看待"城"或"乡"文化空间下的教育问题样貌与产生，更要从"城乡"整体性文化空间中窥探教育问题及其成因的整体性与深层互联性。于是，让各种想象力、行为和实践来重构城乡相互哺育的政治、经济、文化、教育的良性关系就成了当下我国教育改革发展的关键所在①。

在这个过程中，一方面，我们在认识论上突破了狭隘的"二元对立"思维，不再孤立地看待城市的或乡村的教育，而转向从城乡教育的关系性、整体性的视角看待"城乡教育"问题；另一方面，在价值论上我们立足于教育公平与教育均衡发展，在处理"城乡教育"问题上构建起针对农村教育落后局面的价值偏向模式或"帮扶"战略。从而不仅在学术研究层面取得了重大突破，更在实践层面不断推进着我国城乡教育改革与发展。应该说，"城乡教育一体化"理论及其实践，正是此浪潮中涌现而出的最佳产物——一种认识论范式和实践模式对促进我国城乡教育公平与

---

① 吕新雨：《新乡村主义，还是城市贫民窟》，《开放时代》2010 年第 4 期。

发展起到了巨大现实意义。这种意义可以概括为三个方面：一是普遍将城乡教育一体化的实质视为教育管理制度的一体化，打破了过去长期实行的用两种制度管理城乡教育的做法；① 二是立足社会转型、文化转型的"进化"取向，把城乡教育一体化视为一个"双化"（城市化和现代化）进程，从而加速了现代农村教育发展，城乡教育现代化水平的差距逐渐缩小；三是坚持实行资源优化配置（这里的"资源"集中体现为师资与办学物质基础），推进实现教师互流的体制机制和城乡学校办学条件标准的"一体化"发展，从而促进了城乡教育均衡发展（指经济学意义上的资源分配更加均衡）。

　　然而令人费解的是，当我们深入审视当下时却发现，我国农村教育依旧深陷困境，城乡教育实质公平问题"长久不衰"。城镇化与社会转型、文化转型加速背景下我国农村学校快速大量消失，其伴随着家庭教育缺失与社会教育断裂等问题，加之支撑农村教育的乡村文化逐渐瓦解，使得农村教育成了"悬浮的孤岛"②，失去了文化根基，"村庄逐渐失去生命力与活力，沦为不闻童子声的'寂静的村庄'③，甚至村庄已走向衰亡并面临巨大的复活困境，甚至有人断言"农村将走向终结"（基于现代与传统、机械团结与有机团结、礼治社会与法治社会等发展的二分法视角）。农村留守儿童教育问题日益突出，农村教育处于应试水平低下和无望素质教育的双重矛盾之中，何谈教育质量？而反观具有"现代教育"形象的城市教育，难道一切都那么美好吗？稍加审视便会发现并非如此，如"教育拥挤""改革疲惫""人文渐失""传统消逝""个人主义""理性僭越""资源攀比""学业负担""道德滑坡""技术规训""知识理性""共同价值消解"等问题正日益积变、滋生着一种城市教育病或消极现代性绑架——成为中国现代教育面临的棘手难题。这些无疑给我们提出了重要警示：难道我们就可满足于已有理论及其成绩而坐享"功劳簿"吗？恐怕不能如此。我们不能停下继续追问、探索的步伐，甚至不得不审慎地反思

---

　　① 张旺：《城乡教育一体化：教育公平的时代诉求》，《教育研究》2012 年第 8 期，第 16 页。

　　② 刘云杉：《"悬浮的孤岛"及其突围——再认识中国乡村教育》，《苏州大学学报》（教育科学版）2014 年第 1 期。

　　③ 张黎：《学校消失给村庄带来的变化》，《学习时报》2015 年 6 月 10 日。

当前我国"城乡教育"问题的既有认识方式、价值判断及改革实践。

现实上，当客观而公正地审视我们既有的理论视野和研究习惯时，不能说是没有局限的。比如，我们总习惯性立足于管理学、政治学、经济学等的范畴或分析框架而研究城乡教育问题，虽然诸多关于制度、体制、机制、策略、模型等理论成果颇丰，但却极少触及到如生命、尊严、人文、意义、道德、人格等教育的本体性问题。如李政涛教授所说，实际上我们正需要一种"教育尺度"和"教育内立场"，而未能"基于教育立场的眼光、视角和参照系"或者说未能根据"能否促进并实现人的生命成长和发展"的基本参照系和标准来衡量城乡教育问题，那应当都不能称之为真正的教育研究。同时，在这些年的教育改革实践进程中，现实是"教育的价值与角色缩减只是为社会转型与发展服务，在对时代挑战和社会需求的应答中，成为社会变迁的附庸和'应声虫'"。① 而反过来，关于教育改革是否能成为社会转型、文化变迁的导向性力量或内推力这一问题，却很少引起学界重视。同时更需承认的是，出于我国农村教育整体落后于城市教育的基本现实，我们对农村教育不断投之以人道主义关怀与支持的同时，却忽略了从尊严、价值、传统与权力等重要维度对农村教育进行积极审视，城乡教育之间总是缺少一种"平等的眼光"。而当反观城市教育本身的时候，其实又不难发现我们所一贯秉持的"城乡教育优势论"及其背后的"傲慢"正使我们失去对城市教育自身的批判精神与反思能力，而更多的是一种"纵容"或"溺爱"，其结果是城市教育"义无反顾"地向"前"迈进，急速走向现代化、西方化。由此种种，概而思之，目前对于我国"城乡教育"问题的认识，至少有如下几个问题上是需要引起重视的：第一，往往局限于"自上而下"的思路、经济学视角和现代城市教育的眼光，从而致使对城乡教育问题的研究难以取得新突破。第二，研究中普遍存在着农村教育"问题化"或"弱势化"的意识形态，这并不利于对城乡教育关系形成公正合理的认识。第三，研究中城市本位的价值立场占据主导，即习惯从"城市"的角度并以城市的标准去衡量农村教育，容易将教育现代化的必然趋势夸大曲解为教育城镇化的必然本质，甚至在潜在意识上存在以城镇教育取代农村教育之嫌，从而消解掉

---

① 李政涛：《中国社会发展的"教育尺度"与教育基础》，《教育研究》2012 年第 3 期。

农村教育发展的特有逻辑。第四，我们关于教育、文化、文明之间的同构关系的探究非常匮乏，实际上，教育本身作为一种文化和社会机制，又作为文化传承发展和社会进步的基本方法，教育改革必然密切关联着文化与文明问题。事实上，一言以蔽之，这些问题的实质就是认识论、价值论问题。

我们似乎很少去思考这样一个问题：今后的"农村教育"作为一种教育类型，是否应拥有自身的独特内涵、价值、文化性格和表现形式？且与"城市教育"平等共生、平衡互动，二者"各美其美，美美与共"，相互吸收，共同成为人的发展和社会进步的摇篮？于是，我们是否应该换一种"眼光"与思路来重新审视"城乡教育"问题呢？想来是很有必要的。实际上，我们可以从"城乡相互哺育"的视角来看待城乡教育关系问题，这不仅要求对单纯的"农村教育研究范式"加以反思批判，也要对那种一味地遵循一种从"城镇"到"乡村"的单向的、"自上而下"的"帮扶—规范"性思维与价值判断进行理性审视，或许更需要一种双向的，而非单向的视角；非仅是"人道主义"的，而是"道德平等"的价值取向；不仅是管理学、政治学和经济学等的学科视野，更需回归一种教育学立场的"城乡教育"研究。本质上，就是要实现从"一元""二元"乃至"一体"的认识论模式和"单向帮扶"与"价值规范"的价值论倾向转向一种共生哲学或共生价值。

所谓"共生"（symbiosis），从词源来看，最先出现于生物科学领域，由德国真菌学奠基人 De Bary（1831—1888）所创，用以描述一种客观的生物现象，即"两个物种生活在一起，相互因对方存在而受益的现象。最典型的共生为互利共生（mutualism），指因共同生存而双方皆受益者"。[①] 但作为一种"思想"或"哲学"，"共生"早已有之。日本学者黑川纪章在《新共生思想》一书中说："共生思想源于佛教，同时与日本的文化（特别是江户时代为止的文化）特质有重叠，但是，共生思想是以我的视角对佛教和日本文化进行探讨和再发现，绝不只是照搬佛教思

---

① 《环境科学大辞典》编辑委员会：《环境科学大辞典》，中国环境科学出版社 1991 年版，第 225 页。

想本身"①。我国传统文化中的"天人合一""和而不同"等思想也是一种"共生"思想的体现，如《庄子·齐物论》云："天地与我并生，而万物与我为一。"即："人的生命本质和特征决定，人类的生存和发展与天地自然，与万物生命是融为一体的，是绝对不可分的"②；《周易·乾卦》："夫大人者与天地合其德，与日月合其期，与四时和其序。"等等。"共生"思想并非先验存在，乃是源自对自然现象、人类与社会发展规律的认识，如黑川纪章在把21世纪的世界新秩序称为"共生的秩序"，或是"共生的时代"之时，就特别解释道："这是我仔细地观察和思考发生在各个领域中的变化之后所得出的结论，我非常自信地把这种世界新秩序，称为'共生的秩序'或'共生的时代'"。③ 无独有偶，日本宗教学家池田大作也对21世纪作出过预言，他认为21世纪是生命的世纪——"必须是一个更尊重人类生命，并为人类幸福提供更大机会的时代"，"'人的生命'本身就是一种目的，绝不可能将之变成手段。正是树立了这样一种生命的尊严观，因此才可能作为面向21世纪的最重要命题"④，这与黑川纪章所谓"21世纪将是生命原理的时代"的认识几乎一致。⑤ 由此看，共生哲学或应成为21世纪人类发展之重要取向之一。

在通俗意义上，"共生"指的是"共同生存"。⑥ 日本共生哲学专家尾关周二称之为一种"共同性共生的理念"，"就是以来源于人类最本源性的共同价值为基础，同时又积极承认人们在现代获得的个性价值的一个共生理念，这一理念具备了人学的基础和人类史学的背景"⑦。鲁洁教授

---

① ［日］黑川纪章：《新共生思想》，覃力等译，中国建筑工业出版社2008年版，第19页。

② 任起顺：《和谐共生：中华思想原典笺评》，百家出版社2009年版，第8页。

③ ［日］黑川纪章：《新共生思想》，覃力等译，中国建筑工业出版社2008年版，第1页。

④ 黄富峰：《池田大作教育伦理思想研究》，中国社会科学出版社2010年版，第117—119页。

⑤ ［日］黑川纪章：《新共生思想》，覃力等译，中国建筑工业出版社2008年版，第7页。

⑥ 李燕：《共生教育论纲》，山东师范大学博士学位论文，2005年，第57页。

⑦ ［日］尾关周二：《共生的理念和现代》，《哲学动态》2003年第6期。

将之确认为"异质者'共存'基础上，承认不同生活方式的人们之间通过相互开放而建立起来的积极关系"。① "共生"作为一种关系性思维方式，不但承认'自我'，还要肯定'他者'的独立价值，以及'自我'与'他者'之间不容忽视的相互依存关系。"② 所谓"他者"与"自我"指的是生物界和人类社会的一切存在物，其中，生物界是以生存斗争为媒介的共生，而在人类社会则是"文化的、社会的、思想的、体质各异的个人或集团'的'共生共存的关系'"。③ 人类社会共生体不同于生物界共生体之处还在于其存在的价值维度，"人类的共生体乃是一个基于现实而又具有理想的价值建构，它还摄公平、正义、自由、平等等基本价值，也因此作为人类社会的'共生体'范畴超越了'群体''集体''共同体'而又并不否定这些范畴"④。涵括人类普遍的基本价值诉求，人类共生体几乎涵盖了整个文化世界，包括"艺术、文化、政治、经济、科学和技术等领域，而且共生概念还涉及人与自然的共生、艺术与科学的共生、理性与感性的共生、传统与尖端技术的共生、地域性与全球性的共生、历史与未来的共生、不同年代的共生、城市与乡村的共生、……保守与革新的共生……"⑤。

总的来讲，共生强调存在与存在之间共生发展，强调关联物之间的依存关系，强调异质关联物基于共生价值的互补进化；"共生"是一种生命哲学，其以生命立场为基本出发点，主张尊重生命多元价值、生命权力平等和生命的相互紧密依存关系，一切共生关系、共生系统的内部运动机制即为一种生命原理。基于对"共生"的认识与解释，我们认为，"共生"为我们研究城乡教育问题提供了一个重要视角。"共生"可以作为"进入"我国城乡教育问题内部的一条"通道"，通过"共生"，或许我们能更深层地认识和揭示城乡教育问题；同时又可以从关系的角度，建构一种共生性的城乡教育格局；更为重要的是，"共生"哲学与价值可以在根本

① 鲁洁：《转型期中国道德教育面临的选择》，《高等教育研究》2000年第5期。
② 孙杰远：《论自然与人文共生教育》，《教育研究》2010年第12期。
③ 岩佐茂、李欣荣：《人与自然共生的价值观》，岩佐茂，《第四届中日价值哲学学术研讨会》，第四届中日价值哲学学术研讨会2004年6月1日，第332—333页。
④ 张斌峰、郭金林：《共生思想研讨会综述》，《哲学动态》1999年第10期。
⑤ ［日］黑川纪章：《新共生思想》，覃力等译，中国建筑工业出版社2008年版，第Ⅵ页。

上导向一种城乡教育关系，使之更趋近于教育本质和人性生长，因为它关注"生命""异质共存""相互依赖"。

二 探索与建构：一种中国"城乡教育共生"观

所谓城乡教育，指的是一种城市教育与农村教育（或乡村教育）的关联性或整体性存在；所谓农村教育（乡村教育），有两个所指：一是指行政区划意义上或地域—文化空间意义上的"农村的教育"，简单地讲，就是生长、发生并实践于农村地缘、文化与社会土壤中的教育现象，属于泛农村教育形态；二是指作为一种教育理念类型的农村教育，是农村教育文化范式的表征，它建立于前指，即为地理—自然与文化—社会空间意义上的农村教育实践的理论提升或抽象化，具有自身独特的发展逻辑和教育意义。"城市教育"也是在上述两方面意义上的理解。这种农村教育或城市教育，既是客观的文化性、社会性存在，同时又是我们不断建构的价值图景与文化向往。"客观性"意味着城、村教育基于人、文化、历史传统、社会、物质基础、自然条件等差异基础上的现实差异，建构性意味着我们从自身价值与方法出发并基于现实理解、反思与批判而展开的理性判断与期望，当然，这里所谓"自身价值"并不是我们单独个体的纯粹主观、私我的价值愿望，而是包含了人类、国家、民族与个体的价值内涵及其合理性。要强调的是，这里所讲的"客观性"与"建构性"并非对立存在，它们构成相互塑形的实践关系，"客观"含有主观的认识韵味，而"建构"则以"客观"为基础。

于是，我们则根据"客观现实"与"主观建构"的意义，赋予"农村教育"和"城市教育"以各自的整体实践性格。在差异意义上，我们倡导"农村教育"作为一种"自然—人文—灵活—小规模"教育类型而存在，"城市教育"作为一种"知识—工具—标准—大规模"教育类型而存在；在共性意义上，知识、人文与理性都共同作为"成人"和培育现代合格公民的介质。不论是哪一种"类型"，"城""乡"教育都将在具体的历史—实践中以"自身"整体性格而消解任何一端的极化可能，形成互动、平衡与统一。同时我们又须认识到，"知识"抑或"人文"在现实的介质、制度、经济基础之上拥有"自身"的扩散性、聚合性和发展性，很大程度上不以人的意志为转移，由此，所谓的"建构性"仍然是在强调一种整体性格的塑造，而非是在具体方面人为的制造区隔。我们不能忽略个体教育与成长的多种可能性，以及教育制度（如考试制度、课程体制等）与教育目的对教育实践本身的制约性，从而，"城乡教育"之间一方面可以是具有差异性的存在；另一方面又不断互通、相互影响和共同发展，在此意义上，我们可以称之为一种"共生样态"。

"建构"的实质是基于反思与批判的"乌托邦"。所谓"乌托邦"，并非人们所批评的那种空洞幻想，而是对现实的理性批判之上的对人类实践与生活的价值与意义的积极精神，"正是这种精神，推动着人类对自身生存现状永不停止的反省和批判态度，并向其敞开另一种'更值得生活'的希望空间，不断呼唤和引导人们追求和创造更加美好的生活"①。其实质是一种"现实超越"，即一种"'实际地改变和反对现存事物'的超越精神"，如"马克思哲学'关注现实'不是为了让现存世界永恒化，而是要宣告现存世界的有限性和'过时性'，从而去寻求和创造一种新的人的生存样式。"② 比如在"现代性"急速笼罩人类生活并日益暴露其弊端的现时代，我们所要批判的可能正是这种弊端即人们不断诟病的"知识理性""工具理性""绝对主义""原子主义""二元思维""虚无主义"等给人类精神与灵魂造成的伤害，以及工业化以来机器世界、科学世界对人类"生活世界"的消解。也正是在这个意义上，我们看到城市教育在现代化进程中所一路裹挟而染成的"工具性""科学化""标准化"和"效率化"性格，及其日渐丢失的人文意蕴与文化品质。如果说这是在批判城市现代化教育的深层病理，那么在实践形式上现代城市教育所表现出来的"匆忙拥挤"、恶性竞争、机器奴役、空间权力争斗、远离自然等现象则恰与这种深层病症互为表里，这是我们不可视而不见的。究其原因，这与日渐膨胀的城市人口与城市有限资源之间所形成的巨大矛盾分不开，也与人们观念上对所谓"优质教育资源"的认识、判断与追捧有着密切关联。与此同时，我们又可以看到，我国农村"空心化"问题不断加重，

---

① 贺来：《乌托邦精神与哲学合法性辩护》，《中国社会科学》2013 年第 7 期。
② 贺来：《超越"现实"的"现实关怀"——马克思哲学如何理解和关注现实?》，《哲学研究》2008 年第 10 期。

农村学校急速消亡，农村教育土崩瓦解，农村文化弥散殆尽。关于农村教育，除去个别作为现象的教学点，所剩之物恐怕就是"农村教育"这个范畴了。如此一来，一个重大问题便显露在我们面前：既要"拯救"农村教育，又要"医治"城市教育，换言之就是要消解城乡教育所日渐深重的"现代病"，同时又要复苏农村教育，使二者相得益彰、共生互哺，这正是我们倡导"城乡教育共生"的旨趣所在。从而，所谓"城乡教育共生观"，实际上就是指消解现代城市教育问题和创设新农村教育这两种价值与实践辩证统一的过程，其核心是针对以"知识—工具—效率—功利"为基本性格的城市现代教育模式而塑造一种以"人文—自然—生命—灵动"为基本"性格"的农村教育文化范式。为在总体上便于与"知识"形成对应，我们又可将这种农村教育文化范式视为文化教育。

可以说，我国近二十年来逐渐兴盛的"生命·实践"教育、新基础教育和人文价值教育，无疑正与我们所倡导的"农村教育文化范式"具有极大相通性。它们既是一种"新生"，也是一种"重生"——中国文化土壤中的教育基因在现代潮流下的重生；它们产生于现代中国学人的文化自觉、实践批判精神及对教育终极意义的叩问，更源自我国现代教育发展历史实践在"教育本真"问题上不断生成的自我矛盾运动。然而，由于"知识"总冠名以真理性、客观性、逻辑性、专业性与科学性，而"文化"或"人文"总显得软弱、模糊、感性、复杂而不可捉摸，这就使得对"知识"的追求总是"有理有据"和切实可用，加之"知识更多地以一种显在的方式教学，文化的影响则更多的是一种悄无声息的浸润"，[①]故知识教育在一个日趋标准化、功利化的社会中比起文化教育更容易被接受，当然，这种"接受"根本上则源自知识型社会对人类发展所需之"显在知识"的催逼。相反，"人文"则不能在一个瞬息万变和工具理性无不渗透的社会表现出实用功效，而一贯只能作为一种文人的呐喊与思潮，在实践中无法准确操作并带来显见效益，但"文化"却又因其自身的这种"无用"性而更加贴近教育本真，其扎根于"知识"之下而与教育有着更为亲密的、内在而丰富复杂的关联性和相互型塑关系，从而在反叛消极性知识教育范式的意义上，文化教育无疑有着更为强大的内在生命

---

① 刘铁芳：《教育，就是人文化的过程》，《光明日报》2014 年 11 月 18 日第 14 版。

力和深厚的价值内涵。

文化教育即"一种以文化为导向的教育：它将吸纳人类文化中一切有利于人的成长和文化创新的所有元素，并将教育的过程变成文化育人的过程"，其"蕴含的目的论和方法论是'以人化文'和'以文化人'的有机统一，也就是既用'人化'推进'文化'，同时又用'文化'达成'化人'。"①文化教育秉持"教育即人文化的过程"的核心思想，将个体生命视为是在美好文化世界中经由文化浸润而养成真、善、美的生长过程，认为"教育的过程与文化的过程同构，教育的过程就是把人类文化中所蕴含的对美好事物的欲求转化成正在成长中的青少年个体内心之中对美好事物的生动欲求"②。在目的意义上，文化教育可理解为"人文"教育。中国文化哲学语境里，"人文"即为人之道，即关于人与人之关系的道理，表达的一种生活方式、伦理与道德规范。钱穆认为："人文"之本义当指由父子、夫妻、兄弟、朋友、君臣构成的人伦关系，即人与人所结成的各种花样。可见，中国"人文"表征的是价值规范、道德律令和伦理准则等文化显现，其精神实质则是强调个体修养的内向式超越以达致全社会人伦和谐为主要价值目标的"人道"。③我国传统教育的基本精神即"修己以善群"，④通过"修己"而学会"处人"，学会在群体中求生活，此"修己"就是心灵与人性的真、善、美的启发与养成，如李泽厚说："21 世纪是教育学的世纪"，"教育"的根本旨趣即在于"返回到'学为人''德行优于知识'以塑造人性为根本之古典的道"⑤。此所谓"德性"，其最高形式即为"仁"，唐君毅说："中国式之道德精神之本，在信人性之仁，即天道之仁。而天道之仁，即表现于自然"，"自然之生物与无生物，亦将可谓其有类于我心之仁德者。人之仁，表现于人之以其情与万物感通，而成己成物之际。仁为人与他人精神之感通，人与他人之间之

---

① 孟建伟：《教育与文化——关于文化教育的哲学思考》，《教育研究》2013 年第 3 期。

② 刘铁芳：《教育，就是人文化的过程》，《光明日报》2014 年 11 月 18 日第 14 版。

③ 唐劭廉，周敏：《人文·人文主义·人文精神》，《四川师范学院学报》（哲学社会科学版）2002 年第 11 期。

④ 贾馥茗：《教育的本质——什么是真正的教育》第 2 版，世界图书出版公司北京公司 2006 年版，第 1 页。

⑤ 李泽厚、刘再复：《关于教育的两次对话》，《东吴学术》2010 年第 3 期。

浑然一体之情，此乃一切德之始。礼为人对他人精神之尊重与肯定。义为人我之各得其正"。① 由此看，人道源自天道，最初即人与自然的相处之道，这可以从马克思的文化观中得到进一步理解，马克思将文化看成是自然人化和人自然化的统一，认为劳动作为人的本质，人只有通过劳动与自然发生联系，并在劳动中实现人的自然化与自然的人化。自然的人化，即"人认识自然、改造自然、化自然为人力的活动"，人的自然化，即"人借助转化而来的自然力，认识和改造世界，推动文化进步的历史过程"②。从而，教育"人文目的"的达成实际讲的就是两方面：一是人与人之关系的德性问题，可说成是人的社会化即"成人"；二是人与自然关系之能力问题，即将"德性"建立在人与自然之关系上，强调"人之以其情与万物感通"，人与万物之共生。

在教育介质和教育过程意义上，文化教育强调教育实践与人文世界广泛而深刻的关联性、整体性和共生性。此"文化"即"文化世界"，它更体现为一种广义或"大文化"内涵，指向一切"人化物"——"是人改造自然的劳动对象化中产生的，是以人化为基础，以人的本质或本质理论的对象化为实质，它包括物质文化、精神文化、制度文化等因素"③。钱穆将其归结为"物世界""人世界"和"心世界"的整体，④ 或言之为"机器世界、道义世界和艺术世界"⑤。实际上，就文化存在本性而言，它是"唯物"和"唯心"的统一体，表现为显在和隐性的"一体两面"性，而长期以来学界关于文化本质的争论，其对象正是此"二面"孰更为本原（essence）或二者为同一本原的问题。根据马克思主义关于文化是人的本质对象化的观点，显在人化物或文化表象是人根据需求、价值和能动性借助劳动形式而创造的产物，由此看，在创造客体人化物之前，主体已经首先形成了自我的内在文化建构，及"身内自然人化"——"人作为主体将自身的

① 唐君毅：《中国文化之精神价值》，广西师范大学出版社 2005 年版，第 82—83 页。
② 张茂泽：《论马克思的文化观》，《理论导刊》2012 年第 8 期。
③ 王仲士：《马克思的文化概念》，《清华大学学报》（哲学社会科学版）1997 年第 1 期。
④ 钱穆：《文化学要义》，九州出版社 2011 年版，第 5—9 页。
⑤ 钱穆：《中华文化十二讲》，九州出版社 2011 年版，第 72 页。

本质力量对象化在客体及身内自然之中，在通过劳动创造的方式满足本能欲求、生理需求的基础上，超越身内自然的物欲性、个体性和直接功利性，使其获得文化性，使人成为身内自然的自觉主体"①。这种"文化性"或许指的就是人类学家泰勒所说的"包含知识、艺术、信仰、道德、法律、习俗和个人作为社会成员所必须的其他能力和习惯"，② 属于隐蔽的"形而上"层面。如果"本原"或"本质"即形而上，那么也难怪学界普遍将文化的本质视为"观念形态"。但作为教育生长与生存的"文化世界"，此"文化"乃是现象及其背后的精神的统一，而文化表里的统一性亦是一种必然实然的存在，这种"统一"不但是文化符号及其意义之统一，也是人文与人的统一。

于是，作为文化教育场域的文化世界便是一个富有生命力的文化场，此"文化"不是僵死的、固定不变的，而是生长变化于人类不断的劳动实践进程中的，也与自然有着密切的生命关联。真正的文化教育即生长、发生与发展于活生生的文化场，在这里，主体与文化世界发生最为直接、亲密的接触，得以更为充分的人文熏陶和生命教化，进而实现文化教育场域对固有知识教育场域的转换，这种转换即"返回生活世界教育学"——"自在地发生在生活世界之中的，对人的生成与发展起着包容、促进的各种原初性的教育活动方式和方法"。在教育过程、介质与目的统一的意义上，教育目的正于这种生活世界或文化世界中生成，个体生命整体性逐渐获得孕育。因为"早期教育（实际上就是在孕育个体生命成长的内在精神结构）的意义就是要尽可能地拓展个体的生命体验，拓展个体与周遭世界的丰富而生动的精神联系"。③ 它意味着儿童的想象力、个体意识、心灵空间、生命完整性将得到最大的呵护和化育。这或许就是我们所欲建构的"农村教育"文化性格。

---

① 张建云：《自然人化：马克思主义文化本质观及其当代意义》，《学术论坛》2015年第6期。

② 泰勒：《原始文化》，上海文艺出版社1992年1月版。

③ 刘铁芳：《返回生活世界教育学：教育和以面对个体生命成长的复杂性》，《教育研究》2012年第1期。

三 可能的关键："城乡教育共生"观何以走向实践

（一）平等正义·承认正义：城乡教育共生发展的认识论前提

城乡教育共生的实践构建过程中，我们不得不面对的现实性问题至少有三个：第一，这种"活生生的教育实践"无疑建立于现实的经济基础之上，我们必须深刻认识到教育存在与发展的经济—社会决定论，在根本上，"人的存在主要是由他在经济的、社会的和政治的状况中的生存所构成。其他一切事物均依赖于这些状况的现实性。也许，甚至只有通过这些状况的现实性，其他一切事物才成为现实的"①。第二，我们如何摒弃惯有的城市价值主导立场和农村教育"问题化"的思维习惯，进而确立农村教育自身的尊严、权力与合法性？第三，无论如何，我们所主张的教育理念与教育实践，其目的都是为了教育实践的发展，根本上是人的发展，所以"城乡教育共生"所强调的农村教育重建并非是复古，而是基于传统与现实的发展。面对这三个现实问题，我们认为首先需要在"城乡教育"之间建构一种正义观，以作为价值与理念前提。

城乡教育共生理念体现的是一种教育公平发展观，亦即教育发展正义观，"公平的内在本质是指正义"②。此"公平"将"城"与"乡"分别视为不同"发展个体"或"生命个体"。根据正义基本原则，即"差异性正义原则与同一性正义原则"③，城乡教育公平发展指的就是统一于城乡教育之差异性与同一性的正义实践所作用的结果。此公平发展有两层意义，第一层是差异性发展，即"个体"的独立价值的实现；第二层是同一性发展，即根据"二者"的类属性所获得的平等发展。也就是说，城乡教育公平发展观所表达的是基于"城市教育"与"乡村教育"之差异性的独立发展和基于"教育"作为类属性的城乡教育平等发展的统一进程。这其中蕴含的正义类型在一般意义上属于"分配正义"，分配主体是

---

① 雅斯贝尔斯：《时代的精神状况》，王德峰译，上海译文出版社 2008 年版，导言第 20 页。
② 易小明、曹晓鲜：《正义的效率之维及其限度》，《哲学研究》2011 年第 12 期。
③ "人类历史上的各种正义理论，大都可以从差异性正义原则与同一性正义原则两个方面进行归纳和理解，这两种正义原则之间的张力成为推动人类文明不断发展的'内在'动力"。（见易小明《分配正义的两个基本原则》，《中国社会科学》2015 年第 3 期）

国家，方式是制度，表现在教育系统中其核心即教育机会、资源的分配正义——对于类属性的"教育"而言实现普遍平等与均衡，对于差异性的"教育"而言，则应根据二者各自的不同禀赋与条件而差别对待，尤其是对一定标准判断下的物质资源条件弱势的一方给以"优先对待"。在作为"平等主义"的正义意义上，可以说未来我国城乡教育发展实践应成为城乡教育平等不断生成与发展的实践，而这个实践也就是我国城乡教育在"教育"类属性同一性上不断显现、不断认同和不断扩展的实践。

这里要特别强调的是这种基于"优先"的分配正义，它是一种优先关注弱势一方的分配策略，其实质体现为社会通过正义的制度和政策来分配机会和各种资源，以帮助那些迫切需要帮社会正义来帮助的一方即弱势的一方。它遵循的是"社会安排应该把弱势一方的利益放在第一位、以最大程度地提高成员的福利"的正义原则。① 所谓"弱势"，主要指代物质层面的落后性，其在形式上体现为先天自然差异与后来发展落后的统一，在内容上是在同一可分配资源与机会或说"标准"上处于劣势或落后的一方。从城乡教育对比来看，教育硬性资源、软性文化资源与机会等所呈现的"弱势性"都不是永恒、同一和固定的，只有在一个相对的历史、时空条件和主体价值期待心理下，才存在某一类资源或机会的所谓"弱势"一方，离不开"一定历史条件下差异性正义原则与同一性正义原则的内在作用机制"，也就是说，"现实的正义并不是只讲平等或只讲差等，并不是平等永恒地优先或自由永恒地优先，一个社会某个时期应实行公平的正义还是自由的正义，要视具体情况而定。脱离现实条件抽象地强调某一原则优先，必将失去其规导现实的合理基础"，这里，"公平的正义"对应"同一性原则"，"自由的正义"对应"差异性原则"。② 显然，从改革开放以来尤其是我国近年快速发展的城镇化背景来看，在制度变迁成本（指称制度变迁过程中社会所付出的代价）担当或代价付出的意义上，显然乡村教育成了弱势一方，即"在权力、知识、经济三种资源占有与分配方面能力均较弱

---

① 姚大志：《分配正义：从弱势群体的观点看》，《哲学研究》2011 年第 3 期。
② 易小明：《分配正义的两个基本原则》，《中国社会科学》2015 年第 3 期。

的社会性资源短缺"的一方。从而，分配正义的"优先原则"似乎又可称之为是"补偿原则"，它从政治正义立场出发"一方面认为关照弱势群体制度变迁成本担当的问题，是在关照我们自己的现实生活世界结构；另一面认为弱势群体在制度变迁过程中亦可以自己的特殊方式为制度变迁、为改革开放做出了贡献"，所以要对"弱势群体"进行"认肯与补偿，使弱势群体公平地享有与其承担的制度变迁成本基本相当的制度变迁效益"。①

不过，就目前来看，城乡教育发展还需要一种尚未被我们引起重视的"承认正义"，即正当性承认。城乡教育共生观认为"城市教育"与"乡村教育"应当首先在认识论和价值论层面上被认同为"平等的存在"，赋予同等尊重和价值判断，排斥偏倚和歧视。这意味着，城、乡教育对比之下的"优势"与"劣势"都被视为一种相对的存在，包括内容相对性、标准相对性和条件相对性。从这个意义上说，城乡教育发展正义的深层实质承认正义，它是对城乡教育各自存在及其价值的承认、认同与尊重，以及对城乡教育差异、优劣判断的内容、标准和历史条件客观性、相对性的承认。根据霍耐特的承认正义观，"由于教育的分配正义解决的是'应得'的问题，教育的承认正义解决的是'应当'的问题，而主体'应得'只是主体间'应当如何'的具体措施，因此，教育的承认正义比教育的分配正义更为基础"，② 其核心"不是消除不平等，而是避免羞辱或蔑视代表着的规范目标；不是分配平等或物品平等，而是尊严或尊敬构成了核心范畴"③。以这种承认正义成为城乡教育改革与实践的基本原则，意味着城乡教育将在一种"平等的对话"中构建起相互借鉴的教育大格局，彼此在一种"相对标准"和"相对条件"下显示着自身的价值性、独立性和局限性。

（二）"乡村教育"重建："中国"城乡教育共生实践的首要使命

目前我国乡村教育面临的不仅是发展问题，更是"生存"问题，根

---

① 高兆明：《"分配正义"三题》，《社会科学》2010 年第 1 期。
② 肖绍明，扈中平：《教育人性化的承认正义原则》，《教育理论与实践》2014 年第 1 期。
③ ［德］霍耐特：《承认与正义——多元正义理论纲要》，《学海》2009 年第 3 期。

本上又是乡村教育所依存的乡村文化文明如何"繁衍"的问题。乡村学校重建任重而紧迫。不过,目前我国乡村学校重建必须避免三个惯有误区:"弱者教育不等于'弱质'教育;底层教育绝不等同于'底端'教育;穷人教育绝不等同于'贫穷'教育"。如果说乡村学校重建是"拯救"乡村教育又是促发乡村教育的现代重生的话,那么这种重建事业在本质上在于重获乡村教育的价值独立性、权利独立性和教育尊严。这种"拯救",意味着要"从根本上改变'同情话语'与'帮扶思路'下的发展模式";意味着乡村学校将再次"成为乡土社会中的文化'故宫'和'子宫'";①"乡村教育"这个范畴将被注入新的积极价值与文化内涵。不仅如此,更为根本的是,这将意味着农村教育作为中国教育文化命脉之根基将重新回到历史舞台,继续成为滋育中国文化与中华儿女的有机沃土。梁漱溟在"乡村建设运动"中就强调,"教育即乡村建设","一点一滴的教育就是一点一滴的建设",他认为"中国的乡村和中国的'民族精神'是中国社会和文化的根本",进而主张"通过乡农学校、乡学村学,尽量用'情意教育''道德教育'去进行'精神陶冶',建立'情谊化'的乡村组织,以便恢复固有的中华'民族精神'而保持'乡村文明'"②。

学校教育方面,亟须恢复与发展乡村学校,打造新农村新教育。乡村学校是村庄的灵魂,如果说乡村的精神寄托在于乡村学校,乡村文化的传承在于乡村学校,那么,"没有文化精神寄托的乡村一定没有未来的前程"③。学校的复苏意味着整个乡村生命力的复苏,意味着"乡村教育"重新找回文化载体,意味着乡村生活、乡村精神获得了一个通往新生的大道。学校复苏并非"复古",而是一种基于现在与未来的经济基础、新农村建设理念之下的重建。

从教育公平角度看,"所谓教育公平,最浅显的概念,就是优先改善处于社会最不利地位的生存状态"④。就此而言,目前乡村学校重建必然处于"优先"地位,乡村学校重建则需国家与社会给予更多的支持与关

---

① 李涛:《农村教育何日重获话语权》,《中国青年报》2015年10月12日。
② 《中国大百科全书》(教育卷),中国大百科全书出版社1985年版,第224页。
③ 庄孔韶、赵旭东、贺雪峰等:《中国乡村研究三十年》,《开放时代》2008年第6期。
④ 杨东平:《农村教育需要"底部攻坚"》,《教育发展研究》2014年第24期。

心，首先国家政策层面要在制度、人才、财政上给予优先而合理的安排和配置，这里，无疑"优先论是一种比平等主义更合理的平等观念"①；其次是教育界、政府层面要广泛征集社会各方力量的支持，从而把乡村学校重建运动推向一种充满"人性善"的社会事业。

乡村学校重建的核心在于留住人，人是文化之根，亦是乡村之根。"如果人不在这里居住，所有的村庄都是没有生命的"②。"留住人"有两大要务：一是留住学生，很大意义上就是要给"留守儿童""流动儿童"建筑起温馨的校园（可融合中国文化元素、乡村自然与人文环境和现代科学技术，打造独特的校园文化），留住其"身"的同时，更重要是留住其"心"，这是农村"留守儿童"教育的关键。二是留住教师，一方面大量培育本土教师；另一方面留住已有的外籍教师。其关键在于：首先要提高教师个体待遇，提升教师生活水平；其次是不断创造教师专业发展机会，提供教师发展的多元空间，想方设法推动教师的事业追求；最后是强化教师的地域认同、文化认同与身份认同，培育其教育奉献精神和"新乡村教育"的教师品质。留住学生与留住教师是辩证统一的实践，培养与留住好教师是留住学生的重要条件之一，留住学生又能增强教师的职业认同和社会责任感。所谓"好教师"，首先必须是对教育、对学生充满着爱的，如雅斯贝尔斯所说"爱是教育的原动力"，并且"爱在彼此存在中实现"，③教师的爱必定会换来学生的尊敬与爱戴，实际上，留守儿童最需要的正是"爱"，乡村教育的发展也最需要"爱"。

根本上，乡村学校重建须依托乡土文化、社会与自然，实现"因地制宜"与"因文制宜"。怀特海说："人在世界中，世界在人中"，④乡土学校必须与乡土世界形成一种"物我为一"的整体状态。这样

---

① 段忠桥：《优先论是一种比平等主义更合理的平等观念吗？——与姚大志教授商榷》，《中国人民大学学报》2015 年第 1 期。

② 中国古村落保护：如何留住原住民？http：//culture. ifeng. com/a/20150605/43913780_0. shtml。

③ 雅斯贝尔斯：《什么是教育》，邹进译，生活·读书·新知三联书店 1991 年版，第 92，1，3，3，3 页。

④ 怀特海：《过程与实在》，商务印书馆 2011 年版，第 173 页。

"培养出来的人对自然是尊重的,对其他文化是尊重的,本质就是构建一个人类自身的生长同它的外部世界的良性发展的共生互补系统"①。在课程意义上,就是实现本土课程文化的创生,以作为培育乡土文化认知能力、文化自觉性、文化认同感和文化自信的教育基础。从教学的角度来讲,即把广大的乡村世界作为教学场域,以乡村人文与自然为课程生命之根,构建一种生命性、灵动性和共生性的教学关系,根据村庄特定人口背景,可以采取多样化的教学组织形式,如小班化、师徒制等。

这种乡土教育与城市教育的一个重要差异就在于,乡土教育的根本旨趣是促使学生"如何在人与自然、人与社会、人与自我的重重关系中形成正确的判断与观念,奠定人的稳定的心灵秩序",培植人性与自然朴实之道德,培养学生"大地赤子之心"——对生命的尊重和热爱——他们再次成为乡村世界的"精灵"。如雅斯贝尔斯指出:"如何使教育的文化功能和对灵魂的铸造功能融合起来,成为人们对人的教育反思的本源所在"②。"教育的原则,是通过现存世界的全部文化导向人的灵魂觉醒之本源和根基","教育是人的灵魂的教育",③ 乡村教育重建的目的即定位于这种"灵魂的教育"。于是,则不妨把乡村教育称为人文教育类型,如果说"在现代性境遇中人文教育边缘化导致了受教育者德性缺失、心灵枯竭,从而丧失反思自我、达致美好生活的能力","随着现代性的深入,心灵逐步被自然科学化与物质化,最终致使教育只能培养'无灵魂的专家'和'无心的享乐人'"。④ 那么,乡村教育作为人文教育的一种复苏,意味着它将要在教育理念与实践上对"现代性"发起挑战,即便在"现代性背景下对人文教育进行申辩是一项冒

---

① 张诗亚:《共生教育论:西部农村贫困地区教育发展的新思路》,《当代教育与文化》2009 年第 1 期。

② 雅斯贝尔斯:《什么是教育》,邹进译,生活·读书·新知三联书店 1991 年版,第 3 页。

③ 同上。

④ 吴元发:《人文教育的心灵之维——现代性境遇中对人文教育的一次申辩》,《教育学术月刊》2015 年第 5 期。

险的事业"①。

（三）拾崛与建构"乡土知识"：塑造新农村教育性格的基本介质

教育哲学家黄济先生认为，"研讨知识转型与教育改革的关系，应是当前教育哲学研究中的一个重要课题"，然而"在今天我国教育改革中，这种关系在相当程度上没有能够引起教育理论与教育实践工作者们的充分注意"。② 尤其是在这个不断将"农村"视为"问题、病症"而城市中心主义霸权盛行的当下，我们普遍缺乏对"乡村知识"合法性与合理性的深刻洞识与承认，甚至不加思量地将其视为落后成分或文化糟粕，更为可怕的是潜藏于这种思维、观念和行为背后的"知识无意识"和"文化不自觉"，这只会将人们引入一种虚假的"人道主义""唯科学知识主义"或"现代知识中心论"。如果"进入学校的知识是对较大范围的知识进行选择的结果，反映的是社会中主流的观点和信仰"③，"学校通过确立具有鲜明组织和规诫规则的空间，促使社会化中的主体分离于传统社会的地方知识体系之外，与现代社会的抽象体系整体结合"④，则无论多么冠冕堂皇的"城乡教育"研究或实践，恐怕皆难以在教育与知识的本质关系层面上实现"教育改革"，城乡文化和教育同质化的问题只能日趋加重。即便"城乡教育一体化"研究范式，如果不能充分认识到知识差异、知识尊严和知识与教育的深层关联性对于"城乡教育"共生共荣的重要意义，那么其充其量也只能是一如既往地为教育实践做外衣，无法从教育本真和教育内立场层面来化解城乡教育问题。

所谓本土知识或乡土知识，指"由本土人民在自己长期的生活和发展过程中所自主生产、享用和传递的知识体系，与本土人民的生存和发展环境（既包括自然环境也包括社会和人文环境）及其历史密不可分，是本土人民的共生精神财富，是一度被忽略或压迫的本土人民实现独立自主

---

① 雅斯贝尔斯：《什么是教育》，邹进译，生活·读书·新知三联书店 1991 年版，第 3 页。

② 石中英：《知识转型与教育改革》，教育科学出版社 2001 年版，序第 9 页。

③ 阿普尔·迈克尔：《意识形态与课程》，华东师范大学出版社 2001 年版，第 8 页。

④ 王铭铭：《教育空间的现代性与民间观念》，《社会学研究》1999 年第 6 期。

和可持续发展的智力基础和力量源泉",其关键特征表现为:它是一种"地方性知识""整体性知识""被压迫的知识""授权的知识"。① 这种知识又是"超越具体知识形态的知识观念,是包融知识价值立场、知识具体形态在内的多层次结构体并与普遍性知识具有通约性"②。"本土知识"在 20 世纪 70 年代末 80 年代初逐渐引起人们(国际性)的重视,"20 世纪 90 年代以来,它不仅引起了学术组织和民间组织的浓厚兴趣,而且引起了联合国有关部门的高度重视。20 世纪末,'本土知识'已经成为一种新的、独特的知识类型。"③

石中英教授认为:"离开了知识,教育就会成为无米之炊,各种各样的教育目标也无法达成。因此,教育自然应该承担本土知识的保存、传递和发展的重任,同时,教育的目的、内容、方法乃至教师的素质也都应该从本土知识的视角加以重新认识或阐述。"④ 如果这是从基本原理的意义上强调教育与知识的关系及教育对于"知识"的功能与责任的话,那么在"城乡教育"研究视域中,至少还需要进一步认识清楚或阐释几个问题:其一,乡村或农村是否具备"本土知识"的合法性?如果具备,是否就是所谓的"乡土知识"?是否就是"乡土文化"的"科学化"表达?其二,如果上述三问或前二问的答案是肯定的,那么在当前我国城镇化急速发展的进程中,如何看待"乡土知识"与"城市—现代知识"的关系,如何判定二者之间的界限,它们是否有并存的必要性?进一步,它们又将如何并存?其三,我们知道,"本土知识"的产生一定程度地源自一种对"实践与知识"关系的认识——实践与知识的相互塑造与相互规约性,那么作为社会实践或文化活动之一的"教育"是否也与知识处于这种关系之下,换言之,这是否意味着存在本体知识,也就存在本土教育,即有本土教育,则必有本土知识?如果是肯定的,那么这将会在认识论意义上为"乡土教育"的科学性、尊严及其重拾提供动力支持。

同时,由于"知识生产是人类最基础、最重要的活动,由之衍生出

---

① 石中英:《知识转型与教育改革》,教育科学出版社 2001 年版,第 327 页。

② 么加利:《"地方性知识"析——地方课程开发中知识选择的思考》,《教育学报》2012 年第 4 期。

③ 石中英:《知识转型与教育改革》,教育科学出版社 2001 年版,第 322—323 页。

④ 同上书,第 347—348 页。

了人类文明的各种具体形式"。① 这就意味着本土知识也必然生产出本土文明，乡村知识也就存在相应的农村文明，乡村知识、乡村教育、乡村文明之间必然有着天然的内在紧密关联性与整体性。正如梁漱溟、钱穆、季羡林、张岱年、费孝通等前辈所共同认为的那样，中国几千年的文明发展史，其文化根基就在乡村。"乡村文明是城市文明的基础"，② 乡村又是城市的源流。在此意义上，一切否定、抛弃乡村文明的行为都不利于中华文明的传承发展，甚至等同于在割裂中华文明的脉络；一切想撇开乡村文明来搞城市文明建设的行为都将悖逆于中国特色社会主义建设的根本要求。对乡村教育的问题化或否定，实质就是对乡村文明的问题化与否定，因为乡村教育本身就是乡村文明的主要内容与表征，同时它又是乡村文明传承发展的最基本方式。

（四）"逆城市化"现象与"新乡村主义"思潮：走向城乡教育共生的现实动力

当城镇化作为现代社会发展的关键步骤在世界范围内愈演愈烈之时，一种具有全球性的"乡土情怀"被逐渐激发、唤醒。来自不同国家、地域关于"新乡村主义""反城市中心主义"和"逆城镇化思考"的声音接连荡起涟漪。这种声音不是别的，正是以一种回溯人类古典价值和回归人类本性的姿态对"现代性"所裹挟的现代城市文明的一种内省式叩问。人们开始反思"城市中心主义"，并呼吁："要让国家放弃城市中心主义，推动新乡土主义"。③ 虽然传统的"农村文明已经走上穷途末路"，但"在这个时代里面农村文明可能得到重生"。④ 如梁漱溟先生认为，乡村社会的复兴，就是中国社会的复兴，中华民族要实现伟大复兴就不可能建立在乡村社会的废墟上。⑤

"全球化、城乡联通性以及随着收入分配体系而发生的生活方式变

---

① 邓曦泽：《中华文明的断裂与赓续——基于知识生产的视角》，《江海学刊》2014 年第 11 期。
② 石中英：《失落的农村文明与农村教育》，《青年教师》2010 年第 1 期。
③ 吕新雨：《新乡土主义，还是城市贫民窟？》，《开放时代》2010 年第 4 期。
④ 石中英：《失落的农村文明与农村教育》，《青年教师》2010 年第 1 期。
⑤ 梁漱溟：《乡村建设理论》，上海人民出版社 2011 年版，第 165—169 页。

迁，使得传统乡村社区的要素日益分离、传统共同体价值丧失、社区丧失
或衰退，这些已渐成为社会科学中的一般判断。"① 当人们以一种"眷念"
或"乡愁"的姿态去呼吁保护乡土文化、回归传统和反思现代性的时候，
或许显得有些"保守"，但当人们以一种文化自觉和叩问人之本质与价值
的姿态放声呐喊之时，其中的内蕴无疑更多是一种危机感、正义感和使命
感。而在事实上，正如某研究所指出，"全球化下的乡村并非只有衰朽宿
命。这不仅是因为田园生活期望似乎总是深植于乡村居民的知识中，并被
中产阶级和其他群体不断创造、建构，扮演了现代性的避难所；更是因为
乡村在当今社会仍旧承担着不可替代的基本功能：保证食品供给和安全、
自然资源保护、保护文化多样性等等。20 世纪 90 年代以来，发达国家一
直在反思大规模城市化的发展模式，试图重新定义乡村存在的意义以及乡
村的未来，对于中国这样的后现代化国家而言，这已经不是什么未雨绸缪
的问题。"② 同时又有相关社会学研究从"乡土逻辑"的立场表明，"乡
土社会并不是国家手中的'提线木偶'，它的一些最基本的价值原则，只
是在革命风暴中隐伏起来，一旦稍微风平浪静，它们又都重新浮现出来。
国家政权应更加关注如何适应乡土社会，提升国家对乡土社会的回应能
力，对乡土社会的内在逻辑心存必要的敬畏"。"真正调整国家对乡土社
会的'战略性'姿态，对乡土社会采取必要的敬畏和尊重，建立一个真
正扎根于乡土社会、具有一定'乡土性'的现代国家，是我们亟须解决
的时代课题。"③ 因为，"中国城市的发展与乡村的发展，不是像西方一样
处在对立的、控制与反控制的过程中；相反，在中国，城市和乡村是一个
相互哺育的过程。……城市和乡村不是一个断裂的过程。……通过血缘和
地缘的动力，构建出城乡互相哺育的纽带，是中国传统的城市与乡村融合
一体的关键。……但这种城乡互相哺育的关系，在 20 世纪初就开始断裂，
这就是中国现代化、现代性的开始。……从而 20 世纪对中国来说，其核
心问题就是城市和乡村的关系问题，就是城乡断裂的问题，也是社会分裂
的问题，它是中国被纳入全球资本主义体系的产物"。由此出发，"对中

---

① Lee, D. &H. Newby 1983, *The Problem of Sociology*. London：Longman.

② 毛丹、王萍：《英语学术界的乡村转型研究》，《社会学研究》2014 年第 1 期。

③ 焦长权：《乡土社会与现代国家》，《文化纵横》2016 年第 10 期。

国来讲，首先，新的乡土主义在今天的历史条件下，应重新建立城乡互动的、相互哺育的良性关系"，"在今天，在我们还没有滑向拉美式的贫民化、都市化的情境下，我们也许还有唯一的历史机遇，来重建一个城市和乡村互相哺育的体系。一旦错过，也许就是永劫。所以，我们需要开放出各种各样的想象力、创造力和实践力，来建构多样的、多模式的城乡互动体系，并把这样的发展设定为国家发展和社会发展的目标"。①

同时，"我们必须培养出一种'城市化反思'的思维，我们不仅需要重新考量中国城乡关系的发展历程、动力机制与价值取向，而且必须把'城市'和'乡村'作为一个发展整体，……最终形成'各美其美，美人之美，美美与共，天下大同'的城乡和谐发展的局面"②。韩俊认为："中国不可能完全搞出一个城镇化的国家，像新加坡那样，中国的现代化程度无论多么高，将来一定会有一部分人是住在农村的，而且到了一定阶段，一定会出现逆城镇化"，从而"一方面要讲推进城镇化；另一方面人口在大中小城市之间、城乡之间怎么布局"就成了顶层设计层面必须要考虑的问题。③ 所以，逆城市化潮流亦将成为关于未来我国乡村社会及乡村学校的发展的必然考虑因素之一④。而这一切似乎都在为一个"大迁移时代""新型游牧流动生活方式"⑤ 或"动民社会""流动时代""共生时代"⑥ 的到来做注解。

"逆城市化"现象和"新乡村主义"思潮无疑为一种"城乡教育共生"景象埋下了深刻伏笔，似乎这即是预示和召唤。当"城乡"不再以一种"二元"或"割裂"的姿态进入历史进程之时，当现代新农村得以建立之时，中国大地将是一幅多么生动、活泼与繁荣的景象！如约翰·杜威在《学校与社会：明日之学校》一书中所明确指出："教育是社

---

①　吕新雨：《新乡村主义，还是城市贫民窟？》，《开放时代》2010 年第 4 期。

②　文军、沈东：《当代中国城乡关系的演变逻辑与城市中心主义的兴起》，《探索与争鸣》2015 年第 7 期。

③　韩俊：　《中国城镇化最大的问题是不公平》，http://dxw.ifeng.com/shilu/hanjun/1.shtml。

④　邬志辉：《乡村教育现代化三问》，《教育发展研究》2015 年第 1 期。

⑤　[日] 黑川纪章：《新共生思想》，覃力等译，中国建筑工业出版社 2008 年版，第 9 页。

⑥　同上书，第 17 页。

会进步和社会改革的基本方法"①，城乡教育共生或许意味着教育的阶层固化现象逐渐被打破、急速膨胀的现代城市教育得以舒缓、"知识、工具与理智"不再是教育的主宰、新农村教育将成为未来教育的主要形态之一……如马克思主义空间哲学所认为，"在经济全球化浪潮下，人类生活的空间中急剧地拓展，而生存体验空间和心灵空间却日益被压缩。人类的本性是爱自由，生存空间越大，自由度越高。这决定了人类并不会止步于既定的社会空间"②，甚至可能出现"城乡教育互转"的社会现象，即个体可以在城乡之间实现平等的教育选择，城乡文化与文明会因"教育流动"而实现积极对话与融合互补。在此过程中，由于"社会生活各个方面都以其独特的方式再生产空间，形成自身存在的空间格局，具体而实际地改变人与人、社会与自然的空间关系，生成互有特定的社会化空间"③；"空间影响人们思想文化观念的社会心理机制，揭示了心灵—文化空间与物理的、社会交往空间的某些对应关系，尤其是关于交往空间距离之远近，与交往策略、思维方式之感性、理性建构的互关律说明"④；城乡不同的社会—文化空间为人们提供了两种迥异的"生存空间、活动环境和交往方式"。从而如齐美尔所揭示，这不同的生存空间中的社会—文化方面将对人的主观世界具有培育和规定作用，人与环境形成双向互动的机制。⑤

同时，借助于"互转"，可能促使个体在更为广阔的文化周遭中建构起深刻的文化认知和丰富的文化精神结构，推动人生命整体的自我教化与生成；又可能通过人与人、人与文化、人与自然、人与社会的多元、直接的互动，从而在"人生命"中涵养城乡文明和自然情怀，促进文明发展和自然、人、社会之共生。其教育意蕴在于：人浸润于乡村文化和城市文明，这将在主体内部植入差异性文化与社会记忆，建构完善的文化认知结

---

① ［美］约翰·杜威：《学校与社会：明日之学校》，赵祥麟等译，人民教育出版社 2004 年版，第 13 页。

② 黎庶乐：《唯物史观与当代空间问题》，《光明日报》2016 年 11 月 30 日第 14 版。

③ 胡潇：《空间的社会逻辑——关于马克思恩格斯空间理论的思考》，《中国社会科学》2013 年第 1 期。

④ 胡潇：《空间现象的文化解读——基于马克思恩格斯空间理论的思考》，《学术研究》2014 年第 9 期。

⑤ 同上。

构和文化情感，养成个体对中华文化、异域文明的价值判断和认同感。如果说，城市现代性教育所积极实现的是个体的知识增长与理智发展，那么新农村教育可以填补人的灵魂与心灵的自然生长之维度，"我们的教育不仅要追求个体智慧发展的必要速度，而且要保持个体灵魂生长的缓慢性，以此来孕育个体生命质地的丰富性，夯实个体的生命根基"，教育必须在知识、理智与人文、自然之间保持必要张力与平衡。我们要知道，"一旦个体生命发展过早地理智化，个体生命发展就难免置于过度人为设计之中，个体生命发展的自由与自在就会极大缩减，个体生命发展所能达至的创造品质也会大大降低"。而"个体生命的早期内涵就是世界的"，"完整的个体意识正是现基于先行的、个体与其周遭世界的全面的混沌性联系，其后，理智的生长乃是个体先行与其周遭世界的丰富联系的秩序化，以及由此而来的个体与世界互动交往关系的进一步建构"。① 如已有研究指出，"乡村教育肩负起拯救患有'大自然缺失症'的儿童、重塑儿童'消失的经历'的使命，并将生物圈变成学习环境"②，儿童可以在"乡村世界里，去寻找那懂得天地之广大、明白人类之有限的智慧——这才是人的智慧，才是可以用来创造新的城市生活的资源"③；又如特级教师池昌斌所描述："我一直认为，最好的教育要充满自然气息。一个儿童只有在广泛接触自然中才能实现立体、有温度的成长，因为大自然是最好的老师之一"，"懂得欣赏最荒凉、辽阔、壮丽、神秘的大美，一个孩子的内心会变得更加宽广、坚毅而柔软"。"当城市文明教化恐怕不能提供给城市儿童以刻苦、专一、忠诚与正义感"等品质的时候，或许乡村教育能够做到④。反过来，乡村儿童也可以在中国急速城镇化背景下提前体验现代城市社会与文明，经历以"知识—理智"为主要范型的城市现代教育，进而丰富个体发展早期获得必要的对城市现代文明的认知与建构，发展知识与技能，实现真正的"人的城镇化"。

---

① 刘铁芳：《返回生活世界教育学：教育和以面对个体生命成长的复杂性》，《教育研究》2012 年第 1 期。

② 邬志辉：《乡村教育现代化三问》，《教育发展研究》2015 年第 1 期。

③ 将乡村重新引入城市：重建我们与"故乡"的关系，http，//culture. ifeng. com/a/20150605/43914515_ 0. shtml。

④ 石中英：《失落的农村文明与农村教育》，《青年教师》2010 年第 1 期。

基于"互转"和"平等的眼光",对于"流动儿童"与"留守儿童"一贯的问题化命名方式及其背后的价值判断应得到逐步消解,如心理学研究认为,对于"留守儿童"和"流动儿童",我们更应该关注他们的心理韧性和心理弹性的正功能性。"个体尽管遭遇逆境,但最终能克服逆境带来的种种消极影响,并得到了良好的发展结果——'增益其所不能'";"传统视角均关注流动及歧视等相关危险因素给儿童带来的不利影响,聚焦在流动儿童的焦虑、抑郁等消极适应结果之上。而心理弹性视角关注流动儿童身上积极正向的资源,并通过干预活动来促进这些积极正向资源的发展进而提高儿童心理健康和城市适应水平。"① 所谓心理弹性,即"在遭遇逆境时,有助于个体良好适应的保护性因素"②;心理韧性是指"在显著不利的背景中积极适应的过程,它是由于人类基本适应系统运行而产生的一种普遍现象",心理韧性研究的一个重要观点就是:"不利环境不必然导致儿童的发展不良,在一些保护性因素的影响下,儿童仍有机会保持正常的发展,这其中一个重要的保护性因素就是社会支持"③。国外相关研究也证明了这种社会支持对儿童发展的重要作用,"它既可以提高个体的自我评价水平,增强其应对不良环境的心理能力,也可以直接缓冲外在压力事件的消极影响,对心理和行为的适应具有一定的保护性作用"④。

四 结 语

对于"城乡教育共生",不可否认,它是我们在哲学意义上所进行的一种反思与建构,故称之为"一项教育哲学探索"。这种探索并非"不现实"的"乌托邦",而是一种基于现实的批判性建构,这或许正是"哲学"的本性所在——以"理解"与"批判"为方式的"现实情怀",它

---

① 张清例:《心理弹性研究关注人类发展"正能量"》,《中国社会科学报》2014年2月12日。

② 李永鑫、骆鹏程、谭亚梅:《农村留守儿童心理弹性研究》,《河南大学学报》(社会科学版)2008年第1期。

③ 刘霞、胡心怡、申继亮:《不同来源社会支持对农村留守儿童孤独感的影响》,《河南大学学报》(社会科学版)2008年第1期。

④ Mar ianne Helsen M,Vollebergh W,Meeus W. Social support from parents and friends and emotional pro blems in adolescence [J]. Journal of Youth and A do lescence,2000(29).

"所体现的是哲学作为一种特殊的意识形式和人文向度的特殊本性。正是在这种对于'现实性'的理解和关注方式中，哲学才显示了它特殊功能和作用，即通过对现存世界的超越和否定和对一种'更高的现实'的想象，去批判现存世界，规范和引导人们的生活，开拓未来社会"。而一旦"离开这一点，哲学就将或者成为从现存世界的'乡愿之学'，或者成为纠缠和沉溺于事实的'实证之学'。"① 所以，当我们未从诸多具体细节、数据、事物的"现实性"去讨论"城乡教育"问题时，无疑，这正是在遵循着"哲学研究"的本性之维。陆有铨先生认为，"教育哲学学科的最大价值，就是引发问题。它更多的不是回答问题，而是提出问题，让人不断思考"② 或许，我们只是提出了一个"城乡教育"宏观问题罢了，诸多具体问题有待进一步讨论，而一些实践操作的课题更待科学的、"实证主义"的探究和解答。但在实践的形成与发展意义上，我们又认为，随着我国社会主义社会的逐步发展与完善，"城乡一体"制度与物质格局得以确立，人们的物质生活水平极大提升，加之"逆城市化"现象与城市人口的饱和，人类环境意识的不断觉醒和新农村面貌的铸造，"城乡教育共生"可能会成为一个未来的社会景观和实践样态。于是说，城乡教育共生观既作为价值观，又作为实践观；它不仅表达对现实城乡教育的理解，根本旨趣在于对现实的城乡教育进行改造与创建。

（作者简介：刘远杰，北京师范大学教育部博士研究生。）

---

① 贺来：《超越"现实"的"现实关怀"——马克思哲学如何理解和关注现实？》，《哲学研究》2008 年第 10 期。

② 陆有铨：《躁动百年：20 世纪的教育历程》，北京大学出版社 2012 年版，第 512 页。

双重边缘人:农民工的身份认同焦虑

吴玉军

摘要: 城市化既是人类生产和生活方式由乡村型向城市型的历史转化过程,也是个体生活方式和文化心理的重大转变过程。这一点在当代城市新移民——农民工身上表现得十分明显。城市化过程中自我与他者的对比,他者话语的形塑,制度设计上的城乡二元结构,使广大农民工在融入城市生活的过程中面临很大挑战,出现身份认同焦虑问题。如何从制度建设、社会治理、人际关系建构等各层面入手解决这一问题,在当前显得十分迫切。

关键词: 农民工　身份认同　话语　价值秩序

随着城市化进程的加快,大批农民走出土地,从相对封闭的农村融入到城市文明的激流之中。农村生活方式向城市生活方式的转变必然带来个体心理层面上的巨大冲击。这一点在当代城市新移民——农民工身上表现得十分明显。当数以万计的农民工满怀对新生活的向往来到城市,却因各种原因无法融入城市生活体系当中时,会导致身份认同问题。自我与他者的激烈碰撞,话语的形塑,制度公正问题,共同造就了当代中国城市化进程中农民工的身份认同焦虑。

一　"他者"坐标系的界定

"认同"一词在英语中对应的是 identity。在不同的语境中,identity 还被译为"同一性""特性""身份"等。就"同一性"而言,identity 通常是指两个事物之间的相同性,或同一事物在经历时空的变化后表现出来的一致性。通常情况下，"认同"更多的指向"身份""归属"这一含义。"一个存在物经由辨识自己与其他物之共同特征，从而知道自己的同类何在，肯定了自己的群体性。"① 通过与他者相比较，自我会发现自己与他者的相似点、差异处，明晰自己的特征，最终达到对自我身份的确认。在这一意义上，认同就是对"我是谁？"这一问题的追问，通过追问，自我知道自己从哪里来，现在身处何地，又将走向何处。

在认同问题的形成中，他者扮演着重要的角色。他者是一种十分独特的存在，一方面，他者是与自我不同的存在；另一方面，自我除非对他者有所了解，否则自己不会成为自己，不会获得自我意识和自我认同感。如此一来，他者是与自我密不可分的另一个自己，他者构成了自我反观自身的一面镜子，自我通过借助他者这一镜子，可以更好地辨认出自己的形象。

尽管他者作为反观自我的镜子具有重要的作用，但对于自我而言，他者的作用往往是在否定性的意义上被加以接受的。自我与他者之间内在包含着一种权力向度。黑格尔在《精神现象学》中关于主人—奴隶关系的分析就表明了这一点。在他看来，他者的显现对于"自我意识"的形成是必不可少的。主奴双方之间的行为是一场殊死搏斗，任何一方都试图消灭对方，都以对方为中介确证自己的存在。冲突的结果是强者成为了主人，弱者成为了奴隶。主人将他的对方放置在自己的权力支配之下，通过奴隶的加工改造间接与物发生关系，享受了物。对于主人而言，奴隶就是他者，由于他者的存在，主体的意识才得以存在，权威得以确立。在日常交流中，自我与他者之间的权力博弈往往以一种或隐或现的关系内涵于其中。符号化的话语关系以及背后的物质利益问题，是自我与他者关系的两个重要的纬度。

城市移民的认同问题，很大程度上源自原有生活情境与现有生活情境的强烈对比。对一位从农村进入城市特别是一个陌生大城市的农民而言，他或她所面对的是一个陌生的环境，身处一个全新的生活情境，无论对其视觉的冲击，还是对心灵的震撼，都是非常巨大的。尽管今天信息技术十

① 江宜桦：《自由主义、民族主义与国家认同》，台北扬智文化事业股份有限公司1998年版，第10页。

分发达，但置身于其中，心理的影响还是十分明显的。对此，卢梭在《新爱洛漪丝》中所描绘的场景很有代表性。当主人公来到巴黎，面对大城市的生活，他产生了认同的焦虑："我开始感到这种焦虑和骚乱的生活让人陷入的混乱状态。由于眼前走马灯似地出现了如此大量的事物，我感到眩晕。在我感受到的所有事物中，没有一样能够抓住我的心，但它们却扰乱了我的情感，使我忘记了自己的身份和应当归属的对象。"①

与此同时，生活于城市里的人们，作为一个异己的他者，也构成了农民工群体审视自我的一面镜子。城市人相对体面的工作环境，优越的生活方式，与自身的工作和生活状况形成了很大反差。由于生活工作状况显见的差异，他们并不将城市人作为自己密切交往的对象，他们从城市的生活中往往找不到心理的归属。横亘在城市人和农民工之间的是一条不小的鸿沟。空间上的紧密连接，并没有消除心理上存在巨大差异这一基本事实。

二　话语的形塑

认同的建构是在特定的话语中进行的，"身份是以特定的叙事手段制造出来的。"② 在这其中，话语发挥着重要作用。农民工的身份，在很大程度上是外在的他者给予自己的一个标签。

（一）话语中的沉默者

话语是由符号组成的，但又不可能归结为语言和言语，话语的作用超过了言语和语言。话语是与权力紧密结合在一起的，甚至可以说，话语本身也是一种权力。在福柯看来，在任何社会里，话语一旦产生，就受到若干程序的控制、筛选、组织和再分配。没有纯粹的、不计功利的话语，存在的只是权力制约下的话语。在一定条件下，话语本身可以转化为权力。话语通过排除程序将某些东西列入"禁律"的范围。通过这种过滤机制，对话语加以净化，从而使那些不符合通行规则的话语获得不了表达的机

---

① 转引自马歇尔·伯曼《一切坚固的东西都烟消云散了》，商务印书馆 2003 年版，第 19页。

② S. Hall，D. Held，and T. McGrew（ed），Modernity and its Futures. *Polity Press*，1992，p. 4.

会。不仅如此，话语还从内部受到"评论"、学科规范等权力表征的约束。对于一个话语主体而言，他必须具有某种身份，受过某种专业训练，具有某种素质，能够在对话和评论中使用某种形式的陈述。作为一个更大的话语群体的学科规范，则规定了真理的方法，命题的论述形式以及研究对象等。它规定了什么可以被说，什么样的说法被视为真实的。如此一来，只有符合这一话语群体规范的东西才被认为是合法的。任何一个话语主体如果想在特定的话语群体中存在，就必须接受这种话语的言说方式，假如不能做到这一点，则被排除于话语系统之外。这样，话语作为每一种制度的规范性媒介，它规定了什么样的言语者才拥有权威，权威性的话语在什么样的情境下才可以言说等等。

这样，话语作为每一种制度的规范性媒介，它规定了什么是可以说的，什么样的言语者才拥有权威，权威性的话语在什么样的情境下才可以言说等等。从整个社会层面上来看，并不是所有的成员都能完全平等地获取话语资源，某些人或某些团体比另外一些人或另外一些团体享有更多的话语资源，因此也享有更大的话语权。从这一意义上来说，任何一个社会都存在着话语的主宰者和话语"沉默"者。在当代城市话语中，我们所听、所说的很大程度上是以城市人群为主体的话语。对于出生于农村，工作于城市的农民工而言，他们的言谈方式要为城市话语所接纳，需要在很大程度上改变原有的言说方式，否则在主流话语中得不到有效的展现。

（二）话语中的价值秩序

任何话语都包含着某种价值判断在内，所谓纯粹中立的、客观的话语，在现实生活当中是不存在的。人们言说某个话语时候，都不同程度地加进了自己特有的价值判断，并且人们会随着社会的发展而赋予它们以特定的意义与内涵。例如，"同志"一词在一开始是一个意义十分严肃的词汇，但是在特定的情境中，却偏离了它原有的意义，而被赋予了与性相关的特定内涵。一旦这些词汇的运用与一种在价值序列中处于较低地位的生存方式联系起来，那么此后对它的价值否定将更为强烈。这一点在对农民工称谓的演化中表现十分明显。

1. "盲流"与"民工"

"民工"这一词语，它的完整意思虽是"进城务工的农民"。从工作这一角度来看，他们与城市本地居民没有什么不同。他们同样在以自己的劳动为城市的发展作出贡献。但是，在特定的语境中，"民工"一词具有不同寻常的意义。现如今它已经演变成了一个特定的社会学标签，成为了人们对进城务工人员的一种身份认同。对于进城务工的农民而言，由"他者的话语"加定于他们身上的标签，既有具有歧视性的称呼，如"盲流""乡巴佬"，也有带有某种同情意味的称呼，如"打工仔/妹""农民工"等。这些不同的话语标签作为外在的评判形式，对城市外来者的身份认同产生着深刻影响。

"盲流"是对农村人口自发地流入城市的现象的一种简称。在中国的户籍制度中①，居民被分为两种基本类型，即城市户口和农村户口，盲流一般是指那些拥有农村户口但不专门在农村劳动的人。在传统的计划经济体制下，农村人口要转为城镇户口需要遵循严格的规定。"盲流"在进入城市后一般没有正式的工作，没有固定的经济来源。20 世纪 50 年代初期，每年都有大量农村人口因贫困流入城市，1953 年，国务院发出了《劝止农民盲目流入城市的指示》，首次提出了"盲流"的概念。1956年，由于农村人口外流到大城市和工业建设重点区域的现象发展到十分严重的程度，于是，国务院再次发出《防止人口盲目外流的指示》，并于1957 年初对该指示作了补充再次下发。自此，中国城乡人口之间的自发和盲目流动被人口计划流动所取代。改革开放以后，由于户口限制相对削弱，人口流动性增强，农村人口流入城市成为普遍的现象。在这一过程中，"盲流"一词被人们频繁运用，并且在运用的过程中增加了鄙视性的成分，甚至"盲流"在某种意义上与"流氓"等同起来。

当然，在最初政府所颁布的有关文件当中，"盲流"只是对农民盲目流动现象的一个简称，没有什么贬义包含其中。但是，在人们的运用过程中，"盲流"一词被人为地加入了许多鄙视性成分。这样的做法无疑是对农村进城务工者的严重侮辱。城市外来务工者不但没有触犯国家的法律，而且还为城市的发展作出了巨大贡献。在不违反国家法律的前提下，却被

---

① 在当代中国大力推进城市化进程的今天，城乡二元格局逐渐被打破。但是，对于大城市特别是对特大城市而言，户籍还是一种十分稀缺的资源。这种稀缺性不是很快就会消除的状态。在可见的将来，这种稀缺性还会越来越明显。

归入了合法者与非法者之间，甚至是被纳入"流氓"的范畴。这种来自权威部门并被社会所广泛运用的话语，势必会对民工的身份认同产生深刻的影响。对于他们而言，自己是一个靠合法劳动生存的遵纪守法的公民，但是却被社会看作具有不光彩的身份，他们难以将自己与城市人的身份等同起来。

为改变这一状况，在后来的政府文件当中，有关"盲目流动"简称的话语被"农民工"所取代。较之"盲流"，"农民工"这一新的话语形式无疑是一个进步，是基于城市外来务工者的工作状况所作的称谓，在一定程度上显示了社会的进步和宽容。但是，当我们仔细分析这一词语时，我们发现这个词语是有问题的。农民和工人，这是职业的区分问题，按照通常的道理，一个人原来的身份是农民，但是当他或她从事工业或服务业后，就不再是农民。更何况在现实的中国，很多年轻人经过技术培训后直接到城市务工，在此之前也没有从事过农业活动，也未获得农业身份。因此，将农民、工人这两个身份合在一起，称一个人为"农民工"，这本身是有逻辑问题的。实际上，在这个逻辑矛盾的称呼背后，反映出来的是权利、利益问题。它反映了城市务工人员这个群体的社会保障水平、福利待遇等与城市居民之间存在很大差别。

2. "乡巴佬""打工仔/妹"

如果说从"盲流"到"民工"这一称呼的转变主要发生在政府和学者层面上，那么"乡巴佬""打工仔/妹"这些称呼的出现，则主要集中在民间领域，特别是在城市原住居民当中。这一话语在改革开放初期的城市生活中，运用的相对比较多。"乡巴佬"是对乡下人的一种称呼，是城市人基于户籍的偏见而对农村人的一种称谓。按照索绪尔的语言理论，在语言的"所指"背后，还隐含着丰富的"能指"。长期以来的城乡二元社会结构，造就了城市居民在各个层面上的优越感。无论在物质产品的占有上，还是在精神产品乃至公共产品的享受方面，城市人都享有比农村人多的权利。因此，当"乡巴佬"这一话语一经城市人的口表达出来，其背后的优越感就得到了淋漓尽致地展现，横亘在"城市/农村"之中的对立通过"乡巴佬"这一话语得到彰显。

"打工仔/妹"是对进城务工青年的一种称呼。尽管这一称呼较之"乡巴佬"已经有了很大的进步，其中的贬义成分相对较少。但是，由于

"仔/妹"本身不是一个具有优势性的词语，同时打工也是相对于正常工作而言的一种流动性工作，因此，话语中包含着的强者（正式工）与弱者（临时工）的对立也明显地体现出来。

话语作为一种语言符号，其背后包含着深刻的经济、政治和文化背景、内涵权力博弈现象。只有消除"民工"这一话语背后资源配置的不平等才可能消除社会身份的歧视，使社会身份的不同不至于成为在一个社会政治共同体内的权利的不平等。因此，要对民工的城市认同进行更为深入的揭示，我们需要深入到制度层面。

三　城乡二元结构

在一些城市居民的观念中，城市是城里人的城市，不是农村人的城市。因此，他们在农民工面前常常以主人自居。虽然现在城市人对农民工的认识和态度与过去相比有了很大的转变，但在日常生活中对农民工的抱怨和歧视还是能够看到的。这就造成了一种十分不公的社会现象：城市原居民一方面在享受农民工提供的服务和便利；另一方面却对他们加以抱怨和鄙视，指责其有损城市文明和公共卫生。如果这一问题还仅仅是一种自发的社会心理现象，还不足以使农民工的城市认同造成持久性的障碍，但是这种心理以某种制度确定下来，那么问题的严重性便是显而易见的。

正如前文所指出的，自20世纪50年代开始，中国实行了严格的户籍制度。改革开放以来，随着经济发展对非农产业就业需求的增加，政府已多次改革户籍制度，放宽了农民进入城镇的限制。随着中国城市化进程的加速推进，在中小城市，已经取消了户籍限制。但是，在大城市中，特别是在特大城市中，户籍还是很高的门槛，由户籍制度所引发的二元社会结构还是十分明显的。无论在医疗、养老、住房、子女教育等方面，城市外来移民都难以享受与城市居民相同的待遇。目前，中国城市化过程中，出现的留守儿童问题、留守妇女问题、农村空巢老人问题，在很大程度上与户籍制度有很大相关性。由于户籍制度、经济因素等诸多限制，多数农民工没有能力将孩子带到城市特别是大城市读书，只能将孩子留在农村；他们没有能力在城市购房，将妻子、父母带入城市之中，于是形成了留守儿童、留守妇女、农村留守老人等现象。

城市当中的社会福利、公共服务，对于这些身处其中的农民工而言，只是与自己漠不相关的东西。对他们而言，城市只是一个获得报酬的场所。特别是对于一些大城市而言，很多农民工是不奢望居住于此的。制度性的安排使得那些已经改变了生活场所和职业性质的农民工仍然游离于城市公共福利之外。尽管农民工在职业上实现了从农民到工人的转化，但在社会身份上很难实现由村民到市民的过渡。在农民工的视野当中，农民工这个群体所构成的"自我"与城市人所构成的"他者"之间存在着明显的区别。一旦社会用一种稳定的制度化方式将这种差异确立起来以后，对于民工的城市认同将会产生持久的影响。

四　扭曲的认同

认同给个体提供了安全感，使其获得心理上的归属，"认同给你一种个人的所在感，给你的个体性以稳固的核心。认同也是有关于你的社会关系，你与他者的复杂牵连。"① 越是在变动的情境中，个体寻求他人帮助，获得归属感的渴望越突出。变化的社会环境，漂泊不定的生活，往往会引发一个人的认同焦虑。在日常生活中，良好的人际关系之所以重要，一个重要原因也在于此。良好的人际关系有助于个体体会到深挚、长久的友谊，与他人形成相互依靠、托付和信赖的关系，进而形成一种"家"的感觉。强烈的家园感给个体以稳定的心理预期，使其在漂泊的社会中获得本体性安全。对农民工来说，无论是他者的比较，话语的形塑，还是制度性的不平等对待，都会使他们对城市缺乏认同感，使他们感到孤独和无助，产生身份认同危机。

（一）心理的失落感

对于广大农民工而言，城市化进程不仅是生存场所的变化，更是一种价值观念的转换生成过程。城市化使他们既摆脱了土地的束缚，也弱化着他们的传统观念而向逐步城市价值观念趋近。然而，农民工长期以来在农

---

① Jeffrey Weeks, "The Value of Difference", Jonathan Rutherford (ed), *Identity: Community, Culture, Difference, Lawrence & Wishart*, 1990, p. 88.

村中所形成的行为方式和文化心理作为"前见",使他们在融入城市文化价值体系之中时面临很大挑战。正是在这种过渡性的城市化过程中,使农民工心理上面临着深刻的价值冲突。自我已有的生活方式与外在他者的生活方式之间的冲突,造成了其内在心理上的巨大冲击,使其融入城市生活体系的难度很大。这就造成了他们与城市居民之间文化价值观念的隔阂。

与此同时,由于这些城市务工人员长期在城市中生活,城市特有的价值观念和生活方式自觉或不自觉地对他们产生着影响,他们在紧跟城市生活的节奏,努力融入城市生活中,这又造成了他们与家乡人员间的隔阂。一方面,经过长期的城市生活,他们在某种程度上已经脱离了原有的生活方式,对城市新的生活有一种眷恋感。这种新的体验在很大程度上也影响了他们与原有乡亲的融合度,他们之间形成了一道鸿沟。另一方面,这些准城市人又承载着家乡亲人很高的期望,给他们的内心造成很大的压力。城市人对其不接纳的现实,他们在城市生活中的困苦是他们无法表达或不愿表达的,同时乡村亲人对他们的高期望事实上已经将他们推向了城市人的身份。如此一来,在文化心理上,这些新型的城市工作人员成为"双重边缘人"。

(二) 对合法性的质疑

认同为个体的价值判断和价值选择提供了基本参照,"知道你是谁,就是在道德空间中有方向感;在道德空间中出现的问题是,什么是好的或是坏的,什么是值得做和什么不值得做,什么是对你有意义的和重要的,以及什么是浅薄的和次要的。"[①] 认同也是行动意义的重要来源,认同决定了行动的方向和力量。"我们必须先知道我们是谁,然后才能知道我们的利益是什么。"[②] 一个人、一个群体在追问自己的身份,探寻心理的归属,寻找生存的意义时,往往最终落实到行动中。强烈的认同感,激发起人们的无尽热情,催生出舍生忘死的举动,迸发出巨大的力量。

一个群体在与其他群体的比较中,会不断增强对自身特性的理解,更

---

① 查尔斯·泰勒:《自我的根源:现代认同的形成》,译林出版社 2001 年版,第 38 页。

② Samuel P. Huntington, "The Erosion of American National Interest", Eugene R. Wittkopf and James M. McCormick (eds.), *The Domestic Sources of American Foreign Policy*, Rowman & Littlefield Publishers, 1999, p. 11.

为深切地体会到自己在价值序列中所处的地位。对于强势群体而言，这种对自身独特性的感受会强化其身份优越感；但对于一个处于弱势地位的群体来说，它一旦通过对自己受损情境的感知而体验到自己的独特身份时，往往会采取激烈的方式摆脱自自身在价值序列中的不利地位，并以此获得其他群体对自己身份、利益和价值追求的认可。如此一来，认同与承认存在密切的关系。"我们的认同部分地是由他人的承认构成的；同样地，如果得不到他人的承认，或者只是得到他人扭曲的承认，也会对我们的认同构成显著的影响。……得不到他人的承认或只是得到扭曲的承认能够对人造成伤害，成为一种压迫形式，它能够把人囚禁在虚假的、被扭曲和被贬损的存在方式之中。"①对于农民工群体而言，城市认同困境不仅会带来他们心里的失落，导致双重边缘人困境的出现。如果这种认同困境长期得不到有效解决，很有可能会引起他们对现有生存方式的不满，对城市发展方式的质疑。

权利平等原则是现代社会的基本原则。享有平等的权利，拥有平等的发展机会，过上富有尊严的生活，是现代社会每个公民的基本诉求。资源特别是优质资源是稀缺的，正是因为稀缺性的存在，才会有竞争，从而使社会充满活力。问题的关键在于要保障机会平等，让人人都拥有平等参与、平等选择、平等竞争的机会，并不因其家庭背景、自然禀赋等起点的不同而有所差别，社会职位向全体成员平等开放。"不怕财富不平等，就怕机会不平等。"人生来不一，这是自然规律，这种不平等并不可怕，可怕的是通过个人努力，却看不到改变不平等境况的希望。如果城市规划和城市设计不能为农民工的发展提供实质性帮助，不能使他们顺畅地融入城市生活中，会出现很多的负面效应。特别是随着新生代农民工权利意识的增长，他们对平等的权利、平等的发展机会的诉求，对过上富有尊严的生活的渴望越来越强烈。如果他们的生存状况长期得不到改善，或者让他们看不到改善的希望，他们要么以一种消极的方式对待现有的一切，要么以激烈的方式来对抗社会，力图改变现实。无论这两种的哪一种，于社会的发展显然都是不利的。

---

① 查尔斯·泰勒：《承认的政治》，载于汪晖、陈燕谷主编：《文化与公共性》，生活·读书·新知三联书店1998年版，第290—291页。

五 小 结

认同有其轻松愉快的一面，但更多的伴随彷徨、无助、迷茫乃至痛苦。经过与他者的互动，甚至是激烈的利益冲突和价值冲突的过程，自我痛苦地实现着身份的重塑和心理转化。现代化过程中人们经济、政治、文化和内在心理方面发生的激荡和冲击，在农民工这个特定的群体当中展现了出来。尽管这一痛苦过程是很难完全避免，但我们还是应该通过努力使这种身份感的转换变得自然和顺畅一些。我们需要借助制度化的手段、城市治理方式的转变以及新型城市理念的培育，使这种身份感的转换变得更加自然、顺畅。

完善社会保障制度，让全民享有基本的保障。尽管今天中国的城市的移民更多受市场因素的影响，但是绝不能让市场成为全部的主导。让这些城市中的弱势群体随着市场竞争而浮沉，自然竞争和自然淘汰是不合适的。政府必须采取有效的措施，为每个民众，包括城市中生活的每个人提供良好的社会保障。类似英国工业革命时期的圈地运动式的移民，是必须要杜绝的。从政治角度来讲，现代社会的一个重要特征就努力实现政治权利、经济权利和社会权利方面的平等。让每个公民享有同等的国民待遇，是一个现代化国家应当追求的基本目标，也是保证人们权利的体现。保障在城市化过程中，应当使全体社会成员，包括进程务工人员在内在就业、医疗、住房、养老、教育方面得到最基本的保障。只有这样，这些进入城市的移民才能在城市生活中获得一种安全感。

将城市务工人员纳入城市服务体系当中。中国城市公共服务的提供，目前大都是以户籍为准的，只有户籍在城市的人，才能享受到应有的服务。这样一来，大量的新移民，特别是还没有落实户口的居住者在很大程度上被排斥在城市服务系统之外。这样的治理模式既不利于新移民对城市的认同和适应，也不利于城市本身的综合治理。必须采取行之有效的方式，将城市务工人员纳入城市治理的范围之内，实现城市服务对这些群体的全覆盖。当然，由于国情使然，要想将大城市尤其是特大城市的户籍放开，是不现实的。但是，我们可以探索一些新的机制，比如落户积分制等方式，使得城市新移民能够比较顺利地在城市落户。令人高兴的是，一些城市在这方面已经进行了积极探索，并取得了不小成效。

在城市移民与原住居民之间形成良好的人际互动。城市社区的作用是显而易见的。社区并不是单纯的区域概念，在构成社区的诸多要素当中，由社区成员在共同生活基础上形成的社区归属感是最关键的因素。正是基于归属感这一纽带，才能形成类似于迪尔凯姆所谓的"有机团结"，或者滕尼斯所谓的"共同体"。在目前的城市生活中，由于特定的生存境况，农民工和城市居民往往分居于不同的场所，形成了所谓"城中村""民工居住所"。城市居民是农民工难以交流和沟通的对象，城市居民社区是他们可望而不可即的领地，他们只有在自己特定的生活群落中才能获得身份认同感。要引导城市居民与城市外来移民之间建立良好的人际互动关系，让城市居民真正认识和了解这些外来移民的内心世界，让他们逐步改变一些不适应城市生活的行为方式和价值观念，使其逐步适应农村生活到城市生活的转变，要通过社区文化和社区理念的培育，力争在城市外来移民和城市原住居民之间形成一种良好的人际关系。

（作者简介：吴玉军，北京师范大学哲学院副院长、教授、博士生导师）

进不去的城市，回不去的故乡

——城市中农民之子的身份认同问题研究

北京师范大学农民之子协会[①]

摘要： 外来务工人员、打工子弟和农村大学生三个群体在以北京为代表的城市生活时，共同面临严重的身份认同问题。一方面，面对户籍、工作、技能、歧视等现实问题，他们无法融入现代城市。另一方面，受农村衰败的客观情况和城市生活经验的影响，他们在主观上对农村生活普遍失望。这一问题的解决需要全社会的努力。

关键词： 外来务工人员　打工子弟　农村大学生　身份认同

随着城市化进程的逐步发展，人口越来越多地向城市集中，新进城的人口能否拿到相应的户籍、社保等证明，能否享受城市的资源，也越来越多地引起了人们的关注，异地高考，打工子弟学校，养老医保等问题，更是在舆论的风口浪尖久居不下。在这些显性的资源、福利的背后，进城人员自身的价值认同能否和城市的发展理念相融合，也引起了学者的注意。

本文旨在了解进城人员出现身份认同障碍，无法完全融入城市的情况，目的在于给出一些现实问题的具体描述，为全面了解以及尝试解决这些问题提供参考。为此，研究选取了一些城市中的农民之子作为案例调查的对象，其中，城市指北京，农民之子指拥有农村户口的、最初在农村生

[①]　农民之子——中国农村发展促进会隶属于北京师范大学研究生工作处，成立于1999年，是全国成立最早的关注"三农"问题的高校社团。农民之子社团以关注弱势群体（以农村和农民为主）、推动公正、追求正义为己任，以关注人自身的存在状况为实际行动的导向，在行动中践行并推广公民教育，宣传公益理念与进步观念，最终致力于促进人的独立与自由。

活但由于某种原因来到北京的人，具体来说主要分为三个群体：外来务工人员、打工子弟和大学生。身份认同障碍包含两个方面，其一，在北京没有归属感，如在生活中遭到歧视，无法将城市的发展和自身发展的轨迹相结合，找不到精神依靠等等，可称之为"进不去的城市"；其二，故乡的归属感逐渐丧失，如不再适应农村的生活或者不甘心回到农村，可称之为"回不去的故乡"。

　　本文将尝试在不同的案例叙述中找到其共性问题，将身份认同障碍具体化为数个方面，提出一个广泛意义上的认同障碍模型，为进一步解决问题提供有参考价值的切入点。

案例调查

一　外来务工人员

　　我们所研究的外来务工人员主要是高校后勤员工，都是非本地户口、在北京师范大学务工的劳动者，在高校人事制度框架中，他们属于编制外用工，过去称"临时工"。

（一）进不去的城市

1. 工作难找：难以适应的现代化

　　我们在对一位来自河南的员工进行访谈时，他多次感叹道："现在找工作太难，找到一个好工作更难。"另外一位员工的亲身经历更是证明了这句话，他换了五六份工作，又因为工厂倒闭、危险太大等原因离开，曾经长期处于失业状态。

　　综合几位后勤员工的打工经历，工作难找的主要原因有以下三点。

　　第一，自动化智能化控制在第二、第三产业的广泛应用。这种应用的推广，首先受到冲击的就是从事简单人力工作的外来务工人员，他们的工作可以通过电脑自动控制来完成，结果是需要外来务工人员的工作岗位减少，外来务工人员难以找到工作。其中一位工友就提到，他的大哥就有这样的经历，他本来在一座砖窑里干活，但是国家对砖窑经行改造，龙窑变成隧道窑，需要的员工变少，工资也变少，就放弃了这份工作。

第二，国家产业结构的调整。根据国家政策，劳动力密集型企业逐渐衰落，很多污染严重的企业也被取缔，这对于国家发展是件值得肯定的好事，但是这也造成了外来务工人员大量失业。由此说明，政策与政策之间是环环相扣的，国家推行一项政策的同时，应该同时考虑它的正负功能，显隐功能。

第三，专业技能的缺乏。外来务工人员缺少专业技能，因此他们只能去找一些对专业技能要求低的工作，而这种工作因为谁都能干，所以工资低而且不稳定。我们访谈的外来务工人员学历最高的就是高中毕业，老一辈的外来务工人员因为上初、高中的时候正赶上"文化大革命"，根本没有学到什么知识，也错过了上大学的机会。有位员工在印染厂工作时利用周末的时间自学机械绘图，但是却难以派上用场，此外他们也都表示希望学习计算机技能。

2. 自我认知：不是工人是农民

从我们的访谈中可以看出，外来务工人员在心里仍然认为自己是农民而不是工人，而且依据自己的价值评判，农民比工人要好。在交谈过程中，有一位工友说得最多的一句话就是"我们只是农民，只有老实干自己的活儿"。工友们都说"不可能在这个地方待一辈子，最终还是要回去的，那毕竟是自己的家乡嘛，有自己的土和房"。首先是因为中国传统文化中的落叶归根的思想和乡土情结，人们普遍觉得外出到一个城市还是只是打工而已，很难在这里安家，心中还是觉得老家才是自己的家乡。其次外来务工人员是我国城市社会的边际人群，他们在进入城市社会之后，虽然历经种种困难，但是却无法获得他们所期待的收获，最终他们只能放弃城市回归原本的生活状态，他们虽然对城市有着较高的社会期望，但残酷的现实使外来务工人员对城市的认同感较低。

3. 自我规划：难以实现的梦想

对于学习技能方面，通过访谈我们了解到大部分外来务工人员还是会有这个想法，而且从内心来说比较愿意参加类似技能培训的学习，但是会由于各种各样的原因，比如说没有时间，觉得自己年龄比较大了再去学习会比较困难等问题，导致他们参与职业技能培训的意愿还不是很强烈。

一位工友在访谈中说道，主要是他年龄大了，再去学技能有些尴尬。一方面是随着年龄增大，学习新事物没有年轻时那么容易上手，学得不快；另一方面，即使学会了技能，工作单位招的一般也都是年轻人，像他们这样年龄，机会也不多。而且每天早上七点到晚上七点，中间基本就是工作，只有晚上八点以后到十一点，可能有个几个小时时间能够做自己的事情，每个月也只有四天假，这些时间有时还要处理一些自己的私事，所以可能真的没有功夫，没有这份心思去补习。

而且，由于外来务工人员本身的学习和文化水平比较低，新的技术知识等学习起来也有比较大的困难。一个工友在访谈中说起了他以前自学机械技术的经历：由于在厂里打工，也没有人教，只能自己看着书自学，就这样大概学了一两年，后来换了一个到县城的工作，因为自己对机械真心很喜欢，又正好听说一个大学在办暑期培训班，就去报名了，可是在那里上了几节课之后发现太难了听不懂，之后就没有再去学。后来随着自己在各地辗转打工，以及年龄的不断增大，这个自己感兴趣而且很想要了解学习的技能也就搁置了。

4. 外来务工人员与社会的共谋

外来务工人员之所以将城市视为进不去的地方，很大程度上是由于心理芥蒂。对于他们来说，城市社会是陌生的，"城里人"客观上对他们的忽视或偏见，经过他们的主观自我强化，变得更加严重。而由客观与主观两方面构成的心理芥蒂，真正使外来务工人员成为了城市的局外人。

（1）客观存在："城里人"的忽视或偏见

"城市卫生这么干净全靠外来务工人员，但是他们打扫过就离开了，人们并不会记得他们。"人们对外来务工人员群体的关注不够，对外来务工人员的工作尊重与肯定也不够。

调查中，一位工友讲述了他在学校打工时的故事。他在某一食堂负责回收餐具的工作，同学们将盘子拿给他们时，方式各种各样，有的稳稳地放在台子上，有的直接交到他们手里，但也有一部分人把盘子直接随意地放在台沿上，一不小心剩菜剩饭就会洒工友一身。这些不同的行为反映出，尽管是在文明素质较高的高校师生群体中，仍有一部分人不关注不尊重外来务工人员的劳动。外来务工人员每日辛勤工作服务，却鲜少有人会主动对他们说一声谢谢。

外来务工人员的工作往往是那些脏活累活的工作，或许有人会认为他们不体面，甚至存有偏见。但是人们忘记了，正是因为外来务工人员勤勤恳恳做了这些脏活累活，城市才得以维持正常的运转。因此，人们应该提升自己对外来务工人员及他们所做的工作的关注度，尊重并感谢他们的付出。

（2）主观建构：外来务工人员的自我暗示与排斥

调查中，一位工友和我们讲述了他亲身经历过的事情。一次，他和一群工友在路上走着，这时，一个白领模样的年轻人掉了钱包，一个工友出于好意捡了起来，正准备还给年轻人，没想到，年轻人却说外来务工人员打算偷他的钱包……这件事让这位工友感到难受，他认为自己之所以被怀疑，是由于自己背负着外来务工人员的身份。他告诉我们，他知道社会对于他们的负面认知，他们虽然难受但却没有办法去改变这种看法，于是只能选择漠视、消极的看法来对待"城里人"。

城市中人与人之间的陌生化，强化了每个人对他人的防备，这位工友故事中年轻人的行为，体现的或许是这个年轻人对于社会、社会中每一个人存有的不信任状态，并非针对某一群体而存有的偏见。但是，在工友看来，自己所受到的是不公平的对待，他对于自我的悲观认知，使得每一次遭遇都可能成为一根刺向他们心中有关社会公正的刺。"他们这样想我们也没有办法，反正大家互相之间没必要往来，我们也不想管他们这样的想法，我们就干好自己应该做的事情，其他的随他们吧。"这是工友对当地人的看法。

当然，无论如何，我们没有理由也没有资格去指责工友的自我暗示，他们是社会不公的受害者。正如前文所说的，他们确实受到了忽视与偏见，尽管这些偏见并非每时每刻都存在，但由于它们的存在曾经被工友们感知，它们就此在工友心中永远存在了，每当类似的事情发生，工友们都会在心中进行新的一轮强化。这是一种无奈，为了捍卫自己的尊严，他们只好加深他们自己与城市人之间的隔阂，甚至彻底划清界限。

（二）回不去的故乡

1. 农村现状：劳动力外流的空心村

在调查中，谈到家乡，工友们说得最多的就是"农村都空了"。的确，现在一个普通的农村，身体没有大疾病的年轻人都到城里去打工，所以基本上就是老与幼构成的社会。

"能劳动的都出来了"，"村里仅剩老弱病残了"，在他们向我们讲述农村变空现状的时候，可以明显感觉到他们的无奈。一位工友说到，有的小村，由于没剩什么人，村里的水电就被断了，于是剩下的人也都搬走了。

由于村庄内已经没有多少人，工友们与农村的社会联结日益减少，他们虽然有乡土的归属感，但却难以在现实面前实现这种归属。当他们回到故乡，发现一切都变了，他们活在记忆中的故乡而非真实世界中的故乡。

2. 农业发展：土地功能的退化

（1）土地收成不好

在调查中，大多数工友都说到了农村现在土地不好种的问题，而这也是他们离开农村出来找工作的主要原因。来自河南的工友表示，"当地气候不好，缺水严重，干农业只会赔本"，"老家的经济和环境都不是特别好，基本上都是旱地，没有水田，农业劳作也是靠天吃饭"。山西的工友在谈到老家的农业时，说道，"像平遥古城，本来就属于丘陵，土地贫瘠，沟沟壑壑的，机械化也推展不开"。

他们对于农业有自己的认识，但是由于客观原因的限制，都没能留在老家，只能在农业之外另寻出路。

（2）无地可种

费孝通先生说，中国的农民是维系在土地上的。[①] 尽管时代变迁，但是乡土情结依然存在他们的心中。所以，对于老一辈的农民而言，没有了土地不仅是没有了谋生的工具，更是没有了安身立命的根本。

可是，有工友向我们诉苦，说她家已经没有土地可以种了。"2008年左右国家因为要修路没收了家里的土地"，这是一位来自河北邯郸的工友告诉我们的。她说，国家提供了一笔赔偿金，但是钱都用来治疗公婆的病了，所以现在家里没有土地也没有钱。

实际上，没有土地的情况不止她一位，只是在不同的地方政府的行为有所不同。河南的一位工友在目睹了其他地方的土地没收情况之后，对我们说，"土地流转还需要一个过程，急不得，如果国家把土地收回去了，农民只能靠着地租过日子，现在物价贵，这点钱很难维持一家人的生

---

① 费孝通：《乡土中国》，人民出版社2008年10月版，第3页。

活"。应该说，他们还是有着朴素的思想，想要靠着农村的土地来维持基本的生活，只是这一点并不是所有人都可以得到实现。

（3）粮食难卖

有的工友，他们的亲人在老家以种地为生，但是由于农村经济不景气，且他们又没有进行互联网的使用，种出来的粮食很难卖出去。

"粮食卖不出去，像我们家，八千斤玉米剩了两千斤在家，每斤卖七八毛钱都没人买。"有一位工友在谈到这个问题时，充满了忧虑。除了他，还有几位工友也表示，虽然整体来看经济似乎是变好了，但是还是有很多问题越来越严重；除了粮食问题之外，他们还说，现在很多人找不到工作也是一个大问题。

3. 教育差异：城市教育的吸引

另一种情况是，外来务工人员为了让自己的孩子接受比家乡更好的教育而选择进城务工和定居，虽然他们要面临种种的困难，比如要缴纳不菲的借读费、中考高考受到限制等，但是糟糕的农村教育还是让这些家长用脚投票，选择了他们认为更加艰难但是值得的道路。

二　流动儿童

流动儿童指的是6—16周岁（或7—15周岁），随父母或其他监护人在流入地暂时居住半年以上有学习能力的儿童少年。[1] 一般来说，流动儿童的父母或者监护人由于工作原因，将他们带到打工所在县市，并让他们在流入地接受教育。

根据《流动儿童少年就学暂行办法》[2] 里面的定义，打工子弟学校是指经流入地县级以上人民政府教育行政部门审批，企业事业组织、社会团体其他社会组织及公民个人，可以依法举办专门招收流动儿童少年的学校或简易学校。目前，在全国所有的打工子弟学校中，个人创办的占绝大多数，这类学校事实上已经构成城市基础教育的一部分。但是，其中有些学

---

① 陶红、杨东平：《北京市"流动儿童"教育面临的问题与对策》，《江西教育科研》2007年第1期，第61页。

② 1998年3月，原国家教委、公安部联合颁布。

校即使取得了政府的审批，也仍没有得到政府相应的财力支持，也少有政府教育行政部门的教学督导，处于边缘化的教育状态。[①]

（一）进不去的城市

1. 上学问题：入学难、流动快、没学上

首先，没有北京市户口的适龄儿童入学是需要一定的证件才能够进入公办的学校，否则就只能去打工子弟学校就读，两者教育水平的差距非常之大，作为基本常识这里不赘言；其次，即便是在条件较差的打工子弟学校就读，流动儿童也难以在某一个地方接受持续稳定的教育，因为他们要随着父母工作的变换不断流动，不夸张地说，他们过着一种颠沛流离的生活；最后，有些适龄儿童甚至没有学上，北京市是外来务工人员的主要目的地，流动儿童的教育也是困扰北京市整体教育的大问题。北京市政府分别于 2006 年和 2011 年强行取缔了大批打工子弟学校，响应其在 2005 年颁布的《关于加强流动人口自办学校管理工作的通知》，实现"尽快规范流动人口自办学管理工作"的政策要求。从政策出发点分析，北京市这一举措是为了规范学校办学，让流动儿童进入普通公办学校就学。但是，市教委提出的"三先三后"原则和"不让一个孩子失学"的政策承诺并没有完全实现[②]。在具体的实施过程中，出现了与教委承诺不符的现象，导致部分流动儿童无法进入分流的学校，延迟入学。[③] 由此可见，北京市公办学校不能完全满足流动儿童的受教育权利，打工子弟学校被撤之后，"学生没学上"的情况依然存在。

2. 发展问题：难以通过教育途径实现阶层流动

一位北京的打工子弟学校副校长[④]向我们介绍了他眼中的流动儿童教育。

第一，在北京的流动儿童初中毕业后的主要去向是上职业高中或技校，因为如果在打工子弟学校读完初中再回到家乡考普通高中的话，因为

---

① 张雪萍：《打工子弟学校在流动儿童社会化过程中的影响分析》，中央民族大学，2009年。

② 林萍：《北京市打工子弟学校政策执行问题研究》，西南大学，2012 年。

③ 董茜：《流动儿童教育衔接问题研究》，南京大学，2013 年。

④ 这位副校长有 20 年的教龄，中师毕业，非北京原居民，目前教授九年级语文。

学籍的问题要重新读初中。这其实意味着很多流动儿童因为环境所迫放弃了进入大学的机会。

第二，另有一批学生在家乡入了学籍，选择在北京借读初中，但是北京和家乡的初中教育差异对这些借读的学生是不利的。"老家还是应试教育，北京已经推行素质教育这么多年了，北京学生能力是有，但是真凭考试，肯定考不过外地的。"教育和考试之间衔接存在着不对口的问题，异地高考制度和北京统一规划的课程体系之间的矛盾严重阻碍了流动儿童在教育上更进一步的道路。

3. 心理状况：不适应、被忽视

北京市半截塔村是一个外来务工人员聚集的地方，"农民之子"每周定期为这里的流动儿童带去素质拓展课程。我们通过长期观察和实践，发现这里的流动儿童在心理状况方面存在一些问题。首先，流动儿童进入新的环境会产生一些心理适应问题，刚从老家到北京的孩子们，生活习惯、穿着打扮、思考方式甚至说话的口音都和在北京生活了一段时间的孩子们不一样，这些不同往往会导致孩子们的孤立，曾有一个孩子对我们的志愿者说："我是一个多余的人，班里的同学都不和我玩，也不和我说话。"其次，流动儿童进入新环境所产生的心理适应问题往往被家长所忽略，不能得到及时的调节，这种问题的产生既有家长迫于生计没有时间关注孩子的客观因素，也有家长从思想上不重视的主观因素，"这是一个必须经历的阶段，很正常"。一位家长曾经很不以为意地对我们志愿者这样说道。

（二）回不去的故乡

对于在北京生活多年的流动儿童而言，家乡的朋友已经陌生，景物已经没有印象，甚至家乡的方言都不会说，家乡已经是一个陌生的地方——只有过年的那几天会回去，这也就使很多孩子不愿意回到家乡。"不能在北京上学我就不念了"，曾经有一个十岁的小姑娘这样和我们的志愿者说。他觉得家乡没有熟悉的人、没有熟悉的景物、甚至连网也没有，对于他们来说，这是不能忍耐的。家乡，对于他们来说，也已经回不去了。

三　大学生

自从 20 世纪末"三农问题"被提出并渐渐走入公众的视野，与之相关的城市外来务工人员和留守儿童这两个群体得到了社会各界的广泛关注，但是身处大城市的来自农村的大学生的生存状况却很少被注意和研究。农村大学生这个群体的状况比较多元，融入城市的速度、对城市的归属感以及对于故乡的态度可能并没有一个主流的共同声音，以下的分析主要是"农民之子"内部成员根据自身的切实感受总结出的众多声音中的一种，并且我们相信，这样的一种声音应该是很多农民出身的大学生的心声。

（一）进不去的城市

1. 现实：户籍制度

就北京的现行制度而言，获得北京户口是真正意义上"进入"这座城市的基础。若无户口，与之配套的基本福利政策都无法享有，更不用提住房、私家车购置、医保、子女教育等长远发展必须面对的问题。而在现今户籍政策紧缩的情况下，落户之难，每一位北漂人都深有感触。并且北京的很多企业——尤其是事业单位——在招聘时明显倾向于原本拥有北京户口的毕业生，这无形之中又给非京籍大学生的就业增加了一重阻碍。

而待业或刚就业的农村大学生，往往积蓄微薄，在北京的人脉资源等社会资本较少，再面对制度的硬性要求，会更感无力——走到门口，却无法迈过这第一道隐形门槛。

2. 归属感：身份问题

户籍制度不仅限制了外来人口的实际政策福利，而且在无形中也给他们带来了身份归属的困惑。即便在一座城市，一所学校奋斗若干年，一旦毕业，大学生们便脱离了组织，与学号一起消失的是学校提供的一切保障，以及他们在学校的身份。那么他们的身份落在哪里？在数字化管理的时代，市民们在城市体系中被简化为一串身份证号，可是他们，连这个城市的固定号码都不是，或许是流动的字符，或许是人群里闪过的背影，是万千流动人口中的一个。流动性带来的是在城市中的归属感和安全感的缺失，"这座城市并非我的城市"，一方的拒绝会带来另一方的疏离。

（二）回不去的故乡

1. 不适应：与过往生活的断裂感

对于来自农村的大学生而言，北京塑造了一种新的生活方式，这种生活方式不仅和故乡的生活方式不同，甚至在很多方面是存在巨大的张力的，如大学生对于熟人社会的处事规则的不适应甚至是反感，农村缺乏维持大学生已经习惯了的生活方式的基础设施和活动场所等，过往的生活渐渐被新的城市生活方式所遮盖，返乡大学生们已经从"本地人"身份逐渐转变成"外来者"身份，难以融入。

2. 不甘心：农村在衰败

梁漱溟在《这个世界会好吗》一书中提到过一种看待中国农村的态度和方法，即发展地看问题，他反对晏阳初总结中国农村穷、愚、私、病这样几个固定的判断，而说农村穷不是问题，农村穷并且越来越穷才是问题。用这种方法分析中国当下的农村，它处于一种衰败并且越来越衰败的状况。知识经济时代，有着一定文化资本的大学生，希望能找到更好的机会和平台实现自己的价值，相比城市，农村发展水平较低，个人发展空间较小，与城市形成巨大落差，大学生返乡多数难以获得像城市一样的发展自己事业的平台和机遇。

3. 舆论压力：回家乡是没有出息的表现

父母乡亲们认为"走出去"——在城市就业，才是农村大学生"有出息"的表现，对返回农村就业的农村大学生往往存在"读了这么多书也没有用""没有出息"等偏见，从而在村中形成一定的舆论氛围，因此大学生们往往宁愿在城市中苟且谋生也不愿返乡经受来自父老乡亲的或失望或嘲讽的评论。

结　论

在"进不去的城市"方面，身份认同障碍即难以融入城市环境，其主要问题有两个。

第一个是门槛过高，无论是流动儿童、打工子弟的入学读书，还是大学生找工作时解决户籍等问题，对于适龄儿童的家庭环境、各种资质证明、大学生的学历学位等都有一个较高的门槛，造成大多数的人只能是望而却步。

第二个是发展问题，由于现代化、自动化生产方式的普及，进城务工人员越来越难以找到合适的工作，也没有相应的时间和精力来学习一些技能，从而造成了廉价劳动力和低技能劳动力之间的恶性循环，对于大学生而言，高等教育扩招、人才素质降低、就业市场不断饱和都使其找到合适工作的难度愈来愈大，而那些为了让孩子享受教育资源而选择进城的人员，最终可能也并没有得到更好的教育。

在"回不去的故乡"方面，身份认同障碍即难以回到农村继续过进城之前的生活，主要的原因有四点。

第一是农村基础的坍塌，随着城镇化、工业化用地的增加，农民赖以生存、农村赖以存续发展的土地没了，原来土地上的人不得不出卖自己这个劳动力，通过智慧或体力来从社会中赚取其生活所需的物质，加上农业生产的不可控性质，农产品价格不高，导致了人口的外流，人口外流又导致了进一步的土地条件恶化，农业减产，耕作成本提高，导致人口进一步外流，造成恶性循环。

第二，由丧失土地开始，人口流失为重要体现的"空心村"，也进一步导致了农村第三产业的衰败，众所周知，第三产业是解决就业问题的重要一环，由于农村整体的衰败，导致了就业机会少，生活条件差，大学生无法在其间发展或谋生，流动儿童也不愿意回归农村，加剧了"空心"的情况，也造成了农村整体的衰败。

第三，对于大学生而言的舆论环境压力也是不可忽视的，众多的农村父母们"望子成龙"的终极理想就是让孩子进城，过上城里人的生活，回到农村就是"没出息""书都白念了"，导致部分农村子弟有家难回，甚至有主意、有想法也无法实施。

第四，对于大学生和打工子弟来说，变换环境的社交成本太高，也导致他们不愿返回农村。认识新的朋友，构建新的社会关系，对于每个人而言都是非常费心费力的活动，当面临选择的时候，考虑到话语环境能否一致、生活经历的不同能否达成共同理解等诸多现实问题，选择继续在城市"苟且"的人越来越多也就不难理解了。

进一步讨论

第一，对于身份认同障碍中最普遍的被忽视、被歧视等问题，更多的可能是社会整体的氛围和环境。越来越多的人感觉自己被忽视，最直接的原因是在市场经济价值观的冲击下，人们往往更关注自身的发展、利益和少数身边的人。对于大多数人而言，在社会上是无法得到很多关注的，除了一些有杰出成就的人（如马云）或者特殊的职业（如演艺人员、娱乐明星），即使一些频频获奖的运动员，可能都要经过多年苦练，一朝成名。因此对于感到被忽视的问题，更重要的可能是稳定的人际关系或者温馨的家庭氛围才能解决的。只有在小范围的群体中，人们相互之间的关注和重视，才能给人以永远的动力，而如何构建稳定的人际关系、营造温馨的家庭氛围，是在义务教育或高等教育之外的探索。

第二，关于被歧视的问题，一方面是其自身的自卑情绪导致的错误认知；另一方面更多的歧视可能针对的是职业而非具体人群或户籍所在地。比如有人认为清洁工的工作很差，不会因为这个清洁工来自于北京还是河北而选择性的歧视，但是这并不意味着这种针对职业的歧视是正确的，如前文中提到的高校食堂倒餐盘的问题，更多的体现的是个人的素质差异或者社会上整体"尊重他人职业，尊重他人劳动成果"氛围的缺失，因此，更重要的实践应该是全社会整体的素养教育，而非刻意提高某一行业待遇或者宣传其道德意义。

[作者（按姓氏拼音顺序排列）：

陈亚洲，北京师范大学哲学学院 2015 级硕士研究生。

谌卓岚，北京师范大学地理与遥感科学学院 2015 级本科生。

罗炜，北京师范大学教育学部 2014 级本科生。

汪子津，北京师范大学教育学部 2014 级本科生。

杨佳伶，北京师范大学教育学部 2014 级本科生。

杨鹏飞，北京师范大学物理系 2014 级本科生。

张黎雪，北京师范大学政府管理学院 2016 级硕士研究生。

张潇月，北京师范大学文学院 2014 级本科生。

赵如要，北京师范大学哲学学院 2015 级本科生。]

北京胡同乡愁的空间道德浅析

——以北京西四地区为例

周尚意　成志芬　许伟麟

摘要: "记得住乡愁"既对保护和弘扬我国传统优秀文化,延续城市历史文脉具有重要意义,也对我国城市建设和乡村建设具有重要的指导意义。同时,它还是文化地理学研究的重要内容。本文依据文化地理学关于乡愁空间道德和地方道德的分析框架,以北京西四地区为案例研究区域,首先,从乡有多大、乡有多远、乡是否可以移动的空间维度评价案例区的乡愁实践;其次,从人们对身体的态度、对生活经验的态度、对文化建构的态度这三个地方维度评价案例区的乡愁实践;最后,文章列举了案例区体现人性之创新本性、与人为善、热爱自然的三种价值观的乡愁实践。本研究以期为北京胡同保护和规划提供参考。

关键词: 乡愁　北京胡同　空间道德

一　"乡愁"道德评价的空间维度

(一)　"乡"有多大

中国文化地理研究学者认为,"记得住乡愁"中的"乡",其尺度可大可小,因为大小尺度的乡是可以通过某种方式嵌套在一起的。将小尺度的乡嵌套在大尺度的乡中的人,其心中的爱是广博的,道德是高尚的①②。小大尺度

---

① 周尚意、成志芬:《关于"乡愁"的空间道德和地方道德评价》,《人文地理》2015 年第 6 期,第 1—6 页。

② 成志芬、周尚意、张宝秀:《"乡愁"研究的文化地理学视角》,《北京联合大学学报》(人文社会科学版) 2015 年第 4 期,第 64—70 页。

的乡之间可以进行尺度转换。目前，文化地理学者采用的尺度转换理论主要有美国地理学者索尔（C. O. Saure）的景观理论、美国人类学家施坚雅（G. W. Skinner）的区域系统理论、美国地理学者泽林斯基（W. Zelinsky）的超有机体理论、美国地理学者索贾（E. W. Soja）的后现代理论四种理论①。

西四地区是北京的一个传统居住区，它起源于元朝，且至今其居住功能未发生改变，目前共有院落五百七十多个，常住人口约 1 万人②。该居住区是北京胡同系统保留最为完整的传统居住区之一，它保留了元大都时期"棋盘式"的街巷格局，它也是北京旧城历史文化保护区中胡同肌理保留最为完善的居住区之一③。西四地区还集中保留了许多较完整的四合院建筑，这里具有历史文化价值的四合院达 40 多处，这在北京的其他居住区中是非常少见的④⑤。

西四居住区的文化与北京城市文化之间可以进行尺度转换。依据施坚雅的区域系统理论（结构功能主义），西四地区作为北京具有特色的传统居住区，作为散布着许多传统居住文化符号的居住区，其功能发挥的越好，越有利于北京城市文化的传承和发展。依据泽林斯基的超有机体理论，西四居住区的文化内核及文化精神与北京城市的文化内核和文化精神是相一致的。而索尔的景观学派和索贾的后现代理论可以为西四居住区的景观规划设计提供参考，以使西四居住区文化与北京城市文化更好地嵌套在一起。

（二）"乡"有多远

有学者认为，乡愁不仅是一个时间的概念，也是一个空间的概念。⑥

---

① 周尚意、成志芬：《北京前门——大栅栏商业区文化与城市文化之间的关系研究》，《北京学研究 2013：文化·产业·空间》，同心出版社 2013 年版，第 10 页。
② 北京规划委员会：《北京旧城二十五片历史文化保护区保护规划》，北京燕山出版社 2002 年版，第 96 页。
③ 陈雪亚、朱晓东、廉毅锐：《北京西四北头条至八条历史文化保护区整治与保护规划》，《中国建筑学会建筑师分会人居环境专业 2006 年学术年会论文集》，2006 年 10 月。
④ 陈博、陈晴编著：《皇城遗韵》，中国社会出版社 2009 年版，第 182 页。
⑤ 北京市第一批历史文化保护区名单（北京市人民政府 1990 年 11 月 23 日公布），北京市文物局编：《新编文物工作实用手册》，经济管理出版社 2012 年版，第 540 页。
⑥ 李少君、张德明主编：《中国好诗歌最美的白话诗》，现代出版社 2015 年版，第 55 页。

钟仪楚奏、庄舄越吟是乡愁，庄周的"旧国旧都，望之怅然"也是乡愁。一个人从未离开过一个地方，但他的心里仍有乡愁。因为环境变迁，人们总想寻找故土与家园。因此我们认为，城市居民对自己长期居住的地方，也应该有乡愁。

乡愁的映象可以体现为"图"（Figure）与"底"（Ground）的关系。这种关系最早由美国康奈尔大学建筑学学者特兰西克（R. Trancik）提出。"图"为视觉对象中易被注意的对象，"底"为被模糊的对象①。美国普林斯顿大学建筑学学者格雷夫斯（M. Graves）认为，在现代城市中，建筑往往可成为图底关系中的"图"②。美国历史保护学者认为，保护历史环境必须注重保护图底关系。尤其是20世纪80年代以来，人们更强调对"底"的保护③。有学者也认为，历史文化街区所根植的背景环境与街区本身形成一种"底—图"关系，这种关系对于历史文化街区历史文化氛围的特色保护具有很重要的作用④。

西四地区的一些老居民一直居住在这里，他们从未远离过自己的"乡"，但是他们对毗邻的地区是否就可以没有乡愁了？阜成门内大街历史保护区与西四地区毗邻。历史时期，前者的"图"应为广济寺、历代帝王庙这样的宏伟建筑，"底"为周边的传统民居建筑和沿街的店铺。然而，随着城市化的发展，这条大街经过多次拓宽和整修⑤⑥。在此过程中，这里的图底关系发生了变化，高大的地质博物馆和国土资源部变为了"图"，而历史建筑群都沦为了这个历史保护区的"底"。作为西四地区的居民，不应只看到自己居住区被保护下来，还应看到近在咫尺的另一个乡愁景象被破坏了。

---

① 赵景伟、岳艳、祁丽艳等编著：《城市设计》，清华大学出版社2013年版，第42页。

② 迈克尔·格雷夫斯：《城市图底》，金秋野，王又佳译，（卢森堡）罗伯·克里尔编著：《城镇空间——传统城市主义的当代诠释》，中国建筑工业出版社2007年版，第7页。

③ 周建明、张高攀编著：《旅游小城镇旅游资源开发与保护》，中国建筑工业出版社2009年版，第162页。

④ 方明、薛玉峰、杜白操编著：《历史文化村镇继承与发展指南》，中国社会出版社2006年版，第48页。

⑤ 赵新义：《西边的云彩：渐行渐远北京往事》，中国文史出版社2015年版，第30—31页。

⑥ 单霁翔：《历史文化街区保护》，天津大学出版社2015年版，第40—45页。

（三） "乡"是否可以移动

中国文化地理研究学者认为，"乡愁"中的"乡"可以移动，移民对新家乡和旧家乡都应该热爱，都应该认同，这样才是道德的。根据英国诺丁汉大学学者汤姆林森（J. Tomlinson）定义的文化认同，① 我们可以解释对第二家乡的"乡愁"，是一种对第二家乡文化的认同。纽约市立大学史泰登岛学院社会学者萨斯曼（N. M. Sussman）认为，文化认同是文化归属的一个描述 ②，文化认同是文化传承的基础和前提条件。对于移民来说，他们对新家乡的文化适应和文化认同不仅关系到新家乡的文化传承，更密切关系其生活的幸福状况。

西四地区的新老居民，都认同这里传统的居住文化。本研究小组访谈了35位居住在西四地区的外地人（见表1）。他们来自全国各地，其中过半人员认同西四地区的文化，不认同的人员是那些不太了解西四地区的文化的人，鲜有了解这里的文化，又不认同这里文化的人。

> "老四合院当然有必要留下来，老北京的文化都在这四合院里了。"
>
> ——来自西四北六条的外地人
>
> "这里有保护较好的四合院，它们有必要保护下来。"
>
> ——来自西四北二条的外地人

这正如有学者认为，"北京文化是非常丰富的，但它的基调是宽厚、深广、雄浑……它对其他文化有一种天然的吸引力、包容力和同化力，无论是哪方文化，到了北京，就会在不知不觉之中有一种

① Tomlinson J. Globalization and cultural identity. The global transformations reader, 2003，2：269—277.

② Sussman N. M. The dynamic nature of cultural identity throughout cultural transitions: Why home is not so sweet. Personality and Social Psychology Review, 2000，4（4）：355—373.

对北京文化的认同与归顺⋯⋯"，"多少北京的外来者，他们对北京
有一万种不满，有一万个意见，但是要让他们离开北京，那是万万
不可能的"①，外地人对北京文化的认同过程正如老舍先生《正红旗
下》作品中来自胶东的老王掌柜对北京文化的认同过程②。

表 1　　　　　　　　　本文访谈西四地区外地人情况一览表

序号	性别	年龄（岁）	居住时间（年）	居住地址
1	女	29	1	西四北三条
2	男	41	12	西四北四条
3	男	46	8	西四北六条
4	女	30	6	西四北六条
5	女	55	1	西四北七条
6	女	70	30	西四北二条
7	女	43	4	西四北二条
8	女	33	5	西四北八条
9	女	60	5	西四北头条
10	男	62	7	西四北头条
11	女	40	1	西四北头条
12	女	65	7	西四北头条
13	女	42	3	西四北头条
14	男	63	3	西四北头条
15	男	65	6	西四北二条
16	女	53	1	西四北二条
17	女	48	2	西四北三条
18	女	55	1	西四北三条
19	女	43	1	西四北三条

① 杨剑龙主编：《都市文学》，上海人民出版社 2014 年版，第 275 页。
② 老舍：《正红旗下》，天津人民出版社 2009 年版。

序号	性别	年龄（岁）	居住时间（年）	居住地址
20	男	46	6	西四北五条
21	男	50	2	西四北六条
22	女	67	1	西四北八条
23	女	52	10	西四北头条
24	男	47	5.5	西四北头条
25	女	67	1.5	西四北二条
26	女	68	5	西四北二条
27	女	40	1	西四北六条
28	男	43	1	西四北七条
29	男	48	1	西四北三条
30	男	45	2	西四北头条
31	女	75	2	西四北四条
32	男	41	2	西四北头条
33	女	43	3	西四北七条
34	男	45	3	西四北七条
35	女	60	5	西四北头条

二 "乡愁"道德评价的地方维度

（一）从乡愁看人们对身体的态度：

由于人们是通过身体知觉、感知地方环境，因此身体与地方关系密切。"记得住乡愁"与人们的身体也有密切关系，而今的道德，要求我们尊重身体所蕴含的人性。

在西四地区中，人们对胡同停车的抵抗反映了人们尊重身体的态度。西四地区源于元朝，元大都对都城街制的规定为："……大街二十四步阔，小街十二步阔……"①，而胡同的宽为六步②，一步约1.5米到1.55米③。西

---

① （清）吴长元：《宸垣识略》卷五，北京古籍出版社1983年版。
② 张清常：《北京街巷名称史话（修订本）》，北京语言大学出版社2006年版，第133页。
③ 王俊编：《中国古代城市》，中国商业出版社2015年版，第122页。

四地区胡同平均宽约 9 米，街巷平直，房舍严整①。一些学者认为，胡同空间尺度宜人，有特色②③。胡同是成年人聊天、下棋，小孩子玩耍的空间。胡同的宽度并非是走车的，而是为街坊邻里提供和谐交往的空间④⑤。可见，在现代化的交通工具介入胡同之前，胡同的宽度满足了人们身体求安全和放松的需求。而今，西四地区八条胡同的这种特点被破坏了。私家车的停放，使得胡同的居民交流空间变窄了。有学者认为，胡同停车破坏了胡同的舒适性，破坏了人们对空间舒适感的极限⑥。经本研究小组实地访谈调研，西四地区大部分居民对胡同停车持反对和抵抗的态度。

该地区中，人们对身体尊重的态度是人们"记得住乡愁"的表现，也反映了人们的乡愁道德。人们对停放汽车的反对和抵抗方式至少包含两种。第一，通过言论反对和抵抗。该地区居民见到调查人员或者政府部门人员会主动发表他们的言论反对，如多数居民认为，开车族晚上在胡同停车，白天把车开走后，又把破自行车、破三轮车等锁在地上来占位，是非常不道德的，这严重影响了居民的日常活动，影响了居民在胡同行走的舒适性（停车族占位情况如图 1）。第二，通过实际行动抵抗。部分居民把一些东西放在自己门口，防止被停车（如图 2）。胡同居民记忆中的"乡愁"中有让身体愉悦的公共空间，对胡同中停泊汽车的抵抗，是反对身体异化的努力。

（二）从乡愁看人对生活经验的态度

每个地方的人们都嵌在当地的地方芭蕾中，所谓地方芭蕾是指，所有具有行为交集的人们合作演出的"舞蹈"。人们长时间生活在这样的群体

---

① 陈宗蕃编著：《燕都丛考》，北京古籍出版社 1991 年 10 月版，第 96 页。

② 叶立梅：《城市协调发展的理论与实践探索》，中国经济出版社 2008 年版，第 271 页。

③ 业祖润：《北京民居》，中国建筑工业出版社 2009 年版，第 241 页。

④ 张秀芬、王鲁娜：《关注社会热点，共话文化发展——首都大学生暑期社会调研报告集》，河北大学出版社 2013 年版，第 338 页。

⑤ 所萌：《浅谈北京旧城的道路保护》，中国城市规划学会编：《规划 50 年：2006 中国城市规划年会论文集中册》，中国建筑工业出版社 2006 年版，第 564—565 页。

⑥ 汤羽扬、冯斐菲：《2005 年北京旧城胡同报告》，邹经宇等主编：《永续·和谐快速城镇化背景下的住宅与人居环境建设第六届中国城市住宅研讨会论文集》，中国城市出版社 2007 年版，第 285 页。

图1　停车族白天占停车位情况图

图2　居民对门口停车的抵抗图

"舞蹈"中，便产生了对地方的熟悉感。实体要素和环境要素都充当着舞台。门墩是研究区内人们熟悉的物件，是实体环境的一个元素。

旧时，北京传统四合院中几乎家家门前都有门墩。门墩最初具有建筑构件的功能，它和抱枕石连在一起可以用来支撑门框和门轴，具有固定四合院大门的作用①。其次，门墩具有避邪驱恶、看门守户的作用，并寄托了主人的美好愿望。如常见的许多门墩上会雕刻避邪的石狮子，或蹲、或

---

① 包世轩、刘文丰、李晶等编著：《传统建筑》，中国旅游出版社2015年版，第147页。

站、或卧、或仰等①。门墩上"富贵有余""五狮同堂""五福捧寿"等都表达了主人的美好愿望。再次，门墩还是四合院里孩童们嬉戏缠玩的一个重要物件，这从北京的经典童谣《小小子坐门墩》的"小小子儿，坐门墩儿，哭着喊着要媳妇……"里就可以判断②。有学者回忆，少儿时经常坐在门墩上，门墩伴随着从幼儿到少年的成长③。最后，经过不断的发展，门墩通过成为一种艺术工艺品而成为一种文化符号，它象征主人的身份等级地位。因为门墩在安放时，要考虑和不同等级的大门、垂花门、门簪等的整体组合，所以其大小尺度象征主人的身份地位，其雕刻的图案也反映主人的喜好和等级。一项数据调查也显示，人们了解门墩文化的主要渠道是生活经验④，这些都说明门墩与人们的生活经验密不可分。

如今，门墩失去了原来的功能（除建筑功能外），但可以留住人们熟悉的生活经验环境，可以加强人们的身份认同和文化认同，所以四合院门前保留门墩，甚至放置假门墩的做法是道德的，是人们"记得住乡愁"的表现。目前，除了建筑功能外，门墩已不是主人身份地位的象征符号，也不再是寄托人们美好愿望、避邪以及儿童缠玩的物件。但一项社会调查显示，胡同一半的居民认为门墩仍然比较重要。有的居民在搬家时，把门墩一起搬走，有的居民开始收藏门墩⑤。人们保留门墩或者在门前放置假门墩（如图3），可以让人们留住熟悉的生活经验环境。门墩沉淀着正在消亡的历史记忆，而历史记忆与生活经验有关⑥。正如有学者认为，人们对地方熟悉的生活经验可以加强人们对地方的身份认同，从而加强人们对地方的文化认同。所以自发保留门墩，是胡同居民"记得住乡愁"的实践形式。

---

① 李密珍：《遗迹文物中的国学》，中国广播电视出版社 2013 年版，第 151 页。

② 于永昌：《什刹海的胡同和四合院》，当代中国出版社 2011 年版，第 174 页。

③ 张善培：《老北京的记忆》，社会科学文献出版社 2010 年版，第 139—140 页。

④ 魏海香、王项玉：《老北京胡同门墩文化现状及民众对其认知态度的调研》，张秀芬、王鲁娜编著：《关注社会热点，共话文化发展——首都大学生暑期社会调研报告集》，河北大学出版社 2013 年版，第 294 页。

⑤ 郭维维：《把一切都看作简单》，百花洲文艺出版社 2014 年版，第 56—57 页。

⑥ 蔡青：《百年城迹 1900—2010：北京城貌及古建筑的百年嬗变》，金城出版社 2014 年版，第 483 页。

图 3　北京西四地区四合院门前放置的假门墩

（三）从乡愁看对文化建构的态度

古代，礼制文化是人们建造传统四合院的文化基础。人们建构的礼制文化空间主要体现在不同等级形制的院落、同一院落不同形制的房屋、不同形制院落的装饰、不同规制及样式的大门、门墩、户对、大门门头等装饰、影壁等。如人们根据政府的规定"一品、三品厅堂各七间，六品至九品厅堂梁栋只用粉青饰之……百姓房屋……不过三间，五架，不许用斗拱，饰彩色，不许造九五间数……"①，建构了四合院房屋不同的间数、装饰代表不同的等级礼制。

当下，人们对北京四合院空间所建构的文化是和谐文化。人们认为四合院所传达的理念是"和谐"的理念。② 北京的四合院具有鲜明的地域文化的特征，形成和谐的文化氛围。③ 北京四合院在漫长的演变与发展轨迹中形成了一个非常和谐的文化系统。④

人们建构的和谐文化与礼制文化一脉相承，人们在接受新事物、建构新文化与保留旧习惯、传承建构的礼制文化时，体现了人们的文化自觉。在封建社会时期，受到儒家思想的深刻影响，礼制文化的核心是一种和谐

---

① 马渭源：《大明帝国洪武帝卷》，东南大学出版社 2014 年版，第 509 页。

② 刘川生、宋贵伦主编：《2006 年北京文化发展报告》，文化艺术出版社 2007 年版，第172—173 页。

③ 鲍宗豪：《国际文化大都市的核心竞争力》，颜廷君、顾建光主编：《中国经济与管理2013 第 1 辑》，上海人民出版社 2013 年版，第 172 页。

④ 赵倩、公伟、於飞编：《北京四合院六讲》，中国水利水电出版社 2012 年版，第 128 页。

文化。孔子之"君子和而不同，小人同而不和"认为，"不同"和"和"是"和谐"的两个重要因素，有等级和差别的不同才能"和"①。荀子之"礼者，贵贱有等、长幼有差、贫富轻重皆有称者也"认为，封建社会的贵贱等级、贫富等级是一种"礼"②。"礼"是一种等级秩序，也是一种社会分工，使得社会安定和谐③。孔子之"礼之用，和为贵，先王之道斯为美"，礼的作用就是为能建立和谐的关系④。这"礼"也是人与人之间关系的一种秩序，这种秩序消除了等级和不同之间的对立和差异，形成和谐⑤。所以，当下人们建构的和谐文化与传统的礼制文化是一脉相承的。中国文化地理研究学者认为，人们可能会用乡愁抵制文化变化，在如何把握接受新事物与保留旧习惯的文化建构问题方面，"文化自觉"是人们的道德判断依据。西四地区人们构建了与礼制文化一脉相承的和谐文化，而不是用乡愁来抵制文化的变化，这体现了"记得住乡愁"中人们的文化自觉。

三 渗透三种价值观的"乡愁"实践

（一）体现人性创新的乡愁实践

乡愁的道德实践应该鼓励人性创新的本能。西四地区胡同墙壁上的涂鸦作品为我们展现了记住乡愁与创新的结合。在古代，四合院民居外墙通常涂以青灰，富贵人家则会在墙体上绘制梅兰竹菊等寓意吉祥的图案。而在西四北四条 16 号院落的外墙上，艺术家则进行另一番创作。他们巧妙地将墙画中的姐弟与靠墙的一辆锈迹斑斑的单车融为一体，构成一幅生动活泼的图景（图 4）——姐姐专注骑着单车，弟弟则从后面紧紧抱着姐姐，他闭着眼睛、张大嘴巴，仿佛享受着骑车飞驰的刺激和乐趣。本研究

---

① 张晓东、顾玉平：《社会和谐论：当代中国新社会治理理念的理性省思》，江苏人民出版社 2008 年版，第 15 页。

② 安继民：《荀子》，中州古籍出版社 2006 年版，第 136 页。

③ 周德义：《和谐论》，湖南人民出版社 2012 年版，第 51 页。

④ 张晓东、顾玉平：《社会和谐论：当代中国新社会治理理念的理性省思》，江苏人民出版社 2008 年版，第 15 页。

⑤ 尹长云：《和谐与回归儒家和谐思想及其当代价值研究》，中南大学出版社 2008 年版，第 145 页。

小组随机访谈了路过居民，问及他们注视此图此景的感受，有人脑中会浮现小时候与兄弟姐妹在胡同里骑车驰骋的画面；有人会想起与小伙伴们每天骑着单车一起上下学的情景；有人则记起小时候站在门前等待着父亲骑车安全回家的情形。此外，在西四北三条至北五条，艺术家们还在墙上绘制了以对弈、理发等为题材的作品，勾勒出昔日生活的情景。通过这些案例可以看出，四合院外围墙面的空间表征不再束缚于传统的内容，艺术家们将对弈、骑车等日常生活的场景镌刻在墙壁上，使得人们对往昔的记忆多了一处安放之所。这种实践能够避免因为人口置换所造成的记忆的消失，也能够引起有相似生活经验的人们的共鸣。

图4　西四地区四合院外墙涂鸦图

（二）体现与人为善的乡愁实践

乡愁的道德实践不仅涉及物质性景观的营造，还要体现与人为善的待人之道，而与人为善涉及人与人之间交往时显现的人性的良善。所谓"远亲不如近邻"，胡同里左邻右舍的深厚感情尤为大家所珍视。旧时，四合院内"一人有难，众人来帮；一家有喜，全院来贺"的情形是常态。但是，随着时代的变迁，当紧锁铁门成为人们的惯习，当早出晚归成了人们的生活模式，四合院的人际交往也日趋冷淡。

为了增进胡同邻里之间的感情，为了让老居民在和邻里的交流中获得快乐，中国青年政治学院的青年学生在西四北社区发起一项"胡同口述史"的活动，该活动中，他们精心准备了各种资料、PPT、旧时的照片、旧时老居民用过的粮票、翻绳、铁盆等老物件，然后他们邀请胡同的居民聚在一起，看着老物件讲述老故事。如有居民讲述取暖的故事：以前国庆节一过，大家就开始买蜂窝煤，寒冷的冬天里，大家还相互送煤取暖等①。通过这项活动，项目发起人李子寅发现，老居民在分享老故事中欢声一片，他们在交流中感情变得越来越深厚。年轻人在倾听中获得了知识，了解了老北京、老胡同的风貌。在胡同文化逐渐消失的今天，该活动让居民记住了乡愁。而这项活动更体现了对老居民的良善、对年轻人的良善。这种良善还可以在邻里间传递下去，在外来人和本地人之间传递下去。

（三）体现热爱自然的乡愁实践

记住乡愁的空间实践要体现人地和谐的人地观，具体要体现人们热爱自然、尊敬自然、保护自然。西四北胡同的槐树保护为我们提供了一个记住乡愁的鲜活案例。槐树具有性耐寒、抗旱强、扎根深等特点，十分适应北京相对干旱、寒冷的自然条件。因此，北京人喜欢在胡同里种植槐树（图5）。根据本研究小组的统计，西四地区目前一共有槐树五十多棵。这些槐树构成人居环境的一部分，人们回忆的文本为我们展示了槐树与他们的关联，如有学者回忆，炎炎夏日，绿树成荫，槐树为人们提供消暑纳凉的去处；花开时节，香气馥郁，让人们神清气爽；调皮的孩童顺着树势，轻而易举爬上屋顶，如武侠小说里的高手一般洒脱②。然而，随着胡同和四合院的改造，许多槐树因挡路等各种原因被砍伐，数量日益减少。因此，保护槐树以延续人与槐树的情感联系成为了人们关注的问题。1998年，北京市人大常委会第三次会议通过了《北京市古树名木保护管理条例》，对每棵古树建立档案、设立标志加以保护。近年来，西四社区居委

① 《西城区新街口街道：老物件儿拼起新城旧事》，《人民日报》2016年1月18日，http://bj.people.com.cn/n2/2016/0118/c82838—27570026.html。

② ruiren491112：《西四牌楼东北角：六合胡同与大兴隆胡同》，http://blog.sina.com.cn/s/blog_4aba1d6f0101fd3w.html。

会又通过绿植认养的方式，使得更多的社会力量和资金参与到槐树等古树的保护中来。所以，人与自然的亲密关系也是乡愁的一部分，倘若槐树得不到保护，人与自然的情感联系也必将被切断，乡愁亦无处安放。

图 5　西四北胡同里的槐树

（作者简介：周尚意，北京师范大学地理科学学部教授、博士生导师。

成志芬，北京联合大学北京学研究所助理研究员。

许伟麟，北京师范大学地理科学学部人文地理学专业在读硕士。）

以更广泛的文化自信建设岭南特色都市文化的思考

阙志兴

摘要： 实现城市经济发展与弘扬传统文化的动态平衡是现代都市文化建设的重要课题。建设岭南特色都市文化应更广泛更深入挖掘包括"乡愁"记忆、革命文化、禅宗文化、珠宝文化等在内的广东都市文化资源。具体而言，这需要传承优秀文化传统，强化文化教化和人文交流合作；深入挖掘革命文化内涵，弘扬敢为人先的担当精神；推进文化与产业深度融合，加强文化创新。

关键词： 岭南特色　都市文化　文化自信

随着城市化的快速发展，一个城市的过去、文物遗产等特色文化总会勾起人们的很多回忆，特别当看到一些地方以大拆大建对待历史名胜、处置文物遗产时，更令我们深深思索：城市经济快速发展的同时，精神文化层面如何发展，政府管理部门在推动城市经济发展的同时如何实现与弘扬传统文化的动态平衡，留住人们对城市形象、城市品格的记忆，留住流淌于人们心中的那缕缕"乡愁"？这是现代都市文化建设的重要课题。

习近平总书记在今年"七一"讲话中提出，要坚定"四个自信"（道路自信、理论自信、制度自信、文化自信），第一次明确提出"坚定文化自信"并作了深刻阐述，指出："文化自信，是更基础、更广泛、更深厚的自信。在5000多年文明发展中孕育的中华优秀传统文化，在党和人民伟大斗争中孕育的革命文化和社会主义先进文化，积淀着中华民族最深层的精神追求，代表着中华民族独特的精神标识。"党的十八届六中全会《公报》作为重要政策文献，明确提出：必须坚定对中国特色社会主义的道路自信、理论自信、制度自信、文化自信。必须勇于推进理论创新、实践创新、制度创新、文化创新以及其他各方面创新。可见，以习近平为核心的党中央提出的治国理政新理念新思想，为我们推进都市文化建设提供了理论指南和行动遵循。

一 应更广泛更深入挖掘广东都市文化资源

在几千年的中华文明发展史中，广东积淀起以岭南文化为总揽的独特的文化标识，而其中丰富多彩的地方特色文化、革命文化、在改革开放中形成的先进文化，包括"敢为人先、务实进取、开放兼容、敬业奉献"广东人精神，"厚于德、诚于信、敏于行"的新时期广东精神，将成为汇聚和构筑中国精神、中国价值的文化细流，发挥出岭南文化、广东精神特有的文化贡献。从基础的、"老百姓的"视角，我们会发现，广东文化资源如一座取之不尽的"富矿"，只是未能充分发掘和利用。

（一）忘怀了的"乡愁"记忆

广州是广府文化的发源地之一，"世界广府人恳亲大会"发源广州并在广州举办了首届，讲"广州话"、称"老广"成为其重要标识。广州作为中国十大美食之都，饮食文化闻名中外、源远流长，"食在广州"已经成为重要的文化品牌，每年的"美食节"，分布于广州大街小巷的特色小吃，特别是在上下九路西华路、人民路一带（即西关）的著名小吃，成为衡量外地人是否到过广州的标志之一。而在音乐上，主要流传于珠江三角洲的"广东音乐"，广泛流传于广东、中国香港、澳门和海外华人社区的粤剧、粤曲，在广东文化中占有重要地位，曾产生过街知巷闻的粤剧名伶马师曾、红线女等。绘画上，"岭南画派"自成一派，也是近代中国艺术革新运动中逐步形成的，是中国现代教育催生的"折中中西，融汇古今"创新画派。以上这些文化品牌，具备了"更岭南"的特色，也往往成为"老广"们即使远在异国他乡、出门在外也难以忘怀的"乡愁"！而我们在近年的文化建设上似乎忘怀了、淡薄了。

(二) 挖掘不深的 "革命文化"

广州历史和文化重彩浓墨的一页，离不开中国民主革命思想和文化，但实际上挖掘不深、开发利用不够。其中，作为全国重点文物保护单位的大元帅府旧址，在 1917—1925 年间孙中山先生曾两次在那里建立大元帅府，在那里开展护法运动，推动广州的革命运动，领导中国民主革命；国民党一大旧址，是当年出席会议的孙中山、廖仲恺等国民党人和李大钊、林伯渠、毛泽东、瞿秋白等跨党的共产党人曾经共同合作战斗过的地方，在那里，孙中山重新解释了三民主义，阐述了国共两党合作的思想，正式通过了含有联俄、联共、扶助农工思想的《中国国民党第一次全国代表大会宣言》，标志着国共两党第一次合作的实现和反帝反封建革命统一战线的形成，推动了工农运动的发展，掀起了反帝反封建的高潮；广州农民运动讲习所旧址作为第一次国共合作时期最重要的历史见证：毛泽东在那里主持第六届农民运动讲习所并亲任所长，培养了大批农民运动骨干，并在后来的革命斗争中实践了 "农村包围城市，武装夺取政权" 的革命口号，使毕业于农讲所的学员回到全国各地从事农民运动的组织领导工作，极大地促进了全国农民运动的发展，有力支持北伐战争取得胜利；而1931 年建成的广州中山纪念堂，原是 1921 年孙中山任非常大总统时的总统府，是广州人民和海外华侨为了纪念孙中山先生而筹资兴建的纪念性建筑物，纪念堂正面孙中山手书 "天下为公" 蕴意深刻，纪念堂舞台汉白玉石碑上刻着的总理遗嘱 "革命尚未成功，同志仍须努力"，更激励着每一个瞻仰的仁人志士。广州这些具有浓郁和深厚 "革命文化" 的胜迹，要么是见诸介绍的内容不全面、不深入，要么就是有意或无意间被荒弃了、轻视了。

(三) 忽略了的 "禅宗文化"

在众多的传统文化艺术中，有一种文化往往为人们所忽略，这就是中国特色的 "禅宗文化"。在中华优秀传统文化中，"禅宗文化" 中的禅理、禅机、禅法、禅趣，对历史、现实和未来都有巨大影响，以致在形成崇德向善的文化氛围中具有不可低估的作用价值，成为中国优秀传统文化的代表之一。很多人知道 "禅宗文化" 兴于岭南，尤其是唐代中期，六祖慧能大师为"禅宗文化"在岭南地区的繁荣发展奠定了良好基础,但对禅宗在广州城的"威水"、胜迹大部分人就不一定知晓了。据记载,毛泽东在 20 世纪 50 年代的一次广东调研期间,对时任广东省委的主要领导说,六祖惠能"把唯心主义发展到了顶峰"。毛泽东除了从哲学史的高度谈论慧能的佛学思想外,还注意到慧能思想的大众化特点,认为慧能的《六祖坛经》"是老百姓的"。禅宗的胜迹,在广州除了有六祖削发地的光孝寺,还有佛教禅宗始祖达摩的落脚地——"西来初地"。这个深藏于广州华林街道小巷的地方,据考证后被遵奉为中国佛教禅宗始祖达摩东渡到广州后登岸的地点。而在此地建造的西来庵,后来则发展为现在的华林寺禅寺,城建改造中发现的盛有 22 颗释迦如来真身舍利,成为华林禅寺镇寺之宝。"西来初地"、华林禅寺的禅宗文化韵味深厚浓郁,虽历经一千多年的风雨洗礼,使受其文化滋养的这一方乡土人民,仍将这些文物、民俗和优秀文化保护得很好,在广州高度发达的商业文明中,发挥着对当地社会和文化的教化作用。而这些,社会上又有多少人知晓?更不要说到过现场了。

(四)推动不力的珠宝文化

随着我国经济发展、社会进步和人民生活水平面的提高,珠宝玉石工艺品已经发展成为独具特色的文化符号,其消费人群包涵了从小康之家到富裕人士,各有喜好,赋予了传统"吉祥文化"的丰富内涵,从其产业发展看,不但对地方经济社会发展有一定的贡献,特别对一个城市品位的提升、集聚旅游客人等有重要作用。我省被国家有关部门或行业授予"珠宝玉石集聚基地"的就有广州的番禺和荔湾区华林街、佛山的平洲、肇庆的四会和揭阳阳美等,广州华林街更被命名为"中国珠宝玉器第一街"。广东还有"世界珠宝番禺制造"的名气,有国内规模最大、档次最高并最具国际影响力的深圳国际珠宝展览会。仅在广州城区,以珠宝玉器、黄金首饰冠名的省、市、区级登记注册的行业协会、商会有 15 个之多。据 2014 年统计,广东省的珠宝玉石制造业的市场份额占全球的50%、全国的70%。但就是这样的珠宝玉石大省,却找不到明确的职能管理部门,也没有一个产业规划。从 2014 年起省直有关单位在实施的规划制定等工作就因部门管理职能不明确被搁置,行业社会组织和产业主体多有意见，认为在产业发展中明显存在着"一头热（社会和行业热）一头冷（政府及有关有关部门）"，各有关方面的具体工作实施推动不力、作为有待加强。

二　当前岭南文化建设的若干对策建议

文化记忆、文化遗产和优秀传统习俗等文化资源，具有深厚的历史底蕴、广泛的群众基础，不但是文化建设的重要源泉，也蕴含着文化创新的强大动力。充分挖掘地方特色、利用好优秀传统文化资源，并与当前城市文化产业发展相结合，对广东岭南文化建设多有裨益。为此提出有关若干对策建议如下：

（一）传承优秀文化传统，强化文化教化和人文交流合作

一要加强对优秀传统文化的挖掘及宣传。在对广东饮食文化、"禅宗文化"等各种"老百姓的"的文化及民间习俗的挖掘宣传中，要重视吸收其先进文化营养，在传承中弘扬真善美、在创新中丰富文化内涵，形成崇德向善的文化氛围。在广东丰富的禅宗胜迹中，仅与六祖慧能各个时期重要节点极为密切的就有云浮新兴的禅宗文化产业基地、韶关曲江的禅宗文化园，肇庆四会的六祖文化旅游节、广州的光孝寺，包括广州城被忽略了的禅宗文化等，有关方面应加强统筹规划和挖掘整理，促进禅宗文化与中华优秀文化传统的结合。二要重视文化遗产的文化教化。文化遗产以其独特性反映了特定的历史时期、特定的地方风貌和典型文化表现。通过开展"广东最美古村落"、非物质文化遗产普查及保护和合理开发利用，充分利用文化遗产开展宣传教育，但不能作牵强附会的应用。对各种文物遗产进行利用开发时要遵循科学规律，特别是历史胜迹、重点文物保护单位的重建要做到"修旧如旧"。依法加强文物遗产的保护，加强对历史文化开发利用的规划和监督实施等，发挥文化遗产在传承文化、激励后人方面的教化作用。三要全面提升人文交流合作。若从广州看，由于其历史文化名城的深厚底蕴，加上"千年商都"的世界影响，当年也是"海上丝绸之路发祥地"的重要源头之一，广州应加强与印度等佛教文化深厚的国家和地区文化交流，加强文化和旅游、教育科技的融合发展，开展多种形

式的、多方社会阶层的交流交往,特别要结合国家推进"一带一路"建设,重点加强与丝路沿线国家的文化交流合作,发挥文化交流对推进人民相交相亲和经济合作发展的重要作用。

(二) 深入挖掘革命文化内涵,弘扬敢为人先的担当精神

广东的"革命文化"遗存,不仅能唤起人们对革命历史的追思、对历史伟人的敬仰,而且对激励人民群众投身率先建成小康社会的伟大征程、对人们进行思想和文化熏陶等具有重要意义。毛泽东主席把三民主义纲领、统一战线政策、艰苦奋斗精神并称为"留给我们的最中心最本质最伟大的遗产",是"对于中华民族最伟大的贡献"。在2016年11月11日纪念孙中山先生诞辰150周年大会上,习近平总书记发表重要讲话强调:我们要开创中华民族伟大复兴新局面,就要学习孙中山先生热爱祖国、献身理想的崇高风范,学习他天下为公、心系民众的博大情怀,学习他追求真理、与时俱进的优秀品质,学习他坚韧不拔、百折不挠的奋斗精神,"必须树立宏大历史视野,把握世界发展大势,聆听时代声音,勇于坚持真理、修正错误,不断推进理论创新、实践创新、制度创新、文化创新以及其他各方面创新,在时代前进的洪流中书写中华民族发展新篇章"。因此,一方面,要深刻领会这些来源于伟大斗争"革命文化"的内涵,并赋予其时代意义,增强敢为人先、敢于担当的责任意识;另一方面,要结合工作实际和个人工作环境,行动起来,以坚韧不拔、百折不挠的奋斗精神,在推进广东率先建成小康伟大事业中、在扶贫攻坚三年行动上、在改革步入深水区时中砥砺前行,继续当好排头兵,勇于改革,敢于创新,与时俱进,务实进取,不断丰富"广东人精神"内涵,擦亮岭南文化"精神标识",在岭南文化建设上谱写壮丽新篇章。

(三) 推进文化与产业深度融合,加强文化创新

一要推进遗产文化与创意产业融合。珠宝文化已经发展成为以创意引领的文化产业,除了其艺术价值,人们更注重是其独特的"吉祥文化"内涵,无论是"恒久远""永留存"的钻石,还是富贵贫贱各适其人的玉器首饰,都是人们崇尚喜爱的。其设计和加工制造应重视吸收借鉴历史文物、文化遗产的精华,推进与传统工艺如广彩、雕刻等的结合,与广东各

地的乡土特色。在广州则可推动其与传统的西关文化融合发展，可由政府组织引导、协会（商会）和重点珠宝玉石企业合作并进行市场化运作，以创新的组织形式促进珠宝玉石创意产业加快发展。二要搭建打造文化发展平台。在推动文化创新发展中，政府搭台、文化唱戏显得更为重要。文化宣传部门要抓好舆论导向，充分调动好基层政府和社区、社会组织及企业等各方面积极性，以政府部门的主导和引导，确保文化发展平台的持久落实和文化发展的方向。广州荔湾区以华林街道作为主要组织，联合广东省珠宝玉石首饰行业协会，并广泛引入行业上有实力、有社会责任感的企业等参与，打造每年一届的"广东省玉雕作品玉魂奖暨玉雕艺术精品展"。四会市以政府有关部门和当地行业协会、商会组织实施，每年举办一届"四会柑橘玉器文化节"等。这些珠宝玉石文化发展平台，已经成为全国著名的品牌，其做法经验值得借鉴推广。三要推动文化与旅游的深度融合。重点是加强旅游管理部门对文物、名人胜迹和文化遗存等的规划谋划，包括在旅游线路设计做到科学合理设置，在旅游设施如散客接待中心等做到既有规划又有指导落实，实行监督检查等，不断提升旅客对文化、遗产旅游的兴趣，寓文化教育于游玩中，让游客在行旅中感受身心快乐，享受文化大餐。四要创新发展文化消费。支持文化旅游企事业单位等法人实体参与世界著名文化博览会、开展展示交流、创意生活等复合式文化活动。地方文化管理部门要重视文化文物单位的科学开发利用，适度建设专项博物馆、美术馆、图书馆等。新闻出版广电等各方面要加强对文化娱乐行业经营管理，推动行业转型升级，充分发挥"互联网＋"的优势，激发文化消费，强化文化领域创新，生产出独具岭南文化特色又内容丰富、形式多样的文化精品。

（作者简介：阙志兴，广东省政府发展研究中心研究员）

历史文化篇

胡适笔下的北京风光

欧阳哲生

摘要： 胡适在北京生活十八年，他喜欢游览北京的风景名胜，所到之处都在日记、书信中留下相关记载。胡适去过的北京风景区有中央公园、北海、城南公园、西山、长城等处，其中西山为他常去游览之地。胡适曾为美国摄影师赫伯特·C.怀特（Herbert C. White）拍摄的《燕京胜迹》撰写引介推荐。从胡适笔下对北京风光的描绘，可以看出他对这座文化古城的挚爱。

关键词： 胡适　北京风光　西山　《燕京胜迹》

胡适喜欢游览北京的风景名胜（特别是西山），他所到之处，日记都留下相关记载。1927年11月21日陈衡哲致信胡适说："叔永屡举北京的好处，想来打动你的心；但我知道是用不着的，因为在我们的朋友中间，你可以算是最爱北京的一个人了。"① 陈衡哲说这话的时候，胡适尚在上海。他把任、陈夫妇引诱到了北京，而自己却留在上海不肯北归。这让陈衡哲不解。胡适是在何时何地给陈衡哲留下他热爱北京的印象，我们无法考证。不过，从胡适有关北京的评介文字，可以看出他的确是挚爱这座文化古城的，也就是陈信中引用他所称的"最文明的北京城"。胡适对北京的好感甚至传染了江冬秀，1925年12月11日江冬秀给在上海治痔的胡适的信中表示："上海过冬不如北京，什么地方都没有北京好。我们到京住惯了，我想别的地方过夏天也不好是（似）北京，早晚一点不热，都

---

① 耿云志主编：《胡适遗稿及秘藏书信》第36册，黄山书社1994年版，第178页。

是很凉的。你天天这样的受痛苦，怎样好呢?"① 正因为对北京感觉如此之好，在胡适第二年出访欧美时，江冬秀仍留守北京。

胡适没有留存关于北京的长篇大论，只是在他的日记、书信和其他体裁的文字中常见他有观察北京的文字议论，从这些只言片语的评论中可以看出他的审美情趣、文化品味和对北京的真实情感。

厂甸的庙会是京城正月最热闹的地方。1920 年 2 月 20 日（大年初一）胡适日记写道："与梦麟去厂甸，玩了两点多钟，买了一点玩物。"② 这可能是胡适第一次逛厂甸春节的庙会。

北海离胡家不远，尤其是胡适搬到米粮库 4 号后，相距咫尺。1921 年 6 月 27 日胡适才首次光临北海。当天他的日记写道："出门到北京饭店，看昨晚到的 Mr & Mrs. H. K. Murply（茂费），吃一会茶，他们邀我同去玩北海，这是我第一次玩北海。我们三个人都是很忙的；茂费先生是一位建筑工程大家，他只要看一个大概，故我们只到了永安寺一处。我们走上正觉殿的顶上，四望北京的全城都在眼底，西北、东北诸山也极分明。斜日照在宫墙上，那红墙与黄琉璃瓦好看的很！我不曾见过北京像今天这样标致。"③ 胡适陪同的这位茂费（今译墨菲）可是一位了不起的美国建筑家，在中国设计过许多著名的近代建筑，1929 年应南京国民政府之请主持制定首都规划。④ 1922 年 9 月 19 日下午，胡适与江冬秀、胡祖望再游北海。⑤ 1930 年 10 月 7 日晚上，胡适在北海仿膳等候任鸿隽夫妇，"看月亮起来，清光逼人，南方只有西湖偶有此种气象"。⑥ 他在上海生活了三年，从北海联想到杭州的西湖，可谓浮想联翩。

城南有先农坛和新辟的城南公园。1922 年 9 月 3 日，胡适与邓芝园找蔡元培谈教育经费事，恰逢蔡先生带儿女去先农坛游玩，胡适借教育部车追踪到先农坛，找到蔡先生。随即"游览一周"，"又到城南公园游一

---

① 陈漱渝、李致编：《一对小兔子——胡适夫妇两地书》，第 56 页。

② 《胡适全集》第 29 册，第 91 页。

③ 同上书，第 323 页。

④ 有关墨菲在华建筑事业，参见 Jeffrey W. Cody, *Building in China*：*Henry K. Morphy's* "*Adaptive Architecture*" 1914—1935, Hong Kong：The Chines University Press，2001.

⑤ 《胡适全集》第 29 册，第 755 页。

⑥ 《胡适全集》第 31 册，第 742 页。

次"，此地自重开以来，胡适未曾来过。①

西山是北京西边的风景名胜，胡适在北京的岁月里，去得最多的风景区就是西山。他去西山的日期并不一定，春夏秋冬四季都留下了他游览西山的足迹。不管是什么季节去西山，胡适对之都有一种愉悦的感受。

1918 年初秋，胡适打算利用未开学前的空暇，到西山作一休整。9 月 14 日他致信母亲说："我因今年以来，不有一天休息，故觉得精神有点疲倦。现定明日出京，到京城西边的西山去养息七八天。那边空气很好，风景也好，可以每天上山去玩玩，也不会客，也不办事，也不操心。养了几天回来，定然身体更好了，精神也更好了。"② 9 月 17 日胡适去香山游玩，住在静宜园。午饭后先看碧云寺。"此寺乃是乾隆时重建的，今虽倒坏，还有很壮大的规模。有一座塔，工程极伟大"。傍晚去游静宜园。"此园很大，一时走不完。我们走到一座很高的茅亭上，月亮刚出来，那时的景致真美"。18 日早晨骑驴去游"八大处"。"'八大处'乃是八个有名的寺院、庙宇，离此地约有三十多里路。我骑驴到山下，独自上山。从上午十点多钟起，爬山过岭，直到下午三点钟，方才回到山下，寻着骑来的驴子，又骑着回来。我十几年不曾骑驴子，今回颇有点痛苦。我们瘦的人骑驴骑马都要吃亏的。山上吃的水颇好，远胜城里的水。"③ 在西山一住就是五天，天天爬山，面色晒黑，精神大好。④ 一个星期后胡适还写信告诉母亲"我从西山回来已有一个礼拜了。身体很好，精神也还好"。⑤ 可见这次西山之行对他的调养之效。以后，几乎每年都能看到胡适去畅游西山的纪录。《论语》曰："知者乐水，仁者乐山；知者动，仁者静；知者乐，仁者寿。"如以胡适喜欢爬山的这一取向来看，他应属仁者一类。

1920 年 3 月 14 日"青年会会门齐，赴西山开讨论会"。⑥ 正是在这次会上，胡适、蔡元培、蒋梦麟、李大钊在卧佛寺留下了珍贵的合影。⑦

---

① 《胡适全集》第 29 册，第 738 页。
② 《胡适书信集》上册，第 191 页。
③ 同上书，第 191—192 页。
④ 《胡适书信集》上册，第 192 页。
⑤ 耿云志、欧阳哲生编：《胡适书信集》上册，第 192—193 页。
⑥ 《胡适全集》第 29 册，第 114 页。
⑦ 参见《胡适文集》第 2 册照片。

1921 年 6 月 10 日，这天是端午节。蒋梦麟邀胡适、王徵到西山散步，带有排忧解闷之意。胡适当日写道，"梦麟此次处境最难，憔悴也最甚。今天我们同到"八大处"脚下的西山旅馆坐谈三个多钟头，也可算是偷闲寻快活了"。① 6 月 19 日胡适与陶孟和、Merz "同游西山，先游颐和园，次至静宜园吃饭，饭后游香山几走遍全国，又参观香山慈幼院。后到"八大处"脚下第一旅馆少歇"。胡适因去年病后，这天"走路最多，故颇觉疲乏，遂独留在旅馆里看书"。② 10 月 9 日上午九时，胡适"与文伯、擘黄、叔永、莎菲同坐汽车往西山'八大处'，上秘魔崖一游，回至西山旅馆吃中饭。饭后，同至香山园。今日为香山慈幼院开周年纪念大会的日子，故往参观。""游了一些地方，到昭庙时，始知这个破败的庙已在几个月之中变成一个很好的女红十字会的新会所了。此种成绩确可惊异"。③ 胡适与熊希龄关系密切，他是香山慈幼院的评议员。④ 10 月 29 日，胡适与朱经农去西山，在香山住了一晚，与刚刚来京的美国旧金山商会游历团一起参观熊希龄的香山慈幼院，游览碧云寺，"甚乐"。秋天的香山层林尽染，满山枫林，风景迷人。胡适睹此景物，不胜感慨：

> 香山秋色此时最好，山上有红叶，但不甚多。最好的是白果树，树叶嫩黄，其美无比。我想做一首诗，竟不能成。⑤

10 月 30 日，与朱经农游香山，参观慈幼院图书馆熊氏藏书。胡适感觉"这两天的游玩，于我甚有益，脚上的肿也消了"。⑥

1922 年 3 月 12 日，胡适与张慰慈、黄国聪、颜任光同游香山。这天的日记写道，"久不游山，今日畅游，甚乐。出香山后，又到西山脚下的西山旅馆吃茶"。⑦ 4 月 4 日，胡适一家与高一涵、江泽涵、章洛声同游西

① 《胡适全集》第 29 册，第 301 页。
② 同上书，第 314 页。
③ 同上书，第 479—480 页。
④ 同上书，第 215 页。
⑤ 同上书，第 492 页。
⑥ 同上。
⑦ 同上书，第 537 页。

山。第二天，他"与经农、任光同去寻辽皇坟，竟寻不着"。① 他的游玩还伴随着考古的任务。7月29日下午，王徵（文伯）、严敬斋（庄）、朱继圣这些老朋友邀胡适坐汽车同去游览西山。"先到甘露旅馆，次到西山旅馆，晚九时半始进城。今年雨多，西山无一处不绿，为往年所未有。"②

1923年12月22日，胡适去西山看丁文江、徐新六为他借得刘厚生在秘魔崖的房子，③ 随行的有胡祖望、王徵、张慰慈，傍晚在西山饭店吃饭。晚上胡适独自"步行回山。是夜为阴历十五日，月色佳绝，颇得诗意"。前天他曾收到曹诚英的信，两人这年在杭州烟霞洞过了几个月的"神仙生活"，触景生情，胡适写下了那凄婉的诗句："山风吹乱了窗纸上的松痕，吹不散我心头的人影。"④ 这次出游西山，可能与丁文江的建议有关，1923年10月19日胡适与丁文江在沪会谈，内容涉及《努力周报》与北大事，丁为胡献策："移家南方，专事著作，为上策。北回后，住西山，专事著书，为中策。北回后回北大，加入旋涡，为下策。"胡适以为，"上策势有所不能，而下策心有所不欲，大概中策能实行已算很侥幸了"。⑤ 胡适此次西山之行，实为考察在西山租借房子之可行性。

1930年10月6日（中秋节），胡适与任鸿隽、陈衡哲一家去游西山。"从西山脚下，上到老虎山顶。此山在西山'八大处'之最西，前后无遮拦，故能望的最远。前面可见北京城及万寿、玉泉诸山，后面可见浑河、十景山，及戒台寺"。⑥ 胡适一到北平，就作此秋游，旧地重游，沉浸在西山的大好美景之中。当晚他们又作"久谈。月色极好"。胡适留有残诗一首，似是抒发自己当时的情怀：

---

① 《胡适全集》第29册，第566页。

② 同上书，第698页。

③ 丁文江为胡适在西山借房子之事，在1923年11月1日丁文江致胡适信中有说明："西山的房子，仍旧是秘魔岩刘宅最为合宜，因为不但房间较多、较大，于带书、带家眷方便，而且离黄村车站很近，来往不必定要汽车。梦麟说碧云寺李石贞（曾）的房子可以借，文伯说房子不好，不如刘宅。等你回来自己决定罢。"收入欧阳哲生主编：《丁文江文集》第七卷，湖南教育出版社2008年版，第215页。此事为鲁迅闻知。1923年12月31日鲁迅致信胡适："闻先生已看定西山某处的养息之地，不知现在何处？我现搬在'西四砖塔胡同六十一号'，明年春天还要搬。"此信收入《胡适全集》第30册，第141页。

④ 《胡适全集》第30册，第134—135页。

⑤ 同上书，第74—75页。

⑥ 《胡适全集》第31册，第741页。

　　　　许久没有看见星儿这么大，

　　　　也没有觉得他们离我这么近。

　　　　秋风吹过山坡上七八棵白杨，

　　　　在满天星光里做出雨声一阵。①

　　1931 年 3 月 15 日，胡适与任鸿隽、陈衡哲夫妇再游西山。他的日记写道："先到玉泉山，刚上山，忽大雨，我们在玉泉傍一个亭子上避雨，雨中景致绝好，在北方春天不可多得。雨后同游秘魔崖。"②

　　1932 年 8 月，胡适赋诗《读了鹫峰寺的新旧碑记，敬题小诗，呈主人林行规先生》，结合 1934 年 4 月 15 日胡适日记所记："前年我与丁在君住在秀峰寺，林君嘱题山上新旧各碑拓本册子，我与在君各有诗，皆未脱稿。今日见原题册子，尔纲代抄一份，附在此。"③ 可知，胡适与丁文江1932 年有西山之行。胡适同丁文江、翁文灏与新成立的鹫峰地震研究室成员合影可能亦摄于此行。

　　1934 年 1 月 2 日，胡适陪张蜀川、章希吕、胡铁严去游西山。先到西山饭店，上山到灵光寺，游至秘魔崖，下山到饭店中吃午饭。饭后再去游香山，到双清、甘露旅馆、十八盘三处。据胡适日记所载在回程路途他们专门去凭吊了李大钊墓，"路上过万安公墓，我们进去看李守常（大钊）的坟。去年他葬时，我不曾去送。今天是第一次来凭吊。他葬后不久，他的夫人又死了，也葬在此。两坟俱无碑碣。当嘱梦麟补立一碑"。"今日之游甚畅快"。④ 当天随行的章希吕也留有日记，据载，这天九点半他们一行乘了胡适新买的汽车出阜成门，十点二十分到西山，下午六时半回到胡适家。章氏也提到李大钊墓，"香山左近有个万安公墓，规模很大，是三四年前几个开通人士新创，已葬下去的有百余棺，李大钊夫妇亦葬在里面"。此行"计适兄今天约花二十余元，汽车费用尚未算在内。来

---

　　① 《十月九夜在西山》，收入《胡适文集》第 9 册，第 258 页。此诗将日期系于"十月九夜"，疑有误。

　　② 《胡适全集》第 32 册，第 94 页。

　　③ 同上书，第 352 页。

　　④ 同上书，第 261 页。

回约百里以外"。① 这次西山之行，胡适特意去"凭吊"李守常，足见他对这位牺牲亡友的情感。

4月15日林行规夫妇邀请胡适一家游览西山，罗尔纲、章希吕随行。林行规曾任北大法科学长，与丁文江交谊甚深，胡适与他的结交可能系丁促成。胡适一行先访黑龙潭，次到大觉寺，然后上秀峰寺就餐。"此寺为明朝一个交南和尚智深创立的。林君买得此山，改名为鹫峰山庄，种树造林，修路甚多，山色一新。他又捐地捐款，由地质调查所在山上设地震研究室，成绩甚好。现在山上多花树果树。今天我们来时杏花正开，比大觉寺多的多"。饭后，胡适一行从寺中出发去山顶，"山顶眺望甚远；山下有大村，名白阳河。有河道，无水，远望去只见白沙一带"。四点下山，六点到家。②

1935年5月26日胡适与霍尔考比教授、福斯特教授、蒋梦麟、陈受颐同游西山。先后游览玉泉山、白松林、秘魔崖，中午在西山饭店吃饭，饭后再到香山，游双清，沿十八盘下山，到碧云寺。此次出游西山，胡适感慨："游山有可谈的伴侣是很可喜的事。玉泉山上的石塔，碧云寺的石塔，雕刻都还工致，但不是很生动的艺术。中国雕塑都是匠人工作，不是士大夫工作，故程度不高"③。

胡适最后一次去香山可能是1937年1月31日。当天"与冬秀、小三、郭绛侯夫人、郭丽兰同去游香山，天太冷，游的不舒服，就没有到别处去了"④。

胡适实地游览长城的时间较晚。据其1934年5月26日日记："与丁在君、徐新六、竹垚生、杨珠山同游长城。前年我曾坐飞机游览长城与明陵，但我不曾走上长城过，今天是第一次。火车到青龙桥，有坐轿子的，有步行的，都上八达岭去。"在城上时，恰遇天下冰雹，胡适一行遍体淋湿。"岭上长城，我试用脚步横走，量得七步半。约两丈。工程自是浩大。但我们真有点不解当日何以需用这样笨的防御工作，遇到重要时期，

---

① 参见《章希吕日记》（摘录），收入颜振吾编：《胡适研究丛录》，第249—250页。
② 《胡适全集》第32册，第351—352页。
③ 同上书，第459页。
④ 同上书，第617页。

长城始终不曾有大得力处。"① 从军事防御的角度，胡适并不看好长城的作用。这与他 1932 年 12 月 6 日在长沙参观"要塞"后所发的议论如出一辙："要塞凡六十八里，共费九十万元。设计者为法国留学生刘运乾，实则德国军事顾问也很参有意见。""我们今天所看，不过'要塞'的一部分。此种建筑，用以抵御共产党军及匪军，自然就够了。用于御现代强敌，则丝毫无用。"②

北戴河虽不属北京，但它是北京人暑假常去度假的海边浴场。胡适曾两次赴北戴河休整，这都出自他的密友丁文江的安排。第一次是 1924 年 8 月他在北戴河度过一月，住在丁文江夫妇寓里，常常与丁结伴游山下海。胡适感叹"这一个月要算是今年最快活的日子"。③ 第二次是从 1931 年 8 月 6 日到 17 日，胡适后来在《丁文江的传记》里深情地回忆起他与丁文江度过的这段美好时光："这十天里，我们常赤脚在沙滩上散步，有时也下水去洗海水浴或浮在水上谈天，有时我们坐在沙滩上谈天看孩子们游泳。晚上我们总在海边坐着谈天，有时候老友顾湛然（震）也来加入谈天。这十天是我们最快乐的十天。——一个月之后，就是'九一八'的日本暴行了！"④ 北戴河作为度假胜地，给胡适带来了极其愉悦的享受。

胡适是南方人，来到北京，对这里的气候自然相当敏感。北京的天气之变幻常常显露在他的笔下。初到北京，胡适并没有太多不适的感觉。1917 年 10 月 15 日他致信母亲说："北京虽冷，然与纽约与绮色佳均差不多。儿当自己留意，望吾母勿念也。"⑤ 北京与纽约、绮色佳的纬度相差无几，这也许足以解释胡适为何能适应北京气候的缘由。胡适写作此语时是在秋季，这是北京一年四季最宜人、最舒适的时节。

北京的冬天气候寒冷，常降大雪，胡适特别欣赏北京的雪景。1933 年 12 月 28 日他在日记中表现了这一心态：

前夜大雪，昨日又下了大半天的雪，故一路雪景很美。昨夜有大雾，今日树枝皆成玉树，此即崔东壁所谓"雾树"也。此景为北方冬天最美

---

① 《胡适全集》第 32 册，第 371 页。
② 《胡适全集》，第 182—183 页。
③ 《胡适全集》第 30 册，第 193 页。
④ 《胡适全集》第 7 册，第 498 页。
⑤ 《胡适全集》第 29 册，第 110 页。

的，古人唯东壁特别注意到它，并说明其理。

今夜到福开森家吃饭。他的女儿 Mary 谈到雪景，说昨夜大雾，故今天树枝皆成奇景。我心里不禁叹服西洋人的观察力。崔东壁说"雾树"，破旧说而立新说，我们都佩服他的细心。不料西洋人早已认此现状为大雾冰凝的结果了。①

春、夏天的北京可是另一番模样：春天多雨，夏天太热，胡适对此感到特别不爽。"北京有几个月没下雨了，今晚忽然下雨，终夜不歇。"（1918 年 3 月 23 日《致母亲》）②"昨日今日天雨可厌，北京最怕雨。一下雨，路便不可行了，车价贵至一倍多"。③（1918 年 5 月 11 日《致母亲》）"大雨了两天，可厌之至。"④（1918 年 5 月 17 日《致母亲》）下雨给出行带来极大不便。"这时天气已有点热了。此间太寂寞，闷得很，精神也不好。我又不喜欢出门看朋友，故格外无聊。北京的春天，天气真有点讨厌，我从来没过过这种讨厌的春天"。⑤（1918 年 5 月 15 日《致母亲》）夏天的北京时雨时热，亦让胡适不适。"这几天天气极热，不能做什么事，可厌得很。"⑥（1918 年 7 月 13 日《致母亲》）"连日北京有大雨，天气骤凉，容易伤风。冬秀近有小伤风，头痛终日，但无他病，想不日可愈也。"⑦（1918 年 7 月 21 日《致母亲》）"连日大热，今日更甚，什么事都不能做。上午草一函与顾季高，竟汗下遍体"。⑧（1931 年 7 月 28 日）从胡适这些纪录北京天气的文字里，人们可以发现，那时的北京雨水并不少，夏天的气温也不低。在当时的条件下，胡适确实克服了一定的困难，以适应北京的气候。

五四时期是民俗研究兴起的时期。胡适极力扶植民间文学，对流行北京的民间歌谣颇为推崇。1919 年常惠送他一册意大利驻华使馆文化参赞卫太尔男爵（Baron Guido Vitale）搜集的《北京歌谣》（*Peking Rhymes*），

---

① 《胡适全集》第 32 册，第 252 页。
② 《胡适书信集》上册，第 142 页。
③ 同上书，第 158 页。
④ 同上书，第 161 页。
⑤ 同上书，第 159—160 页。
⑥ 同上书，第 167 页。
⑦ 同上书，第 172 页。
⑧ 《胡适全集》第 32 册，第 130 页。

两年后他特别撰文《北京的平民文学》加以推介。"此书收了一百七十首，真是一部宝书。他的注释颇有趣的，如释葫芦为 Pumpkin。但他的大功劳是不可没的。中如'槐树槐'（页 37）、'小小子儿'（页 41），都是我家中的老妈子们教给祖儿们唱的，字句几乎完全相同，可见当日搜集时记载的正确"。① 1922 年 7 月 30 日北京《益世报》刊载了一篇歌谣，胡适特别以"一篇绝妙的平民文学"为题加以推荐，将之刊登在《努力周报》上。

1927 年上海商务印书馆出版了美国摄影师赫伯特·C. 怀特（Herbert C. White）拍摄的《燕京胜迹》（Peking the Beautiful）影集。书内收集了作者拍摄的 70 多张黑白和彩色照片，照片四周配有丝绸刺绣的图案。扉页题词"献给所有热爱中国光辉灿烂的艺术遗产的人们"。1927 年 11 月 10 日身在上海的胡适应约为该书引介，这篇文字表现了胡适的审美情趣和对中国建筑艺术的独特见解，因未收入《胡适全集》，屡见人引错，现试译全文如下：

> 在她那本极具价值的关于北京的著作中，朱莉亚·布莱顿女士（Juliet Bredon）在序言里有一段非常谦逊的评述："对北京进行恰到好处的欣赏并不是一个西方人力所能及的。……若想做到这一点，就必须对中国的过往有通透的了解；对中国的特性和宗教具有无限同情；不只要了解文人阶层的精神气质和统治者们的治国之道，还要对中国的至理名言，百姓俚语，街谈巷议都非常亲切和相当熟悉。"
>
> 我完全赞同这段精到的评语，而且还愿为朱莉亚·布莱顿女士的观察做些补充。相比于本地居民，来北京的西方游客常常能更好的欣赏北京的艺术魅力和建筑之美。当然这不是说中国人爱北京不如西方人，而是探寻他的心营目注，中国人往往关注的是北京温和的气候，晴朗的天空，或者是她的悠闲自在、浓郁的文化氛围，很少有人注意到在这些之上的艺术之美和建筑之富丽堂皇。
>
> 有几点显见的理由可以说明中国人在艺术和建筑方面缺乏欣赏力。中国的帝王宫殿和皇家园林几百年来都是一般人、甚至高级官员

---

① 《胡适全集》第 29 册，第 756—757 页。

所不能涉足的禁地。到处是连绵的高墙，它给人们带来诸多不便，以致人们不得不走出北门以便到达南门。人们朝夕相望的只不过是一些颓园碎瓦和红墙黄顶，对他们早已丧失了吸引力。帝制时代的诗人墨客除去陶然亭外，在城里没有地方游览和聚会，那是在偏僻的城南一座荒寂孤零的凉亭。无怪乎长居北京的人们丧失了对建筑之美的欣赏力，从来没有认识到这一点。

但是真正的原因还深藏在这个国家的哲学、艺术背景之中。中国人是一个讲求实用性的民族，过度沉湎于功利主义，看重事物的实用价值而非内在的美学价值。孔子因为崇尚音乐与舞蹈而被墨家大加讥议，然而即使是孔子，也难逃短视的功利主义。在他颂扬伟大、传奇的大禹时，孔子对禹"卑宫室，而尽力乎沟洫"的懿行给予了特别的赞颂。由此也生出了很多传说，说尧、舜在"茅茨不剪，采椽不斫"的宫室中治理国家。每当后世的文人士大夫要反抗专制君主的奢侈时，就会频繁征引这些关于节俭美德的例证。

自然派的哲学家们（通称道家），也反对发展精妙的艺术。老子走得如此之远，以致非难所有文化，认为文化是引导人们背离自然。在这些哲学家眼中，万事万物皆应道法自然，艺术是反自然，就是不善。的确，这种推崇自然，反对艺术的哲学观也产生了其自身的艺术形式。"田园诗人"的产生即受此很大影响，他们歌颂静默的花朵，奔涌的溪流，壮丽的河山以及男耕女织的田园生活。这些诗人又引发产生了自然画家，——"山水自然"派画家，——这些画家寄情于泉石松林，通过艺术化地描绘那些不期而遇的自然片断表达他们自己的情感和理想。

正如自然派哲学家时常居住在草蓬柴门的陋室，自然派艺术家也只从乱石、泣柳和苍松当中去吸取灵感。建筑之美并不能唤起他们的兴趣，因此建筑也不置于好的艺术行列。他们认为，建筑只不过是工匠迎合富豪和权贵们穷奢极欲的技艺而已。

这种本土的哲学和艺术传统，似乎在有意抹杀建筑艺术的辉煌和伟大。正是因为艺术和知识阶层（不包括山水画派）这种漠不关心的态度，使得中国的建筑至今仍然保留着传统的工艺和式样。《营造法式》初版于 1103 年，是一本讲述建筑方法和设计的书籍，研究这部书就会发现，中国的建筑几百年来没有任何改进，没有超越工匠的经验传统而有所突破。艺术家们轻视建筑，功利主义的儒学家更认为这种靡费就是虚耗民脂民膏。今日北京的伟大建筑，不正是承受着这种传统观念的裁判吗？

举例来说，提起颐和园，许多人就会想起昏庸的西太后曾经挪用了本来用于兴建新海军的 240 万两白银。真正壮观的班禅喇嘛纪念碑，被布莱顿女士认为是北京周边最具代表性的现代石刻艺术典范，而在中国人眼中则认为这不过是外族建筑中一件最豪侈的碑碣，用以纪念一个粗俗宗教的野蛮领袖而已。中国的长城是世界七大奇迹之一，而在中国多少年来还不是产生了千百支哀怨反抗的民歌，哀痛那些无数无名奴隶劳工的悲惨命运；或是用来谴责统治者的黩武和领土野心，他们因此为长城的建造和重建寻找理由。

对于西方旅行者而言，因为没有这种艺术和道德的成见，他一踏入北京就会立刻爱上这里。他会为北京城的红墙、斑驳的匾额、秀美的荷池、耸立的松柏，尤其是建筑的雄伟壮丽而欣悦不已。他会迫不及待地向本国使馆申请去访问寺庙和宫殿，这些地方直到最近几年还不曾向公众开放。他会马上去探访冬宫和夏宫、狩猎园、西山内外的寺庙，然后他踏上去长城和明陵的路上。他寻找一处可以栖居的住所，他已"搞定"北京，但却因沉醉北京之美而不能自拔。他必须深入研究这些宏伟建筑所具的宗教、权力和富贵的意含。

这本《燕京胜记》影集的作者赫伯特·C. 怀特就是这样一个北京的热情欣赏者，他是上海时代出版社的景观艺术负责人，1922 年来到这个城市，很快就跟随他在北京的哥哥学习语言。兄弟俩都承认他们从到北京的第一天起就深深地热爱北京。在他们一年的语言学习期间，他们花费了每一个假日和每一个空余时间去探究宏伟的纪念碑和艺术、建筑胜地。那一年，他们拍摄了七百张北京及其风景照片。

因为要覆行在上海的职责，怀特先生每年夏天返回北京。他拍摄的照片已累积到三千张，从这一巨大的积累中选择了七十张照片编入此影集。1925 年他有两张照片被哈德逊摄影竞赛授予一等奖，这两张照片收入本书的首页和最后一页。

从使用 Graflex 相机起，怀特先生就不断地研究普通相机在拍摄物体时面对光线不足、距离太远或场景太宽时的难处。通过对艺术的刻苦钻研，他逐渐使自己能够处理所遇到的各种紧急的状况。杰出的美丽照片是在第 87 页，它显示宫殿与大理石在没有一个特别镜头的帮助下将是不可能的。从高耸的白塔拍摄鼓楼景象几乎是奇迹般的效果，只有使用不平常的设备才有可能。

在这本影集里有些景观已经变成历史的纪录。例如，圆明园里保留蒋友仁（Benoist）描绘的喷泉大理石展示在第 33 页，现在已经从他们照相的景点消失了。圆明园——耶稣会士蒋友仁神父在 1767 年写道："没有能与这座花园媲美，它确实是一座地上的天堂。"——在 1860 年被消毁。它的荣耀现在只是存在蒋友仁、王致诚（Attiret）和其他访问过她的人们遗留给我们的记录之中。这是多么遗憾啊！它是最早的东西建筑结合纪念碑。如此小的一块历史残垣被一幅现代艺术照片记录下来。

我确信，像这样呈现在这册影集里所收集的北京照片将不仅是为了向西方的朋友介绍或深入的玩味北京。而且也是帮助和教育中国人将他们的传统偏见放在一边，学习欣赏北京作为他们最有价值的艺术遗产的纪念品。让我们忘记隐藏在这些宫殿里的罪恶，让我们忘记那些死在锦衣卫的棍棒之下的明朝大臣和御史大夫们，让我们忘记慈禧太后为了营建度假胜地而挪用的海军军费，庆幸在海军战败、清朝归为历史陈迹之后，还能有些美景得以留存；让我们以平静的心情登上白塔，让思绪超越密宗宗教的魔力，追忆鞑靼皇帝（即辽道宗耶律洪基——译者注）为萧皇后（抑或李夫人？）在琼华岛之上建筑妆洗楼的动人神话。让我们忘记，至少在此刻，所有环绕我们周围的人们的苦痛和哭泣，沉浸在欣赏《燕京胜迹》的遐想之中！

北京——美丽的北京，这个题材没想到也能勾起胡适一连串哲学的、历史的、艺术的思考。胡适对中国传统排斥宏大建筑和精致艺术的批评，作为一家之言，有其深刻的一面。

1936 年 5 月胡适作诗《题北京皇城全景》，诗曰：

殿宇崔嵬一望中，依然金碧映晴空，

才人秀笔描摹得，六百年来大国风。

赫威史女士为克罗希夫人作此皇城全景，笔意壮丽细密，作此题之。①

可惜胡适所言这幅"皇城全景"不得而见，可能已不存于世。赫威史女士为何许人也，亦不得而知。仅从"壮丽细密"四字可以揣摩，这应是一幅金碧辉煌、气势壮丽的北京画卷。

胡适在北京的游览空间，城里主要是中央公园、北海，城外则是西山，北京的风景名胜分布内外城和京郊各处，胡适在北京十八年，光顾的景点并不太多。以胡适的才性和考据僻，本应有机会撰写《西山游记》一类的游记。令人惋惜的是，他没有留下类似《庐山游记》《南游杂忆》那样的有关北京风景名胜的长篇游记散文。究其原因，胡适虽多次在中央公园、北海"闲庭散步"，或攀登西山游览，大多为健身消遣之用。他偶有乘游兴赋诗抒发胸臆之作，但终无心铺陈长篇游记散文，毕竟他可能是为教学、研究所困，这是胡适的遗憾！也是北京的遗憾！

（作者简介：欧阳哲生，北京大学历史系教授、博士生导师）

---

① 《胡适全集》第 32 册，第 568 页。

上海城市更新与城市记忆

包亚明

摘要：上海的城市更新，主要以旧区改造的形式出现，重点是拆除改造成片二级旧里以下房屋，这一更新过程，最后往往变成了地理景观的生产和社区高端化的过程，而城市记忆的失落、社区文脉以及城区的发展潜能被阻断等问题，往往被直接的经济利益所掩盖。城市更新，应该上升到与城市生活品质相关的层面来思考，土地利用经济、邻里复兴、历史文化遗产保护、公共政策、人居环境的保护和可持续发展等问题，应该受到更多的关注。

关键词：城市更新　城市记忆　地理景观

城市更新，有狭义和广义之分，阳建强在他编著的《西欧城市更新》一书中认为，广义的城市更新，涵盖了西欧国家自"二战"结束至今的一切城市建设，它有多种表述形式：城市重建、城市复苏、城市更新、城市再开发、城市再生、城市复兴、城市改造、旧区改建、旧城整治等等。狭义的城市更新，则特指 20 世纪 70 年代以解决内城衰退问题而采取的城市发展手段。这一概念最早由 1954 年美国艾森豪威尔成立的某顾问委员会提出，遂被列入当年的美国住房法规中；而对其较早亦较权威的界定则来自 1958 年 8 月在荷兰海牙召开的城市更新第一次研讨会，会议认为对土地利用的形态或地域地区的改善、大规模都市计划事业的实施以形成舒适的生活与美丽的市容等，就是城市更新①。

---

① 阳建强编著：《西欧城市更新》，东南大学出版社 2012 年版。

上海的城市更新，主要以旧区改造的形式出现，重点是拆除改造成片二级旧里以下房屋，这涉及西方城市更新的狭义和广义的两方面内容，对于生活于旧区的人们来说，改善自己所居住的建筑物及其周围环境，改善街道、公园、绿地等的环境质量，改善通勤、求学、购物、游乐等的生活质量，所有这些希冀都是无可厚非的。其中还夹杂着衰退的生产型建筑或街区向消费型区域转移的问题，但是，内城衰退的情况远没有土地资源的稀缺来得严重，因此，旧区改造式的城市更新过程，最后往往变成了地理景观的生产和社区高端化的过程，而在这一过程中失落的城市记忆、被阻断的社区文脉以及城区的发展潜能等，往往被直接的经济利益所掩盖。

唐家弄、苏河湾与城市记忆

在上海城市更新的大潮中，一个新的地理景观"苏河湾"横空出世，而且茁壮成长，"苏河湾"开发项目规划红线范围早就由原先的 0.466 平方公里扩大到 3.19 平方公里，连上海火车站不夜城部分板块也纳入其中了。闸北区希望借助"苏河湾"这样的名片来重塑地理景观，实现加入中心城区行列的伟业。闸北幸存不多的石库门式历史建筑，正因为苏河湾的膨胀，已经逐渐消逝了。随着闸北区与静安区在行政区划上的合并，"闸北"这个名称也已经在"新静安"的区域高端化过程中消失了，而"苏河湾"这个来路不明、不伦不类的名称也许会长存下去，它既无历史感又夹带着房地产商气息，像是昭示着上海城市更新的一股难以抗拒的洪流。

苏州河北岸大片石库门街坊的旧称"唐家弄"，也许更能承载这个城市的记忆和乡愁，唐家弄不是非要傍上宝格丽酒店，才会貌似高大上起来，唐家弄自有属于自己的真风流。唐家弄因唐姓商人的营造而得名，该区域在小刀会起义后被强行纳入美租界，自 1860 年左右起，旧式里弄建筑在此兴起、发展和繁荣。唐家弄既是弄堂的名称，也是片区的名称。作为弄堂名，唐家弄也许是特指天潼路 814 弄一带，虽然我的出生地葆青坊和这里仅隔着一条窄窄的福建北路，但我从小就知道葆青坊和唐家弄的区别，唐家弄更多的会让我想起福建北路小菜场。814 弄因为海上富商徐鸿逵营建的徐园而闻名，814 弄 43 支弄的门墙上一块青石雕成的"徐家园"

门额，一直保存到拆除的那天。1887 年 1 月 24 日起徐园对外开放，是上海最早进行营业性开放的私家园林。徐园开了上海公开放映电影的先河，1896 年的 8 月 11 日，由法国商人在上海徐园"又一村"茶楼内放映了电影。也有资料说，1896 年的 6 月 30 日在 814 弄 35 支弄的厢房里，徐家的亲友们已经先睹为快了。上海《申报》1900 年 10 月 21 日就有徐园刊登的广告："今有英、美、法活动影戏运来上海，仍假本园十二楼上开演"，影片有《马房失火》等 14 部短片。作为片区名称的唐家弄，边界究竟在哪里其实颇为模糊，《上海地方志》认为唐家弄地处苏州河北岸，以天潼路为核心，横跨虹口、闸北两区，不少研究者认为，唐家弄应该没有那么大，东唐家弄路段在 19 世纪末已形成曲折街巷小路，设有茶楼、戏院。天潼路本来到河南北路结束，20 世纪 20 年代初与东唐家弄接通，从河南北路到浙江北路的东唐家弄，就改名为天潼路了①。

天潼路 791 号二楼的玉茗楼书场，是继徐园之后最有名的娱乐场所，书场原址在老闸桥北块的福建北路 2 号，创办于清同治五年（1866 年），是上海开设时间最长的书场。1958 年公私合营后，书场迁到了邻近的原河北大戏院的现址。百余年来，历代名家响档均曾在玉茗楼演出过名篇，包括杨小亭的《白蛇传》、周玉泉的《玉蜻蜓》、徐云志的《三笑》。我父亲是书场的老听客，他最喜欢的是大书《明英烈》，我印象最深的是，他说评弹真是了不起的语言艺术，他在玉茗楼天天听常遇春马跳围墙，听了三个月马居然还没有跳，听众倒是一点不急，完全沉浸在明朝的开国宏业里。不管这幢建筑如何变身，我父亲一直称它为玉茗楼，我是从父亲那里得知这个名称的，等到识字以后才知道原来是这两个字。葆青坊前弄口并不直接开在天潼路上，而是掩藏在天潼路一排街面商铺的背后，出路分两个方向绕过商铺，一头近山西北路，一头近福建北路，福建北路出口的斜对面就是玉茗楼书场，我上学的时候，玉茗楼书场已经改成了闸北区图书馆分馆，我在那里办了人生第一张借书证。

天潼路 847 弄慎余里，是唐家弄石库门街坊的经典之作，也是我童年时代的娱乐圣地，围棋少年班的一个小伙伴住在那里，家里只有他和上中学的哥哥，他们父母是西藏的地质队员，长年不在上海，家里有一台当时

---

① 惜玢：《唐家弄的前尘往事》，《档案春秋》2007 年第 12 期。

很稀罕的电视机，还有我最爱的康乐棋盘，有一个老保姆照顾他们的生活起居，哥哥对我很好，但总是和老保姆吵架，说老保姆把钱和东西都拿回自己家了，这是我第一次切身感受到了阶级的存在。浙江路、福建路之间，南临苏州河北靠天潼路的慎余里，比葆青坊稍晚，建成于1932年，虽历经两次淞沪战争，但依然保存完好，是上海最具规模、最富海派风情的石库门建筑群之一。慎余里立面端正、规划工整，双开间一厢房格局，清一色的青砖到顶，楼顶还有晒台。当年许多银行、钱庄的老板在苏州河边盖建仓库的同时，也会选择在慎余里居住。到"文化大革命"时期，慎余里的七十二家房客式的乱搭建，也远没有葆青坊那么严重。慎余里曾被收录进"上海市第三次全国文物普查"不可移动文物名录，编号为310108805190000017，属于上海的4422处不可移动文物之一。在2004年10月公布的"上海市第四批优秀历史建筑名单公示"中，慎余里还名列其中，然而，在2005年正式公布的"上海市第四批优秀历史建筑名单"中，慎余里却不见踪影了。2012年9月4日，随着写有"慎余里"名号的过街楼屋顶的轰然倒塌，慎余里从"不可移动的文物"到"保护性拆除"，再到"完全拆除"，急促地走完了它的生命旅程，因为破坏性的拆除，异地复建也就成了一帖应付舆论和民意的安慰剂。

大卫·哈维指出："住房固定于地理空间之中，转手的频率不高，它是一种不可缺的商品，是储藏财富的一种形式，在市场上易成为一种投机活动……另外，房屋对于使用者具有许多不同的价值，最重要的是它使得使用者与城市景观的每一个方面发生联系"[1]。因此，"人们住哪儿、什么时候移居不仅受到收入、搜索过程中遇到的障碍和人们行动的相互依赖性所约束，而且也受到影响供房和住房信贷的关键群体决策和行为所约束"[2]。如果说包含慎余里、四行仓库等在内的苏州河北岸区域，掺杂了生产性岸线向消费性岸线过渡的因素，那么参照英国政府1977年颁布的关于内城政策的城市白皮书，也许是有启发性的。这份白皮书面临的同样是大工业城市持续存在和发展的问题，重点是重新开发衰退的老工业区和

---

① 保罗·诺克斯、琳达·迈克卡西：《城市化》，顾朝林、汤培源、杨兴柱等译，科学出版社2009年版。

② 凯撒·阿敏普尔：《凯撒诗选》，穆宏燕译，作家出版社2009年版。

仓库码头区，并依此通过了地方政府规划与土地法案，但是这份白皮书更为强调的是：城市更新是一种综合解决城市问题的方式，涉及经济、社会文化、政治与物质环境等方面，这项工作不仅涉及一些相关的物质环境部门，亦与非物质环境部门联系密切①。当然，西方城市更新的工作远远谈不上完美，J. 雅各布斯在分析"二战"后西方的城市发展时就曾指出："大规模战后城市更新耗费了大量资金，却让政客和房地产商获利、规划师与建筑师得意，平民百姓承受牺牲"②。这显然触及了城市更新的核心问题。城市无疑应该成为一件艺术品，应该保留曾经在此居住和生活过的人们的想象力，从而涵养一种独特的历史记忆与人文气质。但是在房地产为主导的城市化过程中，城市内在的统一性和可持续性，往往被间断的碎片、裂隙、非延续性所阻断，最后也许只呈现出一种风格突兀而又没有历史性的城市景观，结果只能换来婚纱摄影师的会心一笑，这是中国城市化进程中特别突出的特征。

亚历山大·托尼认为，集体记忆既是时间的，又是空间的，它根植于地方，包含了地方的往日，文化景观则记录下审视往日的种种方式，即一种记忆和纪念场所相互交织的网络。斯蒂芬·莱格也认为城市记忆具有空间性，它在空间的框架下展开，并分布于城市和地方的每一地段，因而"怀旧"的概念具有空间的向心性③。城市更新的重点，无疑是土地使用功能的转换，这导致全球大多数地方的城市更新，已经被简化为那些参与拆除和重建的公司的问题，城市更新正在成为一个越发倾向于技术决定论的过程。虽然从理论上讲，城市更新能以全新的方式带给整个城市区域发展的机会，但其实在更新过程中，主导者们首先关注的是经济效益的实现逻辑，而不太可能实践一种可持续的、着眼于未来的发展模式。城区未来发展的潜能和公众的利益，往往被建筑物的所有权组成结构和所有者的个人喜好所淹没，城市记忆的保存和延续，更是提不到议事日程。

---

① 姜庆共、席闻雷：《上海里弄文化地图：石库门》，同济大学出版社 2012 年版。

② 杰布·布鲁格曼：《城变：城市如何改变世》，董云峰译，中国人民大学出版社 2011 年版。

③ 雅克·德里达：《多义的意义——为保罗·德曼而作》，蒋梓骅译，中央编译出版社 1999 年版。

七浦路、葆青坊与地理景观的再造

　　大卫·哈维曾经精辟地指出：城市更新，其实是剩余资本吞并过程的一个部分，资本吞并是通过重组基础设施和城市生活来进行的。资本似乎已经"驻扎"在空间里，内嵌在空间里，然后永无止境地重塑着空间。资本主义的动力在于资本的增长，在于资本壮大和吞并的必要性。大卫·哈维关注的是资本主义内部的长期趋势，这也是利润率呈不断下降并导致过度积累危机的趋势。"这种危机最典型的特征是接踵而至的资本盈余（以商品、货币或生产能力的形式）和劳动盈余，以及没有任何明显的方式可以将它们在盈利的基础上集合起来完成一些对社会有益的工作"①。只有不断寻找赢利方式来吸收这些盈余，才能避免资本盈余贬值。而地理扩张和空间重组，为解决这一难题提供了选择。"但这一选择不可能完全脱离时间转换，其中剩余资本被转移到长期项目之中，要在多年之后才能通过这些项目所支持的生产活动来收回成本。由于地理扩张经常需要投资长期物质性和社会性基础设施（比如运输和通讯网、教育及科研等等），因此空间关系的生产和重新配置即使没有为资本主义危机提供一种潜在的解决方法的话，至少推迟了危机的产生。"②资本主义的历史似乎总是用空间扩张来回应增长的需要，也就是说投资新的土地。资本活动需要在全球范围内的地理结构调整（比如将该地区去工业化，将另一地区重新工业化）。资本主义永远试图在一段时间内，在一个地方建立一种地理学景观来便利其行为；而在另一段时间，资本主义又不得不将这一地理学景观破坏，并在另外一个地方建立一种完全不同的地理学景观，以此适应其追求资本无限积累的永恒渴求。"资本主义活动的地理学景观充满了矛盾与紧张，在面对各种各样的技术和经济压力的时候，这一地理学景观永远处于不稳定的状态。竞争与垄断、集中与分散、固定与变动、动力与惰性，以及各种不同范围的经济活动之间的紧张状态，无一例外地都产生于资本的

　　① 大卫·哈维：《新自由主义与城市》（温莎大学讲座速记，2006 年 9 月），冯昱昱、张舒杰译，《读品》，http://blog.sina.com.cn/s/blog_ 53491c920100qlng.html。

　　② 大卫·哈维：《新帝国主义》，初立忠、沈晓雷译，社会科学文献出版社 2009 年版。

无限积累在时间与空间中的分子化过程之中。而且，这些紧张状态被牢牢地固定在资本主义体系普遍的扩张逻辑，即资本的无限积累和永不休止地获取利润占据主导地位的逻辑之中"①。因此，创造性的历史被写入资本积累真实的历史地理学景观，在空间与时间中运行的资本积累的分子化过程，导致资本积累的地理学模式发生了被动性变革。

七浦路就是一个比较典型的案例。葆青坊一头靠天潼路，一头靠七浦路。在我童年时代，七浦路是一条少有车辆的清净小马路，当我5岁上幼儿园的时候，父母非常放心地让我一个人去七浦路上学，我每天从葆青坊前弄堂的31号出门，穿过整条弄堂，然后左转沿着七浦路走，跨过嘈杂狭小的福建北路，一路平安地到达临近浙江北路的幼儿园。天潼路728弄葆青坊建于1923年，在七八十年的岁月里，几乎以毫无变化的沉静姿态，坚守了永葆青春的初愿，墙体的花纹、完美的雕花，即使透过有限的影像记录，依然令人赞叹，难怪有的观察者认为葆青坊是堪称别墅级的石库门。从靠近天潼路的弄堂口望过去，细密的红砖砌成的石库门侧面外墙温暖而娴静，那一片铺满网格的鲜嫩红色，把弄尾外面的七浦路，推到了目力以外的远方，围合起一片空旷悠远的天地，那是足以安放和守护童年嬉戏的弄堂空间。当半条弄堂因为七浦路服装市场扩建而消逝的时候，喧嚣和嘈杂沿着洞开的弄堂汹涌而入，富有灵性的空间却应声破碎了。七浦路是在商品经济兴起之时，开始杂乱设摊的，然后又在房地产开发的大潮中，变身为颇具规模的服装批发一条街，而葆青坊则付出了半条弄堂的代价，来旁观七浦路从纯粹的居住空间向低档商业空间的演变，最后被社区高端化重塑的过程彻底埋葬。可以预见的是，随着苏河湾的发育壮大，七浦路低档批发的商业空间，肯定会越来越不合时宜，如果七浦路无法完成空间的高端重组，那么葆青坊和慎余里的历史将会再次重演。当然，地理重组的投资，有时也可以不伴随扩张的地理转移，它可以在某种程度上淘汰旧的系统，在新的都市化基础上开发新的生活方式，因此，七浦路也有可能通过局部的空间变动和功能置换，创造出类似高档CBD那样的消费主义新景观。

在小学五年级前我一直生活在葆青坊，以后我家又和奶奶家换

① 大卫·哈维：《新帝国主义》，初立忠、沈晓雷译，社会科学文献出版社2009年版。

房，搬到了邻近的面积稍大的海宁路794弄春桂里，那是我父亲出生的地方。葆青坊和春桂里同属苏州河北岸的石库门片区，这是上海面积最大、保存最完好的里弄住宅风貌街坊之一。在最近扩容的上海市历史风貌区里，闸北的均益小区就名列其中。紧邻春桂里的福寿里，与均益里隔着安庆路相对，组成了一条从海宁路通往老北站南广场的通道，我上过的初中天目中学就在均益小区里。2015年春天从伊朗旅行归来听到的第一个坏消息，就是我妈妈家突然要拆迁了。海宁路794弄春桂里，早在世纪之交海宁路拓宽的时候，差不多已经名存实亡了。东至河南北路、西至浙江北路、南至海宁路、北至天目东路的安康苑地块旧城区改建房屋征收工作已经正式启动，虽然明知已是大势所趋，但我还是代表妈妈在第一轮征询中投下了反对票。征询的结果是同意率达到了97.99%，但动迁组仍然委托居委会正告年逾8旬的老母，不要辜负政府的关怀。妈妈打电话来表达不安的时候，我正好在阅读伊朗当代诗人凯撒·阿敏普尔的诗歌，"在可能的时代度日，在疑惑和也许的时代，在天气预报的时代，从每个方向都会有风刮来"（《新的时代》）[①]，"如果我们从头到脚都枯黄凋敝，但是我们并没有把心交给秋天，我们如同空花瓶，窗沿充满了有裂缝的回忆"（《如果心是理由》）[②]。这些诗句让我想起了席闻雷记录的影像，在姜庆共与席闻雷合著的《上海里弄文化地图：石库门》一书中，有一幅吉庆里的照片，吉庆里和春桂里原本是不通的，春桂里是从海宁路进出，而吉庆里是从山西北路进出的，两条弄堂大约是在"文化大革命"时期打通的。席闻雷的那张照片拍的是吉庆里一个大宅院的外墙局部[③]，这个大宅院总是大门紧锁，里面的景象和住客，我从未见过。不过，前楼花架上的大型盆栽，倒是常常越出高耸的围墙。席闻雷应该是站在我小学同学张三的家门口拍下这张照片的，张三家是一个普通的石库门住宅，大概在三十多年前的一个黄昏，我在门口大声叫着张三："有人在你家墙上敲钉子"，张三和我愕然地看着一块"吴昌硕

---

① 凯撒·阿敏普尔：《凯撒诗选》，穆宏燕译，作家出版社2009年版。

② 同上。

③ 姜庆共、席闻雷：《上海里弄文化地图：石库门》，同济大学出版社2012年版。

故居"的铜牌挂在了门口，这正是梅兰芳当年频频造访吉庆里的原因。均益里同样在这次动迁征收的范围内，"上海市历史文化风貌区""里弄住宅风貌街坊"的护身符，应该会让均益里安度此劫。我想慎余里如果能熬到今天，肯定比均益里更有资格入围"上海市历史文化风貌区"。如今这里的老房子和老弄堂已经拆得差不多了，连历史文化风貌区保护建筑的均益小区也遭到了部分误拆。

刘易斯·芒福德在《人类可怕的自由》一文中，讨论过破坏性的创造力量，如何成为激情的一部分。在城市更新过程中，拆毁行为本身似乎变成了创造进程的一部分，一定数量的清理工作成了创造行为的前提。杰布·布鲁格曼在《城变》一书中这样写道：城市化，不只是一个建筑过程，还是一种实现共同利益的方式，城市是高度复杂的利益系统，它推动各个集团以竞争性的方式，去形成他们自己的利益。城市化就是以建筑来创造特定的社会和经济生态。城市总体规划要求政府拥有足够的集权，并且能够在一个相当大的区域调配自由。在这样一个市场导向的世界里，总体规划变得越来越少，取而代之的是更功利的城市模式。目前以政府和企业为主导的城市规划严重缺乏对居民的重视，它们可以引发快速且大规模的造城运动，但无法将城市规划转化为城市社区，它们能够提供办公室，但无法形成经济共同体，更不可能带来归属感。它们可以建造公用办公桌，可以带来职业人群与贫穷移民的增加，但仍不能建立起密度、规模和联合，从而无法为城市生活提供稳定和推动力。因为城市的发展往往是有机的，而非专家规划或商业投资所能决定，城市是社区居民在历史长河中不断试错的结果[1]。

当城市改变时，我们也紧随其变

苏州河北面的堤岸是我童年时代最喜欢的冒险地，在一尺多宽的堤上一路小跑，能够感受到风的气息和水的变幻。退潮的时候，我常常沿着堤岸边的铁扶梯，下到河滩上玩耍，涨潮的时候就只能坐在扶梯上看着河水

---

[1] 杰布·布鲁格曼：《城变：城市如何改变世》，董云峰译，中国人民大学出版社 2011 年版。

发呆。2000 年的元旦，我陪一位美国回来的朋友去老闸桥北塊的河滨豪园买房，我震惊地发现我们所站的阳台下面，原本有一个我非常熟悉的废品回收站，而原来的垃圾码头也许很快就会变成漂亮的游艇码头。望着熠熠生辉的东方明珠和一箭之遥的南京东路步行街，朋友劝我忘记那段短暂而未必真实的历史，一切向前看，但我也许一辈子都无法忘却属于我的苏州河畔的童年记忆。

克劳德·列维—施特劳斯说过："今天，是我们一方面要建立一个美好、平衡而和谐的世界，一个非具象化的能'表达自己思想'，完全适合居住的世界；而另一个方面，我们又根本不可能建立这样的世界。"凯撒·阿敏普尔在一首名为《我的行为很正常》的诗中写道："有时，我目光整天，对城市中陌生的行人，感觉到一种模糊的熟悉，有时我无助而沮丧的心，向往——一支忧伤的乐曲。"① 这难道是我生于斯长于斯的城市的宿命吗？在资本与权力合谋的过程中，遗忘自身的历史进程也许是必要的前提，建筑和街区的多元化和多样性，也就只能拜托摄影师和文字工作者的辛勤工作了。石库门弄堂只有凭借影像或文字，才有可能从废墟里腾身而起，化作如梦的意象和挽歌，顽强地注释着家园的意义和价值，陪伴我们在这座记忆日渐枯涸的城市里继续生活。德里达在《多义的记忆——为保罗·德曼而作》一书中这样写道："唤起记忆，即唤起责任。缺少一项，怎么思考另一项？"② 保罗·德曼在《盲视与洞见》一书中则认为："记忆的本领首先不是复活的本领，它始终像谜一样难以捉摸，以致可以说它是被一种关于未来的思想所纠缠"③。城市记忆，可以说是一种具有时空属性的社会建构，"可见的景观、记忆和地方认同密切关联，景观客观存在，又通过主体记忆形成主观映象，景观与记忆的相互作用，共同塑造了地方的文化特性，形成对地方的认同感。记忆有多种形式，其中，集体记忆是透视城市历史文化景观的重要手段。从地理学空间视角出发，解读城市集体记忆如何通过物质的或符号化的历史文化景观塑造城市记忆空间和情感空间，对城市历史文化遗产持续性地保护和

---

① 凯撒·阿敏普尔：《凯撒诗选》，穆宏燕译，作家出版社 2009 年版。

② 雅克·德里达：《多义的意义——为保罗·德曼而作》，蒋梓骅译，中央编译出版社 1999 年版。

③ 同上。

塑造城市地方感具有重要的现实意义，更能体现出地理学对城市历史空间研究的人文关怀"①。

因此，城市更新，虽然是从空间环境入手解决那些影响和阻碍城市发展的问题，但是城市更新处理的其实并不是单纯的空间问题，而是涵盖了经济、社会和文化的方方面面的问题：包括生态环境、空间环境、文化环境、视觉环境、游憩环境等的改造与延续，包括邻里的社会网络结构、心理定式、情感依恋等软件的延续与更新。城市更新的拆迁、改造、投资和建设，涉及的应该是城市中某些功能性衰败的空间，但是这牵涉谁以及以什么样的方式来评估这些城市空间的衰败程度；牵涉从何种角度来评判这些空间与城市其他部分的关联，评判这些空间与城市记忆和城市文化的关联；牵涉生活在这些空间里的人们的集体记忆和未来愿景；牵涉谁以及以怎样的方式来分享这些城市空间功能替换后的发展和繁荣机遇。城市更新，并不仅仅意味着街区的翻新，而应该上升到与城市生活品质相关的层面来思考，土地利用经济、邻里复兴、历史文化遗产保护、公共政策、人居环境的保护和可持续发展等问题，都需要深入地探究。J. 雅各布斯认为城市设计必须要研究人的心理，满足人们的各种需要，并引发人们对社会公正、人性化等全方位的价值判断的深刻思考。罗伯特·帕克则认为，城市和人类始终保持一致，人类对他所生活的世界进行改造的企图，与其内心的欲求相吻合。城市是人类所创造的世界，也是他因此被宣告必须在其中生活的世界。因此，人类改造城市的同时，也在无意中重塑了自己。大卫·哈维 2006 年在一次讲演中引用上述观点的同时，指出：当城市改变的同时，我们在并非完全自觉的情况下，其实也改变了。②

（作者简介：包亚明，文学博士，上海社会科学院文学研究所研究员）

———————

① 李凡、朱竑、黄维：《从地理学视角看城市历史文化景观集体记忆的研究》，《人文地理》2010 年第 4 期。

② 大卫·哈维：《新自由主义与城市》（温莎大学讲座速记，2006 年 9 月），冯早早、张舒杰译，《读品》，http://blog.sina.com.cn/s/blog_53491c920100qlng.html。

从"命名"到"坐实":被塑造的乡村悲情叙事

何　蓉

摘要：乡村既是地理的、技术的、文化历史的概念，亦是关系的概念，即与城市相对、并立意义上的乡村。自改革开放以来，中国乡村与乡村居民以前所未有的程度参与到了中国经济与社会建设当中，成为工业化、现代化过程中不可或缺的力量。不过，作为城市—乡村关系中的一极，有关乡村的叙事往往是被城市塑造出来的。本文以"留守儿童"一词为例，试图说明近二十年间，有关乡村的叙事如何变化，并受到大众舆论与叙事的、正式制度与国家政策等力量多方的塑造。从1994年左右有关留守现象的报道出现，到2004年左右媒体与官方以留守儿童为焦点，针对留守儿童实施了一系列惠及民生与教育的政策。不过，其中社会注意力的转变、概念内涵的窄化等，倾向于将此群体标签化、问题化，并通过教育改革措施等坐实。因此，长远来看，乡村之缺少声音、乡村发展之缺乏主体性等问题是需要面对的根本问题。

关键词：城市—乡村　留守儿童　标签化　问题化　政策坐实

乡村作为一个地理概念，是一些人与人群的居住地、生活地、工作地；乡村还是一个技术概念，是人为的力量改变自然的一个阶段，即在采集、种植、养殖等实践中积累起来有关自然环境（例如季节、物候、气象等）、物种、耕作等方面的知识与技术手段；依托着家庭、家族和村庄等社会制度和共同体生活，乡村因而是具有内在运行机制的社会形式。对于历史上以农为本、以乡村为根基的中国人而言，乡村更是中华农业文明的一个基石性的概念。

然而乡村也是一个关系性概念，本文所关注的，就是与城市相对、并立意义上的乡村，以及作为城市—乡村关系的一极，乡村如何被城市及其代表力量所塑造。特别是，自 20 世纪 80 年代的改革开放以来，中国经历着飞速的经济发展与剧烈的社会转型，城乡之间的差异加大；但是，在现代化、工业化的过程中，乡村的参与又至关重要。因此，城市—乡村这一对概念之间相互的交融与作用，在城市化的进程中不仅没有消失，而且变得更为错综复杂。反映在语言现象上，有大量新的语词、新的表达不断涌现，展示、总结和记录了社会生活的潮流及其转变。本文试图梳理"留守儿童"这一用语的使用与流行，揭示其背后的新时期城市—乡村关联与作用机制。

（一）"留守儿童"一词的出现与变化

在社会经济发生重大变革的时期，人口大规模流动，产生的一个重要现象是，离开原乡原土的流动劳动力倾向于将其未成年子女留在原社区，由此产生"留守儿童"群体，从 1994 年左右至今，人们先后使用过"留守幼儿""留守孩（儿/子）""留守子女""流动人口子女""外出务工人员子女"等名字来称呼这些孩子。随着 20 世纪 90 年代以来中国经济的飞速发展，尤其是东南沿海地区强大的经济引力，外出务工者与家庭成员分离而产生的留守现象得到了越来越多的关注。

作者在 2015 年 7 月 22 日通过 CNKI 数据库的检索表明，"留守儿童"一词在 1994 年出现，以"留守儿童"为检索词，至检索当日共计产生45501 篇文献。其中，从 1994—2003 年的 10 年间，CNKI 检索可得文献共计 47 篇，而且在 2001 年及此前的 8 年间，每年的篇数都在 5 篇以下。2004 年一跃达到 100 篇，此后，文献数量增速加快，2006 年迈入千位，达到 1141 篇，此后更是以每年数百篇、上千篇的速度增加，2007 年为3301 篇，2010 年 4563 篇，2012 年为 5914 篇，2014 年 7462 篇，2015 年截止到 7 月 22 日，已经达到 3023 篇了。中间仅 2009 年以 3195 篇少于上年的 3566；但增速在 2008 年之后、2014 年之后有显著减少。

因而，在 1994—2015 年间，从在大众媒体、研究期刊等上面的出现频次来看，"留守儿童"受到的社会关注度越来越高，其中 2004 年是一个重要的年份，有关留守儿童的文献迅速由每年几篇、十几篇跃升

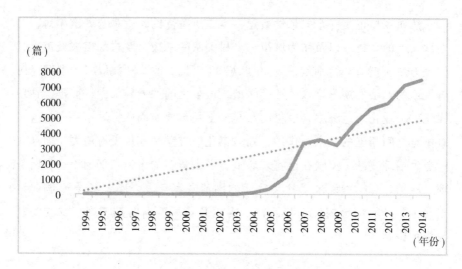

（篇）

图1　以留守儿童为主题的文章数量变化趋势图。（1994—2014）

资料来源：中国知网，2015 年 7 月 20 日检索数据。

至 100 篇。

实际上，无论是对留守儿童的关注度的跃升，还是其名称的相对稳定，都与政府的各种力量密切相关，例如，权威的官方媒体《人民日报》《光明日报》《新华日报》《农民日报》《新华每日电讯》等所发布的报道。2002 年 4 月 9 日，《光明日报》刊发记者李陈续的文章《农村"留守儿童"教育问题亟待解决》，指出在安徽、四川、河南等地区，随着大量劳务输出而产生母亲单独抚养、祖父母或亲戚代为抚养等现象。2004 年 5 月 20 日，《人民日报》以读者来信的形式，提出"父母离了乡，孩子怎么办？"，呼吁正视留守儿童问题。此前在大众媒体或学术刊物上出现的留守儿童正式进入了全社会关注度最高的媒体当中。

官方媒体的关注也与名称的逐步统一同步。在所检索文献中，与"留守儿童"相关的称呼本身非常多样，例如，从 1998—2003 年左右，先后使用过"留守幼儿""留守孩（儿/子）""留守子女""流动人口子女""外出务工人员子女"等名称。而从 2002 年起，"留守儿童"一词得到较为集中的使用。

在这一过程中，不仅社会舆论给予这一群体以极大的关注，而且，中央相关部委和机构的工作重点都在一定程度上转向这一群体，例如，来自教育部、全国妇联、相关省份的各级政府的重视与制定相关措施。政府各部门以实地调查、研究的态势进入了对留守儿童情况的了解、政策的制定当中。以中央教科所以及农业部、妇联、人口与计生委等部门的研究机构牵头，部分 NGO 组织参与，各级地方配合等形式进行的一些研究项目，将留守儿童及相关群体纳入研究焦点和政策关怀之下。同样，不少关注乡村地区、民族地区教育工作的记者、教师、教育管理人员，也从身边的留守儿童现象、留守儿童缺失家长监护等问题出发，提出种种应对措施，包括要求各级政府建立健全相关教育资源分配和社会保障制度等。整体上，从本研究所做的文献检索的结果来看，2004 年以来，"留守儿童"频频成为政策制定、社会舆论和学术研究的热点和关键词。

进而，从语词的意义来看，"留守"及"留守儿童"的侧重点也有所变化，即从社会优势阶层的现象转变为劣势阶层的现象。

1992 年的一部电影《留守女士》中将"留守"概念带给了大众。这里，"留守"一词指的是出国人员的家庭成员留在国内的现象。在检索所得的 1994 年的两篇涉及"留守儿童"的文献当中，上官子木的《"留守儿童"问题应引起重视》指的是世界性移民大潮下，父母出国而将儿童委托给祖父母的现象，孙顺其的《"留守儿童"实堪忧》指出，国内经济改革之后产生基于盈利机会的国内移民现象，父母将子女委托给祖父母、亲戚、朋友甚至老师的现象，其中有些属于有偿托管的性质。这两篇的作者都指出，父母追寻较好职业发展与经济利益的同时，要关注亲子分离的负面效果。这说明，早期的留守现象产生于得时代风气之先的较优势阶层当中，因而，留守者本身具有相对较优的社会经济地位。

而与我们今天的所使用的"留守儿童"概念最接近的，是当时所谓的"386199 部队"现象，即青壮年男性劳动力外出务工之后，在农村形成的妇女儿童和老人驻守的局面，其中的"61"即指父辈外出后留在农村的子女。不过，有趣的是，整体上来看，"留守儿童"一词受到的重视，最终并没有给予同样处于留守境地的留守母亲（妻子）/父亲（丈夫）、留守老人等群体。

因而，从初步的梳理来看，从 1994 年至今的农村劳动力外出务工潮当中，存在着相当数量的留守人员，其中，留守儿童的生活、教育等问题在 2004 年以后受到社会各方的重视。

（二）"命名"：窄化与问题化

在留守儿童问题受到大量社会关注的同时，究竟什么样的情况算是留守，仍然缺少共识。在学者们的研究中，"留守儿童"的定义各有口径：是父母双方均外出务工，还是仅一方外出务工；所谓父母/父/母"长期"不能回家照顾孩子的"长期"，是指三个月、半年，还是一年以上，划分方式都不尽一致。归纳起来，学术界对留守儿童定义的分歧主要存在于留守类型、年龄区间、地域范围、留守时间以及留守经历等方面（谭建叶，2015）。

仅以亲子分离的时间长短来划分，也无法包纳不同的"留守"情况。例如，出国留学或工作、外出经商和进城务工等，都会产生留守现象和留守儿童，但是由于家庭社会经济地位等不同，所面临的挑战也不尽相同。一般认为的"留守儿童"，实际上默认为是进城务工人员的留守在乡村的子女，从社会阶层的角度来说，内容变窄了。

而且，仅从农民工阶层自身来说，这种窄化的处理忽视了其他家庭生活类型。例如，除了留守型之外，进城务工人员还有候鸟型、流动型等家庭生活类型（田文阁，1997）。这种窄化容易忽视另一个重要的群体，即随父母流动的儿童。留守儿童与随父母流动的儿童，原本是同一背景下的不同的家庭选择，其制度成因、对家庭生活的影响等都是类似的，但却被现实的城乡二元结构分割开了。研究者指出，"民工子弟"（流动儿童）的说法是站在城市角度对流入城市的"流动人口子女"的称呼，对城市来说，这部分"流动人口子女"与其父辈一样，虽然生活在城市，但没有城市户口，不是户籍居民，不能享受市民的社会保障和福利待遇，他们的归属似乎仍是农村。"打工仔子弟"（即留守儿童）则是站在乡村的角度对父母外出务工、经商而自身留守在原籍的农村小孩的称呼。二者都是对"流动人口子女（或流动民工子女）"概念的窄化使用（佘凌、罗国芬，2003）。

因此，一方面，大量有关留守儿童的文献如火如荼地涌现；另一方面，围绕着这一词语的基本定义却存在着分歧和模糊不清之处，导致相关结论缺乏稳定的立足点。学者们为研究的方便进行的工作定义，在转变为政策依据时，往往省略了学理上的交代，产生定义的窄化。由此导致的一个问题是，存在着某种人为的孤立化，即将这一群体与所处的社会脉络分开，遮盖了可能更具普遍性的因素。

例如，同样处于留守境地的留守母亲（妻子）/父亲（丈夫）、留守老人等，从家庭生活和支持网络缺失、制度保障不足等方面来看，处境是相同的。留守儿童与流动儿童两者更是一体之两面，但获得的关注不成比例：流动在城市中的乡村子女的教育与未来等问题，并未获得如此规模的舆论支持，反而可能在分享教育资源等方面处于较劣的一方。例如，一个愿意对留守儿童表示人道同情的市民，对于势必要分享城市教育资源的流动儿童，则可能表现出对立和拒斥，这种远者近之、近者远之的选择性态度并不罕见。

因此，需要提出的第二个问题是，"留守儿童"一词，是合适的命名，还是不当的标签？

从学术方法上，研究者对留守儿童的命名过程进行了反思。例如，研究对象缺失的问题：当前人口流动中以父母单方外出务工者较多，但较少关注，而径直将父母均外出打工的研究结论应用到父母单方面外出的孩子身上，研究的代表性值得推敲。此外，留守儿童当中的确存在着诸多问题，但究竟是其他因素引起的社会问题，还是仅留守带来的问题？特别是，既有研究多在劳动力输出大省进行，其他如中西部等地区有其特有的社会经济与文化背景、流动特征，相关结论并不适用（叶敬忠等，2005）。在既有研究当中，较少从留守儿童视角入手，即儿童自身对这一身份的看法是怎样的，他们是否认同、是否愿意接受？他们的主观认知被忽视了（吕绍清，2005）。

从实践的角度来看，在这一词语的命名及传播的过程中，产生了两个突出的"问题化"倾向，即将留守儿童等同于问题儿童，将留守现象等同于社会问题。

谭深在评述中指出，留守儿童当中，确实存在心理、教养方式、行为等方面的问题，但是某些既有文献径直将留守儿童视为问题儿童的做法，影响很大，但缺乏研究支撑（谭深，2011）。实际上，有些较深入的研究提到，留守儿童可能会受益于父母较好的收入和较多的城市生活经验。谭建叶从学习成绩、学习动机、表现等方面，论证了留守儿童与非留守儿童并无显著差异，仅在学习辅导、学习方法与习惯等方面存在差异（谭建叶，2015）。

至于当前我国人口流动和留守现象的出现，被认为是当前经济发展大潮下的特殊现象，从而在处理留守儿童问题上预设了一个理应如此的理想状态，即父母与子女长期共居一处的稳定家庭生活，进一步地，将留守现象等同于社会问题。

但实际上，古今中外存在着相当多的人口流动和不完整的家庭生活等现象。有学者认为，历史以来，人口流动及特殊群体流动并非罕见，例如中国的"走西口""闯关东"，日本的"单身赴任"，以及大量存在的国际人口迁移、契约劳工、客籍工人等，这样看来，留守儿童应当是古今中外皆有的长期现象，其实质是亲子暂时分离（潘鸿雁，2005；罗国芬、佘凌，2006；唐若水，2001）。

尽管存在围绕着留守儿童的众说纷纭，不过，通过媒体宣传和政策关注，留守儿童作为一种值得重视的现象而确定下来。也就是说，在国家力量的某种干预之下，这个包含着制度与结构的多样因素的群体获得某种统一命名。这一命名本身具有重要的政治意含和政策后果，清晰地表明了政府与社会对于解决社会问题的决心、对社会底层民众的关爱，为缺少家庭看护的未成年人提供了重要的制度保障。但不可否认的是，留守儿童被对象化为某种特定的群体的同时，其主体特征却存在着被虚化的问题；将留守儿童孤立化的拔高，固然吸引了大量的关注与同情，但其命名的问题化处理所带来的标签化、乃至污名化的倾向是存在的，留守原本可能更多的是一段时间内的某种经历，却成为这些孩子身上拂之不去的身份，或弱势的、某种潜在的麻烦的标识。

（三）"坐实"：制度的意外后果

"留守儿童"在被命名、框定之后，在政府的各项应对政策中被"坐实"。各级政府在留守儿童问题上以积极涉入的姿态出现，通过相当数量的调研摸查情况，以各项政策倾斜进行专门扶持，以专项资金的大量投入改善农村教育与社会环境，等等，这在很大程度上缓解了人口流动所带来的社会冲击。

由于留守儿童多系学龄人口，围绕着如何提供一个良好的教育与成长环境，政策制定与研究者提出了建议。在作者检索的文献当中，可以看到有两种思路。一种是实施教育券制度；一种是加强农村寄宿制学校建设。

针对人员流动而户籍及教育资源固定的情况，范先佐提出了实施教育券制度的思路。即根据财政实力将城市划分为三类，确定不同的教育经费负担模式；在政府专项资金的划拨中实行"教育券"制度，"钱随人走"，使得人口流动在突破户籍管理的同时，能够较为全面地实施教育资源的普惠；学校凭教育券向当地政府兑换，使得教育经费划拨与流动儿童数量获得匹配（范先佐，2004）。

另一种方式是加强农村寄宿制学校建设。中央教育科学研究所教育发展研究部"中国农村留守儿童问题研究"（教育部基础教育司委托研究）课题组，在江苏、甘肃、河北等省调研，提出要加强农村寄宿制学校的建设，不断完善其基础设施，切实有效地对留守儿童进行教育与管理，要尽量为双亲在外地或亲友不能提供良好成长环境的农村留守儿童提供住宿条件，让留守儿童在老师、同学群体中成长，以对缺失的家庭教育进行补偿（"中国农村留守儿童问题研究"课题组，2004）。吕绍清认为，应将农村寄宿制学校的建设推到小学阶段，特别是加大对小学阶段寄宿制学校建设的投资力度，建立起小学和初中义务教育阶段相配套的寄宿制学校，使农村留守儿童能够无条件地自愿申请寄宿学校，使寄宿学校变成留守儿童"暂时的家"（吕绍清，2005）。

我国政府的政策更接近后一种思路。从 2003 年左右开始，各级政府为提高义务教育水平、应对人口变迁（人口流动、出生率下降带来的生源减少等）压力，出台了一系列政策，例如，在流入地要求公立学校接纳流动儿童，在流出地实施撤点并校，原有的民办教师或转或撤，以集中教学点来提高教育质量，寄宿制学校得以逐步建立起来，农村地区教学、住宿条件等大大改善。

围绕着这些"留守儿童"，各地还出现了不少新的做法，例如，代理家长制、家长学校、留守儿童之家、志愿者服务队、结对子、假期学校，等等。具体如淮安市的"十项行动"：市、县、乡三级要分别组建由一名党委负责人任主任、相关部门领导成员参与的留守儿童关护工作委员会；构建"留守儿童"五大关护网络，即以父母亲属为主体的家庭监护网络、以基层党政组织为主体的村（居）管护网络、以教职员工为主体的学校帮护网络、以群团组织为主体的社会呵护网络、政法部门为主体的法律保护网络；建立"留守儿童"成长记录档案、推进"留守儿童"寄宿制学校建设、综合整治"留守儿童"校园周边环境；"留守儿童"心理咨询疏导系统，着力培训"留守儿童"第二家长监护队伍（蔡志明，2004）。

然而，在政策"坐实"的过程中，也出现了反思的声音。例如，在农村，随着村小被撤，其原本承载的社区文化和活动中心的职能落空，进而出现村庄的文化和农村社会生活的空白（任运昌，2006；熊春文，2009）。

以上对"留守儿童"一词从命名到政策坐实的过程的梳理，可以看到一个有意思的现象，即这一词语在"命名"时，原本表达的是社会流动背景之下亲子分离的状态，其预设是以家庭成员共居为"正常"模式；通过政策坐实之后，形成的是一个由各级政府和寄宿学校构成的拟家庭氛围。

也就是说，制度建设的结果，不是从非"正常"家庭生活模式向正常家庭模式的回归，而是人工建立一种"拟家庭"的环境。从语词的角度来看，这是对最初预设的某种否定。从具体的实施来看，如果命名本身就有贴标签、甚至污名化的可能，那么，种种政策的倾斜、强化等，虽然对儿童的生活有所补偿，但也有可能会产生某种差别化对待甚至某种歧视。特别是，如果寄宿小学主要存在于乡镇一级，那么就意味着现在的乡村是没有儿童及未来的，乡村儿童则别无选择地要离开家庭、处于某种拟家庭环境之中。那么，在未来几代人当中，城乡差距可能体现在童年有无家庭生活、甚至有没有一般意义上的童年上面。

而且，将儿童养育的全面负担施加于教育系统之上，一方面教师和学校承担了极大的压力；另一方面改变了家长的预期，他们不必费力追求与孩子在一起，而有动力将孩子送往设施全面的、免费或费用很低的寄宿学校，主动从家庭生活中撤出，家庭被进一步架空了。这恰恰是最初形成"留守儿童"概念、关注这一群体的家庭生活预期的反面。

（四）小结：被塑造的乡村叙事

以上对1994年以来的文献的梳理，可以看到"留守儿童"一词从现象出现、聚焦与命名、政策坐实的比较完整的过程。应当说，社会舆论的关注、学者的研究和各级政府部门的重视是留守儿童境况得到重视、并有所改善的动力来源。

然而，从反思的角度来看，从命名到坐实，同时也是有关乡村的叙事逐渐被塑造出来的过程。广泛存在的留守现象被定义为背井离乡的悲情故事，其中尤其是儿童引起的注意力最多；然而，留守儿童被某种悲情叙事所定义，获得了大量的社会关注和政策照顾。但是，从结果上来看，这种窄化的、问题化的标签，一旦落实到政策当中，容易导致某些意料之外的后果。

从家庭角度而言，在人口流动的潮流中，由于原来的家庭格局发生变化，无法发挥其应有的功能，从而出现了"留守儿童"这样一个广泛传播的概念，但目前的制度措施的一个特色是，政府及其基层代理机构行使了拟家长式的监护与抚养功能。除了财政上所费不赀之外，其实质的、长期的影响还需要观察与思考。

从村庄的层次来看，由于青壮年外出务工、少年儿童离家入校，作为文化中心、社区中心的"村小"大量被撤，受到周边政治中心、教育中心等的吸引而离开，这样，村庄既有的共同体空洞化、甚至在一定程度上垮塌了。对于这样一种"文字上移"的过程及其长期影响（熊春文，2009），需要倾听学者的研究与建议。

更重要的是，在儿童的认同形成中，缺失了父母，也缺失了村庄共同体及其文化生活；由公共教育体系为媒介的国家认同得以强化，即通过大量的财政投入和制度建设，建立某种拟亲子关系模式的国家认同。不过，由于从个人到国家之间的中介，如家庭、村庄等都被抽空，这种国家认同承载过多且失之抽象，存在诸多风险，小至个人生活事件、大至竞争性的意识形态或族群等认同，都有可能对国家认同造成影响，有时甚至是破坏性的。

例如，在寄宿环境下长大的孩子，童年的定义是什么？在表面上规训得很好的行为之下，我们无法知道其内心是否有阴影存在；进一步地，在经济、设施、见识等差距缩小的情况下，未来的城乡差异是否会体现在公民们被划分为有童年和没有童年的两种？

在这种情况下培育出来的"新人"，尽管有强大然而抽象的国家认同的底子，但是，却没有家庭养育模式下的童年记忆，没有了村庄等带来的文化纽带。而且，他们既没有故乡，未来如果无法融入城市，势必成为精神和认同上的游民，"留守"时期的印记，有可能会固化为某种边缘身份。

在现代化的过程中，中国的乡村经历了两个阶段，即前三十年的严格的城乡二元结构，后三十年的被引导的工业化、城市化过程。乡村社会在第二个阶段当中焕发出前所未有的活力，积极参与到迅速而深刻的经济社会变革中去。但是，在一定程度上，相对于城市，乡村依然无声，被塑造的乡村叙事则主导着它的命运。长期来看，只有改变这种主体缺失的状态，才能获得乡村发展的最根本的动力。

（作者简介：何蓉，女，中国社会科学院社会学研究所研究员，博士生导师）

试论古代文人的籍里混同与客徙

——以明代京畿文人李东阳、程敏政等为例

许振东

摘要： 本文以为古代文人存在郡望、祖籍与本籍混同的现象。明代京畿文人李东阳、程敏政、廖纪本人及各类官私史料多以其祖籍地来称记，由李东阳的祖籍地还引生出"茶陵诗派"之名；而实际他们的一生极少关涉祖籍地。这样的籍里混同，使人们对特定时代的文学地理分布产生认识误区。明代京畿文人的分布具有表面中空的特征，其主要因为三个方面的原因：传统文化中的祖先崇拜与孝道观念、根深蒂固的光宗耀祖与衣锦还乡意识、祖籍地的挖掘搜罗。

关键词： 郡望　祖籍　本籍　混同　京畿　中空

自 20 世纪末以来，文学地理学成为我国古代文人研究的一个重要界域，始终方兴未艾。我国古代文人一直是不同历史时期文学创作、接受和传播的重要主体，他们的地理分布不仅构成了繁荣多样的文学景观，而且为后代研究各体文学的发展规律及与不同自然环境、历史文化间的关系等问题提供了丰富的资料和不尽空间。但是，长期以来，在古代文学研究领域，很多文人籍里混同的现象未得到重视与厘清，进而导致许多认识陷入误区。

一

本文所指"籍里"即一般所说的籍贯。籍贯一词的内涵在我国古代极为复杂。文学地理理论重要的倡导者曾大兴先生曾指出："'籍贯'

一词的含义，就其用法来讲，约有四点：一，本籍，即本人的出生成长之地；二，客籍，即本人的迁徙之地；三，祖籍，即祖辈的居住之地；四，郡望，指这一姓氏中最有名望的家族所在地"。① 他以为文学家的地理分布，表现为两种状态。一种是"静态分布"，一种是"动态分布"。文学家的本籍（出生成长之地）分布，属于"静态分布"；文学家的迁徙、流动之地的分布，则属于"动态分布"。② 应该说，曾先生的定义与认识是没有什么问题的；然而，因为古代文人籍里观的复杂，以及文人作为文学活动最为活跃因素的不确定性，导致古代文人籍里混同的现象，并进而造成文学家地理分布的难以确定，甚至形成种种表里难以统一的误说。

根据曾先生的观点，文学地理学所讲的文学家籍贯，多是指其本籍，即出生成长之地，不是指其客籍，也不是指其祖籍，更不是指其郡望。祖籍和郡望对文学家的心理构成可能会有影响，例如家风、家学传统，社会声望等，但是相对于出生成长之地和迁徙之地所给予的影响而言，这种影响是次要的，而且是不确定的。但实际上，古代文人对郡望和祖籍却有着高度的认同，而常常轻视与忽略本籍地的印记和影响，以致造成更为重要的本籍地的失载，且错误认定文学家的地理分布。

古代文人常好以郡望称人或自称。郡望也称地望，郡是行政区名，望是名门望族。古代所言郡望一般是指魏晋南北朝至隋唐各郡显贵的家族，即世居某地为当地所仰望、尊崇的族群，如魏晋时期的琅琊王氏、颍川庾氏、陈郡谢氏、谯国桓氏，唐代的博陵崔氏、陇西李氏、范阳卢氏、荥阳郑氏、太原王氏等。清钱大昕《十驾斋养新录·郡望》言："自魏晋以门第取士，单寒之家，屏弃不齿，而士大夫始以郡望自矜。"③ 魏晋时期，选拔官吏实行九品中正制，名为以才荐举，实以"家世"为重，任人唯"家世"，形成"上品无寒门，下品无士族"的反常现象。晋代王、谢二族最为显赫，公卿将相出其门者十有七八。唐代诗人刘禹锡《乌衣巷》诗云："朱雀桥边野草花，乌衣巷口夕阳斜。旧时王谢堂前燕，飞入寻常百姓家"，尽道其繁华不凡。王、谢两姓在东晋南朝以琅琊王氏、陈郡谢

---

① 曾大兴：《文学地理学研究》，商务印书馆 2012 年版，第 13 页。
② 同上书，第 17 页。
③ （清）钱大昕：《十驾斋养新录》卷十二，《郡望》。

氏自称，可早在西晋末年的"永嘉之乱"后，琅琊王氏就从琅琊临沂（今山东临沂）移居至建康（今江苏南京）；"苏峻之乱"后，又从建康移居会稽（今浙江绍兴）；陈郡谢氏先由陈郡阳夏（今河南太康）移居建康，后来再移居会稽。就出生成长之地而言，他们在东晋南朝，实为建康王氏、会稽王氏，或者建康谢氏、会稽谢氏。

隋代以后虽然取消了九品中正制，实行开科取士的人才选拔制度，而文人仍喜以"郡望"相炫耀。著名史家刘知几曾记："观周隋二史，每述王庾诸事，高杨数公，必云琅琊王褒、新野庾信、弘农杨素，渤海高颍"①。清人王士祯《池北偶谈》又云："唐人好称族望，如王则太原，郑则荣阳，李则陇西、赞皇，杜则京兆，梁则安定，张则河东、清河，崔则博陵之类。虽传志之文亦然，迄今考之，竟不知为何郡县人。"说的就是这种状况。② 例如，《集异记》的著者薛用弱自题郡望曰"河东"；《高常侍集》的著者高适自题郡望曰"渤海"；《沈下贤集》的著者沈亚之自题郡望曰"吴兴"等等，均与实际的出生成长地不符。诗人刘禹锡本是河南洛阳人，却自题郡望曰"彭城"；李贺本是福昌（今河南宜阳）人，却自题郡望曰"陇西"；大诗人李白的出生地学术界争议颇多，但他在李白《赠张相镐二首》诗中说"家本陇西人，先为汉边将，功略盖天地，名飞青云上。苦战竟不侯，当年颇惆怅"。但实际上，李白的出生地当不在"陇西"，其地仅为其远祖"郡望"。

宋人亦常称"郡望"，《唐文粹》的编者姚铉自题郡望曰"吴兴"；《九经韵补》的著者杨伯岩自题郡望曰"代郡"；《广川书跋》的著者董逌自题郡望曰"广川"；《墨谱》的著者李孝美自题郡望曰"赵郡"；《乐府诗集》的编者郭茂倩自题郡望曰"太原"；《五百家播芳大全文粹》的编者魏齐贤、本是临川新喻（今江西新余）人叶棻分别题郡望曰"巨鹿""南阳"，等等。明人或倡复古之说，亦有题郡望者，如《已宽堂集》的著者、苏州人陈鎏自题郡望曰"颍川"，等等。到了清代，亦不乏称郡望者，如《周易粹义》的著者薛雪为江苏吴县人，自题郡望曰"河东"；《西河文集》的著者毛奇龄是浙江萧山人，亦自题郡望曰"河东"；等等。

---

① （唐）刘知几：《史通》卷五。

② （清）王士祯：《池北偶谈》卷二二。

这些题署郡望的做法，造成了与文人实际出生或生长地的混同，给相关的研究罩上迷雾。

二

祖籍是指一个家族族群祖先（传统上指父系祖先）的出生地，又有"乡贯""祖贯""原贯""本贯""原籍"等称谓，是我国传统文化中的祖先崇拜与孝道观念的产物。

中华民族幅员辽阔，各民族与地区间的相互往来频繁。自古以来，产生人员流动的原因主要有：政治因素（政治亡命、外交出使、政治联姻、抗倭援朝等）、经济因素（外贸商事等）、偶然因素（遇风漂海等）、生存（战乱避难、犯法避祸、宗族传布、闯荡谋生等）等等；而其中作为社会精英与主流阶层的文人士大夫的客徙流动则是最为活跃和频繁的。尤其是，不少文人为了实现自身的人生抱负和理想，不惜离开祖籍地，远赴他乡，开辟新的生活与事业领地，且在那里定居并一代代繁衍下来。然而，新的客徙或出生地（尤其在京畿地区）即使传延二、三代，也很难得到认同与接受，其自身或他人仍以其祖籍地相称。如此，便产生祖籍与客徙或出生地间的混同。

明代成化、正德年间，各种社会弊病日见严重，为改变台阁体空疏纤弱、阿谀粉饰的文风，形成了以李东阳为首的一个新的诗歌流派——茶陵诗派。这是文学史上一个较著名的诗歌群体与流派，他们推崇杜甫，主张效法唐诗在于音节、格调和用字，创作出一些倔奇劲健的篇章，是明代前、后七子复古运动的先声。然而，此诗派的得名却仅仅源自领袖人物李东阳的祖籍——茶陵。

李东阳生于正统十二年（1447）六月九日，卒于正德十一年（1516）七月二十日，字宾之，号西涯。其八岁时以神童入北直隶顺天府学，天顺六年（1462）中举，天顺八年（1464）举二甲进士第一，授庶吉士，官编修，累迁侍讲学士，充东宫讲官，弘治八年（1495）以礼部右侍郎、侍读学士入直文渊阁，预机务。立朝五十年，柄国十八载，清节不渝。官至特进光禄大夫、左柱国、少师兼太子太师、吏部尚书、华盖殿大学士。死后赠太师，谥文正，葬于京城西直门外畏吾村。著有《南行稿》一卷、

《北上录》一卷、《讲读录》二卷、《东祀录》三卷、《聊句录》五卷等大量诗文，后人辑有《怀麓堂诗话》一卷、《怀麓堂续稿》二十一卷等。生平事迹可见《明史》卷一百八十一《列传第六十九》、（清）法式善等编《明李文正公年谱》、钱振民撰《李东阳年谱》等。

据相关谱传资料记载，远在洪武初年，李东阳的曾祖父即已随军驻扎燕京，其祖、父辈亦无迁移；而李东阳的生平履历似乎更丝毫未与茶陵发生关系，其生于京、卒于京、葬于京、一生的读书、做官等也几乎无不在京。而即使如此，李东阳一生亦始终未能将茶陵的祖籍地改变掉，一些公私的载录仍不以京籍相称。天顺八年，李东阳举进士，其时的进士登科录载："李东阳，贯湖广茶陵县人，金吾左卫军籍，顺天府学军生，治《书经》。字宾之，行一，年十八，六月初九日生。曾祖文祥，祖允兴，父淳，母刘氏，继母麻氏。具庆下。弟东山、东川、东溟。聘刘氏。顺天府乡试第四十四名，会试第一百八十五名。"此处所记贯即祖籍，而"金吾左卫军籍"仅言及役籍，与居住地无直接的关涉。① 又，张友椿编辑《王恭襄公年谱》前载有民国二十一年所撰序称："楚有三杰：刘大夏、李东阳、杨一清也。"② 亦是将李东阳以茶陵人视之。如此即产生祖籍与实际生活成长地的混同，并导致人们对茶陵诗派及李东阳本人进行地理学研究出现误区，甚至所谓的"茶陵诗派"之称，也很值得商榷。

程敏政（1445—1499）与李东阳处同一时期且为顺天府乡试同年，他字克勤，中年后号篁墩，又号篁墩居士、篁墩老人、留暖道人等，10岁时，曾以"神童"被荐入朝，由皇帝下诏，就读于翰林院，成化二年中一甲二名进士，为同榜三百五十余人中最年轻者。历官左谕德，直讲东宫，学识渊博，为一时之冠。孝宗嗣位，擢少詹，直经筵，官终礼部右侍郎。后涉徐经、唐寅科场案被诬鬻题而下狱。出狱后，愤恚发痈而卒，赠礼部尚书。编著《明文衡》《篁墩文集》《咏史诗》《宋遗民录》等。生平事迹可见《明史》卷二百八十六《列传第一百七十四》《明孝宗敬皇帝实录卷》卷一百五十一等。翻阅众史料，几乎无不记程敏政为南直隶徽

① 陈文新等主编：《明代科举与文学编年》（上），武汉大学出版社2009年版，第776页。
② 见北京图书馆编《北京图书馆藏珍本年谱丛刊》第四十二册，北京图书馆出版社1998年版，第12页。

州府休宁县人，但此仅为其前代世居的祖籍，他本人的出生与早年成长地均在北直河间府。据程敏政所撰《南京兵部尚书兼大理寺卿赠太子少保谥襄毅程公事状》载，其祖杜寿洪武末被诖误谪河间，父程信又于永乐十五年（1417）闰五月生于河间里第。正统六年（1441），程信举顺天府乡试，第二年中礼部会试，比廷试赐进士出身，时年二十有六。正统十年（1445）十月，程信以诏选授吏科给事中。下年二月，程信以父忧归河间。六月，程信祖父亦辞世，直至正统十三年（1448）九月，程信才服阕复任。程敏政出生于正统十年（1445），正值程信初入京为官，其地亦当在北直河间府，直至景泰七年（1456）年满 10 岁侍父官蜀方止。成化十四年十一月，师程敏政过河间，扫先人墓，述其曾祖父母及祖父母墓均在河间郡①。成化十七年（1481）三月，他亦曾过河间告祭先茔②。

程敏政曾自称"仆徽人也而寓于瀛"，③"瀛"为河间的古称，主要即在今河北省沧州市境内。关于河间属邑，程敏政云："广平，古晋赵之境，号漳、河间一都会，风气刚劲，士多义侠。"④又云："沧州，为河间支郡，古燕齐孔道。而其境东极于海，擅鱼盐之利，盗出不时。盖尝宿重兵、委将吏，号横海军节度使。国朝既一海内，于沧州罢兵置牧，专莅其民，民相安而莫相恃者余百年矣。"⑤ 在河间县之青陵乡，有程敏政家别业三十二楹。天顺八年（1464）秋，程敏政归省始居，"爱其地之偏、先茔之在即，可以业进修而却世纷也，乃撮其景而书之，又从而赋之。"此赋情感真挚，文词华美，体现出程敏政对其地的浓浓深情。赋内曰：

> 予家有别业在瀛城东之青陵乡，皆先世所遗者。出东门十里余，萦纡而北，过桃园望之，有堂翼然高出即其处。别业有三十有二，楹榜曰"晴洲"。晴洲者，家君别号，距屋后不百武，为金沙岭，先茔在焉。尝有芝产之异，茔周缭以垣，垣左右松桧蓊然，榆柳匝植而榆特盛，又号榆庄。出垣后有山阜三，隆然自远徂近，浮青沃绿，蔚有

---

① （明）程敏政：《篁墩文集》卷五十一，《赐假还河间扫墓告文》。

② 同上书，《过河间告祭先茔文》。

③ （明）程敏政：《篁墩集》卷五十三，《与何宪使廷秀书》。

④ （明）程敏政：《篁墩集》，卷二十四，《赠叶君茂卿通判广平府序》。

⑤ 同上书，《赠守御沧州正千户赵良玉诗序》。

殊意，抵垣而止。垣之前平冈漫畴，可十顷，宜麦与禾黍，皆不敢自有取以供祭祀，周族人义庄也。垣之东为虹堰，如伏龙蜿蜒数十百丈。沉沉而南有土峰四，巍然参耸，杖策一登，则平原旷野，丰草长林，杳然无际。荒烟野烧，间多辽金以来遗迹。残碑断碣，拂拭可读。斗折而南，为南　村，村居十余家，鸡犬声相闻。登前峰，手历历可数，稍北入湖泊中，多菰蒲苇芦，倾城人樵取之。月明风清，有声杂沓。西行二里余为洞河，两水交挐中，得平地结草堂。其间河流萦带，洁清绀寒，迤　而北。夏月，红莲绿荷不下万本，香冉冉闻十里，余乘小舟载酒以入，摘新房煮鲜鲤，使人竟日忘归。河水溢而旁行平沙，漫流潺潺然与风疾徐。筑堤以捍水，岸两夹田数顷。其水宜稻，稻色红而味香，盖种莲之气故也。①

可以说，河间这个筑有程敏政先茔与别业且有他童年记忆的地方，应该在他的内心是厚重而美好的，且与其一生的成长和心路历程密切相关；但因对其祖籍与出生及成长地的混同，如此生动丰富的地域因素一直被忽视，从而导致对其人认识的片面，甚至错误。

较前两者稍晚，明代京畿地区还有一位籍里被严重混同的人物——廖纪。廖纪（1455—1532），字廷陈，号龙湾，弘治、正德时期杰出的政治家、儒学家，官至少保兼太子太保、吏部尚书，著作有《大学管窥》《中庸官窥》等。因其曾作吏部尚书，且清正廉明，被民间称作廖天官，并有非常多的传奇故事。其生平事迹详见《明史》卷二百二《列传第九十》。明代的各种官私谱传均记其为北直河间府东光县人。如《明史》卷二百二《列传第九十》：

> 廖纪，字时陈，东光人。弘治三年进士。授考功主事，屡迁文选郎中。正德中，历工部右侍郎。提督易州山厂，羡金无所私。迁吏部左、右侍郎。世宗立，拜南京吏部尚书。调兵部，参赞机务。被论解职。

① （明）程敏政：《篁墩集》卷十六，《瀛州行乐图记》。

《弘治三年进士登科录》：

> 廖纪，贯直隶河间府东光县，民籍，国子生，治《诗经》。字廷
> 陈，行一，年三十六，正月二十八日生。曾祖召兴，祖有能。父瑄，
> 前母陈氏，母王氏。具庆下。弟纯。娶郭氏，继娶李氏。顺天府乡试
> 第七十五名，会试第二百八十九名。

但是，明中期以来，海南地区的地方史志却多以之为海南陵水人。如
明谊、张岳崧《琼州府志·廖纪传》：

> 廖纪，字廷陈，陵水人。明志作万州人。祖有能，徙直隶河间东
> 光县。弘治己酉，纪举于顺天，登庚戌进士。正德中，累迁吏部侍
> 郎，扬历中外，所至有声。嘉靖改元，晋南京兵部尚书。寻致仕。①

阮元、陈昌齐《广东通志·廖纪传》：

> 廖纪，字廷陈，陵水人。明《琼州府志》作万州人。祖有能，
> 徙直隶河间东光县。弘治己酉，纪举于顺天，登庚戌进士。正德中，
> 累迁吏部侍郎，扬历中外，所至有声。嘉靖改元，晋南京兵部尚书。
> 寻致仕。②

在当代，还有国内较著名的学者将之视为"从海南陵水廖氏家族走
出的杰出政治家"、是与文学家丘浚（1418—1495）、清官海瑞（1515—
1587）齐名的"南海三星"。③ 然而，据方鹏《大司马龙湾廖公传》、李
时《光禄大夫、少保兼太子太保、吏部尚书赠少傅廖公纪墓志铭》、过庭
训《明分省人物考》卷六等同时代的史料记载，廖纪的先祖本闽人，宋
末避乱游海南。入明，其祖父廖有能以事遭逮系京师，卒，其父瑄，号淡

---

① （清）明谊、张岳崧修《琼州府志》卷三十三，《人物志》。
② （清）阮元、陈昌齐《广东通志·琼州府·人物列传》。
③ 毛佩琦：《廖纪文集·序一》，见毛佩琦、曹乐文主编《廖纪文集》，海南出版社2011年
版，第1—2页。

庵，时以生员侍行，度不能归依所亲，遂寓于东光。随后，廖纪即生于此、长于此；且几十年在京师为官，一生几乎没有回至祖籍地。卒后，亦葬于其地。1960 年，廖纪墓于今河北省阜城县出土，挖掘出大量珍贵文物。北直与海南相距甚远，在其时交通和信息交流都非常落后的情况下，两地的地理文化环境有非常大的差别。将其祖籍地与出生成长地混同，如果仅是为寻找乡贤与精神资源还贻误尚小，如来进行人物与文化研究，就颇有南辕北辙之嫌。

三

由上文的材料与论述来看，称李东阳、程敏政、廖纪为京畿文人应该是可以的。应该说，古代文人籍里混同的现象绝不少见，而于京畿之域尤为多。这是为什么呢？又体现出文人怎样的心态呢？

明建国伊始，本定都于南京应天府，后燕王朱棣推翻建文帝统治称帝，于永乐十九年（1421）二月迁都北京，并改北京为京师。本文所称的京畿地区，即指明代直隶于京师的地区，相当于今天北京市、天津市、河北省大部和河南省、山东省的小部分地区。包括顺天府、保定府、河间府、真定府、顺德府、大名府、广平府、永平府八府和延庆、保安两个直隶州所辖区域。

据史料载，明代向京畿地区的大规模迁徙主要有两次。明初定都南京，降元大都为北平府治，北平成为明王朝北方的军事重镇，除派驻大量卫所军人之外，另有计划地迁散了大都城元朝遗民，其中包括"征元故宫送至京师（按指南京）"；"北平府应有南方之人，愿归乡里者听（从其便）"；"徙北平在城兵民于汴梁"①。加以战争造成的人口流徙，明初北平地区人口锐减到历史最低水平。为弥补此变，即大量迁移沿边迤北及山西人口至北平等府所属州县屯垦。仅洪武四年（1371）所迁沙漠移民即达 32860 户，置在 254 处，从而使北平府属户口迅速增加起来。燕王朱棣发动的"靖难"曾使北平人口遭到严重损失，故至永乐迁都北京，在将

---

① 《明太祖实录》卷 34—35，洪武元年八月至九月。

南京卫所大量北调①的同时，迁移江浙富民与工匠于北京，迁移山东、山西人口于京畿屯田。因而使京师五方杂处，附近州县"地多卫官、陵户、皇庄、戚畹、戍守诸人所托处，其土著之民什仅三四耳"②。明中期商业经济的发展，使北京"四方辐辏""生齿滋繁"③。

春秋公羊传曰："京师者何？天子之居也。京者何？大也。师者何？众也。天子之居，必以众大之辞言之。"④ 唐韩愈《御史台上论天旱人饥状》又云："京师者，四方之腹心，国家之根本。"⑤ 明代永乐朝及其后，以北京为中心的京畿地区，亦形成了群贤云集，人文荟萃的人文场景。这里不仅是实现文人远大人生理想与价值的最为广阔与核心的舞台，同时也是进行不懈搏击的竞技场，其深深吸引着全国各地的文人士子源源不断地流入流出。自隋以后，科举成为影响广大文人生命历程和生活的重要事件，也是促成他们到处奔波、迁徙的重要动因。明成祖朱棣曾说"科举是国家取人材第一路。"⑥ 顾炎武《日知录》"进士得人"条记："众科之目，进士尤为贵，其得人亦最为盛焉。"⑦ 永乐十三年二月，会试首次在北京举行，应试者三千人，录取达三百五十人。三月，皇帝又于奉先殿亲自主持殿试，取洪英、王翱等六十二人为翰林院庶吉士，命行在工部首次在北京国子监建进士题名碑。自此年至崇祯十六年（1643），前后共于北京举行会试及殿试 77 科，每科都有不少于三四千的文人于此潮涌潮出，且有其中的一部分人会永久地留居下来为朝廷服务。此外，京师还拥有中央最高学府——国子监，其规模巨大、教育体系完备，并与科举选拔融为一体，也吸引容纳了不少具有一定影响的文人才士。

众多文人才士的涌入与寓居，对京畿地区的政治、经济、文化等各方面都产生重要影响，并丰富再塑着其地的文化。每科考中的文人形成同年关系，科举考官与众中试者形成师生关系。以茶陵诗派来看，其成员即主

---

① （清）张廷玉《明史》卷九〇，《兵志》，中华书局 1999 年版，第 1466 页。

② 康熙《昌平州志》卷六，《赋役志·户口》，澹然堂刻本。

③ 《张凤盘集》卷一，《京城新建外城记》，见《明经世文编》卷三十七，中华书局 1962 年版，第 4052 页。

④ （东汉）何休等：《春秋公羊傳注疏》卷五。

⑤ （唐）韩愈：《东雅堂昌黎集註》，卷三十七。

⑥ （明）俞汝楫等：《礼部志稿，》卷二。

⑦ （明）顾炎武：《日知录》卷十七。

要由此两部分构成：一为李东阳的同年进士、翰林院同官，如谢铎、张泰、陆釴等；二为李东阳担任会试考官、殿试读卷官和主持乡试时所录取的进士、举人。李东阳分别在成化十六年、二十二年主持应天、顺天乡试，弘治六年、十二年主持会试，先后网罗了大批后进之士，主要如被钱谦益比拟为"苏门六君子"的石珤、罗璟、何孟春等。他们相识多在京师，活动中心亦在此，相互间的酬唱、赠答亦以此为中心。

茶陵诗派文学活动最主要的是同年聚会。清褚人获《坚瓠庚集》中记："李西涯当国时，门生满朝，西涯性喜延纳奖拔，故门生朝罢，群集其家，讲艺谈文，率以为常。"① 成化最初三年，此派成员的同年聚竟高达十次。成化元年长（冬）至日，李东阳与同年诸僚友燕集罗璟第，定一年诸节日均有诗会。黄佐《翰林纪》载："天顺甲申庶吉士同馆者修撰罗璟辈为同年燕会，定春会元宵、上巳，夏会端午，秋会中秋、重阳，冬会长至。叙会以齿，每会必赋诗成卷，上会者序之，以藏于家。非不得已而不赴会，与诗不成者，俱有罚。有宴集文会，录行于时。"② 谢铎在《书十同年图后》一文总结成化初至弘治十三年的同年聚会的情形称："予同年天顺甲申进士二百五十人，越五年为成化戊子（成化四年，1468），会于城西之普恩寺，凡百三十人。又六年癸巳，再会于故相李文达公之第，得九十有五人。又三年、六年，为乙未、为丁酉，亦皆有会。会虽数，而人则渐少。至壬寅之会，仅二十三人。……归十有一年庚申（弘治十三年，1500）……时南京户部尚书王公以复命来朝，闵公乃倡为十同年会。会有图，图有诗，而李公实序之。"③ 除了同年聚会，一年一度郊祀、祭陵斋居之际的同派成员唱和也为其活动方式。谢铎在《书郊祀诗卷后》中回顾成化初至弘治十七年的郊祀联句说："予在翰林时，从西涯诸公后，凡郊祀斋次，必有联句唱和之作。一时朋游口口口口，以为故事。"另外，诗派成员的游赏联句、馈赠唱答、婚丧庆吊、劝诱后进等也较为常见。如成化十五年九月七日，李东阳《游朝天宫、慈恩寺诗序》称在几天之内与同僚、僧友、诗派成员都有文会，而白天游赏联句，夜以

① （清）褚人获：《坚瓠庚集》卷四，浙江人民出版社1986年版，第二册第4页。
② （明）黄佐：《翰林记》卷二十。
③ （明）谢铎：《桃溪类稿》卷五十七，嘉靖二十五年刻本，国家图书馆藏。

继之，乐此不疲。倪岳《寿憩庵李先生诗序》载成化二十二年李东阳之父李行素七十寿辰，"于是寮寀诸君子，……相率赋诗颂之，得近体律三十有六章，联书巨轴，将即是日奉以为先生寿。"①

　　然而，尽管于京师如此的诗酒风流、快意洒脱，却仍然难改他们对祖籍地的悠悠情思和眷恋。如李东阳自其曾祖始，已连续四代居住京师，但依称自己是"楚人而燕产"，把自己的书斋命名为"怀麓堂"，把自己的诗文集命名为《怀麓堂稿》，还曾在成化八年二月告假回乡，燕居18天，一见其常魂牵梦绕的祖籍地——茶陵。程敏政曾自称"仆徽人也而寓于瀛"②，其家庭成员对祖籍一直悬念拳拳。正统四年（1439）至成化十年（1474），程敏政父程信与叔祖程原泰及其子孙音信不断，"书中自入学以至致政，每有事辄报之，骨肉之情，勤绻如此，不以南北之隔、忧患之婴而或间也。"③ 至成化十一年，程信致仕退居休宁祖籍，日与乡人耆旧徜徉山水间，饮宴为乐；自此程敏政常来往于河间、休宁两地之间，其文集亦常出现此两地；其后的（弘治）《徽州府志》（嘉靖）《河间府志》皆称程敏政为"郡人"。弘治二年程敏政被令致仕，直至弘治五年起复，他均居休宁祖籍，期间与地方名士相交游，为《休宁县志》撰序，对祖籍地的感情更加深厚。

　　以京师为中心，一方面是趋之若鹜地向京畿地区云集，且诗酒流连，乐此不疲；另一方面又心向故乡，常作游子之叹，思亲之怨。几乎没有谁能自愿丢掉自身的祖籍或故乡而自称以京畿为籍里。如此就造成了京畿地区文人表面中空的现象，实际上很多籍非京畿的文人却是成长或产生影响于京畿，这是进行区域文学或文化的人员应该十分注意的。

　　产生京畿地区文人表面中空现象的原因有很多，传统文化中的祖先崇拜与孝道观念是最为主要的。如弘治九年，廖纪的族兄廖彭自海南祖籍远涉大江，历河越淮，驾舟至河间府东光县，又至京师，先后拜谒廖纪之父廖瑄及纪，居有月余。在他即将归南之际，著名文人石珤曾撰《送廖君从盛还海南序》一文说："物之生，莫不有始。水始于源，木始于根，人

---

① （明）倪岳：《青溪漫稿》卷十八。
② （明）程敏政：《篁墩集》卷五十三，《与何宪使廷秀书》。
③ （明）程敏政：《篁墩集》卷三十七，《题先襄毅公与曾叔祖尤溪府君手书后》。

始于祖。"廖纪一族徙至异地，祖孙三代七十余年间，"每岁时祀享，饮食未尝不南向而祭，相语家人以世世无忘海南。"他以为："乐生反始，固礼乐之情，而安土敦仁，亦圣贤之所深予者，苟心之同焉。贻谋之善焉，世世守之以昌其业。则考工（指廖纪，下同）虽不必一归，君虽不至再省，其为固本深源重始之义，不已尽乎！考工方以文章事业为圣天子擢用，以扬于天下，为天下光。盖不独近显族属而已，固亦将上昭于五世、十世，以至百世而无穷也。斧屋相望，郁乎增高，此其报本追远，其事之大者，而从盛君之望，亦可以慰矣。"① 文内既深含崇敬地歌颂廖彭万里寻亲的壮举，又情真意切地为廖纪不能一归的行为进行辩解与开脱；两者均紧紧围绕着祖先崇拜与孝道观念。李东阳曾因久不归祖籍而遭讥嘲，清人法式善撰文为之辩解说："当时有投诗嘲其不归长沙者，不知东阳自其曾祖以来，居京师四世矣。老而无子，称茶陵者，特不忘所自耳。彼则东阳之不归，东阳去京师安所归？谢簪组而居辇毂之地可乎？抑糊口于四方与？迁人逐客等以自明高尚，又非东阳之所宜为也？"② 可见，在当时，不可脱离祖籍似乎是社会的一种共识，甚至道德准则。对祖籍地的认同和关联，哪怕仅是表露一种情怀或做出一种姿态，也能获得友朋，尤其是祖籍地人员的嘉许和颂扬。

其次，古代文人多有根深蒂固的光宗耀祖、衣锦还乡意识。早在西汉时期，司马迁所著《史记》里即记霸王项羽之言："富贵不归故乡，如衣锦夜行。"③ 后来之世，此观念日益浓重。不管绵延几代，路有多远，只要功业有成，就要回祖籍置地筑屋，树碑起坊，建坟修墓。京畿只是开拓积累之地，家乡才是展示享用之所。没有了祖籍地的华丽展现，似乎功业就没有果实与欣赏他的观众。

另外，就是古代文人的祖籍地为各种目的所使，而竭力地去挖掘搜罗，从而使古代文人出生成长地与祖籍地混同的现象更为严重。如廖纪祖籍所在的海南，本来地处天涯海角，经济文化发展相对缓慢；而地方官员及乡人为增加区域文化的厚度与成员的自豪感，却偏要证明这里人杰地

---

① （明）石珤：《熊峰集》卷六，文渊阁四库全书本。
② （清）法式善：《存素堂文集》卷一，《续修四库全书》第 1476 册，第 672 页。
③ （汉）司马迁：《史记·项羽本纪第七》。

灵，人才辈出，就不顾廖纪几乎一脚也没踏上这片土地的事实，而将其强拉至祖籍地。弘治间，即有金事金璋为廖纪在陵水县城北建进士坊①。万历年间，又有知县周文仲为廖纪立乡贤碑②。然而，在京师北京，如廖纪式官员不在少数，各类文人硕士更车载斗量，其地方官更不会有意识为其中哪一位来立碑树坊，或争抢某位名人以为其地所属。如此，便形成了京畿地区虽人文荟萃，却反而出现中空的现象。

　　总的来说，我国古代文人的地理学研究是非常复杂的，为真正分析与认识古代文学的地理分布及文人与各种地理因素相互影响的关系，必须高度注意文人主体动态分布的特征，厘清文本籍、郡望、祖籍地三者实际情况，以避免其三者的混同，导致对各种文学现象和作家的错误认识。同时，对祖籍与本籍的正确疏离，也能合理解释明代及其以后京畿地区文士表面中空的现象，更为准确地展示文学及文人的地理分布特征。

（作者简介：许振东，廊坊师范学院文学院教授）

---

① （明）唐胄：（正德）《琼台志》卷二十五。
② （清）潘廷侯纂修：《陵水县志》卷三，《古迹》。

习俗、惯制与秩序:乡村日常生活的另类窥视

——基于取名行为的案例考察

王　旭

摘要: 取名作为一种习俗,与基层乡村社会生态息息相关。村落是中国社会的"元组织",各项习俗构成最微观的"组织细胞"。由姓为主线所勾勒的亲族、旁枝、统属、尊卑、责任甚至等级关系,与由官名、小名、乡名、惯称、绰号、戏称、俗名等所刻画的具象村落、交际结构和文化包含,基本构成了将取名界定为习俗进行研究的前提和规定,有着特殊的研究价值。人名是一种特殊的文化符号和标识,而取名是一种重要的习俗与文化惯制。习俗、惯制与秩序,是社会生活和学术研究中几个重要的概念。习俗—惯制作为一个动态的形成和塑造过程,对于村落日常生活具有显著的影响。久而久之,也形成特定的内在秩序。在以往的学术探讨中,有关于此的案例研究和文本分析仍尚有未尽之处。本文以单位村落的取名习俗与用字作为研究对象,并集合现有文本与社会调查资料,对取名习惯、用字特点、命名规则、宗族遗存、取名角色、交际圈子、文化规制等方面,做一深层探索。

关键词: 取名行为　习俗—惯制　秩序　地方社会　符号　育英村

取名现象日常细微且习焉不察。无论基于何种属性与视角,人名①作

---

① 需要特别说明的是,按照学术研究的道德和伦理要求,在完全规范的学术研究中,涉及采访者和被试真名及隐私时,一般情况下,应采用化名或符号代称等技术性处理,但由于本文研究对象的特殊性,并未化名。行文中涉及的所有事件、人名及其他个人信息,仅用于学术研究,不可用作他途。请勿按图索骥、对号入座,特此声明!

为一种特殊的文化符号，而取名无疑是一种重要的习俗与文化惯制。在长久的历史发展过程中，名称成为一个透视文化内在和民众精神世界的重要窗口，也是侧面反映社会变迁的特定表征。而取名作为一种习俗，是一种主观价值与社会历史相互融合的产物，在界定与理解上，无疑成为个体具象生活与社群结构中的一个重要的学术命题。

一　取名习俗与惯制生成

以微观层面来看，如《说文解字》中言："名，自命也，从口夕，夕者，冥也，冥不相见，故以口自名"①，名字作为一个人的标志，最初仅是人与人之间互称及相互识别的固定符号，是一种无形的身份证。

从宏观视角来看，"人过留名，雁过留声"，"人之有名，以相纪别"②，姓、名在演进中逐步成为用以标记社会阶级与等级的符号系统，对个体身份与角色的确认十分重要。在之后的社会进程中，人名不仅发展为代表人的语言符号，同时又是一种文化载体，蕴含着丰富的社会意义和衍生内涵，体现了人的追求和审美。

名与社会身份大体情况下是吻合的。在古代社会，姓氏与取名用字以"指血缘、表身份、别婚姻、明贵贱、分职业"，具有强烈的士庶与上下之分。相比于同乡、同科、同门、同学之谊，同宗、同姓、同枝之血缘关系，从亲疏上超越了地缘或其他社会联系。姓氏谱系、排列以及用字避讳、规范，不仅是居上的王权精神之所指，也是世家大族追宗连枝的隐型诉求。不仅如此，经济与生产关系的等差也映射到日常社会关系之上，明代之后，佃仆所生子女取名不能同活着的和死了的地主之名重复，名曰避讳③。在清代，为避免旗人汉化和加强社会族群控制，也是不允许其随意更名改姓的。到了民国时期，鲁迅的小说中，阿Q想与赵老爷攀亲，被看作是不自量力，遭到"你也配姓赵"的恶语相加。在此意义上，它不仅仅是一种习俗，而且无疑是礼制与等级制度的重要组成部分，关联着个

---

① 许慎、段玉裁注：《说文解字》，上海古籍出版社1981年版，第56页。
② 陈寿：《三国志》，中华书局1982年版，第1160页。
③ 《葆和堂需役给工食定例》，经济研究所藏契约原件，转引自魏金玉《明清时代佃农的农奴地位》，《历史研究》1963年第5期，第113—114页。

体所归属的社会阶层与文化身份，成为社会关系的题中之义。随着文明的渐次发展和近代社会转型之剧，姓名以及取名习俗在变化中形成了一套规范的形式和系统，也逐步摆脱了其阶级规定和用字之避讳局限。

选择乡间村落而不以城市社区为研究对象，不仅仅是由于城乡的分异，或者出于对乡村古典式的怀旧。更多考虑的是，与城居文化相比，乡居文化"往往与固守地方性的价值观相联系"①，保存着许多显性和隐性的传统性因素，在乡土文化与习俗的承继方面，明显优于城市②，文化雕刻的痕迹相对线性，而诸多变量也在可控的范围之内——处于内陆的关中农村地区则更是如此。除此之外，由于城市社群的流动性，离村离籍乃至各色人口交汇杂合，情况复杂，我们无法在一个相对恒定的样本中探讨研究对象。综之，这是从现实与技术层次的双重考量。

目下学术界关于取名习俗、用字表征的研究已有不少，也因研究对象的特殊性，牵扯社会问题的多样性，故而探讨也是多学科的③。总体来说，主要涉及历史学、民俗学、语言学、社会学、人类学等领域，有以下三个问题：

（1）目前可见的多数研究，大致上宏观考量者居多，而以某一村落

---

① 李同升：《乡村地域共同体及其结构与功能研究》，《西北大学学报》1998 年第 5 期，第 455 页。

② 王泉根在《中国人取名用字的地域特色》中说：取名用字的地域性特点主要体现在农村地区，而在城市区域，人名用字的地域性特征就趋于淡化。这一方面是由于城市居民来自各地，流动频繁，甚少"封闭性"的地域观念；另一方面高层次文化水准决定了取名用字的高雅性、理想性倾向（《北京日报·理论周刊·文史》2013 年 1 月 14 日第 19 版），具有一定道理。

③ 一般来说，姓氏制度、姓氏—名字之关联、取名仪式与取名习俗，分属于不同研究领域，相关论著比较重要的有：萧遥天《中国人名的研究》、李学勤《考古发现与姓氏制度》、李学勤《先秦人名的几个特点》、杜家骥《从取名看满族入关后习俗与文化》、侯旭东《中国古代人"名"的使用及其意义：尊卑、统属与责任》、王守恩《命名习俗与近代社会》、魏斌《单名与双名：汉晋南方人名的变迁及其意义》、张淑一《先秦姓氏制度的研究历史和现状》、刘竹《命名制的变迁及其社会功能浅论》、王建华《文化的镜像：人名》、赵艳霞《中国早期姓氏制度研究》、张孟伦《汉魏人名考》、朱胜华《最新姓名学》、汪泽树《姓氏、名号、别称：中国人物命名习俗》、赵瑞民《姓名与中国文化》、王泉根《中华姓氏的当代形态》、张联芳《中国人的姓名》、纳日碧力格《姓名论》、吉常宏《中国人的名字别号》、季艳《中国人取名字的语言学理念》、沙志利《汉朝人名字特定及命名心理》、周玲丽《社会文化框架下的名字和命名研究》、高璐《宗族内人名变迁的文化意义：以陕西省〈米脂县万丰里高氏族谱〉中的人名为例》等。此处所列，不免挂一漏万，仅是笔者所观之一部分。

（单位）为基准的个案研究者较少。而个案的分析是考察整体的必要手段和路径，因此对于关中特定农村（村落）的取名习俗—惯制和构名用字状况做一收集与探讨至少颇具案例意义。

（2）以往研究者多从文化传统、习俗继承、取名仪式、结构与功能、取名规则等视角进行表象论述。真正将取名界定为习俗（custom）—惯制（institutionalization）① 进行研究的文章，尚不多见。而且，对于个体名称的如何生成、用字来源、取名如何被规范、受到哪些因素影响以及取名习俗与社会秩序的关系，着墨不多且不成系统。

（3）取名习俗是否成秩序，对人的行为选择有何影响。在哲学家和心理学家看来，习俗是最基本层次的非理性因素。它不是一种理性的随机选择，而是一种习惯心理在特定环境的刺激下所做出的行为复制。缺乏缜密的逻辑推理形式，仅仅靠一种稳定的心理定式和人类在长期实践活动中形成的习性及取向，来判断主体与对象存在的关系。与此同时，它不是通过随机合理计算来达到某种最大化目标，而往往是"不假思索"地遵循着某种传统的惯例②。事实真的是如此吗？

村落作为乡民生产与生活的特定空间，是自然地理条件和以人口、经济、社会文化、习俗惯制诸要素所归集的社会环境之总和与综合，每一要素均在特定事件、程序、仪式、流动、格局、习俗中扮演着或轻或重的角色。（取名）习俗的形成与惯制的延续，存在一个显著的逻辑演进过程：是一个从习惯（usage）到习俗（custom）、从习俗到惯例（convention）、从惯例到制序（度）化（institutionalization）这样一个动态行程③和自发的区域④秩序，秩序生成之后，逐步影响个体，成为不易改变的规范和习性（habit）——即不自觉的非理性选择和行为取向。

---

① 习俗—惯制是一动态之行程，非静止的、单一的、线性的概念。

② 张雄：《习俗与市场——从康芒斯等人对市场习俗的分析谈起》，《中国社会科学》1996年第5期，第33页；《西方哲学原著选读》（上），商务印书馆1981年版，第527—528页。

③ 韦森：《习俗的本质与生发机制探源》，《中国社会科学》2000年第5期，第40页。

④ 此处倾向于使用区域（地方）秩序而非社会秩序。特定区域与整体社会存在着互动与联系，无可否定。但在某些具体事项中，区域演进逻辑或自生秩序是影响区域中个体的主导力量和内在动因。

即使是在剧变的晚清，也须"不戾于我国历世相沿之礼教民情"①。在国家—社会这一常见范畴中，影响个体生活的习俗及惯制诸要素，都是业已形成的"结果"。仅以取名习惯论，其长期的自我维系与民间驻存，逐步蕴于个体的日常生活与村落惯制的生发机理中，成为一种规则与习俗。从小名、官名、绰号、乡名、污名、撞名、惯称、戏称的生成到制度（制序）化的取名角色、仪式、程序、结构与机制，具有一个明晰的线索和形成因由，村民长久所形成的思维模式与行动取向具有因果关系，地方社会的具体形态与村落文化基准是取名习俗和惯制形成的必要条件，村民受到此种惯制力量的干预与约束②。

因个人能力和精力所限，笔者在此从陕西富平县淡村镇育英村③村民姓名这个基础样本出发，以一个自然村落作为研究单位，依托于地方文献及口述资料，做一尝试。本文围绕以上三个问题，兼及对于样本案例的仔细考究与检视，适当量化分析，做一论证。

二 "名"的形成史——以育英村为中心

日常之俗，记载往往凤毛麟角。从实际运作和形成看，取名作为一种习俗和规则，在乡土社会有一套特定地域群体认同的表达方式，与所处社会环境和文化惯制相关，门类繁多而又程序复杂，受到多种因素的影响。

一般来讲，中古以下，姓＋名（字、号）已成稳定的起名结构与文化习惯。按照关中农村之旧俗，幼儿生下三天后，即由长辈或亲友起名，

① （清）沈家本：《奏刑律分则草案告成折》，《政治官报》第69号，1908年1月2日，第11页。

② 这种习俗的约束功能不是强制的，但却是村民群体自发的、不自觉的和非理性的自我取向，在长久的乡村管理中，是一种软性制约但似乎效果更好的控制。

③ 育英村，分为东、西育英村。位于陕西省渭南市富平县淡村镇，处于陕西省中部，关中平原与陕北高原汉过渡地带。富平古称频阳，自然条件在陕西整体属于中等水平，文化气息浓厚。胡朴安《中华全国风俗志》中言："富平为丰镐北地，其民有先王遗风，勋业节义，接踵前修，教厚力本，遍满境内"；其地理、文化习俗、历史沿革等自然与人文情况，可见《括地志》《水经注》《元和郡县图志》和《富平县志稿》等，都有相关记载。

称"乳名"，"幼名"，即通称之小名，一般不予外传，仅在家里呼唤①。"幼之小名谓之小名，长则更名，而以小名为讳，或长亦以小名行"②，随着年龄渐长，小名逐步不适用，6 岁之时由长辈或者亲友取名，称学名，又叫"训名""官名""大名"。加冠（一般二十岁）之后再取"字"。字与号在清末以后，随着中国文化的变迁，很少再有人沿用，而逐渐被笔名、艺名、绰号等取代。

关中地区当下仍然保留"官名"这一传统说法，农村称大名为官名。"官名"在日常生活中较少使用，只有在正式场合才会使用。小名之称盛行，或是乳名的延续③，或即村民彼此之间约定俗成的称呼。名与字合二为一，多数村民无"字、号"，字号作为文人雅士的习惯，在农村社会基本失去了存在的根基。日常生活与交际中，村民多用惯称，包括绰号（又叫外号、诨名、混号）等，这是广义称名范畴下的表现形式，也是乡村称呼多样性的体现。

表 1 　　　　　　　　　　　育英村人名汇总表

年龄（岁）＼性别	男	女
0—25	聂博、聂兴、聂康、聂大有、聂大圆、聂举贤、聂慧贤、聂辛未、聂蒙、聂金果、陈浩、陈选、胡翔宇、王凯旋、王超、王子睿、王勇勇、卢航、陈选、卢哲、卢佳佳、卢智佳、胡海邦、胡海龙、胡海豆、胡海涛、于鹏、曹健、曹睿、曹俊、麻栋、胡鹏鹏	王静瑶、王珍、王盈、陈绵、聂文静、胡文静、聂凡、聂甜、聂锦、胡小燕、卢娜、胡倩、聂爽、卢翠、聂阳、王朝晖、卢倩、李凤娇、宫倩、麻楠、胡妞妞

---

① 张亮采：《中国风俗史》，东方出版社 1996 年版，第 78 页。

② 同上书，第 90 页。

③ 一般来说，乳名仅在家里呼唤。但若村民发小、亲朋常称乳名且当事者不介意，乳名与小名就属同一，是村民乳名范围的扩展。

续表

性别 年龄（岁）	男	女
26—50	聂镇、聂凯、卢龙、王尚文、王尚全、王尚民、王有娃、王庆平、聂学战、聂学利、聂学寨、聂学锋、何大模、何小模、王智林、王智辉、王智旭、王朦胧、胡园、胡俊、胡超、李元虎、李敦虎、李创峰、唐锋亮、唐坤、唐明亮、邓小强、王军旗、卢佳、何斌斌、何康康、曹宇、杨斌、丁江、丁凡、丁军、王海利、王小勇、田永民、余玉鑑、曹新宏、曹大亮、曹小亮、杨俊、杨五四、雷刚、王海利、王全娃、余少锋、余少华、杨庄、麻栋、陈小敏、陈耀利、胡涛涛、张博、张归心； 军民、军亮、松林、永庆、俊娃、木、丑娃、（姓不详）	聂明明、聂妮妮、聂文艳、聂艳华、聂艳宁、聂燕妮、聂转宁、王群莲、王蓉、王佩、王堃、王逍遥、胡妍、卢秀秀、卢婷、聂婷、卢丹、何丹、聂盈、聂娇、胡海燕、胡海婷、胡卜、卢圆圆、卢方方、宫莉、宫艳霞、杨敏、丁敏、杨阳、于莲、白小娟、王莉、郑妮、丁丽、陈艳丽、崔小燕、吴静、张敏； 艳宾、艳爱、艳莲、引珠、西玲、亚莉、冰欣、贤娥、粉迎（姓不详）
51—75	聂声杰、聂声高、聂声满、聂声礼、聂声学、聂忠贤、聂青贤、聂智贤、聂文贤、聂玉贤、聂立贤、聂老大、聂老二、王麦麸、王好虎、胡全智、胡春喜、胡庚子、胡庚年、胡庚印、胡英明、胡英森、胡明亮、卢忠兴、卢忠义、卢忠宏、卢忠锁、卢蛋、唐东平、唐东连、胡占西、胡占东、胡占同、李美俊、李美考、赵树华、秦东学、秦贤娃、张牛娃、张友娃、张七娃、张振民、张福民、曹文化、丁文章、丁文兴、丁文杰、唐建武、张仰臣、张满全、王元玲、麻建林、王麦麸	王麦荣、王爱花、王爱娃、王瑛、吕兰芳、肖爱叶、聂雪玲、周小云、崔菊书、秦艳芳、郑宁宁、谢亚爱、刘冬、尚同君、雷大霞、王翠、张彩茹、张彩萍、卜珍侠、刘玉梅、李海梅、马凤彩、杨改莲； 喜梅、燕军、吉林、元秀（姓不详）

续表

性别 年龄（岁）	男	女
75岁以上	王世清、王义学、王忠孝、王原、王忠智、王忠贤、王忠兴、王新友、赵树华、聂春贤、胡广田、胡广财、胡广发、胡广顺、胡广智、何廷华、何廷书、卢忠贤、邓大重、邓小重、邓顺重、卢黑子、卢建邦、陈永堂、聂甲启、聂声祥、李欢启、曹德林； 老建（姓不详）	高爱兰、李淑琴、张雅兰、何玉琴、周凤琴、赵秀芹、何彩茹、刘桂芳、刘玉兰、王菊梅、张亚兰、党芹

【注释】：本文表格中数据与信息来源于 2011 年、2012 年、2013 年、2014 年、2016 年 5 次社会调查。对于一些情况须加以说明：1. 表中分类为模糊分类，共列约 300 个姓名；2. 年龄的参考年为第一次进行资料收集的年份（2011 年）；3. 表中有些许人已经过世，由于和研究问题无涉，故不特别标出；4. 囿于数据收集限制，未能将该村全部人名调查出来。且由于方言之缘故，某些字写法上也可能存在出入；5. 此表男女数量不一，男多女少。一是由于女性名字（特别是老年），在技术上很难完全调查清楚；二是由于当地农村目前男孩多而女孩少；6. 从职业分层上来说，有农民、工人、学生、干部，具有一定涵盖意义。

现根据表 1 所列之姓名及关中地区可见之其他文本，做一简要分析、整合与比较。

（一）取名与传统：承继、宗族与儒家义理

1. 小字起名与性别因素

村落中以小×为名，比较常见。如村民王小勇、周小云、崔小燕等，根据调查，他们并非家中最小的孩子，可以排除取名者是以大小顺序排列所起之名，小字为修饰词。而诸如曹小亮、何小模等，如此起名则是由于他们是最小的孩子所致，小字在此指代年龄长幼，以表顺序。

小字起头起名，在唐代就已经很多见。如咸通 042《邓府君墓志铭并序》中墓主次男名叫"小虹"、乾符 010《范阳卢氏墓志铭并序》中墓主

三子分别叫"小都、小猢、小秃"，一女叫"小建"，乾符030《太原王氏墓志铭并序》墓主小孙女名叫"小秦"等①，此类记载可征者甚多。从数量上讲，小字命名以女性见多。传统的取名风俗在农村尚有点滴遗存和承继，如此可见一斑。

在传统"男尊女卑"的惯性下，村落中一些年老的女性对外甚至没有正式的名字，只有一些通俗性的称呼。如唐家老婆、李老太太、张氏老婆等，很明显这类称呼不是她们的真实姓名。这也是传统农村现实图景表现——女性历来很受压抑。许多年老的女性本身是有名字的，只是由于长时间没人直接称呼，就是用其他诸如嫂子、姨、你×（数字，如二、三）婆等亲缘性称呼和"×家老太、×氏老婆、×他（她）婆、那老婆、老×（其配偶姓）婆娘"等乡土之词/法代替了。女子名字对男子的寄附性，在此充分显现。

而对于年老的男性来说，村民皆熟悉其名，一般来讲，晚辈见面致意为"×（姓）叔、叔叔"等，同辈相见，呼为"××（名）、××哥、这老汉、老×（姓）"等，便是与女性情况的不同了。

2. 宗族特征

显而易见，育英村是一个杂姓村。先以聂姓家族为例，该姓村民占该村总人口的1/5左右，取名用字也较他族规范。一般来说，聂姓取名都有专门的人来起名。聂春贤为家族长者，其职业身份是一农村教师，故而有新生儿名字皆出自于他命名，其去世后，家族子女的名字就不很规范了，像聂博、聂锦等。依照谱第，按字排辈，第2或3个字相同，针对男性，女子一般不这样取名，以表示对某一宗族的归属标识。第2字相同者如聂声杰、聂声礼、聂声满、聂声高之类，第三字相同者如聂立贤、聂青贤、聂文贤、聂智贤、聂玉贤之类。由于这种取名的方法的约束，男性一般多为三字之名。而且，村干部也具有宗族背景，聂声杰虽然年龄不大，但在聂姓中辈分较高。聂姓是"大户"，在村中人口数量相对占据多数，可见表2。故而竞争村长有优势，聂氏理所应当做了村长。

① 参见周绍良《唐代墓志铭汇编》，上海古籍出版社1992年版。

表 2   育英村主要姓氏及所占比例①

姓氏	聂姓	王姓	胡姓	卢姓	张姓	曹姓	李姓	陈姓	丁姓	其他
所占比例	16.5%	12.5%	8.2%	6.7%	3.2%	3.2%	2.9%	2.5%	2.5%	41.8%

再如王姓，经过调查，村民王世清可追溯到的家谱序列为——开国有义星，世尚智乾坤②，这些字都是王姓男子姓名第二个字必须采用的。从王义学—王星？—王世清—王玉爱—王爱花—王尚文—王尚全—王尚民—王智林—王蓉—王佩—王智辉—王智旭—王珍—王盈，四代男性比较严格的遵守着家谱所规定之字取名。显而易见，女性一般不必遵守。另外，育英村中胡姓、卢姓、唐姓等，辈分相同的男子，取名时也基本都遵照家谱中标志自己辈分的特定之字，如智、贤、广、英、忠、占等，体现在名字中第二个或者第三个字中③，是代内与代际传承的统一。

又如，罕有子女、晚辈的名字与父兄长辈相同者。古代强调"入门问讳"，外人尚且如此，本族晚辈（内）则更不必说。一般来讲，"本家"（同姓）需要避讳本宗族长辈之名讳，古称"私讳"。同名同字甚至同音，都是不允许的，体现着很强的宗法和等级意识。该村的王盈，起名时疏忽大意，考虑不周。她爷爷王世清的干妹妹名曰：王瑛，知道孩子名王盈，就显出不乐之意。

此外，尚保存有"行第称名"的古老习俗，有老大、老二、老三等论资排辈（行辈）的习惯。如聂老大、聂老二。需要说明的是，此种行第排名，大致起源于宋的"字辈取名"，是整个同姓大家族下的排名，而不是纯粹直系亲属兄弟间的排列。这一方面反映了乡土称名习俗的随意性与生活化；另一方面也是宗族制度的体现。如今在陕西农村多称以数字排行为"大排行"，这种习惯，"晋以后，这种行辈意识显著加强"④，自唐以来就十分盛行，可以按父祖血缘来排行，也有按拜把子的兄弟关系排

---

① 表 2 及下文表 3、表 4 数据皆四舍五入。

② 2011 年 5 月，育英村王世清与周凤芹口述，这些字为王氏祖父王义学"请"教书先生续写的，再往上已不可考。

③ 具体统计可见下文表 4 之统计。

④ 吉常宏：《中国人的名字别号》，商务印书馆 1997 年版，第 14 页。

行，大概这些是为了表达亲昵的意思①，在古代文人书信中，常见此称（刘十八等）。随着时代变迁，这种情况越来越罕见。

另外，宗族亲友之间尚存的过继等关系，也是影响个体姓名变化的非血缘因素。村民王世清，本为贺姓，在其三岁时，由于其舅舅没有子女，其父母将其过继给"舅"家，也就随舅姓王，即是一例。

除非特殊情况，姓是宗族血缘的纽带，"姓千万年而不变"，相对恒定，名是宗族区别辈分的依据。"宗族强调了共同的祖先、男系血缘的嫡传、安辈分排列长幼次序等"②，宗族这种亲缘与地缘的制度设计，在姓名的生成规则中，井然有序，完全体现出社会分类的内涵。无独有偶，同属于关中地区的合阳县，侯永禄在其《农村日记》中，侯氏家族取名之序列亦有显著的宗族序列之表征③。

以此可以侧面看出，关中地区（至少育英村）还有宗族的残存形态和观念遗存。现在的北方宗族发展，大部分不如南方宗族制度典型。缺少固定的宗祠，也没有专门的管理人员，仅有一些残余的宗族意识起作用。在乡村社会，这种以姓名为表征、亲缘为维系的宗族控制网络，对于当下地方治理颇有启益，"社会控制"不仅仅是组织控制，很多是非组织化的习俗、规范与惯制调解。"宗族制包含宗教、礼仪与语言的表达，它的发展体现了乡村社会中以礼仪为主体的意识形态的统一"④。这些习俗—惯制因素是多维力量中的一维，维护着乡村社会的基本秩序、规范和认同，是取名习俗所具备的"社会控制"内涵。

3. 儒家伦理观念与现实愿望相结合

取名用字往往遵守"公序良俗"，符合人们的共性认知。姓名作为一

① 周一良：《中国通史》，福建人民出版社 2001 年版，第 202—203 页。

② 杜赞奇：《文化、权力与国家：1900—1942 年的华北乡村》，江苏人民出版社 2010 年版，第 66 页。

③ 此处不展开，可参见《农民日记》"五部曲"，分别为侯永禄：《农民日记》，中国青年出版社 2006 年版；侯永禄：《农民家史》，人民文学出版社 2012 年版；侯永禄：《农民笔记》，中国青年出版社 2012 年版；侯永禄：《农民账本》，人民文学出版社 2012 年版；侯永禄：《农民家书》，人民文学出版社 2011 年版。

④ 科大卫、刘志伟：《宗族与地方社会的国家认同：明清华南地区宗族发展的意识形态基础》，《历史研究》2000 年第 3 期，第 13 页。

种表明个体自我的特定文字符号，主要有特指性与意义性两个特点①。乡名中，多有文、孝、贤、俊、美、忠、德、义、广顺、广财、广田、广发等字词，是个人美好期望与伦理道德的结合，一者反映了儒家伦理观、义理观的根深蒂固；二者此类取名颇具功利性特征。如陈寅恪所言，"华夏民族所受儒家学说之影响最深最巨者，实在制度、法律、公私生活之方面"②，此言不虚。

取名者希求子孙或者晚辈平安康兴、取得功名。重视伦理道德，寄托一种美好愿望，具有某种传统文化的延续。育英村青年聂大有，大有即"大丰收"之意。旬邑县乔登举、乔登甲、乔含德、乔含彰、乔立诚、刘世昌、刘中正等，便是这种特征③。一般来说，村民取名须遵守良俗，杜绝使用粗俗、恶俗、消极、凶坏、引发误解之字的。各类取名用字，其形式有限，而传达的意义却相对无限，具有多层意义类型④，是美好愿景的自然诉求和特定文化惯行的体现。

一定程度上，这反映了中国取名与礼义的充分结合，随着时代变迁、用字习惯和风尚的改变，这种特点渐趋模糊。作为象征及仪式意义的姓名用字，其实际意义也在逐渐发生转换，渐渐地走向了一种功利化、操作性的演变，不再如以往那种刻板与严肃，而是因时因地而变。从年轻一代（0—25 岁）取名用字中，即可推论。

4. 兼名现象

兼名，又叫双字取名。由表 1 看，该村双字构名者多见。如秀秀、丹丹、宁宁、娇娇、静静、卜卜、涛涛等，多为女性之名，男性双字名似少见（男性中，仅有卢佳佳为双名，有一人小名为涛涛），有比较显著的性别表征。可能的原因是，双字取名在村民的观念里，颇有一种阴柔之气，不够阳刚，而且双字的语音美，更适合于女性使用。

① 郑先如：《姓名及取名的心理分析》，《龙岩学院学报》2011 年第 6 期，第 82 页。
② 陈寅恪：《冯友兰〈中国哲学史〉下册审查报告》（1933 年/1934 年），《金明馆丛稿二编》（《陈寅恪集》），生活·读书·新知三联书店 2001 年版，第 283 页。
③ 王本元、王素芬：《陕西省清至民国文契史料》，三秦出版社 1991 年版，第 116 页。
④ 里奇（G. Leech）在其《语义学》中，将一般的语言与词汇划分为七种类型，不同的类型表征不同的内涵与文化单元。人名所用之字具有符号特质，传达着有差异的表述取向与意义，也应符号里奇之划分。人名用字具有文字本身的意义、取名者愿景意义及衍生意义。

这个习俗（习惯）起源于汉魏，文献中也有相当多的记载，西汉大将军霍光，小字"翁翁"①，大和 069《窦君墓志铭并序》记载墓主夫人刘氏有两个儿子，"长曰郡郡，次曰朗朗"，贞元 109《李氏殇女墓石记》记载墓主小字"孙孙"，大和 013《崔府君墓志铭并序》中墓主五个儿子，其中一个名曰"鲁鲁"，咸通 038《王氏墓志》墓主小字"娇娇"，大中 114《支公孙女墓志铭》墓主小号"令令"②，文献里都可找到印证。

需要注意的是，农村使用双字大多都是实字，而虚字比较罕见。双语人名和虚字现象，民族学者、语言学者、历史学者都不同程度有过关注，此处按下不表。

5. 偶有天干地支和生肖属相构名现象

以天干地支和生肖属相构名，在古代社会比较多见，在当下关中乡村亦有体现，但并不显著，数量也不多见，可见表1。诸如聂甲启、胡庚子、聂辛未、以虎称名者（村民李元虎、李敦虎，聂声杰小名为老虎）多人等，即用天干地支或生肖属相构成名字。清代，陕西有一刀客名"黄辛卯"。当然，天干地支和生肖属相与被命名者的出生时间、生辰八字等息息相关。

（二）取名的地方化：乡土、方言及风俗

1. 取名的乡土性

关中农村的取名具有很强的乡土色彩。如表1中卢蛋、聂豆（聂举贤）、卢黑子、聂大圆、老虎（聂声杰）、张牛娃、社娃（聂社娃）、考娃（李美考）、王爱娃（王玉爱）、王有娃（士人以一人为一娃，生子则称某娃，往往至老不改③，陕西方言的"冷娃"就是这个的反映，"男曰娃，女曰女娃"④），农村中以"××娃"为名的村民不胜枚举，作家贾平凹据说原名就是"贾平娃"。晚清之季，华阴郭秀娃、渭南王银喜（银娃）、蒲城杨虎城（九娃），这些刀客之名，具有显著的乡土特色。

一些小名或者绰号，如猫狗、蛋、黑子、葫芦等，都体现了这个特

---

① 参见张孟伦《汉魏人名考》，兰州大学出版社 1988 年版。

② 参见周绍良《唐代墓志铭汇编》，上海古籍出版社 1992 年版。

③ 胡朴安：《中华全国风俗志·陕西风俗琐记》，河北人民出版社 1986 年版，第 232 页。

④ 同上书，第 339 页。

点。有学者将其称为"爱称构词"：（1）××儿、××娃；（2）××（重叠字）；（3）单音化特征，如尚文称"文"，大锋称"锋"等①。这些用字、称名方式显示了父母对子女的怜爱。

某些称名还是农村特有的说法。如有人名"辘辘"，辘辘是农村从井里提水的工具，旁人仅从用字，很难想象这种乡土特色。又如该村中有一人名叫王麦麸。所谓麦麸，"小麦屑皮也"②，就是小麦磨成面粉后所留下的皮壳、碎屑。若没有乡村生活经验，就很难知晓这种取名用字的意义。再如王麦麸的姐姐名曰王麦荣，荣，一作"花"；二作"茂盛、繁多状"，无论是哪种意思，都是切切实实的乡村生活反映，表达了乡人希望收成良好的夙愿。取名之字在此种情境下，具有显著的象征意义③。

2. 方言、地方化词汇

取名有很强的地方性。村民王世清，村里人戏称他为"王老爷"，乃是由于该人喜欢模仿秦腔选段中人物"王老爷"，由此得名。有一杨姓村民，小名为"毛"，晚辈呼为"毛叔"。该村有一曹姓青年，由于其皮肤黝黑，性格强硬，朋友皆称其为"牛"，朋友间称为"牛哥"，甚至其父母也直呼此名。

晚清以来的活跃的关中刀客群体，其绰号、惯称无地方文化息息相关。大荔县李牛儿（满盈）、朝邑刀首甲午儿、兴平县刘三、富平县王寮镇刀客段学义（四煽狼）、杨鹤龄（白煽狗）、段三多（草上飞）、柳红（红老九）、宫里石象坤（仄楞子）、严锡龙（野猬子），这些刀客其绰号的生成，是方言或地方文化干预的结果。

此外，还存在许多方言名称与习惯用语。诸如衔毛、金果、木豆、葫芦（村民唐锋亮）等地方化词汇，常常作为小名，甚至正式名字。方言中许多称呼与叫法是很具有地方特色的，难以用文字具体刻画，有些词汇甚至还颇有些"低俗"。命名的方法取决于当地人的生活、语言习惯。如猫娃、狗儿、牛、叫化、丑娃、熊猫、好虎等不入大雅之堂的名称，却是

① 孙立新：《关中方言语法研究》，中国社会科学出版社 2013 年版，第 185 页。
② 许慎、段玉裁注：《说文解字》，上海古籍出版社 1981 年版。
③ 纳日碧力戈：《姓名论》，社会科学文献出版社 2002 年版，第 5—8 页。

实实在在的乡村人名。当然，这是一种乡土化的绰号，但也体现一种贱名好养的社会心理，污名现象较为多见。

3. 习俗性干预

撞名习俗在关中地区也存在。2014 年 7 月笔者做调查时，听邻近村民言及①，有一庞姓男孩刚出生，家里恰适搭建一蓬屋，故其父母起名为"蓬蓬"，是较为典型的撞名风俗。一般乡人"近取诸身，远取诸物"，所取都是与乡村生活、小农经济相关之物，民俗想象基本离不开日常所及，是身处自然环境的映射。

虚拟是现实状况的映射。关中农村有一个去世前"烧车车"的有趣风俗。当老人病重时，家人会买来一只纸糊的马或车，在其濒临逝世前烧掉，称为"烧车车"。亡者家人希翼车里的"司机"能安全的载着死者灵魂离开，往生极乐，不让死者受太多苦。过去多烧"马"车，现在往往做成汽车的样子焚烧。不论何种形状，总需要赶马或驾车的人，所以里面还会有一个小人，并且一定要起一个名字，在死者病危时在其耳边告知，以便死者能够认识且驱使他，从而顺利地进入到未来世界。

乡人多使用"来喜""蚂蚱娃""瓜瓜""壮壮""小六"等具有乡土气息的名字，某种程度也算是起名乡土化的表现之一。2012 年村民王世清去世时，其"司机"名为"蚂蚱娃"。即使是一个形式上、想象中的"人"，村民所取之名是很"接地气的"，不过这种风俗也非陕西独有。据湖风《送终》一文载："湖州地区，死者刚断气时，丧家要在门前焚烧纸糊的轿子。前后两名轿夫，一个叫千里，一个叫顺风，胸前各挂两只烧饼，腰里各挂一双草鞋，放在稻草上立即点火，以使他们抬着死者的灵魂悠然西归。"② 可见，各地民众的想象颇有异曲同工之妙。

4. 便宜性

有些许村民给孩子所起的正式名字，也就是大名，相对比较难写。根据惯例，为了孩子在读幼儿园、小学，练习、学写自己名字时方便，还会

---

① 2014 年 7 月，淡村镇石家村庞娜口述。

② 可参见徐吉军《中国民俗通史·民国卷》，上海文艺出版社 2012 年版，第 420 页。

另起一好记易写之名字——平时村落熟人亦用此称呼。

在正式档案、户籍和成绩单中，都用大名，而平时用孩子容易学会的名字，似乎称其为"学名"更为准确。当然，在实际情况中，这和小名差异并不大，但也并非完全相同。

（三）取名的政治性与时代特色

起名显示出很强的时代背景。聂春贤四个儿子的取名，具有一定代表性。聂学寨（在学大寨风潮下给所取）、聂学锋（在学雷锋风潮下所起）、聂学利（中央号召水利建设时所起）、聂学战（备战备荒之意），聂春贤当时是育英村中基层干部，对于政治风潮或更敏感，所以给四个儿子也起了很政治性的名字。另外该村附近有不少村民叫革命、解放等，都是政治性的体现。

国家权力的影子"无所不至"，个人意志与行为离不开具体的社会环境，这种"紧跟"政治不是特例。同属于渭南市的合阳县农民侯永禄在其《农民日记》中亦有相关描述，在"文化大革命"中他曾改名"永学"，表示毛泽东思想要永远学。侯氏四个儿子所取之名，胜天（中央号召破除迷信、人定胜天）、丰胜（正值整党整风之时，侯永禄取名为风胜，读书后其老师改为了"丰胜"）、万胜（因出生在公社三反期间，还因这一年是"总路线"、"大跃进"、"人民公社"三面红旗举得最高、叫得最响的第三年，给儿子起名叫"三胜"，后觉得三字太小，不甚好听，侯氏母亲提出叫"万胜"，希望革命万胜）、争胜（毛泽东语录中有一句：去争取胜利，故叫"争胜"），都与当时政治风潮和背景相关，体现了取名的政治化色彩①。

据调查，该村邻村一些村民，有小名为：六一、五一、五四（杨五四）、解放、跃进、革命等；在合阳县侯永禄《农民日记》中：合阳县村民侯大庆、侯要增（要增产）等名字②；大荔县人吕公社③，都一定程度反映了时代特色和政治运动色彩。取名用字的时代性与随从众流，皆是

---

① 参见侯永禄《农民日记》，中国青年出版社 2006 年版。
② 同上。
③ 2014 年 5 月，淡村镇育英村吕兰芳口述。

"一时之风尚也"①，非当下之独例。

（四）取名的多元化趋向

1. 男女用字界限及逐渐模糊走向

如表1所显示，50岁以上男女的姓名，由于时代限制，取名用字界限鲜明，有明显的性别分异。

男性一般多用德性美词：清、德、华、忠、义、书、学、正文等和形容美词：世、永、长等②。男性取名用字多宏观大气，社会感较强，多具义理性，侧面体现了男性在家族中相对主导的地位。

女性姓名用字相比男性而言，则更为固定，大多是表达女子贤淑、文静、美德、贞操性的词汇，如兰、玉、英、芳、琴、芹、霞、荣、茹、秀、彩、雅等③。即使有少数女性不用这些词语，大多也是和花草树木、琴棋书画、日用之物等相关，不再具列。

2. 取名的生活化与中性化

20岁以下的取名用字，多追求语义美、语音美，呈现出新颖活泼等特征。特别是女性，如娇、丹、静瑶、珍等，很明显地表达了父母对于女儿的爱怜之意。取名用字的差异，在不同的年龄段有不同的特征，同时这种差异也具有时代性，越往现当今越不突出。

男女取名用字的界限和分野逐渐不明显，不再泾渭分明。用字的性别观念开始淡化，用字界限逐渐模糊，呈现多元化走向，不再局限于男性用字、女性用字的预设与限制，甚至女孩取名用字男性化、中性化。如辉、旭、睿等字，男女取名之使用就没有绝对的性别界限，字义也更

---

① 赵翼著、王树民校：《廿二史札记》，中华书局1984年版，第489页；赵著卷十五、二十二对于取名用字有见解，"五代取名多用彦字，与六朝取名多用僧字相同，以一时谓之好尚矣"，可资参见张亮采《中国风俗史》，东方出版社1996年版，第118页。

② 传统的男名用字，多取英武博大、豪迈抱负、升官迁转、与众不同、财势地位、文德品质之词，与儒家文化、义理相对接，有一套相对固定的定式与规范。

③ 根据徐一青、张鹤仙在《姓名趣谈》（上海文艺出版社1987年版，第82—83页）中总结，传统女名用字大致分为八类：1. 女性字，娘、女、妹、姑、姬、婷、娜等；2. 花鸟字，花、华、英、梅、桃、凤、燕等；3. 闺物字，秀、阁、钗、钏、黛、香、纨等；4. 粉艳字，美、丽、倩、素、青、翠、艳等；5. 柔景字，月、波、云、雪、春、夏、雯等；6. 珍宝字，玉、璟、珊、琼、瑛等；7. 柔情字，爱、惠、盼、喜、怡等；8. 女德字，淑、贤、巧、静、慧等。

加大众化。

3. 重名现象存在且有相对扩大的趋势

重名现象多集中在 10—30 岁之间，像丹、倩、艳、燕、龙、辉等字，都是使用频率较高的名字，不论男女，各有使用。集中于某个年龄段，取名具有集体化表征，在不同年龄段，取名体现着时代的变异格局。

单字取名亦是一个不可忽视的问题。从年龄分化看，单字取名的现象，基本上集中于中青年一代（50 岁以下），老年群体（50 岁以上）较少单字取名；从性别分布看，女性单字取名的比例大于男性。详见表 3。

表 3　　　　　　　　　单字取名比例及年龄分布表①

年龄（岁）　　　　性别	男	女
0—25	45.2%	70%
26—50	29.3%	54.1%
51—75	1.9%	13%
75 岁以上	3.6%	8.3%

实际上，回溯历史上单双名的发展规律，基本可以概括为：隋唐以前单名倍受青睐（二名非礼也），唐宋时期单双名基本保持均势，明代时期直到现代双名占绝对优势。新中国成立以后，特别是改革开放以后，情况又有异常变化，单名现象又重新盛行，并有愈演愈烈之势。在人口基数庞大且不断增长而常用取名用字相对固定的情况下，重名现象不可避免会发生。正是这种单名化倾向，导致了重名现象的扩大，也反映了现代乡村取名简单化的某种弊端②。

在当地乡村，村民给新生小孩录入户籍的时候，户籍管理部门一般不鼓励单字，尤其是人数较多的姓，重复概率较高，要求最好双字命名，所

---

① 此处数据比例根据表 1 所计算而得，部分村民姓名由于调查不完备，计算不便，故此处仅计算姓名完备之村民。算法为：单字取名比例＝同一年龄段单字取名的村民个数/此年龄段总人数，男女分算。

② 整体来看，村民通常用字是相对固定的，由于大部分村民文化水平所限，生僻字在乡村生活较少出现。样本到达一定程度，从概率上讲，取名用同一字就很有可能。

以近几年的新生儿童，名字渐渐不易重复。正如历史上的户籍编制问题一样，重名则影响了户籍编制，所以用制度规范取名用字也是理所应当和管理上的内在规定。户籍管理部门为录入方便之故，也不鼓励村民取名使用过分生僻之字，特别是异体字。公安部 2007 年 6 月出台了《姓名登记条例（初稿）》，下发各地公安机关组织研修，对于取名用字有了制度性规范。

4. 特殊情况

"易姓更名为融合种族上必经之阶段，凡异族进化为汉族者莫不由之。程度最高者为汉姓汉名，次为外族姓汉名……最不进化者为外族姓外族名"[①]。历史上的赐名、赐姓、更名，以外族最为典型，往往关联着"华夷之辨"，具有强烈的同化色彩。

而对于普通村落中的个体，改名、改姓、姓名全改等情况，实际是比较罕见的，影响因素也是复杂多元的，这需要分情况来具体讨论。在姓名变更过程中，具体的婚姻家庭状态对于"人名"的获得具有显著的干预与影响。

姓是由继承所获得，没有太大的变更弹性（隐姓埋名、避仇、政治原因、过继等现象除外）。若是男女双方离婚，随母亲一方的孩子姓名（改嫁之后）或会更换。对于随父一方来讲，根据农村习惯，子女一般皆随男方姓取名，无须更改。但也有特殊情况，即是子女取名时第二个字是母亲之姓，如张王×、李郭×等组合方式，若双方离异，一般也会更改，这也是双方交际与家庭关系破裂后的重新厘清、确定与再次整合。

因夫死亡改嫁而改姓名的情况则更为复杂。在关中一些地方，改嫁妇女随带之子女须改姓名。但事实上并不严格执行——特别是这些子女已经成年的情况下。如该村落的张博，又名王幕[②]，村民王麦麸之子。因其母亲当时改嫁至王家，遂改名。其祖父去世之后，王幕便改回了原名，也就是张博，可作为一例。孀居招赘丈夫，一般来说丈夫携带之子女无须改名。至于养子情况，也须分类讨论，改与不改没有绝对的标准。

---

① 王桐龄：《中国民族史》，文化学社 1934 年版，第 504 页。
② mu，二声，2012 年在关中调查时，未问清是否为此字。

而入赘（俗称倒插门、上门）情况，则相对复杂。民国时期，在陕西长安县有"招夫改从前夫之姓"的习惯，"妇人夫死子幼，或无子而有财产者，别招男子赘于其家，俗称招夫。即以妇人前夫之姓为姓"①。一般来说，入赘男子的子女随女方之姓，取何种名亦由女方家长决定，是旧有之惯制。不过随着独生子女越来越多，一者"入赘"之称法渐少甚至不提，二者取名方式上相对以往具有较大随意性。针对一个子女的家庭，许多采用"女姓＋男姓"之组合方式②，有的家庭则生两个子女（农村居多），男孩随母姓而女孩随父姓或第一个子女随母姓而第二个子女随父姓等多种方式，不失是一种变通与平衡之手段。

三　取名、交际与社会关系：单位村落中的复合历史

作为一种特殊的历史与语言表现形式，"人名作为一种文化标记符号，具有相当特殊的文化意义"③，是可堪利用的"有形之资料"。取名惯制是一个"历时性"的机制，取名习俗是"习焉不察"的生活与互动场景，是社会时间中"共时性"因素的集萃。

取名诸事作为地方社会的一个镜像，是一种特殊的观察视角。以育英村为例的关中地区取名用字所显示的诸种特点——忠孝礼义之义理表征、政治风向的反映、论资排辈现象、用字的年龄分化与性别分异，就是地区社会情状和文化图景的某种展演。那些取名简单而且乡土化、习俗化的民众（非绝对），大部分文化水平较低，受地方习俗力量影响的深度大于主流文化的塑造作用，地方生活和惯制成为塑造乡民的性情与习惯的主要力量和内在动因。各类乡土用字的排列，不是无规律的任意组合，特定地域与群体的语言规则和社会习俗对于取名形式和用字有难以剥离的制约。

---

① 施沛生：《中国民事习惯大全》第四编，上海书店出版社2002年版，第46页。

② 这是古代合姓习俗的变体，具有强烈的传宗接代意识。没有儿子的家庭，其女儿跟入赘的男子结婚时，要规定他们生的孩子中有一个或几个应承袭母亲的姓，以此传宗接代，两个姓的组合叫作"合姓"。

③ 魏斌：《单名与双名：汉晋南方人名的变迁及其意义》，《历史研究》2012年第1期，第15页。

（一）乡村取名者的角色、权力与变动

取名程序是一种阶级与等级揭示，生产关系与社会关系在大部分情况下居于同步。中国传统社会的基层秩序，主要由家族及其衍生的组织形态及其观念所维系。正如《白虎通·姓名篇》言："人必有名"，取名不仅仅是一个人社会角色形成的重要程序，也是一个家族维系组织形态的方式之一。根据古代取名的规则和习惯，新生孩童出生，但凡是宗族大户、士官绅富，一般来说，要完全按照家谱第次，严格排列，以表亲族远近之归属。在取名仪式和用字上煞费苦心，甚至引用经书、使用典故等，以标识阶等、表达期望、彰显宗族等。而中下层民众，至少也会请一些有文化、有社会地位的人来取名。而对于社会下层的贱民或女性，很多无名可考，最多也是"贱名、俗名"了事，也谈不上取名的程序与章法。

取名作为一种文化现象，无论在仪式意义还是权力意义上，都赋予了在文化网络下取名者乃至被取名者社会角色的意义。"被命名者在出生不久即通过命名加入了社会的符号体系，步入社会化过程"①。范热内普在其《过渡仪式》也对命名仪式单独做过论述，认为通过命名，暗示着男女性别、排行或者其他意义②。

取名者大概分为以下几种：宗族中长者、家长、教书先生、兄长、家族中飞黄腾达者等。很明显，取名者"识文断字"，基本上是站在乡土社会关系间强势的一面，具有相对的权威性和话语权。取名或成为宗族一种维系宗法、等级制度的措施，在这个意义上是一种权力向度的解释。侯永禄《农民日记》中侯氏第一个女儿的名字由侯氏母亲贺氏所取，侯永禄本想取名为"智玲"，却只能听从母亲"引出男孩"之意定为"引玲"，而平时称为"玲娃"③。

取名亦有章法，宗族或者家长，一般基于对子女怜爱心理和家族的期望，取名都祈望晚辈身体健康、飞黄腾达、光耀门楣，故而所取之字往往就具有特定的含义。如德、孝、仁、清、忠、义、学等完全儒家规范下的

---

① 纳日碧力戈：《姓名论》，社会科学文献出版社 2002 年版，第 1 页。

② 阿诺尔德·范热内普：《过渡仪式》，商务印书馆 2012 年版，第 66—67 页。

③ 参见侯永禄《农民日记》，中国青年出版社 2006 年版，第 28 页。

希望，也有诸如广田、广财、广顺、广发、广智等现实愿望的诉求。而至于小名之行，则大多数是父母个人喜好（爱称）与风俗习惯交杂融合的产物。

当下农村取名机制较为混乱，因而也很难形成某种可见的规范。如王姓家族下的王珍、王盈，就是由其堂姐王蓉（大学本科毕业）所起①。王静瑶和王子睿，则都是由其外婆家人所起②。侯永禄《农民日记》中侯氏外孙之名，江虎—江晖的具体转变过程，老一代与青年人审美取向、知识结构的差异立显③。即使是"入赘之婿"，在取名上也有了相对以往更大的自主性。取名者的不固定和混乱，基本上失去了它传统权威角色的意义。

取名与知识结构、受教育水平的关系愈发密切，一定程度上也能看出社会结构的变革与消解，乡村的权力关系和结构正发生着革命性的变化，平辈、尊长、晚辈的藩篱逐渐消解失序（逐步形成新的规范），称名（用字）也发生了较大变化，那种绝对的阶级上下的等级关系被瓦解，礼—俗两者之间逐渐结合与互动。"三四十年代，传统的名、字并存现象已不多见，另取别号的做法也大为减少"④。也正由于所谓"字""别号"等的消失，呼喊他人也少了许多"规矩"与等级，交际结构更加简易和质朴，无疑也是风俗习尚进步的表现。一般来说：亲族多呼小名，朋友多呼绰号，老师以及长辈多称大名，正式场合只能用大名（官名）。

（二）取名用字的分异与变迁

姓氏是个体的根基和基础，名字才是彰显自我存在的方式。名字本是"冥不相见，故以口自名"的符号标记而已，却逐步有了更复杂的内涵，受到家族传承、政治特色、知识结构等多重因素的影响，而且有的名称之生成还是多个因素交叠的产物，而家庭因素占有很大权重，仅以家族标识、双字传统、政治/时代性三个干预因素

---

① 2013 年 8 月，淡村镇育英村王尚民与周小云口述。
② 2015 年 8 月，淡村镇育英村王尚文、聂雪玲、王智辉、王智林、李贞、苗苗等人口述。
③ 侯永禄：《农民日记》，中国青年出版社 2006 年版，第 178 页。
④ 张联芳：《中国人的姓名》，中国社会科学出版社 1992 年版，第 3 页。

举例，如表4：

表4   取名影响因素统计表

取名影响因素	家族标识①	双字传统	政治/时代性
出现频次（个）	68	7	5
占据比例（%）	37.8	2.5	1.9

表1所列之村民，少数是1950年之前所生，大多是1950年以后所生。除去个别乡土化称号，无论老少，所取之名皆相对理性化，讲求和谐质朴。人名所指代的政治、社会变迁，在对用字的归总中，得以窥视②。

取名用字可以多元乃至五花八门，但是一些基本的原则是存在的。在具体称呼的形成中，真正的佳名须在形、音、义各方面都经得起推敲，同时还要与特定民族、区域文化的种种内涵相适应。从这一意义上说，命名是一种十分困难的工作③。可以说，文质兼备，方是佳名。"乡村的生活模式与文化惯制，从更深层次上代表了中国社会的历史传统"④。农村文化的复兴，传统的明晰，这也是需要注视之处。

顾"名"而思"意"，若把此类文本（text）置于具体的社会情境（context）中去理解，解读每一个鲜活的个体人名之时，即可以理解到习俗—惯制这一动态过程的交相联系与互动。受时代局限，老一辈中，符号化、心理暗示、义理类的姓名较多，政治性词汇风行，如学寨、学锋、万胜、大庆等。而女性的名字，更可以说是千篇一律，离不开芹、茹、琴、兰、芳等古旧刻板之类。年轻的一代，在用字上则因时而变，回归生活化，更加注重名字的意义和美感，而不是看是否契合政治风向。如王静瑶、王子睿、聂甜等。对于时尚的追求意义大于对政治的捕

---

① 由于以家谱排行取名者，论辈取名，基本为男性，故此处比例是指在男性村民中的比例。

② 李巧宁所著《陕西农村妇女的日常生活：1949—1965》中，多有涉及陕西当代妇女姓名及少量男性姓名，张美美、冯三娃、米桂英等，可资比对与归纳。

③ 王建华：《人名文化新论》，中国社会科学出版社2010年版，第297页。

④ 王先明：《变动时代的乡绅——乡村与乡村社会结构变迁（1901—1945年）》，人民出版社2009年版，第1页。

捉，这也是人自我复归的表现之一了。取名习俗本是"礼"的一种，随着时代的变迁，"依礼成俗，由俗成礼"，流质易变，逐渐变成一种雅俗文化的串联。

将乡村与乡村生活作为一种社会文化构成，大致可以认定：乡居者与城居者在价值观、行为、文化上存在着一定的差异，而乡村往往天然的与传统的地方性的价值观相联系，这是一个现实问题。乡村生活相对比较单一，因此民众的习俗想象也很固定。乡名其实很质朴，阳光雨露、草木牛羊、风沙晴阴，都是日常所见之物和朝夕相对之现象。这种行为模式与习性千百年如故，变中有常，成为塑造乡土生活的主要力量。乡民取名用字也大多简单易懂，中规中矩，不存在异体字和难写之字（相对于文化发达之地），这是一种知识结构的差异。这类社会模式与惯制，具有显著的地方与乡村特色①。

（三）乡名、圈子与交际结构

长时间所及，乡名与惯称成为村民"不假思索"的第一反应。

1. 该村有一村民李某，天生弱视，村民一般称其为"瞎子"。倘若是外人，见面如此随意称呼的话，则显得很不恰当，甚至颇有不敬。倘若彼此熟悉，则很肆无忌惮，呼为"瞎子"。

2. 有一人名叫胡春喜，因为他精神稍有不正常，平时行为略显浮夸，说话粗俗，众人称他为"疯子喜"。

3. 有一村民，六十岁上下，一直在县城化工厂上班，名叫"李美俊"。众人平素皆敬称其为"工人"。若私下谈及此人，总是言说："我们怎么能和工人比，人家是无产阶级，拿工资的，我们没有那铁饭碗"，言语背后反映了普通民众对"工人"的敬重。

4. 该村村民"陈永堂"，年轻时做过多年村中干部，村民见面一般会说：干部、先生、党员，罕有直呼其名者。另外，该村胡庚子，其职业为医生，行医多年，周边村民敬称他为"先生"，方圆村民提到"先生"，

---

① 知识结构的不同导致乡居与城居之间的多重差异与区隔，体现在多个方面：行为模式、谈吐好恶、生活习惯、交际取向、人生选择、职业流动等。对于个体来说，这不仅仅是城乡二元发展模式所致，具有更深层次的文化惯制与习俗承袭复杂的原因。

皆知为此人之称。又如，村民聂春贤，职业为村办教师，众人也都敬称为"先生"。不可否认，这些都是时代背景和记忆的遗留，也是乡民的交际圈子和角色定位所致。

5. 该村的唐锋亮，小名唐超，绰号"葫芦"，平时众人也都称其为葫芦。如今由于他已经二十多岁，还未结婚，在关中农村已属晚婚者。在一次正式场合里，他就明言，以后"伙计们"不能再继续称他的小名了。唐葫芦，听起来不好听，家人担心对他"娶媳妇、讨对象"不利，这也是唐氏在构建自我交友圈子原则和规范的"宣言"。

6. 一般来讲，晚辈不应也不宜与同族长辈亲人姓名重合，无论是从发音还是用具体字上，出于对家族长辈的尊重，同族代际之间同名现象一般少有（在古代是绝不允许的）。该村王姓，王尚民与周小云生了一个女孩，给她命名为：王盈。该女孩的祖父王世清有一个"干妹妹"名叫"王瑛"。由于当时起名时，考虑不太周全，忽略了这件事情。虽然说名字仅仅音一样，字不一样，仍还是引起了王瑛的不满，数次表达她的不悦之意。足见避讳在农村仍有遗留，乃是一种习惯性（惯制）概念。

7. 富平县城有一杀牛者，走街串巷杀牛，无人知其具体名字，只知道其为回族人。因为其杀牛前一定要念经，故均称其为"阿訇"，后被讹传，转述成——"阿红"，起初笔者觉得奇怪，怎么能成为"阿訇"，又怎么演化成了"阿红"，后来听多了，也就理解和习惯了。认识这个"阿红"的人本就少数，其职业为屠夫，无论是"阿訇"还是"阿红"，只是一个代号，而交往中最多关注的是他的职业角色与惯称符号下"活生生"的人。再例，该村附近有一个天生驼背之人，其个头自然比正常人低一些，所以平日众人称他为"低娃"，时间久了口耳相传，乡人多数不知道他本名为何了。

先生、党员、工人、阿红、瞎子、疯子喜、低娃、葫芦，在不同的情境下，这些具有职业标识和身份特质的乡名被添加进了新的元素，通过不同角色、不同圈子、不同职业人的进行展演，被赋予新的意义——确立边界，违反或打破此种惯制的行为会对村落的交际生态造成直接或间接的损害。

圈子是亲缘与地缘关系的再扩展，对于有乡村生活经验的人来说，跟随大多数民众的称谓方法才是融入"圈子"的方法，如乡民都称呼某人小名或绰号①，这种绰号带有某种调侃、讽刺甚至贬低意义，但也要随大流如此称呼，否则便无形地将自己排除在"圈子"之外，在这种情况下，彼此之间的惯称便反映了圈子意识。费孝通曾言："所谓乡土中国的基层社区单位便是聚族而居的村落"②。村民生活在这样一个共同的地理空间内，逐步就形成了自己的圈子、行为模式和取向。这实际上是乡土社会圈子自我认同、构建和过滤的一个过程，也是乡村社会文化张力的"自觉"与展现，是长期的习惯性表达③和活生生的历史叙述（historiography）。

（四）城乡二元背离下的乡土情结

从表面看来，取名与惯称是具有较大随意性的个人行为。但是，此种随意性又是相对的。"同一社会共同体中人们的命名行为，往往又有较大的共同性，遵循着一定的习俗；而某一人类群体的命名习俗，是该群体所属的社会的产物。简而言之，人们的命名实践实质上是一种社会行为，人们的命名习俗受到社会的制约和影响，反过来又影响和作用于社会。"④这在特定的各个层级文化单元中表现更为明显⑤。

从特定村落里具象人名及其获得中可以反映出一个特定民族与地域的社会习尚、文明程度、伦理观念、宗法制度、宗教信仰⑥以及语言文字等多方面的内容。育英村作为一个探讨取名习俗的案例，是能够展示关中乡村社会图景的。人名是一种有形载体，"透过姓名的分析，可以显示当代

---

① 绰号，又叫浑名、外号。一般是抓取人物特征、身份特质、具体职业得来，在乡村中，要饭者、收破烂者、收粮者、卖豆腐脑者、游街照相者、卖老鼠药者等此类具有特殊职业标识之人，乡人一般多称呼其为：卖××的、收破烂的、那个干吗的、要饭的，很少有人刻意记其姓名——除了这些人本身的宗族朋亲。

② 费孝通：《乡土中国》，生活·读书·新知三联书店1985年版，第4页。

③ 若真正在心智上和感情上置身于乡土社会中，做一个"局内人"，具体的体验乡村生活，就会力图以这个"圈子"的思维去理解这种现象。站在乡土社会运作的逻辑角度上，感受此种日常关系与交际脉络，这些现象本身就更加具有合理性。

④ 王守恩：《命名习俗与近代社会》，《山西大学学报》1995年第4期，第14页。

⑤ 如自然村落、以平原—谷地—山地等为界限的小区、大区域、同一文化特质国家、文化圈等，表现为单位区域因文化传播而扩展的层级性、等级性、中心—边缘性，与行政区划有别。

⑥ 陈寅恪先生在其《崔浩与寇谦之》一文中，就指出：六朝时期之字取名风行，如王羲之、王献之、王徽之、王兴之、裴松之、祖冲之等，非"特专之真名"，可以不避讳。实际上代表着时人的宗教信仰，即天师道信徒，之字是道教徒的身份标志。

的民族来源、社会制度、宗教信仰、和价值观念等等"①。这种认同和观念是一种复杂而微妙的地域文化情感，熟人社会的特有现象。对于他人的称呼就反映了此种情志和沉淀——如上文所言及，彼此之间比较熟悉，可以随便甚至戏谑地称呼对方（如村里人瞎子、葫芦、疯子喜、阿红等乡名与绰号），若是彼此间不熟悉，称呼其为瞎子、疯子、葫芦，就显得"不伦不类"和唐突冒昧了。而长辈、亲人、朋友、陌生人对一个人的称呼各有不同，则更是显现出乡村生活的角色性和等级性。等级性在历史轨程中，或早已经被"革命"，而转换成对人称呼的差异——晚辈无论如何也不能直呼长辈其名。父兄师友，皆是类似。

与此同时，取名用字和称呼的群体性表征也可以反映出一个地区的文化、群体、宗族等社会情况。乡村取名用字对于受到地区习俗和传统文化的影响，从而在一个小村落中显示出某种固定的规范。这种取名用字的规范和意义，不在于其企图建立一种完全标准化的取名成规与程序，而是在名称与民众的互动中，以习俗—惯制的类似性，互相模仿，构建着一种小村落、小区域的认同、联系与乡土依恋。姓名在特定环境下作为一种传统控制力和文化限制的手段，是血缘和地缘关系的双层表征②，这正是社会文化史分析下的内部权力关系和社会关系的体现。侯旭东在其研究中亦认为：分析人名如何使用，有助于从内在脉络认识中国古代国家和社会控制的形态③。历史上的衣锦还乡、荣归乡里、安土重迁，不得不说具有这种内在可能性和规定，姓名作为自己"身份、阶等"的象征，这不仅是一种乡土情结，也是一种文化关系下的内在控制——尊卑、统属、责任，姓名在其中所扮演的另类角色，不可小觑。

在当下，此类乡土生活的规则与惯制，随着人口流动与生活节奏的加快、社会空间的扩大、城乡的背离发展，就显得岌岌可危了④。在 1978

---

① 萧遥天：《中国人名研究》，新世界出版社 2007 年版。

② 钟年：《中国乡村控制的变迁》，《社会学研究》1994 年第 3 期，第 90—99 页。

③ 侯旭东：《中国古代人"名"的使用及其意义：尊卑、统属与责任》，《历史研究》2005 年第 5 期，第 3—21 页。

④ 乡土情结表现在传统乡村控制手段与现代的生活节奏之间的冲突，不仅仅表现在取名用字方面，其他诸类——离村者是否承担家族责任、能否参与乡建、能否及时奔丧、能否赡养父母等一系列问题，而取名惯制仅仅是这种背离中一个有形的表达载体而已。

年前即 25—75 岁及 75 岁以上者，尚能遵照家谱，命名相对有章法可寻，如聂姓之声字辈、智字辈、学字辈，胡姓之广字辈、全字辈、庚字辈等，见表 1。而 0—25 岁的青年一代，以家谱中规定之法命名，基本呈现式微状态。

"更名改姓"在重视血统和实行祖先崇拜的汉族当中，是一件非常带有象征性意义的大事。听当地村民讲，有学生离乡读书之后，会改掉自己本土化名字，这类现象逐渐增多，反映了那类习俗化、家族式取名、地方乡土"文化"与主流认知的相对离心。如村民曹文化，本名曹新春，这是按家谱"新"字辈所排，后其离家求学后，自己改名为曹文化①，表达某种志趣。不能忽视作为乡土性的知识与主流文化价值的某种对立，或者说一种表达格式上的距离与陌生感。家族取名作为一种规则，在城乡背离化的发展模式中、职业流向逐步多元化的情境下，也在逐步消解。地方惯制习俗—国家主流文化这对辩证互动的二元概念，在此处具有了别样的意义和内涵。

总之，乡村中的取名习俗是与传统农业社会结构与特征相联系、适应、配合的。伴随着工业化进程导致的传统农业社会向现代工业社会的转型，城乡逐步呈现背离化发展模式，原有所形成社会结构、社会生活和社会功能继而会发生一系列变革，这一习俗也相应地有了一些变易与调适。以上繁复的描述举例与分析可见，无论从社会关系还是个体生活来看，名字虽小，而意涵却确实非浅。这不是一个线性的社会关系，而更多是一个复合的历史。

四 归总、考察与评议:关于习俗、惯制与乡村秩序的几点思考

笔者以育英村这样一个自然村落为探讨对象，结合文本与调查资料，所做的一系列探讨和剖析，也是希求通过"取名"这一"组织细胞"来透视小村落的乡土风情、行为方式、习惯认同，乃至某种机制或规律。

习俗的生成，惯制的确立，自发秩序影响个体选择，是一个动态递进

---

① 曹文化弟弟曹新宏并未改名。

的逻辑过程。习俗与惯制不是随机、抽象和无规律的，是村民稳定的行为取向和乡村生活侧面折射。基层乡村社会是中国社会的"元组织"，习俗是最微观的"组织细胞"。由姓为主线所勾勒的亲族、统属、尊卑甚至等级关系，与由乡名、惯称、绰号等所刻画的具象村落、交际结构和文化包含，基本构成了将取名界定为习俗进行研究的前提和规定，有着特殊的研究价值。在这个层面上，应给予较多的关注，也相信这方面的研究，换一角度衡量，"于治史将有极大裨益"。

微观来看，个体称名的产生过程，具有明显的程式、选择与取向。影响个体取名的因素是多元和多向的，包括地方文化、知识结构、习俗惯性、家族传承、社会交际、身份阶层、政治与时代影响等，各个影响因素的权重并非相等，而是因具体情况存在差别，习俗—惯制无疑是最重要的因素。至于具体时代对于习俗—惯制的因革损益，不影响整体之作用。

取名习俗可以直接作用于具体人名的生成，在长时间的历史演进中，习俗逐步成为一种惯制性力量，在日常生活和过渡仪式中得以维持，成为影响区域自身发展（自然村落等研究单元）的内在动因。从个体代内称名①的形成到后代称名的生成，本身是一种文化（惯行、习俗、惯制）的传递。例如，宗族家谱关于族人取名的规定，通过文本形式表达出来，从而约束了后代取名的随机性。很明显，这是一个循环的过程。只有当社会结构发生变动时，这种业已形成的秩序才会被打破，继而形成新的规范。而习俗—惯制发生变革时，小区域的秩序也会继次发生结构性变异，细致来说，这是一个双向互动的过程。

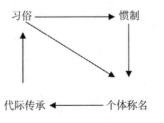

图1 习俗—称名—惯制互动关系示意图

概言之，文章整体论及的问题大体可分为四个方面：一是在不同因素

---

① 严格意义来说，名字中含有标识自己在家族中排列的特定字符。

影响下形成的具象人名及各色惯称；二是以习俗—惯制为中心的取名干预因素的集合；三是由此种干预因素集合影响下的交际圈子与取向观念①；四是扩展言之，习俗—惯制作为影响区域秩序的一个环节及其干预权重。仅以取名用字与称呼来论，从宏观角度观之，除去绝对的随意性，便是诸多因素整合下的产物，且对村民日常生活具有显著的影响，是生产、阶层、交际与职业诸关系的整合。

乡土秩序的崩塌往往意味着习俗惯制的变更。内陆乡村的确"很传统"，但是一个正在变化的传统（可能变化速度还会急剧上升），至于变化到何种刻度、何种趋向，尚需要多层次、多架构、多视角进行慎重考量和评估。在当下城乡背离发展模式下，"三农问题"亟待解决的现实中，对于农村及地方社会的多样化、微观化、多视角探讨也应该是颇具意义的。杂糅于当下时代要素观之，或许是本文研究的取向与价值所趋。

【附记】是否该立刻省思现代化及其效应呢？一些古朴乡村或相当程度上满足了知识人"文化还乡"的伦理诉求，而普通乡民所追求的不过是日用生存的经济逻辑，这是一个需加弥合而又任重道远的任务，也是进行一些基层乡村田野、书写及感念的于心不忍之处——虽然科学研究应该尽量避免感性，但来自乡村那种使命感与无可奈何往往催促着自己尽量去描绘一些乡村图景，以满足自我不断"城市化"的心灵。

（作者简介：王旭，南开大学历史学院硕士研究生。）

---

① 在具体情境中，这种观念与取向可以是自觉的，也可能是不自觉的。

新中国成立初期北京的城市垃圾清运研究(1949—1952)

屈　蕾

摘要：垃圾问题一直是困扰北京城市卫生的重要因素。经过元明清和民国几百年的时间，北京城内已经堆积了大量垃圾。1949 年新中国成立，中国共产党为了巩固新生政权，放手发动群众，开展了规模宏大的垃圾清运运动。运动共分为"清""运"时期，天安门整修和大扫除运动周等三个阶段，第一阶段通过对妨碍市容交通的重点垃圾进行初步的"清""运"，仍有一部分垃圾未经清理。第二阶段以天安门地区为中心，中共组织群众进行大扫除，为开国大典顺利进行提供了良好环境。第三阶段考虑到当时察北地区疫情对首都的影响，垃圾清理的同时也照顾到人民群众的生命健康。经过三次垃圾清理，中共积累了城市卫生管理经验，为 1952 年的爱国卫生运动奠定了基础。1949—1952 年间的历次垃圾清运，在北京城市发展史和卫生史上具有重要地位。

关键词：北京　垃圾清运　中国共产党

一　1949 年以前北京严重的城市垃圾堆积及其影响

（一）元明清时垃圾堆积概况

在元明清三代，北京作为都城一直发挥着其政治职能。元大都时，北京的街道有其一定的规制。据统计元代北京城街道非常宽阔，"元大都街道规划的基本模数是五十步……一步为五尺，元代量地尺约合 0.316 米，一步为 1.58 米，五十步为 79 米。"① 另外那时的人口相对土地来说较为稀少，因此那一时期的卫生状况总体来说比较良好。意大利使者马可·波罗对元朝城市街道的整洁也如此描述道："街道甚直，此端可见彼端，盖其布置，使此门可由街道远望彼门也。……全城中划地为方形，划线整齐。全城地面规划犹如棋盘。其美善之极，未可言宣。"② 除此之外，从元世祖至元十三年（1276）开始，北京城动用数十万人修浚筑潭进行卫生去秽运动，整个市区流水清澈，宫阙与碧蓝清水辉映。③ 由此可见，元时的城市卫生状况比较良好，城市环境比较优美。

元朝以后，街道进行了改制，许多元时的宽阔大街都有一定程度的缩减。明代宽阔的大街约 25 米，小街则 13 米左右，而到了清代，街道已窄成了 10 米左右。由于自然基础条件、人文风俗和人口增加等原因影响，这一时期北京出现了严重的城市卫生问题：街道本身窄小，城内道路质地多为土路和石子路，路况糟糕。重要的一点外因——北京的大风沙尘天气，皇帝每出一次，辇道上就要铺一次黄土，天长日久，土路越来越高，被风一吹漫天的浮土，过往行人不堪其苦，一旦降雨，满城的土路瞬间变成泥路，由于城市排水系统的不完善，泥浆源源不断的流入暗河并逐渐堵塞暗河，造成秽物难以排泄而臭气熏天，又流入护城河使得河床抬高，有时水流就直接灌进居民院中，④ 使得卫生状况更加糟糕。

明清时期北京人口剧增，而当时的人们卫生意识较差，随处可见便溺、垃圾乱扔的现象，"人率当道便溺，妇女辈复倾溺器于当衢，"⑤ 有些市民或者贫民吃完饭直接将残羹剩饭倒在马路边，尤其是贫民聚居区，明沟、臭坑纵横错杂，垃圾、粪便到处堆积，空气常常弥漫着阵阵恶臭，"灶烬、炉灰、瓷碎、瓦屑，堆如山积，街道高于屋者，至有丈余，入门则循级而下，如落坑谷。街道除正阳门外，绝不砌石，故天晴时则沙深埋

---

① 徐苹芳：《论北京旧城的街道规划及其保护》，《北京联合大学学报》（人文社会科学版）2008 年 3 月第 6 卷第 1 期，第 24 页。

② 吕超：《西方文化视野中的北京形象》，《北京日报》2014 年 6 月 16 日星期一第 19 版。

③ 北京市卫生局编委会：《北京志·卫生卷·卫生志》，北京出版社 2003 年 11 月版，第 121 页。

④ 晋化：《老北京民风习俗》，燕山出版社 2008 年版，第 203 页。

⑤ （清）周家楣、缪荃孙等编纂：《光绪顺天府志》，古籍出版社 1987 年版，第 578 页。

足，尘细扑面；阴雨时则污泥满道，臭气熏天。"① 吏治的腐败更加重了明清北京城市环境的恶化，城市街道的整修需要一定的技术支持和朝廷的财政支持，但在整顿过程中，由于各级官员的贪污腐败导致所耗经费达到了朝廷财政难以承受的地步，如此一来，整顿之事也就不了了之。

鸦片战争以后，许多外国人进入北京，见证了北京城市卫生的糟糕情况。驻京 20 多年的英国记者莫理循在《泰晤士报》中写道："北京是座'充满神奇而又破烂肮脏的城市'。北京城的城墙有雉堞状的胸墙，是欧洲人散步的好场所，因为你可以远离狭窄街道的尘土。北京城里除使馆区外，到处都没有卫生设施。街道都没铺路面，走起路来尘土飞扬，烂泥没到踝部。"② 这种状况到了清末"新政"的时候，才得到了一丝的缓解。1904 年开始，清政府陆续修了十几条砖路，也兴建了一些公共厕所，颁布了一些规定，如不准随地便溺、不准乱倒垃圾等等。但是"新政"的微流已经扭转不了历史的洪涛，随着政权的衰败、革命的兴起，轰动一时的"新政"运动在失败中落下帷幕，内忧外患下的清朝统治也日落西山，更无暇顾及北京的城市垃圾状况了。

由此可见，元明清三代积累下来，北京城的卫生状况已经非常严峻，城内积攒了大量的垃圾，沟渠阻塞，在影响市容的同时，也对城内百姓的健康造成了极大的威胁。

（二）民国时期的垃圾堆积状况

北洋政府作为清王朝覆灭后第一个被国际承认的中国新政府，在建立之初曾在城市卫生清洁方面亮出了决心改善的姿态。1913 年，京师警察厅颁布《京师警察厅改订管理清道规则》（以下简称《规则》），在《规则》中明确规定了清道夫所担的责任。③ 同时，还对清道夫的工作态度、工作时间问题等做了严格的考核管理规定，并进行革、罚予以惩处。北洋政府时期的这一规则制定，从理论上看确实考虑到了北平的现实情况。若是能够真正严格按照这个规则实行下去，这一时期的城市环境卫生定会有

---

① 同上。
② 吕超：《西方文化视野中的北京形象》，《北京日报》2014 年 6 月 16 日星期一第 19 版。
③ 北京市卫生局编委会：《北京志·卫生卷·环境卫生志》，北京出版社 2003 年 11 月版，第 23 页。

相当大程度的改善。遗憾的是，该规则整整施行了 16 年，从 1913 年开始到北洋统治结束，在长达 16 年的时间里，北京市民都没能看到城市卫生状况方面有实质性的改变。由于机构盈缩无定、工作人员的短缺、很多被派遣巡视稽查的警长不愿躬亲于卫生事业、清道夫因为工钱问题应付了事、整体素质老弱居多①，加上大环境军阀混战等诸多原因，北洋政府统治下的北京城市街道的污秽状况，不减当初。

北伐战争后，国民政府接管了这个因战火摧残，环境卫生问题更加雪上加霜的城市。不久，北平开始筹备地方自治，办理本街的清洁卫生。办理之初，自治坊在信心满满的同时也认清了当前办理的难度："卫生一道，绝不是政府或少数人，可以讲求得了的……不过我国民众，向不注意……"②在最初的阶段，自治机构每日定期清理街道，帮助将城内的垃圾、秽土等送出去，还集合了各个区的自治坊，集资购买了两辆机动车来运除城市堆积的垃圾。③ 使得垃圾的清运工作较之以前有了一些改观。

然而好景不长，自治坊的境遇每况愈下，最大的问题就是资金不足。在自治机关成立之前，是由北平市警察厅强制管理征收资金的，但是自治区坊接管后，资金的唯一来源就是民众的"捐助"。这样一来，自主、随机性和不确定性就大大增加。此前每月可获得 2.4 万余元，实行自治坊制度后却只能接受 1.5 万余元，平均到每个自治坊里就四五十元，而自治坊每月最少的支出就要六十元左右。④ 这就意味着上文自治坊领导者们所说的"卫生一道，绝不是政府或少数人，可以讲求得了的"成为现实的讽刺，它没有得到群众广泛的支持，所以"卫生一道"，"无法讲求得了"。而从 1934 年到 1937 年沦陷这段时间，是北平清洁队设备相当完善的一个时代，这样一个有设备、有所谓"号召"的时代，为什么得不到群众的支持，垃圾不能得以清除呢？除了上面提的直接原因——资金不足之外，

---

① 白淑兰、祝力军选编：《北京的清洁工作》，见《北京档案史料》1992 年第 4 期，新华出版社，第 27 页。

② 龚杰：《街村卫生》（1929 年 11 月 10 日），见龚杰著《实地筹备自治汇编》，北平民治报社 1932 年 12 月版，第 268 页。

③ 北京市卫生局编委会：《北京志·卫生卷·环境卫生志》，北京出版社 2003 年 11 月版，第 10 页。

④ 王煦：《官治与自治之间——1928—1934 年北平城市清洁体制的演变》，《民国研究》2013 年秋季号，第 108 页。

最根本的我们需要考虑的就是政府性质问题。那时候的清洁班，是为少数的统治者剥削者服务的，他们每天所从事的清洁工作，都是在所谓的"富贵地区"，[①] 而在那些相对人口密度较高的贫苦劳动人民聚居区，清洁班的触角是伸不到的。大众人民所生活的街巷里，垃圾成山却无人问津。这样一个只为自己考虑的政府，谁愿意出钱？资金的缺少使得清道夫们也开始不作为的搪塞工作，态度消极，严重地影响了清洁卫生工作的进行。于是在 1930 年以后，北平城卫生状况一步步恶化，北平的"肮脏"似乎已成定论。

1935 年，北平市卫生局为了纠正之前清道夫们搪塞敷衍的工作态度，决心对清道夫以及实施督查的稽查员、警长等进行严格的要求。但是最根本的克扣清道夫的工资报酬问题并没有得到妥善的解决。政府和清道夫之间的矛盾拖延了垃圾的处理，北平城的城市卫生再次被搁置。

日伪政府掌权后，出于对城市卫生的面子问题和防止瘟疫传染病流行的考虑，为了粉饰太平营造假象，伪政府采取一些措施进行卫生的整顿。1939 年至 1941 年，日伪北京特别市公署卫生局下辖十五个清洁班，清扫工人 2021 人，清扫面积 240 万平方米。[②] 当时的北京除了积存大量的垃圾外，还以每日 1638 吨左右的速度生产着新的垃圾。[③] 为解决这一问题，日伪政府决定在夜间加派汽车进行垃圾清运工作，共进行两个月，运除垃圾秽土 3000 余吨[④]，这种做法一定程度上缓解了北平的城市垃圾问题，但是那一时期的北京城市卫生状况仍然不够乐观。首先，由于日伪政府本身的反动性，对城市卫生的整顿并非真心实意，后期甚至还出现随意调取运送垃圾车的现象，所以往往是一段时间突击之后没过多久就又恢复之前的旧貌。其次，经费仍是逃不开的问题，伪政府为了最大程度地减少卫生经费，下令削减了垃圾运送车辆的油费钱，加上有的汽车名存实亡，破旧

① 白淑兰、祝力军选编：《北京的清洁工作》，见《北京档案史料》1992 年第 4 期，新华出版社，第 26 页。

② 北京市卫生局编委会：《北京志·卫生卷·环境卫生志》，北京出版社 2003 年 11 月版，第 26 页。

③ 北京市档案馆：《北平市垃圾运除计划》，档案号 J001—003—00460，第 10 页插图。

④ （伪）北京特别市公署卫生局编：《北京特别市公署卫生局二十六年下半年、二十七年全年度业务报告》，北京特别市公署卫生局 1940 年版，第 104、112、118、127 页。

损坏难以真正承担起来回运送垃圾的重任。最后，作为清洁垃圾主力军的清道夫，此时的生活可以说跌到了民国时期的最低点，大量的裁员和克扣工资，导致很多清道夫终日面临生活的折磨，难以安心工作。

综合来看，日伪政府所谓的整顿卫生只不过是表面文章，难以真正实现城市卫生的好转，正如《北京通史·第九卷》所言："日本占领北京的8年，不曾清除垃圾，致使垃圾又堆积如山，1946年5月调查，垃圾堆积62.7万立方米，至1949年仍留在城内。"① 抗战胜利以后不久，国民党便发动了内战，战火纷飞，古城险些不保，城市的卫生治理也就无从谈起。据统计，抗战结束后，北京垃圾积存已达160万吨。②

民国建立后的各个历史阶段，无论是军阀、国民党，更甚者日伪，终是没能真正解决北京城的垃圾问题，究其原因，有历史遗留垃圾太多、大环境政局的不稳定，或者人民的风俗习惯、卫生观念迟迟未能改变等诸多原因，但是笔者认为，最重要的原因是在政权的性质上。日伪就不用多说，本身反动的性质就注定不会团结人民，不会真心实意为人民群众好，一切都是以自己伪政权的利益为出发点，下场也可想而知。民国时期历届政府的当权者们，甚至包括基层的官吏，都存在比较严重的"吃空额"现象，直接克扣工人的工资，对他们进行盘剥，而清道夫们作为相对弱势的群体，只能通过对工作的不上心和消极的态度做出无声的反抗，"扫帚过街便算扫讫"，只扫两头不扫中间等等。这些都加剧了本就严重的城市卫生问题。总的来说，这一时期的垃圾处理状况就是有进步、有发展，也无根本性的改变。

二　1949年的垃圾大清运

（一）北平的和平解放

北平的和平解放给城区垃圾清运和卫生改善提供了契机。1949年1月31号，经过漫长的谈判，傅作义的天平最终倒向了共产党一边，解放

① 曹子西主编：《北京通史·第九卷》，燕山出版社1994年版，第178页。
② 北平市工务局编：《北平市都市计划设计资料第一集》，北平：北平市工务局1947年版，第30页。

军入驻北平，北平得以和平解放。进入城中的军队纪律严明，强调整体观念，政策第一，纪律第一，争取获得"秋毫无犯"的光荣称号。[①] 北平的市民、工人们、学生群体纷纷出城迎接人民解放军的到来，共同欢庆古城的新生。"北平的解放，是我人民解放军英勇善战，前后方军民协力奋斗和全国人民、全国各民主党、人民团体一致赞助的结果。"[②] 该年的秋天，经过中国人民政治协商会议第一届全体会议的集体讨论，最终决议新中国的首都设在北平，并自当天起正式将北平改为北京，由此正式进入了新的历史纪元。

北平的和平解放，首先，为北平提供了相对稳定的社会环境，为以后垃圾清除运动的开展提供了社会基础。其次，入城军队优良的作风也是给人民留下了共产党真心实意为人民、与过去政党大为不同的印象，大大提高了人民解放军、共产党的威信力和执行力，为后来的垃圾清运广泛开展奠定了良好的群众基础。

（二）古城的问题与压力

北平的和平解放使得闻名世界的古都免于战火完整地保存下来，在政治史上具有极其重大的历史意义，显示着中共领导中国走向更美好未来的决心。但是，除去积极的政治意义，卸下耀眼的光环，现实中的北平却是千疮百孔，垃圾成山。

刚刚解放的北平城，人们还没来得及享受解放的喜悦，就被成堆的垃圾影响了心情。即使是在最繁华的地区，卫生状况仍是不容乐观。曾参与北平城市规划的沈勃记录道："1949 年 1 月 31 日，北平终于和平解放了！但是，经过日本军国主义的长期蹂躏和国民党的反动统治，这座历史文化名城已是脏乱不堪。"[③] 沈勃当时被派到第七区工作，大致相当于今天的东单和西单之间，在这样的城市中心地带"也同样是疮痍满目。从崇文门到宣武门的南顺城街一带，有的垃圾堆得比城墙还高，天安门广场也到处是垃圾、粪便……原来相当狭窄的长安街一带到处是摊贩，汽车很难通

---

① 欧阳文：《警备北平的回忆》，见《北京的黎明》，北京出版社 1988 年版，第 83 页。

② 《中国共产党中央委员会电贺平津解放》（1949 年 2 月 2 日），见北京市档案馆编《北平和平解放前后》，北京出版社 1988 年版，第 3 页。

③ 沈勃：《为首都建设做准备》，见《北京的黎明》，北京出版社 1988 年版，第 453 页。

行。"①

　　除了城南，居住着许多清代没落贵族和天主教徒的城北卫生状况也很糟糕，"当时无业人员多，社会秩序混乱，加上城市市政建设长期瘫痪，垃圾成山，污水乱流，真是千疮百孔，困难重重。"② 据曹言行回忆，北京"当时垃圾积存了 60 万吨，妨碍交通，妨碍卫生，在一座座的垃圾山旁，经常发出阵阵的臭味，胡同里到处看到一摊一堆的粪便和脏水。下水道淤塞不通，很多地方坍塌，淤泥共有 16 万多公方，污水雨水不能宣泄。"③ 尤其在劳苦人民居住的地区卫生情况更为糟糕，甚至变成了病菌传播的发源地，"没有下水道设施，屋地下冒臭水，蛆顺着门框爬，雨季积水一公尺多深。河湖水道变成了死水坑……河湖不但不起调节气温和供人游玩的作用，相反地，却成为疾病传染的根源。这就是国民党匪帮所遗留下来的反动统治的缩影。"④

　　由此看出，无论是城市的中心地带，还是贫苦居民聚居的地方，反动统治下的北平城，一片垃圾与混乱，卫生问题亟待解决。前文提到，"抗战结束后，北京垃圾积存已达 160 万吨。"⑤ 如此庞大的垃圾数量对中共来说是个不小的考验，加上之前历任的政府都没能彻底地解决城市的垃圾问题，新生的共产党政权急需通过这次治理笼络民心。时任市长彭真也多次强调，必须把工作做好，为全国带个好头，这样才能与首都的地位相称。

　　关于垃圾问题，它是一个城市的面子问题，会影响外来人员对整个城市的直观印象，是个美化的问题。更重要的是，它就像多米诺骨牌中的一个环节，这一环倒下，则对社会其他事务有着致命的影响：垃圾堆积问题会严重影响城市的卫生状况，容易引发霍乱等流行性传染病，进而危急居

---

　　① 同上。

　　② 熊天莉：《在刚刚入城的日子里》，见《北京的黎明》，北京出版社 1988 年版，第 229 页。

　　③ 曹言行：《北京解放两年来的卫生工程工作》（1951 年 2 月 3 日），见北京市档案馆、中共北京市委党史研究室编《北京市重要文献选编·1951》，中国档案出版社 2001 年 6 月版，第 63 页。

　　④ 同上书，第 64 页。

　　⑤ 《北平市都市计划设计资料第一集》，见曹子西主编《北京通史·第九卷》，燕山出版社 1994 年版，第 3 页。

民的身体健康，一旦出现传染疾病，就会祸及全城，死亡率居高不下，从而使得民众的精神面貌变得悲观失望，势必也会滋生对国家政府的不满，导致社会和经济秩序的动荡，如 1949 年 10 月 27 日，"京绥铁路因察北发生鼠疫暂时封闭，运粮通道堵塞，粮食价格也开始上涨……全国币值大跌，物价猛涨。"① 最终影响整个国家的整体发展，这些都是因为卫生问题，牵一发而动全身。因此，垃圾问题对城市管理者来说的确是个大问题，城市的清洁状况更是一个政权执政能力的重要体现。

面对着即将到来的开国大典，面对着几十年垃圾的堆积，如何能够营造一个整洁的、面貌一新的新北京呢？这是摆在中国共产党面前的头号大问题。问题重重的古城，面临着新的考验与压力。

（三）1949 年的垃圾清运

开国大典将会在 10 月 1 日如期举行，从解放军入城到举行典礼，中间只有 6 个多月的时间，如何在这六个多月的时间里，最大程度上地解决几十年来历史遗留的垃圾问题，是对中共决策和执行力的一次重大考验。

1. 第一时期："清""运"垃圾

新中国成立后的第一个春天，为了使破旧的古城旧貌换新颜，经过党和政府的深思熟虑和安排，这一时期的垃圾清运开始了。1949 年 3 月开始，市政府号召党、政、军、工、农、学、商等各界，组成了清运委员会。② 3 月 8 号，北平市清洁运动委员会第一次会议召开，除了最基本的机构设置，各区工作的分工、职能外，还提出了这一阶段的工作目标：

> 清除各宅巷积存垃圾以维护公共卫生。
> 扫除街道零星垃圾以保持整齐清洁。
> 运除积存场所垃圾以整顿市容观瞻。
> 消纳垃圾垫洼充肥以提倡废物利用。③

---

① 魏宏运：《国史纪事本末（1949—1999）》，辽宁人民出版社 2003 年版，第 115 页。

② 王康久：《记解放后的垃圾大清运》，见《北京的黎明》，北京出版社 1988 年版，第 521 页。

③ 《北平市清洁运动委员会清除积存垃圾工作实施大纲》，见北京市档案馆编《北京档案史料》2000 年 2 月，新华出版社 2000 年 6 月版，第 159—160 页。

由上述工作目标可以看出，这一时期的垃圾处理工作分为"清"和"运"两个阶段。即第一阶段的"清户""清巷"，将几十年堆积在居民区内部的垃圾清除出来，彻底扫除旧社会遗留下来的垃圾。第二阶段即为清除待运场的垃圾，以及大街和重点路段地区垃圾，并运出。这次的垃圾清除，主要是清除妨碍市容（即公共卫生）和交通的垃圾："清除垃圾运动，首须勘测垃圾积存数量……有积存几十年者，已与卫生无关，只将妨碍市容交通的垃圾，先行测量清除。"①

除了垃圾清运的分工之外，还可以看出，中共处理垃圾的方式与旧政权不同。旧政权治下的北京，处理垃圾的方式就是简单的堆积、运除，甚至置之不理，而中共除了清运之外，更考虑到了"为生产服务"的方针。"在城市垃圾、粪便和下水道秽水的处理方面，应该根据为生产服务的方针，制定新的处理计划和办法。垃圾应该分类积运，凡能够肥田者，应该用来肥田。城市下水道的秽水，应该尽量设法用来灌溉郊区的农田。"②也就是说中共注重垃圾的分类回收和再利用，而非简单的运除处理，实现了资源的利用最大化。

在清运过程中，委员会还颁布了《北平市载重空车出城协运垃圾暂行办法》，规定："各管制城门驻守军警切实联系，严格制止载重空车出城并指挥至待运场装载垃圾……各协运垃圾车辆应装足载量并按照制定行程地点装运消纳，不得任意通行或沿途倾弃。对于上项协运垃圾之车辆，人民政府将予免捐通行之优待。"③ 除了载重空车之外，还规定了乡车入城协运垃圾的临时办法。这些政策极大地联系了群众，与群众合作处理清运垃圾，以最少的财政支出做出了最大的事业。在办法落实中，很多人力车夫也加入这一行列，甚至有的将运送垃圾当成是自己光荣的任务。这足以体现这一时期人民对于中共政府的拥护与信任。

除了处理方式的不同，中共在清运垃圾的第一时期另一大特点就是政治性色彩浓厚，这一点是在之前的政府中难以看到。在这次的垃圾清运过

---

① 《北平市清洁运动委员会筹备会议记录》（1949 年 3 月 8 日），见北京市档案馆编《北京档案史料》，新华出版社 2000 年版，第 153 页。

② 彭真：《庆祝北京解放一周年》，见《北京的黎明》，北京出版社 1988 年版，第 7 页。

③ 《北平市清洁运动委员会第一次会议记录》（1949 年 3 月 8 日），见北京市档案馆编《北京档案史料》，新华出版社 2000 年版，第 164 页。

程中，政府并不只是简单地做一个打扫卫生的工作，而是将其提高到了政治的层面。首先要将清洁委员会设立到各个街道，学校、机关和部队也要"协助所在地区或街的清洁委员会进行工作，实行党政军民的合作"。① 其次，垃圾清洁运动不仅是一个城市卫生行为，更要"看成一个组织和动员群众的运动，以便准备将来建立街政权的群众基础，绝不只是一个扫扫垃圾清除秽土的技术工作。"②因此，这次的垃圾清除工作的模式，是团结各界，动员群众，共同努力，而非简单的政府强制。事实证明，徐冰的考虑是正确的，新中国刚刚成立，共产党急需广大人民群众的拥护，以此来稳固新生的政权，并且使得上级的指令可以得到很好的下行，为人民营造清洁卫生的环境。所以从这一点来看，这一阶段的卫生运动已经脱离了民国时期简单的城市垃圾清除工作，而是上升到了政治层面，真正地为民所想、为民服务，团结社会上一切可以团结的力量。

在市委和军管会的领导下，在群众的紧密配合和支持下，北京迅速清除了堆积多年的城市垃圾，解决了北京市民多年来一块心病。十一区南横街的一位老大娘说："在北平住了这些年，实在是头一天看见这样干净，每早起来遛弯也闻不着臭味了。"③ 解放军一二一师驻地帋坛寺右侧和北海公园相连的那条路上，堆积了十多万吨的垃圾，像座小山，高出了公园的围墙。风一吹，尘土到处飞扬。军里动员部队，利用休息时间，配合汽车和马车，挥锹抢镐，人挑车拉，很快就把这些垃圾清除干净。这一举动受到当地居民和市里有关单位的好评。④ 通过垃圾清运工作，共产党得到了人民群众的认可和拥护，党和群众之间的关系更加密切。居住在东黄城根，曾被垃圾埋到屋顶的住户就说："我们的房子埋在垃圾堆里十几年了，解放了，我们的房子也出了头，可见解放后的政权真是人民的政权了。"二区有个二龙坑，由于垃圾多年堆积成了二龙山。群众出入要爬过这座垃圾山。经过这次清运，变成了平坦的二龙路。党的工作群众看在眼

①　徐冰：《徐冰关于召开各机关部门联席会议成立北平市清洁运动委员会给叶剑英的函》（1949 年 3 月 4 日），见北京市档案馆编《北京档案史料》，新华出版社 2000 年版，第 149 页。

②　同上。

③　《清运工作总结》（1949 年），见北京市档案馆编《北京档案史料》，新华出版社 2000 年版，第 171 页。

④　欧阳文：《警备北平的回忆》，见《北京的黎明》，北京出版社 1988 年版，第 86 页。

里，他们说："旧社会穷人走路都困难，新社会给我们开了幸福路。"① 通过群众的言论可以看出，清运垃圾的政治性任务得到了圆满的完成，党的形象和作为已经深入人心，中国共产党不仅解决了历代政权没有解决的垃圾难题，更在人民群众之间获得了良好的声望和执政基础。

到 10 月 1 日国庆大典举办前夕，中共依靠群众的垃圾清运工作取得了良好的效果。"在市委和军管会的领导下，在统一安排下，我们依靠群众……清除垃圾……消灭鼠疫……到 10 月 1 日举行国庆大典前夕，七区的社会秩序已经基本安定，人民生活正常，环境卫生已有很大改善。虽然当时的很多街道和胡同都是土路，可是各街道都有卫生组织，分片负责，定期评比，每天都打扫得很干净，古老的城市已经恢复了活力。"② 新的政府是为人民服务的政府，真正意义上发动群众解决了历史遗留的垃圾问题，使得全城面貌焕然一新。

整个垃圾清除运动的第一时期共经历了三个月，91 天，共运除垃圾219280 公方，折合 201638 吨。③ 总计使用人力 73537 人，汽车 807 辆，人力车手车 3294 辆，兽力车 32113 辆，使用汽油 5409.5 加仑，机油285.5 加仑（以上系指清除各暂置场待运场而言，其他零星部分尚未包括在内），全部用款 22466895.4 元，这是一项伟大的工程。④ 对于中共的执政来说，这是一次伟大的胜利，它扫除了某些群众对中国共产党的最后一丝质疑，相信中国共产党是真心实意为人民服务的，是一个执行力高、纪律严明的政党，很多人解除疑惑后积极投入清运垃圾的活动中，为建设家园而一同努力。

2. 第二时期：天安门整修（8 月 9 日——9 月 18 日）

第一时期的垃圾清运成果显著，不过这一次的垃圾清运主要是针对一些妨碍市容交通的垃圾，抓重点优先进行处理，实际上还有一部分的垃圾

---

① 王康久：《记解放后的垃圾大清运》，见《北京的黎明》，北京出版社 1988 年版，第 522 页。

② 沈勃：《为首都建设做准备》，见《北京的黎明》，北京出版社 1988 年版，第 453—454 页。

③ 王康久：《记解放后的垃圾大清运》，见《北京的黎明》，北京出版社 1988 年版，第 521 页。

④ 《清运工作总结》（1949 年），见北京市档案馆编《北京档案史料》，新华出版社 2000 年版，第 171 页。

仍未清理。在距离开国大典仅剩一个月的时候，开国大典的筹备委员会在西苑机场和天安门广场之间做出了最终的决定：在北平的天安门广场上举行开国大典。这使得天安门及其附近的环境卫生成为中共迫切需要处理的问题。

当时的天安门广场，远没有如今 50 公顷这么宽阔。当时的广场在天安门前，包括南面中华路（千步廊）全段在内和东、西三座门之间。天安门南、北两面红墙，有的墙体倒塌，有的墙面剥落。中华门内杂草丛生，垃圾堆的高过墙，一片荒芜景象；天安门城楼年久失修，已破旧不堪。[①] 经过 1949 年上半年的垃圾清运，天安门地区已经得到了初步的清理，但对于即将到来的开国大典仪式来说，这样的清洁度还是远远不够的。所以就必须对天安门地区进行一次彻底的大扫除，清除那些鸽粪、杂草、破败砖瓦等，以崭新的容颜迎接开国大典。

8 月 9 日至 14 日，北平市举行了第一届市民代表会议，会议决定整修天安门、清理垃圾，市政府责成建设局负责，所有清理工作必须在 9 月底之前全部竣工。这次的整修工程包括：在天安门前开辟一个能容纳 16 万人的广场，清除广场地区垃圾渣土和障碍物，平垫碾压 54000 平方米的广场……美化天安门附近环境，种树、种花、种草等。[②]

这次的清扫，中共汲取上半年清洁运动的经验，继续采用依靠人民群众共同处理垃圾的方式。不过这次涌现了许多义务劳动的群众和组织，义务劳动意味着没有工资，而市民仍能纷纷自发地参与组织，参与环境建设，可见党和群众的关系非常融洽。共青团北平市委筹委会和北平市学联，要求各校在 9 月 10 日周六的下午组织 4300 名学生到天安门广场进行义务的填埋、垫平、除草等劳动，由于报名人数太多，最终只能通过抽签的办法决定最后的人选。[③] 被选上的同学喜不自胜，而没有被选上的同学则是一脸的失望与难过，还有同学因此痛哭，认为自己失去了一次为祖国做贡献的机会。这股热情劲儿，我们如今透着文字依然能够感受得到。这足以看出中国共产党的向心力和凝聚力，这一点是与之前政府完全不同的

---

① 武国友：《开国大典——1949 实录》，红旗出版社 2009 年版，第 234 页。

② 武国友：《开国大典——1949 实录》，红旗出版社 2009 年版，第 234 页。

③ 李颖：《共和国历史的细节》，人民出版社 2009 年版，第 3 页。

性质。就这样，这群青年学生在不到三个小时的时间内，垫平了 19980 平方米的满是荒草乱石垃圾的土地，变成了"几乎和马路一样平的舒展的广场了"①。

同时，这次清洁卫生运动，政府的组织更加专业，由当时的市建设局的副局长赵鹏飞主持整个整修工作，由建设局的技术负责人林治远具体负责广场整修工程的设计与施工。② 在北平各界人民的义务劳动下，天安门广场很快就恢复了它庄严高贵的形象，迎来伟大的开国典礼。

3. 第三时期：大扫除运动周（11 月 11 日——11 月 20 日）

如果说第一时期的清洁卫生运动的出发点是建国伊始的大扫除，第二时期的天安门整修是为了迎接开国大典，那么第三时期的大扫除运动周就不再简单的是因为美化环境了，而是出于人民的生命健康安全考虑。

1949 年 7 月，察北发生了第一例鼠疫病情，但是由于当地居民医疗知识水平低下，加上封建迷信的思想，就一直没有上报，鼠疫因此得以传播并大肆传染，死伤多人。10 月 27 日，察北地区的鼠疫情况终于传开，党中央知悉后高度重视，立即采取紧急措施，在鼠疫还没有充分蔓延的情况下予以控制。根据中央人民政府政务院和华北人民政府的指示，对疫区重点设防、重点防疫，在疫区建立健全基层防疫组织，组织防疫队，同时非疫区也积极响应。③ 29 日，市人民政府有感于察北鼠疫的暴发，决定成立市防疫委员会。防疫委员会在北京又展开了各项防疫工作，同时为了从环境上根除传染病的疫源，又发动全市人民举行了一次清洁卫生的运动，由于为期 9 天左右，所以这一时期又称为"大扫除运动周"，时间跨度从 1949 年 11 月 11 日到 11 月 20 日。

防疫委员会在运动中还提出了配套的三项措施，包括"全市建立基层卫生组织、动员群众开展大扫除运动周和清除遗留于死角的垃圾和污秽

---

① 金凤：《新的开始！——记北平学生参加修筑天安门广场》，《人民日报》1949 年 9 月 11 日。

② 镡德山：《开国大典备忘录》，中央文献出版社 2004 年 9 月版，第 159 页。

③ 李飞龙、王小莉：《危机与应对——以 1949 年察北鼠疫的防疫为例》，《平原大学学报》2005 年 10 月第 22 卷第 5 期，第 29 页。

物。"① 关于基层卫生组织，各区都建立了自己的卫生小组，卫生小组在垃圾的清扫和运除方面都发挥了重要的作用。这一时期，市政府充分考虑到了保持卫生清洁是个长远的任务，必须要经常性地搞下去，所以改组了清洁队伍。将过去直接领导十几个区的清洁总队撤销掉，将区清洁队的垃圾清运和街道保洁工作放在工程局与区公所（政府）双重领导之下，使专业队伍与群众组织相结合。② 这一点相比较之前的进步点在于，能够及时根据时代的发展对卫生机构进行有效的改组，使得专业和群众结合，更加大了清洁的全面性和有效性。

这次的大扫除运动周，时间虽短但是效果突出。首先城市的面貌发生很大改观，尤其是居民的居住环境又有了很大程度的改善。城市垃圾经过多次清运已经所剩无几，到这一运动周共扫除了垃圾和无主房渣土 31875吨。③ 各住户将其院子、内屋、墙角、牲畜棚都进行了彻彻底底的打扫。其次在城市卫生管理和建设上，中国共产党积累了更为丰富和专业的经验，通过改组清洁队伍和机构，为城市卫生的长期化发展奠定了基础。因此在大扫除运动周之后，1949 年的垃圾清运画上了圆满的句号。

三 1950—1952 年的垃圾彻底清除

（一）1950—1951 年的垃圾清除

在 1949 年的基础之上，1950 年 1 月，市政府特别成立了卫生工程局，统一管理市内的卫生环境、下水道等。同年 7 月，为了使各区清洁队紧密地结合地区群众提高工作效率起见，决定将清洁总队撤销，各区队改由卫生工程局和各区公所双重领导，最终由市级卫生工程局统筹办理工作、人事、经费、器材等项。

这一年的环境改善集中在下水道的修建方面，以及垃圾的产消平衡方面，并且修建了大批的公厕和污水池。在 1949 年早期的垃圾清运过程中，由于技术不成熟、经验不足、准备不够充分等诸多因素，出现了"垃圾

---

① 王康久：《记解放后的垃圾大清运》，见《北京的黎明》，北京出版社 1988 年版，第 522页。

② 同上书，第 523 页。

③ 同上书，第 522 页。

搬家"的浪费现象，但是在这一年的修整中，垃圾已经很少出现任意积存或者随意"搬家"的状况了，基本可以做到日产日消，当天产的垃圾可以顺利及时地运除。

1951 年 3 月 16 日，北京市开展第三次大规模清洁运动，并建立了街道清扫保洁负责制和基层群众卫生小组①，两年多下来，卫生面貌进一步改善，城内居民的身体素质得到很大的提高，而北京作为新中国的首都，政治中心，也在清洁卫生运动这一方面起到了表率的作用，引领着全国各族人民一起改善生存环境，也为以后开展全国性的、政治色彩更加浓厚的爱国卫生运动打下了基础。

（二）1952 年爱国卫生运动

1952 年，美帝侵略军在朝鲜战场上面临着无可挽回的败局，为了最后的垂死挣扎，美国当局多次对飞行员和领航员进行了严格的细菌战教育，将侵略方向转向了中国的内蒙古和东北地区，投入了大量的带有他们研制的细菌物资，包括已经注入细菌的毒虫（蟑螂、跳蚤、蚊虫等）和毒物（饼干、猪肉、罐头等）等，除此，还继续攻击朝鲜，在朝鲜也洒下了大量的细菌。美国发起这一场细菌战，旨在在中国制造瘟疫，以此来削弱中国军民的抵抗力，快速地瓦解中国。为了抵制美国的这一行动，中共中央发出最高指令：反对美国细菌战，进行灭虫、消毒的防疫运动。

1952 年 3 月 14 日，政务院召开会议，组成了以周恩来、郭沫若、聂荣臻为正、副主任委员的中央防疫委员会，领导和组织反对细菌战的工作。在全国城乡广泛开展了一个以消灭病媒虫兽为主要内容的防疫卫生运动。由于这个运动的直接目的就是反对美帝国主义的细菌战争，是保卫祖国的一项政治任务，是在强烈的爱国主义思想指导下进行的，中央就把这个运动定名为爱国卫生运动。② "这场运动是为了彻底改善首都人民的卫生状况，建立和巩固群众的科学的卫生习惯，预防传染病的发生，保护劳

---

① 《当代中国的北京》编辑部：《当代北京大事记（1949—2003）》，当代中国出版社 2003 年版，第 39 页。

② 魏宏运：《国史纪事本末（1949—1999）》第一卷，辽宁人民出版社 2003 年版，第 446 页。

动力，为我们国家即将到来的大规模的经济建设做准备而进行的。"①

　　垃圾是病菌传播的重要媒介，因此自 3 月开始，北京市开始普遍的卫生大扫除，当年就彻底清除了故宫非游览区包括一些明朝遗留下来的多达183000 多公方②的垃圾。3 月 13 日，"北京市卫生委员会更名为北京市爱国卫生运动委员会"。③ 同年的 12 月 8 日至 19 日，第二节全国卫生会议在北京召开，毛泽东发出："动员起来，讲究卫生，减少疾病，提高健康水平，粉碎敌人的细菌战争"的号召，同时在第一届全国卫生会议的基础之上，将"卫生工作与群众运动相结合"作为卫生工作的第四项原则。④

　　在这四项原则的指引之下，全民性的爱国卫生运动如火如荼地展开了。韩长绵在回忆这一时期的卫生运动时写道："刚刚摆脱旧社会水深火热生活的人们，对爱国卫生运动积极性高，新鲜感强，全村无论大人还是小孩都投入到这场活动中……在清理疏通河道的过程，村里没有人怕脏怕苦怕累，都争先恐后大显身手，就连我们小学生也都利用课余时间参与其中……爱国卫生运动后，我们村面貌一新，人人讲清洁，个个争当健康村民。"⑤ 由这一个小村子群众的反应，就能清楚地看到，爱国卫生运动的影响是多么巨大和深入人心，人人投入运动中，争先恐后地参与环境卫生建设。

　　北京的爱国卫生运动持续于抗美援朝运动的整个过程，并一直延续多年。1952 年北京市共清除垃圾 11.5 万立方米。⑥ 在朝鲜和中国调查细菌战事实的国际科学委员会有一份报告就对北京当时的卫生状况进行了如下的描述："北京……所见的院子都是每天扫得干干净净，并且从来没有看见垃圾堆着。六七年前曾在中国住过的委员会委员看见这些改变不禁惊

---

① 北京市档案馆、中共北京市委党史研究：《北京市重要文献选编》1952 年卷，中国档案出版社 2002 年版，第 323—324 页。

② 《关于开展爱国卫生运动的报告——吴晗副市长在北京市第四届第一次各界人民代表会议上的报告》（1952 年 8 月 11 日），《国民经济恢复时期的北京》，北京市档案馆编，1995 年 4 月，第 755 页。

③ 《当代中国的北京》编辑部：《当代北京大事记（1949—2003）》，第 59 页。

④ 方舟：《中国百年会议大典·文体卫生会议》，华文出版社 1995 年版，第 545 页。

⑤ 韩长绵：《爱国卫生运动的记忆》，《晚霞》（上半月）2013 年第 9 期。

⑥ 中共北京市委党史研究室：《中国共产党北京历史》第 2 卷，北京出版社 2011 年版，第39 页。

讶……还有从前极普遍的吐痰习惯现在也大为减少。"① 由此可以看到，爱国卫生运动不仅对当时的城市环境起到了巨大的改善作用，还对社会风气起了良好的引领作用。

爱国卫生运动是专有名词，是特殊时期为了保家卫国而展开的，是在受到美帝的压迫和挑衅后采取的积极性运动，所以带有非常浓厚的爱国色彩，这一特点也在城市垃圾处理中得到了很好的体现。在这种爱国热情的感召下，广大人民群众积极投身于运动建设，在这一场轰轰烈烈的全民性爱国卫生运动中，中共对于城内剩余垃圾的处理使得整个城市的面貌焕然一新，不仅如此，更是起到了移风易俗，改变市民精神风貌的巨大作用；同时，中共关于垃圾处理运动中的一系列举措、工作内容的设置等都对后世的垃圾处理理念、方式等起到了相当大的借鉴作用。

四　垃圾清除运动的评价与反思

（一）中共组织清除垃圾工作的特点

1949 年的三次垃圾清除工作，1950 年和 1951 年的两年垃圾清除运动，以及 1952 年的爱国卫生运动这几次清除垃圾运动，笔者梳理之后认为相比较之前的政府，中共的政策执行有如下特点：

第一，条理性强。旧时期的北京（北平）政府，在垃圾清运这件事情上一直没能有特别清晰的处理思路，只是单纯的清理、运送垃圾，而由于执行力、财政贪污等诸多问题，导致最终的日产垃圾远远超出每日运送的承受能力，结果垃圾越堆越多，只能不了了之。而中共在接手破旧的北平城之后，迅速制订了垃圾清运的详细计划，多次卫生运动会议的记录中均可见代表们关于计划的讨论与斟酌，最终实施了一系列清运垃圾的工作，以 1949 年为例，为了集中解决严重的垃圾状况，2 月 28 日，北平市政府召集卫生局、清洁总队、工务局等单位讨论清运垃圾问题。卫生局草拟了清扫垃圾计划，并发动军车、机关车、乡车协助运输，还制定出

---

① 《新中国保健事业和卫生运动之备忘录》，《人民日报》1952 年 9 月 19 日。

《空车出城协运办法》，号召空车出城顺路装运一车垃圾。① 会议方面召开了北平市清洁运动委员会筹备会议、北平市清洁运动委员会第一次会议和北平市清洁运动委员会第二次常务会议，会议对工作如何进行、领导机构组成、讨论事项等都做出了非常详尽的说明，还通过了《北平市清洁运动委员会组织章程》《北平市清洁运动委员会清除积存垃圾工作实施大纲》② 等诸多章程，对垃圾的处理进行了详尽的考察与科学的研究，所以最终的处理才会有可喜的成果，办事的效率也极大地提高。

第二，执行力强。这一点在解放军解放北平入城时已有体现，解放军们"政策第一，纪律第一"，严格遵守党的政策指令。在随后的垃圾清洁运动过程中，军民一心，同力清洁。而在国民党政府时期，经常出现上传下不达的情况，办事效率低下且贪污腐败盛行。比如 1946 年 2 月在美国主持下建立的"运除垃圾委员会"和 1947 年 3 月何思源、李宗仁手下的"北平市清洁运动委员会"③，就曾出现过贪污丑闻，清洁工作的主力清道夫却地位底下，待遇微薄，再加上官员们的层层压榨，那时候的清道夫经常出现饿死街头的现象，更不要说好好工作清理垃圾了。而中共的机构设置和人员重整，不仅仅大大提升了清洁队员的社会地位，同时清洁队员的工资福利也有了较大的提升，工作起来自然干劲十足。人心所向，指令自然上传下达，执行力大大提高。从 1949 年到 1952 年的垃圾处理过程中，中共对于垃圾的治理每一步都是深思熟虑、依据现实、结合群众、讲究科学。也正是由于中共的这些优点，使得垃圾的处理可以一步步地执行下去，取得良好的成效，而不是像民国时期的政权一样，执行力严重低下，制定的章程都是一纸空文。

第三，广泛发动群众。这一点是和政权的性质密切联系的，民国时期的北京，尤其是反动政府统治下的北京，统治者们是为自己政治权力考虑而不是真心实意为人民考虑的。所以当时的北京城里，穷人或者劳动人民聚居区的设备都是全城最差的，不是政府没有能力修筑，而是反动政府将

① 中共北京市委党史研究室编：《在迎接解放的日子里》，中央文献出版社 2004 年 2 月版，第 448 页。
② 北京市档案馆编：《北京档案史料》，新华出版社 2000 年 6 月版，第 159—165 页。
③ 白淑兰等：《北京的清洁工作》，《北京档案史料》1992 年第 3 期，第 26—27 页。

最好的设备都留给了所谓的"富贵区",人民一直处于社会的底层。[①] 而共产党的方针是与之完全相反的:"我们的卫生事业,我们的市政建设,是为人民大众服务的,为恢复发展生产服务的"[②],1952 年时任北京市副市长的吴晗同志说道:"为了彻底改变由于长期帝国主义和封建统治所造成的不清洁不卫生的落后现象,没有一个深入广泛的轰轰烈烈的群众性的运动是不可能的。"[③] 由此,中共运动的群众路线可谓体现得非常充分。与旧社会相比,人民是真正翻了身的,终于能够享受到政府的关怀,清扫垃圾,整修下水道,安装厕所等等,这些在过去贫困人民想都不敢想的如今在共产党手中都实现了。中共还非常重视宣传工作,如在 1952 年设立刊物《爱国卫生运动简报》,对垃圾清除等卫生工作进行广泛而深入的宣传。[④] 在共产党的大力宣传下,人民群众也逐渐懂得,垃圾问题不仅会影响到个人的健康、街道的美观,更会影响一个国家的发展。赢得了民心,自然以后的工作就都得到群众的大力拥护。

第四,克勤克俭,节约财政。政府进行垃圾清运工作需要大量的财政支出。在过去,统治者奢靡成风,官员贪污腐败,克扣清道夫们的工资,自然就降低了他们工作的积极性。而中共在建国之初,经济状况并未完全恢复的情况下,再去做市政工作就会显得格外捉襟见肘。所以,一方面是节约支出;另一方面是笼络群众,中共采取的办法就是联系广大群众自发地进行义务劳动,由于共产党已经给人民留下了秉公执法、为人民服务的好印象,所以民众也自然明白中共所做的垃圾清除并不同于以前旧政权是为了借此中饱私囊,而是真正为自己的家园服务,所以"群众能把清运工作当成人民自己的事,自觉地、积极地行动"。[⑤] 正是政府和群众一心,艰苦奋斗,才能在新中国成立初期百废待兴的情况下完成近乎不可能的任务。

---

① 白淑兰等:《北京的清洁工作》,《北京档案史料》1992 年第 3 期,第 26 页。
② 彭真:《庆祝北京解放一周年》,见《北京的黎明》,北京出版社 1988 年版,第 7 页。
③ 北京市档案:《国民经济恢复时期的北京》,北京出版社 1995 年 4 月版,第 754 页。
④ 张宏儒主编,华夏文化促进会、华夏图书研究所:《二十世纪中国大事全书》,编辑委员会编:《二十世纪中国大事全书》,北京出版社 1993 年 5 月版,第 394 页。
⑤ 白淑兰等:《北京的清洁工作》,《北京档案史料》1992 年第 3 期,第 30 页。

（二）运动影响

垃圾的清除工作对新中国首都的建设和发展产生了非常深远的影响。首先是城市环境卫生大为改善，城市面貌焕然一新。解放初期的这几次大规模的城市垃圾清洁运动，彻底地改变了旧时期北京城肮脏垃圾满城、秽水四淌的局面，城市的卫生环境得到了很大的改善，几次大的垃圾清除结果：1949 年清运时期清除垃圾 201638 吨，11 月的大扫除运动周清除垃圾 31875 吨，1952 年清除垃圾 115000 吨……数字是最有力的证据，经过几年的清除，北京的大街小巷焕然一新，对环境的影响毋庸置疑是最突出最显著的成果。

其次是人民身体素质得到提升。城市的环境状况改善了，最直接受益的当是普通大众。在旧政权时期，反动政府的一切卫生设施都是为了统治阶级内部的享用，而广大穷苦的劳动人民则长期居住在没有干净自来水、没有厕所、没有干净无味的河流，甚至垃圾高过房屋的"贫穷区"，生存环境极度恶劣，也因此患上传染病，严重威胁着民众个人的健康。而如今，中共与群众紧密联系，将城市各个角落垃圾清理干净，人民的生活环境的改善，使得人民的身体素质相比较之前有了很大的改善。

人人讲究卫生，进而在社会上形成了一股积极的新风尚。除了自己身体健康，人民也在政府的宣传教育下逐渐养成了不随地便溺、不随地倾倒垃圾秽水的好习惯，也逐渐对卫生事业有了更深入的认识，人人讲卫生、人人追求新的风貌，彻底摆脱了旧时的陋习，整个社会出现焕然一新积极向上的新风气，人民不仅仅像过去那样仅仅关心自己小家庭的温饱，而是把自己的生活和政府、社会主义事业的建设联系到了一起，这对以后政府开展各项公共教育活动奠定了良好的社会风气基础。

另外，卫生运动还宣扬了男女平等的新思潮，大大调动起了妇女劳动的积极性，劳动光荣也逐渐深入人心。在旧社会，妇女大多是不能外出工作的，并且地位低下，一直养在闺中，等大了就等着媒婆上门说亲，也没有去剧院的资格。① 而现在，卫生运动号召男女老少一起干，共同为建设新家园而努力，打破了之前的男人出苦力、女人不干活的旧局面，为后来

---

① 老舍：《北京》，见舒乙《老舍讲北京》，北京出版社 2005 年版，第 142—143 页。

的男女平等起到了一定作用。

除此之外，垃圾清除在政治方面具有更为重要的意义。在几年的垃圾清除过程中，每一次的运动党中央无不是考虑到群众的重要性，积极发动群众，获得群众的支持。"为了彻底改变由于长期帝国主义和封建统治所造成的不清洁不卫生的落后现象，没有一个深入广泛的轰轰烈烈的群众性的运动是不可能的。"① 所以中共的任何运动都离不开群众，垃圾清除更是如此。笔者认为一个新政权在建立初期所采取的一切措施归根结底都应该是为了稳固政权，赢得民心。所以在新中国成立初期的卫生清洁运动，绝不仅仅是为了人民的身体健康和城市的面貌考虑，而更是一种政治上的策划，以改善环境、清除垃圾作为历史的契机，来巩固群众联合群众，以此稳固统治根基。后来的实践证明，发动大规模的垃圾清除运动在使得城市环境卫生得到很大改善的同时，更能调动起广大人民群众积极性，所以全国性的卫生运动轰轰烈烈。至于 1952 年的爱国卫生运动，加上政府的适时宣传，人民群众更是把保护环境、清扫垃圾、消除细菌当作保卫国家的最好方式，人人都以卫生清洁的方式表达着自己浓浓的爱国热情。

但是如此一来，政治含义颇为丰富的清洁运动一定程度上则弱化了"卫生"或者"清洁"本身的含义，因为它总是不自觉就会被各种政治因素所影响。由此导致的一个很严重的问题就是在一些文化素质相对较低的群体，如劳动民众，很难养成日常性的卫生习惯，一有政治上的任何变动，闻风而动的群众注意力往往会从卫生运动转移到政治运动中，"人们广泛地参与运动，并不仅仅是基于获取卫生常识和实现健康保障的考虑，而更多的是一种对国家话语的接受与融入。"② 但是通过大规模政治性群众运动解决城市卫生问题，往往难以在群众中形成良好的生活卫生习惯，甚至还会在运动中产生一些投机分子，对社会产生不良影响。因此在这方面新中国成立初期的中共做的似乎有些急促，没有在民众习惯的方面多加培养，而是更多地与政治相结合，这也是解放初期北京垃圾清理运动中的历史局限。

---

① 北京市档案：《国民经济恢复时期的北京》，北京出版社 1995 年 4 月版，第 754 页。
② 艾智科：《中国成立初期的城市清洁卫生运动研究》，《中共党史研究》2012 年第 9 期。

结　语

新中国成立前北京城市长期处于混乱的政治纷争中，缺少一个建设市政的稳定的环境。市政建设长期瘫痪，垃圾成山，卫生状况极差。北平城和平解放后，面对着这样一个千疮百孔的古都，中国共产党对城市卫生问题极度重视，而垃圾是最先要考虑的要素。从 1949 年 3 月开始，一年之内 3 次举行大规模的垃圾清除运动，每一次的动机既有不同又有相似之处，既在环境方面有重要考虑，又着眼于政治有另外的深意。第一次"清""运"垃圾，是为了建国的大扫除，迎接新中国的新面貌，与此同时放手发动群众，走群众路线；第二次的天安门整修是为了迎接开国大典，也是为了铲除天安门附近残存的垃圾堆，更是用开国大典这一举动昭示天下，在中共的带领下，中国走向了新的时代；第三次的大扫除运动周出于人民的生命健康安全考虑，也为北京城环境治理的改善起到了巨大的作用。

垃圾的清除运动，一直到 1952 年的爱国卫生运动持续了 3 年，并在后来一直保持了下去。1952 年的爱国卫生运动是这几次卫生清洁运动中政治色彩最为浓厚、波及面最广、号召群众最多的一次卫生运动。本意是为了应对美帝的挑战和威胁，号召群众，强身健体、消灭细菌，这样就从基本的卫生层面上升到了保家卫国的高度，也更容易调动起广大人民群众的爱国热情，从而更积极地投身于卫生事业当中，以此表达自己的爱国热忱，政治意味相对前两次更加浓厚，但在这次全民卫生运动中，中共带领群众对垃圾的治理也对北京城环境卫生的改善起到了巨大的作用。通过这些垃圾的清运工作，使得中共既在环境卫生方面改善了北京城的面貌，也在政治方面牢固地树立了自己的工作路线和方式，赢得群众的拥护。

以史为鉴，城市的建设和发展，需要一个安定的环境，新中国成立之后的北京政局处于安定的状态，就为垃圾的处理的发展提供了良好的契机。在这样历史的大环境下，中共从两方面进行垃圾的工作部署和安排——环境与政治，最终达到了垃圾清除美化环境、联系群众服务群众的目的。

（作者简介：屈蕾，郑州外国语学校教师。）

"苏联式"建筑与 1950 年代的集体记忆

—— 以苏联展览馆为例[①]

李 扬

摘要： 1954 年在中苏同盟以及苏联大力支援新中国建设的背景下，苏联展览馆应运而生。苏联展览馆的建设体现了高度政治化的色彩，苏联专家基本主导了展览馆的规划设计并对施工全程监督。展览馆建成之后的系列宣传、展览，一方面有着意识形态背景；另一方面也使得当时的文化与舆论氛围迅速倒向苏联；而苏联电影及莫斯科餐厅的流行更使苏联文化渗透到北京民众的社会生活层面。以苏联展览馆为代表的苏式建筑及其构筑的文化娱乐空间，与中共对北京城市的改造一起被打造为"新北京"的标志与符号，成为 1950 年代的集体记忆，正是城市文化史研究的重要内容之一。

关键词： 苏联展览馆　文化活动　苏联化　新北京

随着档案资料的逐步开放与史学研究的范式转换，20 世纪 50 年代的研究已经成为党史、社会史研究的一个热门领域。国史研究中一个不能忽视的因素即是苏联模式。无论是以苏为师或是以苏为鉴，苏联始终在毛泽东时代的政治文化领域中扮演着关键性的角色。[②] 对于中共自建国到确立统治合法性过程中的苏联因素，以往研究更多集中于高层政治、外交、军

---

① 本文为首都师范大学文化研究院 2016 年度重大招标课题"北京苏式建筑遗产及其文化空间研究（1949—1959）"的阶段性成果，课题编号：ICS—2016—A—04。

② 沈志华主编：《中苏关系史纲》，新华出版社 2007 年版；杨奎松：《毛泽东与莫斯科的恩恩怨怨》，江西人民出版社 2008 年版。

事等层面,对其社会、文化方面的影响力研究不够。近年来这一局面有所改观,从苏联专家到市政建设,从苏联模式影响下的宣传策略与方式等,让我们对 50 年代的社会有了更多元的理解。[①] 北京作为首都与政治中心,在新中国成立后的一系列政治、文化活动与社会运动中我们都能看到苏联的影子。近年来舆论颇关注的 50 年代"梁陈方案",以及反响颇大的《城记》一书,其实已经涉及苏联专家在北京城市规划中的巨大影响力,以及以梁思成为代表的中国建筑规划专家与苏联专家的矛盾纠葛。[②] 那么苏联因素在新中国成立初年的大众精神生活方面有何影响?苏联文化如何重塑很多北京市民关于新中国成立之初的城市记忆?本文以 1954 年建成的北京苏联展览馆为例,借助相关档案资料与报纸杂志报道、日记与回忆录等,从展览馆建筑的苏联背景、展览宣传及文化娱乐与消费等角度解读建国之初民众精神生活与集体记忆的若干侧面,以此丰富 1950 年代北京社会文化史的研究。

一 构筑苏联文化景观

首都的建设从一开始就有苏联专家的介入。从最初的城市规划方案到具体的建筑设计,苏联专家均参与指导。而苏联在当时确实是中国自上而下仿照与推崇的对象。1949 年 2 月,中央人民政府在天安门前举行庆祝大会时的一幅海报标语称:"人民大众做主人,古宫变成了新红场。"[③] 从"古宫变成新红场"看来,当时的广场改造很大程度上是以莫斯科红场为标杆的。苏联作为一个政治与文化符号,也成为凝聚国人认同的重要手段。正如有论者指出的:"中国人民的新认同感,必须兼有民族性与国际性,必须定义民族国家又能超越民族国家。"同时,"社会主义世界内部

---

① 沈志华、李滨(Douglas Stiffler)主编:《脆弱的联盟:冷战与中苏关系》,社会科学文献出版社 2010 年版;

沈志华:《苏联专家在中国(1948—1960)》,社会科学文献出版社 2015 年版;余敏玲:《形塑"新人":中共宣传与苏联经验》,(台)中研院近代史研究所专刊(100),中研院近代史研究所 2015 年版;张超:《上海中苏友好宣传教育运动研究(1949—1965)》,华东师范大学博士学位论文 2015 年 5 月。

② 参见王军《城记》,三联书店 2012 年版,第 37—38、82—86、138—145 页。

③ 洪长泰:《空间与政治:扩建天安门广场》,《冷战国际史研究》2007 年第 5 期。

的文化交流，是让各国人民分享共同的目标与价值观，进而产生一种凝聚力的最理想方式"。①

苏联展览馆在此背景下应运而生。1952年时任政务院财政经济委员会副主任的李富春访问苏联。在中苏谈判中，苏方提出愿在中国展示苏联的建设成就，包括经济、文化科学技术、建筑技术与建筑艺术等。为此，中共中央决定在北京、上海建设苏联展览馆。中方成立了三人领导小组，北京市委书记兼市长彭真任组长，另外两位为中国国际贸易促进会副主席冀朝鼎与建筑工程部常务副部长宋裕和。同时，北京市财经委员会副主任赵鹏飞受彭真委托，具体参与展览馆的建设工作。② 事实上，当时的对外贸易部副部长李哲人、中央建筑工程部部长万里都曾直接过问此事，他们还专门向周总理报告工程预算与设计问题。③ 档案显示，苏联展览馆的交工日期经北京市长彭真与苏联驻中国大使尤金商定，各项工程将在1954年七八月间陆续完工。④ 据宋裕和在座谈会的发言，展览馆于1953年10月15日开工。苏联方面负责的建筑与设计专家主要有安德烈耶夫、吉斯洛娃与郭赫曼。据北京市长彭真的说法，该工程中方具体负责人为宋裕和、冀朝鼎、王光伟、汪季琦、赵鹏飞。⑤ 由于展览馆的政治背景，故而苏联的建筑艺术与风格、技术标准等都成为最主要的参照系。彭真在与苏联专家的谈话中就声称："一切要用莫斯科的标准，如果工区主任不称职，我们可以把他撤换。我们过去在山沟，没有建筑力量，进城后才有。技术人员中很多对苏联先进经验还是抗拒的，有的还持保留态度，也有不少是虚心学习的。……我代表市委市政府向你表示，可以像在莫斯科一样

① 傅朗：《政治认同：1950年代中国与苏联、东欧的文化交流》，载沈志华、李滨（Douglas Stiffler）主编《脆弱的联盟：冷战与中苏关系》，社会科学文献出版社2010年版，第94页。

② 中共北京市委党史研究室编：《社会主义时期中共北京党史纪事》（第二辑），人民出版社1995年版，第50—51页。

③ 北京档案馆藏：《彭真、万里等同志关于工程概算设计工作等问题给总理的报告》1953年7月26日，档案号：001—006—00783。

④ 北京档案馆藏：《李哲人副部长与米古诺夫同志谈话纪要》1954年6月10日，档案号：001—006—00784。

⑤ 北京档案馆藏：《苏联展览馆工程问题座谈会纪要》1954年3月10日，档案号：001—006—00784。

地管理这个企业，完全不要有顾虑。"① 这一表态可以视作中方的指导原则。随后的设计方案及施工方法等宏观上基本由苏联专家主导，中方全力配合。

作为大型公共建筑的展览馆，修建起来并非易事。1957 由接待苏联来华展览办公室宣传处编辑出版的《苏联展览馆》宣传手册称："它的设计图纸有一万五千张，加上晒的蓝图总共有五万张。如果把这些图纸一张接一张地摆开，按一公尺宽来计算，足可以摆一百里长"。② 苏联展览馆建设的主要困难还表现在耗资巨大。据《苏联展览馆》宣传手册记载："苏联展览馆占地面积约十三万五千平方公尺，建筑体积是三十二万八千立方公尺。"③ 如此大的面积自然耗资巨大。该建筑被称为"当时国内造价最为昂贵的俄罗斯式建筑"。④ 1954 年 2 月，宋裕和与冀朝鼎上报彭真、国家计委副主任张玺及总理的报告揭示，展览馆工程总预算为 2600 亿元。⑤

在中央的全力支持与各地军民的努力奋战之下，展览馆仍如期完工，1954 年 10 月 2 日举行了开馆仪式。苏联展览馆建筑平面呈"山"字形，左右对称，轴线明确而严整。整个建筑群以中央大厅为中心，中央前厅左右分两翼，中央轴线上由北到南分别是中央大厅、工业馆、露天剧场，西翼是农业馆、莫斯科餐厅、电影院，东翼是文化教育事业展览厅，另外还有东西广场。⑥（图 1）

建成之后的展览馆，很快成为西直门外的地标。据当时建工部设计局编写的展览馆建筑参考资料介绍："苏维埃的人民建筑师在这一展览馆

① 北京档案馆藏：《彭真同志与展览馆施工专家多洛普切夫同志的谈话纪要》1954 年 2 月 11 日，档案号：001—006—00784。

② 《苏联展览馆是怎样建设起来的》，载接待苏联来华展览办公室宣传处编《苏联展览馆——苏联经济及文化建设成就展览会宣传资料之一》，1957 年版，第 15 页。北京大学图书馆藏。

③ 《苏联展览馆介绍》，载接待苏联来华展览办公室宣传处编《苏联展览馆——苏联经济及文化建设成就展览会宣传资料之一》，1957 年版，第 1 页。北京大学图书馆藏。

④ 《建筑创作》杂志社编：《建筑中国六十年·作品卷（1949—2009）》，天津大学出版社2009 年版，第 274 页。

⑤ 北京档案馆藏：《宋裕和等给彭真、张玺并报周总理的报告》1954 年 2 月 22 日，档案号：001—006—00783。

⑥ 魏琰、杨豪中：《解读北京展览馆》，《华中建筑》2015 年第 4 期，第 33 页。

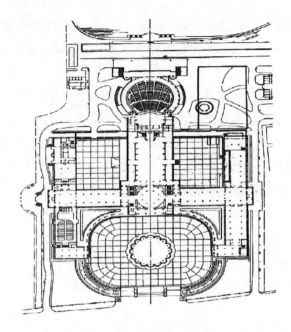

图1　北京展览馆平面图

的创作中，通过所创造出的建筑形象把自己对社会主义祖国的热烈情感，把苏维埃国家的光荣和伟大传达给中国人民。这一形式美丽、体积巨大的建筑物，显示了苏联建筑艺术和建筑科学的辉煌成就。"从建筑效果来看，"当人们走出西直门，便看到那高耸入云、闪闪发光的87公尺高的鎏金尖塔，一颗巨大的红星，在塔的顶端闪耀着。在典型的俄罗斯建筑形式的尖塔下面，是一排苏维埃社会主义共和国联盟的缩写字母CCCP；塔座正中有苏联国徽，塔基座下面的中央前厅正立面拱券门廊上都是毛主席亲笔题写的'苏联展览馆'。整个建筑物坐北朝南，以中央尖塔作为中心，它的东西中央轴线穿过西直门城楼，南北中央轴线通过垂直在广场前边的林荫大道直对辽代建筑——天宁寺塔。"①

　　苏联展览馆落成之后，梁思成先生对其建筑艺术也给予高度评价，认为该建筑的整体布局与北京城市的整体规划尤其是与西直门外至阜成门外一带的总体规划是作为一个整体来考虑的；其次该建筑也实现了形式与内

①　建筑工程部设计总局北京工业及城市建筑设计院苏联展览馆设计组编著：《北京苏联展览馆建筑部分》，建筑工程出版社1955年版，第1—2页。

容的统一；最后该建筑很好地体现了苏联建筑的民族形式与民族传统，同时结合中国传统建筑的一些做法，创造出高度的艺术效果，符合国际主义的爱国主义精神[①]。自此，展览馆构成了西直门外独特的"苏联式"景观。

二 参观与展览:政治仪式与文化交流

新政权建立之后，通过一系列节庆与仪式，达到对自身取得成就的宣示及其权威的合法化、领袖地位的确认并最终塑造社会主义新文化等目的。天安门广场即是最好的例证[②]。在这一过程中，我们再次注意到苏联因素在塑造意识形态中的作用。如 1954 年的"五一"国际劳动节，"群众游行队伍仪仗队所持领袖像序列"显示，排在领袖像最前列的依次是革命导师马克思、恩格斯、列宁与斯大林，第二排才是毛泽东与孙中山，第三排为朱德、周恩来、刘少奇，后面的六排中人数最多的是苏联领导人与将领，如伏罗希洛夫、赫鲁晓夫、莫洛托夫、马林科夫、布尔加宁、米高扬、萨布罗夫等。虽然到国庆节有所调整，革命导师与苏联领导人的权威也是不容置疑的[③]。这是苏联因素在当时的广场政治与宣传策略中重要性的直接体现，可见其已深深渗透到当时的政治文化生活当中。

1954 年 10 月 2 日苏联展览馆所举办的苏联经济及文化建设成就展览会正式开幕。苏联驻华大使尤金、中国对外贸易部部长叶季壮、苏联商会主席涅斯捷罗夫等先后讲话致辞。为这次展览会，中方做了充足的准备，专门成立了接待苏联来华展览办公室，冀朝鼎担任办公室主任。对于展览的意义，冀朝鼎表示："在中华人民共和国成立五

---

① 梁思成:《对于苏联展览馆的建筑艺术的一点体会》，载接待苏联来华展览办公室宣传处编《苏联展览馆——苏联经济及文化建设成就展览会宣传资料之一》，1957 年版，第 8—13 页。北京大学图书馆藏。

② Wu Hung: Remaking Beijing: Tian an men square and the creation of political space. Chicago: University of Chicago Press, 2005.

③ 北京市档案馆藏:《北京庆祝 1954 年"五一"国际劳动节群众游行计划》（1954 年 4 月 27 日）、《北京庆祝 1954 年国庆节群众示威游行计划》（1954 年 9 月 19 日），档案号：038—002—00147。需要说明的是，档案显示"五一"时马恩列斯四位革命导师排在第一排，而国庆节他们却被放置在第三排。

周年的时候，我国召开了第一届全国人民代表大会并庄严地制定了建设社会主义社会的宪法的时候，在北京举行我们伟大盟友苏联的经济及文化建设成就的展览会，无疑是具有极其重大的意义的。"① 除政府官员外与苏联领导、专家外，很多文人学者都在受邀之列，展览给他们都留下了深刻印象。如竺可桢称："午后二点多和杨克强赴西郊苏联展览馆参加开幕礼。该屋于10个月当中造成。1500工人的努力，完成伟大友邦展览会的陈列处所。外观极为庄严而美丽，柱系白大理石。……在文化馆介绍了最新测量器，光学如显微镜、分光照相仪、照相机、滚珠轴承。二点半户外的群众已是人山人海。三点开始典礼，剪彩。由苏联大使尤金讲演，继之者为对外贸易部部长叶季壮致辞。三点半入内参观，因20个陈列地点东西很多，而人拥挤，只能走马观花，随大众环绕一圈，可说好似刘姥姥入大观园眼花头昏，但觉苏联物资丰富，技术高妙而已。"② 没有参加开幕式的很多文化界人士也纷纷前去参观。黄炎培的日记显示，他于1954年曾多次前往苏联展览参观：先是10月30日，"午后，全家参观苏联展览馆尽两小时，略观大概"。第二次是12月7日"下午二时半，偕姚力仁、黄冰佩、姚维钧去苏联展览馆参观，为的是要我题词。参观了两小时半。作文《苏联展览馆题词》：伟大的友爱和教育凝结起来的展览会。"③ 到苏联展览馆参观也成为1950年代北京大学生课外生活的一部分。北京师范大学中文系1954级329宿舍的几位外地同学便在两位北京同学许嘉璐、史幼华的安排策划下参观北京各种名胜古迹与文化场所，其中就包括苏联展览馆。④ 可见展览确实在社会大众与部分知识分子中收到了一定的效果。

当然，作为一项有着重要政治背景的文化活动，发动群众参观是

---

① 冀朝鼎：《迎接苏联展览会的开幕》，载接待苏联来华展览办公室宣传处编《苏联经济及文化建设成就展览会纪念文集》，时代出版社1955年版，第26页。

② 竺可桢：《竺可桢全集》第13卷，上海科技教育出版社2007年版，第528页。

③ 黄炎培著，中国社科院近代史研究所整理：《黄炎培日记》第13卷，华文出版社2013年版，第11、27页。

④ 北京师范大学中文系1958届同学编：《机缘五十八载：1954—1958—2012》，2012年版，第258页。

必不可少的。为保障参观效果，中方专门成立了组织参观的机构，即接待苏联来华展览办公室与参观组织处，有计划地大规模组织群众参观。据一份工作简报，展览馆自 10 月 2 日开馆到 12 月 16 日起停止一般群众参观，开馆两个半月参观人数共 2614000 余人。平均每天参观人数达 42000 余人。其中本市各系统组织的观众共 1600000 人；外地集体观众 271000 人；临时前来的零散观众 743000 人。[①] 最后的工作总结中统计的总参观人数更是达到了 2760000 余人，已经突破了原定计划中两个半月观众 2600000 人的目标，胜利完成上级交给的任务。[②] 为引导北京各界群众参观，北京市还专门成立 6 个指挥部，动员北京市各界群众参观，具体分工如下：

1. 工人参观指挥部：负责组织本市各大厂矿企业职工参观；

2. 学校参观指挥部：负责组织本市各大、中学校学生教职员工参观；

3. 机关参观指挥部：负责组织中央、北京市级党政团体机关工作人员参观；

4. 部队参观指挥部：负责组织军委、华北军区机关工作人员及驻京部队参观；

5. 城区参观指挥部：负责组织城区区级机关、团体、小学、医院、公私营工厂企业及其他居民参观；

6. 郊区参观指挥部：负责组织郊区机关、团体、农民、小学、医院、公私营工厂企业及其他居民参观。[③]

其中郊区和城区的参观指挥部更是做了详细的工作计划与参观总结以及每月人数统计等工作。如各郊区在 1954 年 10 月参观的人数即达到了 65993 人，其中工人最多，其次是学生与农民。[④]（参见表 1）

① 北京市档案馆藏：《接待苏联来华展览办公室参观组织处工作简报》第 10 号，1954 年 12 月 15 日，档案号：038—002—00147。

② 北京市档案馆藏：《接待苏联来华展览办公室参观组织处工作总结》（草稿），1954 年 12 月 28 日，档案号：038—002—00147。

③ 北京市档案馆藏：《关于组织群众参观苏联展览馆的计划》1954 年 9 月 18 日，档案号：038—002—00147。

④ 北京市档案馆藏：《关于郊区群众参观苏联展览馆的情况和意见的报告》（附表），1954 年 11 月 5 日。档案号：001—014—00254。

表1 各区参观苏联展览馆人数分类统计表

（1954 年 10 月 3 日至 10 月 31 日）　　　　　单位：人；%

群众类别 地区	干部	农民	市民及工商界等居民	工人	小学校		共计
					教员	学生	
京西矿区	1412	1297	897	1251	786	1350	6993
南苑区	1725	2200	100	4480	450	2400	11355
石景山区	594	650		1542	237	1635	4658
东郊区	2027	1400	3570	5791		3951	16739
海淀区	1685	2900	2480	4293	600	6295	15763
丰台区	1100	1940	400	2090	200	2265	7995
总计	8543	10387	7447	19447	2273	17896	65993
百分比	13	15.7	11.2	29.4	3.4	27	

据各级组织机构的工作总结，展览受到群众的欢迎。如北京市郊区农民委员会、郊区指挥部的总结报告中提到："郊区群众都是怀着'看社会主义'的心情来苏联展览馆参观的，所以热情很高"；"不少干部、工人等不及规定的参观日期，便纷纷自动去参观。京西矿区几个小区的农民和干部，参观一趟虽然往返四天，花费路费六七万元，看过后都说：来一趟一点也不冤。"；"郊区农民经过党在过渡时期总路线的宣传教育，又参观了苏联展览馆，对社会主义的前景有了进一步的体会，走社会主义的劲头更足了。观众普遍反映参观后扩大了眼界，上了具体的社会主义的一课，认为苏联的今天就是我们的明天。"① 不可否认，展览中展出的苏联在工业、农业与手工业以及文化教育方面的成就以及大量的器械实物，确实让很多民众大开眼界，他们被吸引甚至崇拜是可以理解的。当然，展览的组织工作也受到不少诟病，如一位署名刘静亭的观众来信就称两次参观都是"高兴而去，败兴而归"，原因是人太多，根本没法好好参观学习。他建

---

① 北京市档案馆藏：《市委农委、郊区指挥部关于组织郊区农民参观苏联展览馆的计划总结与报告》1954 年 11—12 月，档案号：001—014—00254。

议减少参观人数并禁止儿童入场。[①] 参观组织处的工作总结中也指出了工作的不足,诸如对参观效果注意不够,具体表现在很多京外观众对讲解工作有意见,很多人没有看到自己想看的内容(有的铁路工人没有看到机车,有的农民没有看到农业机器等);各参观指挥部之间缺乏沟通协调;宣传工作与展览没有很好结合等等。[②]

但无论如何,总计 276 万的参观人数,还是使得这一活动成为当时的"国家景观"之一。正如洪长泰先生所说:中华人民共和国的政治性的庆祝游行是一个内容丰富而驳杂的文化主题。中国共产党的国家景观,首推 20 世纪 50 年代天安门广场举行的"五一"节和国庆节庆祝活动。这些活动都是精心组织并有着多重目的的政治仪式:既是打破旧秩序、迎接社会主义新社会的节日,也是对中共权威的合法化,又是共产主义领导下无数成就的展示,亦是对中国现代革命史上毛泽东中心地位的肯定,同时还宣告着中国在国际社会主义阵营中的存在。[③] 这些评价对苏联展览馆的展览宣传工作其实也是合适的,除了后者突出的主题更多是苏联成就及中苏友好之外。我们注意到,1954 年苏联展览馆的参观组织者其实与前一日的国庆游行参观的指挥者一定程度上是重合的。如在一份《关于郊区群众参观苏联展览馆的情况和意见的报告》材料中,组织策划单位是:接待苏联来华展览办公室参观组织处下属的郊区参观指挥部与北京庆祝国庆节筹委会群众游行指挥部下属的农民队伍指挥分部。[④] 我们有理由相信,二者虽分别落款、加盖印章,但这二者其实是同一批人。此后在群众发动、舆论宣传、参观具体流程安排等各个环节,参观组织者都进行了广泛的社会动员与周密布置,让我看到了展览背后中共的政治与社会运作机制。

另外,虽然此次展览在经济建设方面的亮点颇多,且有政治仪式的色彩,但其在文化教育领域的影响也很大,一定程度上成为当时中国文化界

① 北京市档案馆藏:《署名刘静亭的一封来信》1954 年 11 月 4 日,档案号:038—002—00147。

② 北京市档案馆藏:《接待苏联来华展览办公室参观组织处工作总结》(草稿),1954 年 12 月 28 日,档案号:038—002—00147。

③ 洪长泰:《毛泽东时代的庆祝游行:中国五十年代的国家景观》,《现代哲学》2009 年第 1 期。

④ 北京市档案馆藏:《关于郊区群众参观苏联展览馆的情况和意见的报告》1954 年 11 月 5 日。档案号:001—014—00254。

了解国外尤其是苏联的一个重要窗口。开幕式及其后的美术展览、图书展览等都是例子。

其实在苏联经济及文化建设成就展览会开幕之前，展览馆已举办了美术展览。据著名画家、美术理论家胡蛮（1904—1986）的工作日记：1954年9月25日，"下午，到苏联展览馆看美术部分作品。有油画六十多件，凡是著名的作品都来参展了。版画原稿有杜宾斯基的《秋克和盖克》插图、库尔尼克斯所作高尔基《母亲》插图、《静静的顿河》插图、《钢铁是怎样炼成的》插图。有基卜里克石版画和苏里科夫的素描《列宁与儿童》等"；10月8日，"早九时，赴苏联展览馆参观（今天招待中央和北京各机关、团体、部队的负责人员参观，并送说明书和纪念章）。又详细地参观了美术作品。并在感想录上写了几句话：'卓越的成就，崇高的友谊！我一定要从这具有高度艺术意义的原作珍品中，努力深入学习社会主义现实主义的先进经验'"。① 苏联展览馆开幕及展览期间，共展出美术作品280余件，包括油画、雕塑、版画、宣传画与讽刺画等。1959年9月，"苏联各民族实用美术和民间工艺美术展览"也在苏联展览馆展出，苏方在展览结束后将全部展品赠送中国。② 著名艺术考古学家、诗人常任侠（1904—1996）在参观完开幕式的美术展之后，对苏联的风景画如尼·米·罗玛金的《秋天》、谢·华·格拉西莫夫的《小白杨树》、华·尼·巴克舍耶夫的《白桦林》，还有《莫斯科近郊的傍晚》，表现苏联人民生活状态的《我们走向生活》《牧羊人》等都印象深刻，认为"在这些作品中，可以看出苏联艺术的高度成就，表现出苏联人民的精神和物质生活的面貌，在每一幅画前，都使人流连不忍离去。"③

苏联展览馆建成之后，各种图书展览也不断，促进了文化交流。如著名左翼民主人士王福时（1911—2011）在新中国成立之初自美国回国后被任命为国际新闻局出版发行处副处长，极力推动新中国的对外文化交流。在他的建议下，大力进口外文书籍，经多方努力收集了三万多种外国

---

① 胡蛮著、康乐编：《胡蛮与新中国美术》，中国书店出版社2014年版，第278页。
② 王镛：《中外美术交流史》，中国青年出版社2013年版，第204—205页。
③ 常任侠：《苏联展览馆美术馆参观记》（1954年11月），载郭淑芬等编《常任侠文集》第2卷，安徽教育出版社2002年版，第86—89页。

书刊、文献，1957 年 8 月在苏联展览馆展出，受到知识界的欢迎。[①] 又如历史学家周清澍回忆，1957 年 11 月为庆祝苏联十月革命 40 周年，在苏联展览馆举办了苏联科学成就展览会。展览会结束后，参展的苏联科学院出版的各研究所的著作，全部赠送给中国，由国际书店向各学术单位出售。当时作为内蒙古大学进修教师的周清澍接到导师周一良先生的通知，立即前去为内蒙古大学采购一批难得的图书。这些书包括战后至新中国成立前的出版物，还有大量从未向中国发行的学术著作，内容涵盖东方学、斯拉夫学、拜占庭学等，几乎都是全的且没有复本。因此作者将这几架书悉数买下，为内蒙古大学俄文学术专著的馆藏奠定了基础。[②]

三 苏联式摩登：娱乐与消费文化

苏联展览馆建筑平面呈"山"字形，左右对称，轴线明确而严整。整个建筑群以中央大厅为中心，中央前厅左右分两翼，中央轴线上由北到南分别是中央大厅、工业馆、露天剧场，西翼是农业馆、莫斯科餐厅、电影院，东翼是文化教育事业展览厅，另外还有东西广场。[③]

这其中与大众精神生活与娱乐消费有关的主要是电影院、剧场以及莫斯科餐厅。苏联经济及文化建设成就展览会成功举办之后，苏联展览馆也面临着转型的问题，其作为展览馆与文化单位的身份开始凸显。1954 年 12 月初北京市副市长薛子正提出接管苏联展览馆的方案。其中第一套方案是由各部位与北京市联合组成管理委员会；第二套方案是全部展览馆由北京市人民政府社会福利事业管理局接管。他认为亟待解决的问题主要是机构编制与经费开支过大，希望财政支持。对于餐厅、剧场、电影院的经营方针问题，他的初步意见是："如果餐厅交给市福利公司经营管理，除紧缩编制节省开支外，拟将现在厨房的电气设备暂时封闭不用，改设中国式的煤炉灶，减少勤杂人员等，这样就可以降低成本，但恐苏联专家不同意（现有十五位苏联专家，拟留聘二位至三位厨师专家做顾问）。在餐类

---

① 庞旸：《20 世纪中国知识分子》，中国文史出版社 2013 年版，第 83—84 页。

② 周清澍：《学史与史学：杂谈和回忆》，上海古籍出版社 2011 年版，第 389—390 页。

③ 魏琰、杨豪中：《解读北京展览馆》，《华中建筑》2015 年第 4 期，第 33 页。

方面，除继续经营俄式餐食外，应增设中餐部，亦以小吃为主，并向西郊公园开门，使公园游人进出方便，营业亦可望扩大而不至于亏累。露天剧场和电影院交给市文化局戏曲管理委员会接管，除改善经营管理外，向西郊公园开门，并专设售票处，并与公园业务相结合。"① 中央采纳的应该是第一个方案，后来苏联展览馆专门成立了管理处，负责展览馆的经营与管理。

应当说，苏联展览馆的一系列文化活动是受到中外各界欢迎的，尤其是莫斯科餐厅与电影馆。但因其名称关系反而使其对外活动受限。于是1957 年苏联展览馆管理处向北京市委提出改名申请："自 1954 年底苏联经济文化建设成就展览会在北京结束后，苏联展览馆即担负着接待国内外各种展览和各种政治文化活动的任务。莫斯科餐厅和电影馆自 1955 年实行长期对外营业以来颇受中外人士的欢迎。但某些对外活动，由于"苏联展览馆"名称的关系，常受到一定限制。为了今后各种活动更加方便起见，拟将苏联展览馆更名为北京展览馆。"更名后，莫斯科餐厅名称不变，电影馆更名为北京展览馆电影馆，剧场更名为北京展览馆剧场。② 电影馆受欢迎正是当时政治与社会环境的直接反映。1950 年末，在一片"抗美援朝、保家卫国"的声浪中，主宰北京电影市场数十年，以美国好莱坞电影为首的西方"有毒素"的电影被逐出北京。从此，苏联影片及兄弟国家的影片占据了北京电影市场外国片的主要阵地。③ 据统计，"我国所发行的苏联影片（新片），从 1949 年起到 1957 年上半年止，共计发行长片 265 部（其中艺术片 206 部、纪录片 59 部），短片共 203 部；同期观众的总数达 1497800000 余人次。"④ 可以想见，苏联展览馆的苏联电影放映自然是引领潮流的。

当时对苏联展览馆电影馆的介绍称："它是一个吸引大量观众的地

---

① 北京档案馆藏：《薛子正同志关于接管苏联展览馆的意见》1954 年 12 月 1 日，档案号：001—006—00944。

② 北京档案馆藏：《苏联展览馆改名为北京展览馆的请示》1957 年 10 月 4 日，档案号：002—009—00157。

③ 周静：《新中国"十七年"北京大众的娱乐生活研究》，首都师范大学 2008 年硕士学位论文（未刊），第 17 页。

④ 沙浪：《苏联电影与中国观众》，《中国电影》1957 年 11、12 月号合刊，第 81 页。

方。观众们在这里可以看到自己一向喜好的苏联电影，并亲身体验到苏联人民的文化生活是多么的美好和幸福……电影馆舞台的上端，高悬着一块红底金花的圆匾，上面镌刻着六个辉煌的金字：'艺术属于人民'——这是整个电影馆的主题。"电影馆开馆后，早期主要放映反映苏联经济文化建设成就与文化生活的纪录片。1954年10月至12月放映的电影包括：《莫斯科在建设中》《中国展览会在莫斯科》《苏联滑雪者》《科学宫》《少先队夏季生活》《伏尔加河—顿河运河》《莫斯科的郊区》等。① 此后，这里的电影展映与宣传活动也持续进行。如1955年11月7日，"苏联电影周"在北京开幕，映出《忠实的朋友》《培养勇敢精神》和《玛利娜的命运》3部影片。14家影院参加映出，共计映出1328场，观众60.90万人次。影院当中就包括新增的专业电影院—苏联展览馆电影院，隶属展览馆。② 次年11月7日，苏联电影工作者代表团一行四人抵京，苏联演员玛列茨卡娅、莫尔久阔娃、潘尼奇与乌兹别克导演鲁柯夫等分别前往首都电影院、苏联展览馆电影院与观众见面并接受了观众的献花。③

事实上，由于1950—1960年代物质相对匮乏，北京群众的娱乐生活也相对贫乏。由于新中国对电影事业的支持，改变了旧社会电影票价昂贵的现象并扩大了放映范围，使得电影愈来愈走向平民大众。于是看电影成了人们最主要也广受欢迎的娱乐方式。一位北大毕业生回忆20世纪50年代末到60年代初的大学生活称，当时大学的课余娱乐活动，主要以看电影为主。当然，那时候的电影不能说是纯粹的娱乐活动。入学后看过苏联黑白电影《钢铁是怎样炼成的》以及彩色电影《保尔·柯察金》，当时也是非常自觉地去接受教育。国庆十周年学校还专门在学校操场放映一批"献礼片"，包括不少苏联电影。④ 据一位曾在冶金工业部工作的老同志的口述实录，他称自己的主要娱乐方式在新中国"十七年"时期主要是看

① 《艺术属于人民——介绍苏联经济及文化建设成就展览会的电影馆》，载接待苏联来华展览办公室宣传处编《苏联经济及文化建设成就展览会纪念文集》，时代出版社1955年版，第130—131页。

② 北京市文化局、北京市电影公司合编：《北京文化史资料选集——北京市电影发行放映单位史》（下册），1995年版，第110—111页。

③ 《苏联电影工作者代表团四位团员和北京观众会面》，《新华社新闻稿》1956年11月8日。

④ 王则柯：《五十年前读北大》，中信出版社2011年版，第123—124页。

电影，包括到苏联展览馆的观影活动、到中山公园听音乐茶座等，而 1960 年以前冶金部会有些文娱活动，如国庆或"五一"时为招待苏联专家而专门开的庆祝会、舞会等，中苏关系破裂后就没有了。① 很多知识分子也大量观看苏联与社会主义国家电影。考古学家夏鼐 1958 年 1 月 28 日的日记中亦有到苏联展览馆观影的记录，"下午工会发起参观北京天文馆，偕秀君、炎儿前往，此系第一次参观北京天文馆。先参观展览室，3 时开始天象仪表演，约 30 分钟。散场后，赴苏联展览馆电影场，观朝鲜电影《祖国的儿子》。"② 有意思的是，作为晚清遗老的许宝蘅③在其日记中也有参观苏联展览馆并观看电影的记载。1956 年 8 月 14 日"（初九日癸丑）八时到苏联展览馆，参观原子能展览，并看电影，不能有所获，于此事毫无知识，莫名其妙，等于盲人扪烛，即在莫斯科餐厅午餐。"④即使看不明白，遗老们仍愿一探究竟，这正说明了苏联文化在当时对人们的吸引力。

观影活动之后，很多人的选择即是到展览馆的莫斯科餐厅就餐。可以说，苏联展览馆的莫斯科餐厅在新中国成立后的很长一段时间以内都成为北京最著名的几家西餐厅之一，也引领着当时的饮食风尚。王蒙在谈到莫斯科餐厅时说："50 年代北京苏联展览馆建成，莫斯科餐厅开始营业，在北京的'食民'中间引起了小小的激动。份饭最高标准 10 元，已经令人咋舌。基辅黄油鸡卷、乌克兰红菜汤、银制餐具、餐厅柱子上的松鼠尾花纹与屋顶上的雪花图案，连同上菜的一丝不苟的程序……都引起了真诚的赞叹。"⑤ 除正餐之外，莫斯科餐厅的苏式糕点也长期供不应求。1958 年 5 月，苏联展览馆管理处向北京市委提出请求，要求增加食品原料的供应。该报告称："莫斯科餐厅自制的苏式糕点，除餐厅日常营业用以外并长期供应苏联大使馆和王府井百货大楼的一部分，但因面粉、白糖、花生

① 梁景和编：《中国现当代社会文化访谈录》（第四辑），首都师范大学出版社 2014 年版，第 119 页。

② 夏鼐：《夏鼐日记》（第 5 卷），华东师范大学出版社 2011 年版，第 350 页。

③ 关于许宝蘅（1875—1961）相关史实参见马忠文：《许宝蘅与溥仪》，《博览群书》2011 年第 9 期。

④ 许宝蘅：《许宝蘅日记》（第 5 册），中华书局 2010 年版，第 1883—1884 页。

⑤ 王蒙：《吃的五要素》，载郭友亮、孙波主编《王蒙文集》第 9 卷，华艺出版社 1993 年版，第 451 页。

油等原料供应不足，其点心生产总是供不应求，由于目前天气渐热，餐厅营业量增大，急需增加糕点和冷食的生产。因此，请粮食局通知西四区粮食科自1958年5月15日起每月增加供应富强面粉20袋，花生油250斤，请副食品商业局通知糖业糕点公司每月增加供应白糖1500市斤。"① 可见其受欢迎程度之高。

我们发现，除接待政府机关与外宾的宴会之外，很多学者也前往这里就餐。如谭其骧日记中也有到苏联展览馆吃饭的记载，1956年7月10日："晚陈同燮约赴苏联展览馆吃饭"。② 1958年2月23日，竺可桢陪同几位苏联专家到香山卧佛寺植物园、香山寺等地考察，晚间"至苏联展览馆莫斯科餐厅，共九人进餐，每席2.5元。"③ 直到20世纪60年代，正如一本小说的描述："1968年的北京，偌大的一个城市，只有两家对外营业的西餐厅，一家是北京展览馆餐厅，因为北京展览馆是50年代苏联援建的，当时叫苏联展览馆，其附属餐厅叫莫斯科餐厅，经营俄式西餐。中苏关系恶化以后才改成现在的名字，但人们习惯了以前的名字，一时改不过口来，北京的顽主们干脆叫它'老莫'。另一家西餐厅是位于崇文门的新侨饭店，经营的是法式西餐。这两家西餐厅是当时京城顽主们经常光顾的地方。"④ 我们在很多描写50—70年代北京的文学作品中都能看到"老莫"的形象，很多"大院子弟"的光顾，使这里已成为一个象征性的文化符号。⑤ 可见，俗称的"老莫"在50—60年代的北京消费文化中占有重要地位。正如一位50后所说："莫斯科餐厅对社会产生的影响，在某种意义上甚至超过了展览馆"。而且"事情有时很奇怪，统一建筑体系，展览馆留给人们的，是地道的苏联文化气息，而'老莫'却要复杂得多。它见证了中国社会阶层的区别，见证了特殊历史条件下特殊人群的悲欢聚散……莫斯科餐厅对50年代出生的一代人的成长，究竟具有何种意义很难诠释，但至少注解了他们在

———————————

① 北京档案馆藏：《苏联展览馆管理处关于莫斯科餐厅请求增加富强粉、白糖、花生油的供应问题》1958年5月16日，档案号：002—010—00080。

② 葛剑雄编：《谭其骧日记》（珍藏版），广东人民出版社2013年版，第59页。

③ 竺可桢：《竺可桢全集》第15卷，上海科技教育出版社2008年版，第38—39页。

④ 都梁：《血色浪漫》，长江文艺出版社2006年版，第44页。

⑤ 参见刘心武《"大院"里的孩子们》，《读书》1995年第3期。

特殊时代氛围中青年人不可或缺的浪漫"。① 于是,"老莫"作为标志性消费文化的符号,成为几代人共同的集体记忆。

四　余论:1950 年代的"集体记忆"与城市文化

可以说,苏联展览馆正是新中国成立后"新北京"的建设成就之一。这种"苏式建筑"及其衍生的文化氛围,成为一代人共同的集体记忆。学者张济顺提出 1950 年代上海研究的"新革命史"视角,倡导将革命史与社会文化史结合,革命、国家与社会互相碰撞融合。在她看来,"都市迅速远去,但未逝去,摩登依然在场,这是 1950 年代中国的上海旋律。"② 反观北京,晚清民国时期虽然也有不少近代化的探索,但其时的北京一直以"文化古都"的形象示人,与"摩登上海"形成鲜明对比。新中国成立后的"新北京"如何塑造新的城市文化? 什么是 1950 年代的"北京旋律"? 这可能需要我们从城市史与社会文化史等多角度对此加以解读。长期以来,我们对新中国以来社会变迁的叙事通常有"泛政治化"的倾向,即以政治事件的宏大叙事消解了日常生活史的存在感及其意义,只知"国家"而不知有"社会"。近年来城市文化史中的一个新的研究趋势是将"日常"(everydayness)作为一种分析方法。"日常"的概念对历史主义的线性时间和进步概念是一种挑战,是历史、现代性和文化实践之间关系中的一个关键构成部分。③ 苏联展览馆及其催生的文化氛围与娱乐消费活动,让我们感受到革命时代的"日常",揭示出 1950 年代北京都市文化中的"苏联印记",也正是 1950 年代集体记忆的重要内容。这种集体记忆也已成为很多人对北京的"乡愁",也是城市文化史研究的内容之一。

　　(作者简介:李扬,历史学博士,北京联合大学应用文理学院历史文博系讲师。)

---

① 黄新原:《五十年代生人成长史》,中国青年出版社 2009 年版,第 64—65 页。

② 张济顺:《新革命史与 1950 年代上海研究的新叙事》,《华东师范大学学报》2015 年第 2 期。

③ 董玥主编:《走出区域研究:西方中国近代史论集粹》,社会科学文献出版社 2013 年版,导言。

后　记

　　城市化是中国现代化的必由之路，城市化进程总是激起人们浓浓的乡愁。公共性城市精神与私人化乡愁之间的现实张力，推动着人们在城市社会进步与留住传统文明之间寻求一种动态平衡，这已经成为时下都市文化建设的明线与都市人社会心理的伏线。习近平同志在强调推进以人为本的新型城镇化时，特别强调要"让居民望得见山、看得见水、记得住乡愁"，突出了"留住乡愁"在城市发展乃至整个现代化进程中的重要意义。

　　2016年12月18日，北京师范大学北京文化发展研究院暨基地举办了"都市与乡愁"——首届城市文化发展高峰论坛。来自国内外的50余位学者会聚一堂，探讨乡愁的哲学内涵与文化意义，追溯城市的起源与变迁，梳理城市化的轨迹与记忆，审视城市化带来的认同与焦虑，寻求在飞速推进的城市化进程中留住乡愁的根本之道。论坛的成功举办，引起了学界及媒体的广泛关注，促进了人们对相关问题的思考。

　　为了进一步分享学者们的思想见解，我们特将会议论文辑录成书，以飨读者。本书共收录论文30篇。我们相信，这些思想的集中展示，必将为如何在高速城市化进程中留住乡愁提供有益的启示。

　　限于主题和篇幅，我们对提交会议的部分论文只能忍痛割爱。由于编者水平有限，书中难免有错舛及不当之处，尚祈各位作者和读者批评指正！

编者

2017年3月